JN055462

山梨県の教員採用試験過去問シリーズ⑦

2025年度版

山梨県の理科

過去問

協同教育研究会 編

協同出版

本書には，山梨県の教員採用試験の過去問題を収録しています。各問題ごとに，以下のように5段階表記で，難易度，頻出度を示しています。

難　易　度

非常に難しい　☆☆☆☆☆
やや難しい　☆☆☆☆
普通の難易度　☆☆☆
やや易しい　☆☆
非常に易しい　☆

頻　出　度

◎　ほとんど出題されない
◎◎　あまり出題されない
◎◎◎　普通の頻出度
◎◎◎◎　よく出題される
◎◎◎◎◎　非常によく出題される

※本書の過去問題における資料，法令文等の取り扱いについて

本書の過去問題で使用されている資料や法令文の表記や基準は，出題された当時の内容に準拠しているため，解答・解説も当時のものを使用しています。ご了承ください。

はじめに～「過去問」シリーズ利用に際して～

教育を取り巻く環境は変化しつつあり，日本の公教育そのものも，教員免許更新制の廃止やGIGAスクール構想の実現などの改革が進められています。また，現行の学習指導要領では「主体的・対話的で深い学び」を実現するため，指導方法や指導体制の工夫改善により，「個に応じた指導」の充実を図るとともに，コンピュータや情報通信ネットワーク等の情報手段を活用するために必要な環境を整えることが示されています。

一方で，いじめや体罰，不登校，暴力行為など，教育現場の問題もあいかわらず取り沙汰されており，教員に求められるスキルは，今後さらに高いものになっていくことが予想されます。

本書の基本構成としては，出題傾向と対策，過去5年間の出題傾向分析表，過去問題，解答および解説を掲載しています。各自治体や教科によって掲載年数をはじめ，「チェックテスト」や「問題演習」を掲載するなど，内容が異なります。

また原則的には一般受験を対象としております。特別選考等については対応していない場合があります。なお，実際に配布された問題の順番や構成を，編集の都合上，変更している場合があります。あらかじめご了承ください。

最後に，この「過去問」シリーズは，「参考書」シリーズとの併用を前提に編集されております。参考書で要点整理を行い，過去問で実力試しを行う，セットでの活用をおすすめいたします。

みなさまが，この書籍を徹底的に活用し，教員採用試験の合格を勝ち取って，教壇に立っていただければ，それはわたくしたちにとって最上の喜びです。

協同教育研究会

C O N T E N T S

第１部

山梨県の
理科
出題傾向分析

山梨県の理科　傾向と対策

中学理科については，大問6問が出題され，1問は学習指導要領，4問は物理，化学，生物，地学が1問ずつ，残りの1問が複数分野からの小問(2024年度は物理2問，化学2問，生物1問，地学1問)で構成されている。科目の配点を見ると，2024年度は4科目の配点はほぼ同じ割合であり，学習指導要領のみ8点と低い。全問記述式で記号選択問題はほとんど見られず，高校範囲からの出題が中心である。対策として，まずは中学，高校教科書の用語や実験を理解し，重要例題をきちんと学習しておけば十分対応できるだろう。得意分野をより深く学習するよりも，苦手分野をなくし，どの分野からの出題にも対応できるよう準備をしておくことが重要である。用語を記述するだけの短答式が多いが，理由を述べるような論述問題も含まれるので，見た目の分量よりも多く感じられるだろう。よって，中学，高校理科に出てくる用語を確実に理解し，それぞれの内容について簡潔かつ的確に説明できるような学習が必要である。学習指導要領からの出題は大問1問であり，配点は100点満点中の8点と少ない配点だが，落とせない設問であり，学習指導要領と同解説の熟読は当然かつ必須である。各科目，単元ごとの実験方法の注意事項，指導のポイントをまとめておくこと。また，用語についても正確に記憶するようにしておくことが大切である。

高校理科は，2024年度は物理と化学，2023年度は化学のみ，2022年度は生物のみ，2021年度は物理のみ，2020年度は物理と生物の出題であり，年度によって募集する科目が異なるので，志望する科目の募集の有無を確認する必要がある。問題形式はすべて記述式，学習指導要領を含めた総合問題1問，専門科目問題3問の計4問が出題される。総合問題は小問が4問あり，学習指導要領と専門科目以外の3科目から1問ずつが出題される。第1問は例年，比較的高い配点となるが，教科書の重要事項，基本事項・基本公式のレベルなので，専門以外の科目であっても，過去問を参考にしながら，教科書を中心に，苦手分野がないよう幅広く学習をしておきたい。学習指導要領の設問は，2020年度，2018年度，2016年度は隔年度の第1問の小問として出題されていたが，2022年度以降からは引き続き出題されている。学習指導要領に関しては，出題の有無にかかわらず熟読・理解しておくべき内容である。設問は論述式での出題で他の自治体や中学校理科の問題よりも難易度が高い。用語を記憶しておくだけでなく，重要用語については自分の言葉で説明できるようにしておく必要がある。

専門科目については，大学入試標準レベルに収まる出題内容である。オーソドックスな頻出，重要問題が中心であるため，大学入試標準レベルを想定し，標準的な問題集を隅々まで仕上げておきたい。実験の手順や結果の考察などを論述させる問題も出題されるので，参考書・問題集に取り組むだけでなく，実際の授業を想定し，実験・観察の手順や目的，基本用語については自分の言葉で様々なパターンに対応した説明ができるようになっておく必要があるだろう。過去の出題傾向としては，物理・化学に関しては，説明や理由，計算過程を記述する設問が出題される。公式を利用しての計算や現象の説明について，簡潔に解答できるよう問題演習を重ねるとよい。生物に関しては，説明や理由を記述する設問が見られるため，的確に説明できるように理解しておくことが重要である。しかし，基本的には知識を問われる問題が多いため，簡単な記述で答える問題も多い。計算問題も出題されるので，演習を重ねておくこと。

早い時期から計画を立てて学習を進め，さらに過去問には必ず当たっておこう。山梨県の出題は，おおまかには一定の傾向にあるが，細かくは年度によって揺れているので，数年分の過去問を実際の受験のつもりで試して，出題傾向を複数年まとめて体感しておくことが必要である。それによって，出題形式に慣れ，自分の苦手な分野を知ることができ，学習方針が立てやすくなる。

過去5年間の出題傾向分析

■中学理科

科目	分類	主な出題事項	2020年度	2021年度	2022年度	2023年度	2024年度
物理	身近な物理現象	光					
		音		●			●
		力	●		●	●	
	電流の働き	電流と回路		●	●		
		電流と磁界					
	運動の規則性	運動と力	●				
		仕事，エネルギー，熱	●			●	
	学習指導要領	内容理解，空欄補充，正誤選択	●			●	●
化学	身近な物質	物質の性質		●			
		物質の状態変化	●		●		
		水溶液	●				
		酸性・アルカリ性の水溶液		●	●		
		気体の性質	●				
	化学変化と分子・原子	物質の成り立ち					●
		化学変化と物質の質量		●			
	物質と化学変化の利用	酸化・還元		●		●	
		化学変化とエネルギー	●			●	
	学習指導要領	内容理解，空欄補充，正誤選択	●			●	●
生物	植物のからだのつくりとはたらき	観察実験				●	
		花や葉のつくりとはたらき			●		
		植物の分類					
	動物のからだのつくりとはたらき	刺激と反応					
		食物の消化	●	●			
		血液の循環					●
		呼吸と排出	●	●			
	生物の細胞と生殖	生物のからだと細胞				●	
		生物の殖え方	●	●	●		
		環境・生態系	●		●		
	学習指導要領	内容理解，空欄補充，正誤選択	●			●	●
地学	大地の変化	岩石		●	●		
		地層	●	●	●		
		地震	●			●	
	天気の変化	雲のでき方・湿度			●		●
		前線と低気圧			●		
		気象の変化	●		●		

科目	分類	主な出題事項	2020年度	2021年度	2022年度	2023年度	2024年度
地学	地球と宇宙	太陽系					
		地球の運動と天体の動き			●	●	
	学習指導要領	内容理解，空欄補充，正誤選択	●			●	●

■高校物理

分類	主な出題事項	2020年度	2021年度	2022年度	2023年度	2024年度
力学	力	●	●	●	●	●
	力のモーメント		●			●
	運動方程式					●
	剛体の回転運動					
	等加速度運動		●		●	●
	等速円運動		●			
	単振動	●				
	惑星の運動・万有引力	●			●	
	仕事，衝突		●			
波動	波動の基礎	●	●			●
	音波		●			
	光波	●				●
電磁気	電界と電位	●	●			
	コンデンサーの基礎					●
	直流回路					
	コンデンサー回路	●				
	電流と磁界		●			
	電磁誘導		●			
	交流電流					
	電磁波					
熱と気体	熱，状態の変化	●				●
	状態方程式					●
	分子運動					
	熱力学第一法則					
原子	光の粒子性					
	物質の二重性					
	放射線					
	原子核反応		●			●
その他	実験・観察に対する考察					
学習指導要領	内容理解，空欄補充，正誤選択	●				●

■高校化学

分類	主な出題事項	2020年度	2021年度	2022年度	2023年度	2024年度
物質の構成	混合物と純物質					
	原子の構造と電子配置	●	●			●
	元素の周期表					
	粒子の結びつきと物質の性質		●			
	原子量，物質量					
	化学変化とその量的関係				●	●
物質の変化	熱化学					
	酸と塩基				●	
	酸化と還元		●			●
	電池					
	電気分解					●
無機物質	ハロゲン					
	酸素・硫黄とその化合物					
	窒素・リンとその化合物					
	炭素・ケイ素とその化合物					
	アルカリ金属とその化合物			●		
	2族元素とその化合物					●
	アルミニウム・亜鉛など					
	遷移元素					
	気体の製法と性質			●		
	陽イオンの沈殿，分離			●		●
有機化合物	脂肪族炭化水素					●
	アルコール・エーテル・アルデヒド・ケトン					●
	カルボン酸とエステル					●
	芳香族炭化水素				●	
	フェノールとその誘導体					
	アニリンとその誘導体				●	
	有機化合物の分離					
物質の構造	化学結合と結晶					
	物質の三態					
	気体の性質					●
	溶液，溶解度					
	沸点上昇，凝固点降下，浸透圧					
反応速度と化学平衡	反応速度					
	気相平衡				●	
	電離平衡				●	●
	溶解度積				●	●
	ルシャトリエの原理					

分類	主な出題事項	2020年度	2021年度	2022年度	2023年度	2024年度
天然高分子	糖類					
	アミノ酸・タンパク質					
	脂質					
合成高分子	合成繊維					
	合成樹脂（プラスチック）					
	ゴム					
生活と物質	食品の化学					
	衣料の化学					
	材料の化学					
生命と物質	生命を維持する反応					
	医薬品					
	肥料					
学習指導要領	内容理解，空欄補充，正誤選択				●	●

■高校生物

分類	主な出題事項	2020年度	2021年度	2022年度	2023年度	2024年度
細胞・組織	顕微鏡の観察					
	細胞の構造	●				
	浸透圧					
	動物の組織					
	植物の組織					
分裂・生殖	体細胞分裂					
	減数分裂					
	重複受精			●		
発生	初期発生・卵割					
	胚葉の分化と器官形成					
	誘導					
	植物の組織培養					
感覚・神経・行動	感覚器	●				
	神経・興奮の伝導・伝達					
	神経系					
	動物の行動					
恒常性	体液・血液循環		●			
	酸素解離曲線					
	ホルモン					
	血糖量の調節		●			
	体温調節					
	腎臓・浸透圧調節		●			
	免疫		●			●

分類	主な出題事項	2020年度	2021年度	2022年度	2023年度	2024年度
恒常性	器官生理					
	自律神経系		●			
遺伝	メンデル遺伝		●			
	相互作用の遺伝子					
	連鎖		●			
	伴性遺伝					
	染色体地図					
植物の反応	植物の反応					
	植物ホルモン			●		
	オーキシンによる反応			●		
	種子の発芽				●	
	花芽形成					
遺伝子	DNAの構造とはたらき		●	●		
	遺伝情報の発現とタンパク質合成	●		●		
	遺伝子の発現・調節					
	遺伝子工学					
酵素・異化	酵素反応					
	好気呼吸	●		●		●
	嫌気呼吸			●		
	筋収縮					
同化	光合成曲線					
	光合成の反応	●				
	窒素同化					
	C4植物					
個体群・植物群落・生態系	成長曲線・生存曲線・生命表					
	個体群の相互作用					
	植物群落の分布					
	植物群落の遷移	●				
	物質の循環					
	物質生産					
	湖沼生態系					
	環境・生態系					
進化・系統・分類	進化の歴史					
	分子系統樹					
	進化論					
	集団遺伝					
	系統・分類					
学習指導要領	内容理解，空欄補充，正誤選択	●		●		

■高校地学

分類	主な出題事項	2020年度	2021年度	2022年度	2023年度	2024年度
惑星としての地球	地球の姿					
	太陽系と惑星				●	
大気と海洋	大気の運動					
	天候					
	海水の運動					●
地球の内部	地震と地球の内部構造			●		
	プレートテクトニクス		●	●		
	マグマと火成活動	●		●		
	地殻変動と変成岩					
地球の歴史	地表の変化と堆積岩		●			
	地球の歴史の調べ方		●			●
	日本列島の生い立ち		●			
宇宙の構成	太陽の姿			●		
	恒星の世界		●			●
	銀河系宇宙					
その他	実習活動の要点					
学習指導要領	内容理解，空欄補充，正誤選択					

第2部

山梨県の
教員採用試験
実施問題

2024年度　実施問題

中　学　理　科

【1】次は，中学校学習指導要領「理科」の「第2　各分野の目標及び内容」の一部である。(　①　)~(　⑦　)にあてはまることばを，それぞれ記せ。ただし，同じ番号には同じことばが入るものとする。

〔第1分野〕
1　目標
物質やエネルギーに関する事物・現象を科学的に(　①　)するために必要な(　②　)・能力を次のとおり育成することを目指す。
(1)　物質やエネルギーに関する事物・現象についての観察，実験などを行い，身近な物理現象，電流とその利用，運動とエネルギー，身の回りの物質，化学変化と原子・分子，化学変化とイオンなどについて理解するとともに，(　③　)の発展と人間生活との関わりについて認識を深めるようにする。また，それらを科学的に(　①　)するために必要な観察，実験などに関する基本的な(　④　)を身に付けるようにする。
(2)　物質やエネルギーに関する事物・現象に関わり，それらの中に問題を見いだし(　⑤　)をもって観察，実験などを行い，その結果を分析して解釈し表現するなど，科学的に(　①　)する活動を通して，(　⑥　)を見いだしたり課題を解決したりする力を養う。
(3)　物質やエネルギーに関する事物・現象に進んで関わり，科学的に(　①　)しようとする態度を養うとともに，自然を

(⑦)に見ることができるようにする。

(☆☆☆◎◎◎)

【2】次の(1)~(6)に答えよ。

(1) 図1は，地面から真上に打ち上げられた花火と，それを見ている観測者を模式的に表したものである。花火は観測者から見て，P点を中心に広がった。観測者は，花火が開くのが見えて3秒後に花火の音を聞いた。この時，観測者からP点までの距離は何mか，求めよ。ただし，音の伝わる速さは340m/sとして考えるものとする。

図1

(2) 図2は，ある原子の電子配置を表した模式図である。この原子がイオンになるとき，そのイオン式を記せ。

図2

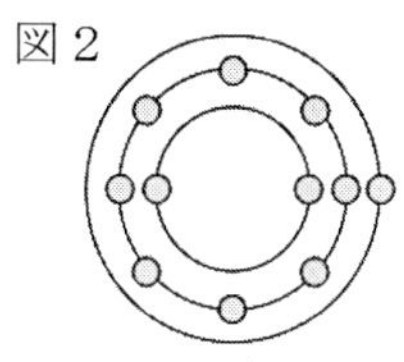

(3) 図3の実験で，事故防止のために，ガスバーナーの火を消す前に必ずしなければならない操作は何か，簡潔に記せ。

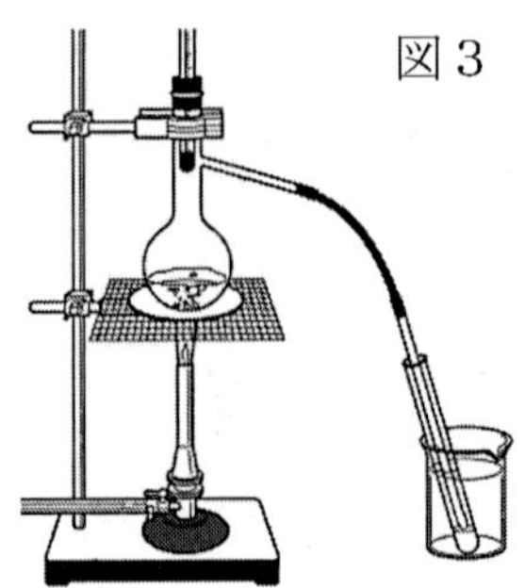
図３

(4)　「集団の対立遺伝子の遺伝頻度は，世代を経ても変化しない」というハーディ・ワインベルグの法則が成り立つ条件にあてはまるものはどれか。次のア～エからすべて選び，記号で記せ。

ア　個体の移出・移入が頻繁に起こる

イ　突然変異が起こらない

ウ　交配が任意に行われる

エ　雄と雌の比が1：1である

(5)　恒星の明るさをみかけの等級で表したとき，6等星より100倍明るい恒星は何等星になるか，最も適当なものを次のア～エから一つ選び，記号で記せ。

ア　7等星　　イ　5等星　　ウ　3等星　　エ　1等星

(6)　放射性物質であるセシウム137の半減期を30年とすると，セシウム137の数が元の数の4分の1になるのは何年後か，求めよ。

(☆◎◎◎)

【３】次の(1)，(2)に答えよ。

(1)　図1は，ヒトの血液循環の経路を表した模式図である。以下の①～③に答えよ。ただし，a～hは血管を表し，⇦は流れる血液の向きを表したものである。

図１

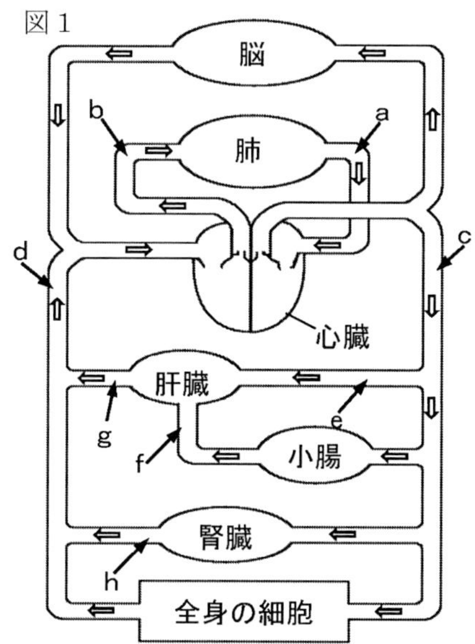

① 食事をした後に，養分をもっとも多く含んでいる血液が流れている血管はどれか。a～hから一つ選び，記号で記せ。

② 次の文は，bの血管とその中を流れる血液について述べたものである。文中の[　ア　]，[　イ　]にあてはまる名称をそれぞれ記せ。

bの血管の名称は[　ア　]で，流れている血液は[　イ　]である。

③ 血液が，肺から全身の細胞に酸素を運ぶことができるのは，赤血球に含まれるヘモグロビンの性質によるものである。その性質を，酸素の多いところと酸素の少ないところでの違いが分かるように，簡潔に記せ。

(2) 図2は，呼吸によってグルコースが分解される過程の一部を模式的に表したものである。以下の①～③に答えよ。

図2

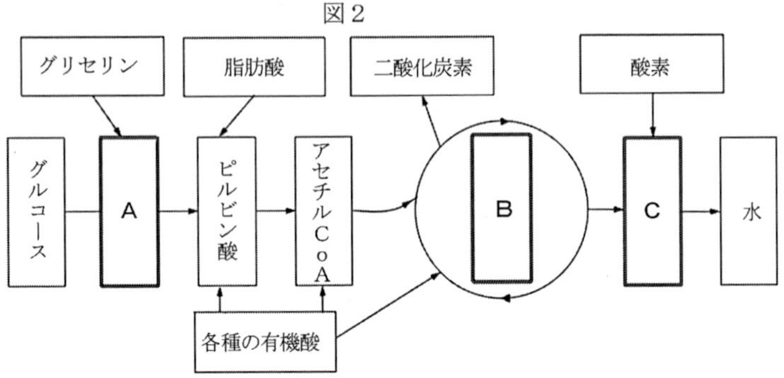

① 図2のA～Cの反応経路の名称を，それぞれ記せ。

② 図2のA～Cのうち，発酵と同じ反応経路はどれか，記号で記せ。

③ グルコース90mgが呼吸によって完全に分解されたとき，消費された酸素と生成された二酸化炭素はそれぞれ何mgになるか，求めよ。ただし，原子量はH＝1.0，C＝12.0，O＝16.0とする。

(☆☆◎◎◎)

【4】カルシウムとその化合物について，次の(1)～(3)に答えよ。

(1) 図は，カルシウムの反応とその化合物を模式的に表したものである。以下の①～④に最もよくあてはまる反応を，図のア～クからそれぞれ一つ選び，記号で記せ。

図

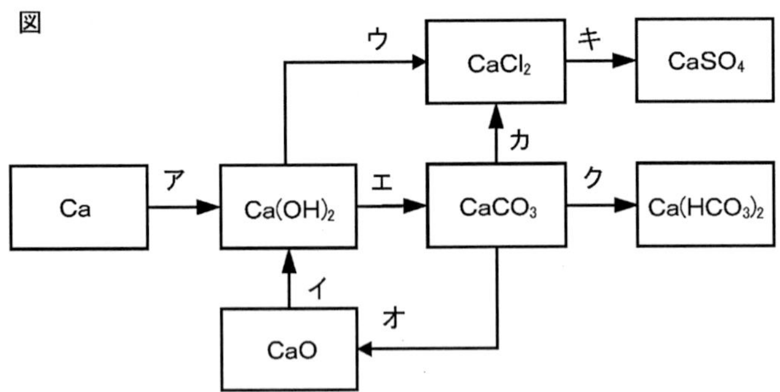

① 水を加えると，水素が発生する。

② 強熱すると分解し，二酸化炭素が発生する。

③ 水を加えると，発熱しながら反応する。水素は発生しない。

④ 塩酸などの強酸と反応して，二酸化炭素が発生する。

(2) 石灰水と二酸化炭素を反応させたところ，白く濁った。この化学変化を化学反応式で記せ。

(3) 33.3gの塩化カルシウム$CaCl_2$を水に溶かして1000mLの水溶液をつくった。次の①～④に答えよ。ただし，原子量はCl＝35.5，Ca＝40.0とする。

① 水に溶かした塩化カルシウム$CaCl_2$の物質量は何molか，求めよ。

② この水溶液のモル濃度は何mol/Lか，求めよ。

③ $CaCl_2$水溶液100mL中に含まれる全てのイオンの物質量は何molか，求めよ。ただし，水の電離は考えないものとする。

④ この塩化カルシウム水溶液100mLに十分量の炭酸ナトリウム水溶液を混ぜ合わせたところ，すべて反応して白い沈殿ができた。このときの化学反応式を記せ。

(☆☆◎◎◎◎)

【5】次の(1)，(2)に答えよ。

(1) 光の進み方を調べるため，水槽と光源装置を用いて実験を行った。以下の①～④に答えよ。

〈実験〉

透明な水槽に水を入れ，光を水から空気へ入射させたときの光の進み方を記録した。図中の光源から点Pに入射した光の大部分は境界面で曲がって空気中を進み，一部は水中を進んでいることがわかった。図の実線の矢印は光の進み方を模式的に示したものである。

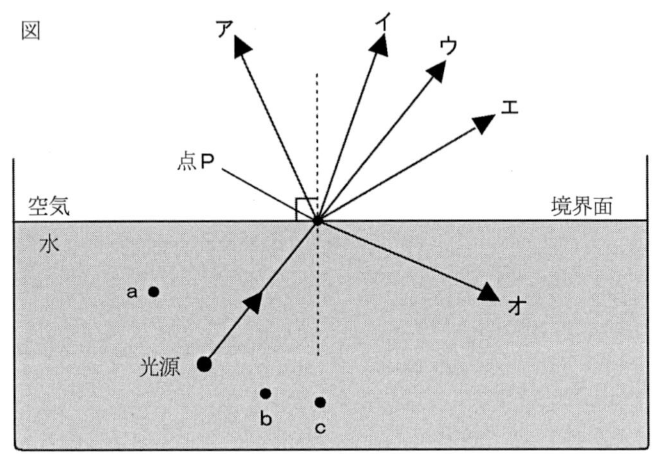

①　この実験で，光源から点Pに入射させた光が，空気中を進む道すじを表したものとして，最も適当なものを図のア～エから一つ選び，記号で記せ。

②　光が境界面で曲がって空気中を進む現象を何というか，名称を記せ。

③　この実験で，光源をa～cの位置に移動させ，それぞれの点から点Pに入射した光の進み方を調べたところ，ある点で観察した場合のみ，すべての光が空気中に出て行くことなく，オに進んだ。この現象を何というか，名称を記せ。また，この現象が起こったときの光源の位置はどこだと考えられるか。最も適当なものを図のa～cから一つ選び，記号で記せ。

④　この実験を生徒が授業で行うときに，想定される事故の例と，必要な配慮を，簡潔に記せ。

(2)　次の①～③に答えよ。

①　夕方に空を見ると虹を観察することができた。観察した虹はどの方角に見えたか，次のア～エから最も適当なものを一つ選び，記号で記せ。

ア　東　　イ　西　　ウ　南　　エ　北

② 虹ができる理由を，簡潔に記せ。

③ 夕焼けが赤い理由を，簡潔に記せ。

(☆☆☆◎◎◎)

【6】次の(1)，(2)に答えよ。

(1) 空気の露点を調べるために，次の実験を行った。ただし，それぞれの気温における飽和水蒸気量は表のとおりである。以下の①～④に答えよ。

〈実験〉

Ⅰ：図1のように，金属製のコップにくみ置きの水を入れ，温度をはかった。水の温度は室内の気温と同じ18℃であった。

図1

Ⅱ：細かくくだいた氷を入れた試験管を金属製のコップの中に入れ，水の温度を少しずつ下げたところ，12℃でコップの表面がくもり始めた。

表

気温〔℃〕	12	13	14	15	16	17	18	19	20
飽和水蒸気量〔g/m³〕	10.7	11.4	12.1	12.8	13.6	14.5	15.4	16.3	17.3

① このとき，空気の湿度は何％か，小数第2位を四捨五入して求めよ。

② このとき，空気1m³中にはあと何gの水蒸気を含むことができるか，求めよ。

③ 空気中の水蒸気の量は変化せず，気温だけが上昇すると，湿度はどのようになるか，最も適当なものを次のア～ウから一つ選び，記号で記せ。

ア 湿度は上がる　　イ 湿度は下がる

ウ 湿度は変化しない

④　この実験で，くみ置きの水を使用する理由を簡潔に記せ。

(2)　図2は，海洋，陸地および大気の三つの領域に分けて，地球の表面における水の循環を示している。各領域に存在する水の量は，〔$\times 10^3 km^3$〕を単位として(　　)中に表している。また，領域間を移動する水の量は，〔$\times 10^3 km^3$/年〕を単位として表している。以下の①～③に答えよ。

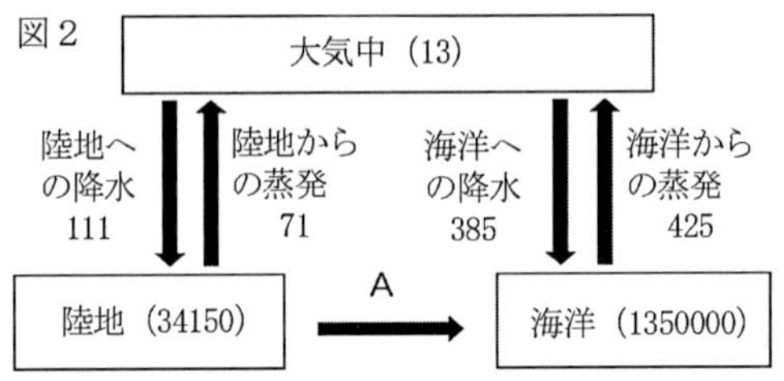

①　陸地で最も多く存在する淡水はどれか，次のア～エから一つ選び，記号で記せ。

ア　湖沼水　　イ　地下水　　ウ　土壌水　　エ　氷河

②　陸地から海洋に移動する水の量Aの値を求めよ。

③　大気中に水は何日間滞留するか，小数第2位を四捨五入して求めよ。

(☆☆☆◎◎◎◎)

高　校　理　科

【物理】

【１】次の(1)～(4)の問いに答えよ。

(1)　次の文章は，高等学校学習指導要領(平成30年告示)「第2章　第5節　理科　第3款　各科目にわたる指導計画の作成と内容の取扱い」にある，指導計画の作成に当たって配慮するべき事項の一部である。この事項は，理科の指導計画の作成に当たり，生徒の主体的・対話的で深い学びの実現を目指した授業改善を進めることとし，理科の特質に応じて，効果的な学習が展開できるように配慮すべき内容を示したものである。文章を読み，以下の①～④の問いに答えよ。

> 1　指導計画の作成に当たっては，次の事項に配慮するものとする。
>
> (1)　単元など内容や時間のまとまりを見通して，その中で育む資質・能力の育成に向けて，生徒の主体的・対話的で深い学びの実現を図るようにすること。その際，理科の学習過程の特質を踏まえ，理科の見方・考え方を働かせ，見通しをもって観察，実験を行うことなどの科学的に探究する学習活動の充実を図ること。
>
> (2)～(4)省略

①　「主体的な学び」について，授業改善を図る際に考えられる視点を記せ。

②　「対話的な学び」について，授業改善を図る際に考えられる視点を記せ。

③　「深い学び」について，授業改善を図る際に考えられる視点を記せ。

④　「探究活動」を指導する際に，配慮すべき事項は何か，説明せよ。

(2)　次の①～④の文が説明する堆積岩の名称を記せ。

①　フズリナやサンゴの化石を多く含み，主成分が$CaCO_3$であるもの。

②　火山噴火によってできた火山灰が固結したもの。

③　放散虫化石を多く含み主成分がSiO_2で，割れ口はガラスに似ているもの。

④　海水が蒸発し，沈殿して生じたもの。

(3)　免疫について，次の①～④の問いに答えよ。

①　白血球の食作用のように，生まれつき備わっている免疫を何というか，記せ。

②　一度体内に侵入した抗原が再度侵入すると，記憶細胞がすぐに

増殖して速やかに免疫反応が起こることを何というか，記せ。

③　抗原を，タンパク質でできた抗体によって不活性化する免疫を何というか，記せ。

④　活性化され増殖すると，抗体産生細胞へ分化するリンパ球を何というか，記せ。

(4)　プロパンC_3H_8の燃焼を表す次の化学反応式について，以下の①～③の問いに答えよ。

(H＝1.0，C＝12，O＝16)

$C_3H_8 + 5O_2 \rightarrow 3CO_2 + 4H_2O$

①　2.0molのプロパンが燃焼すると，生成する二酸化炭素は何〔mol〕か，求めよ。

②　標準状態で，5.0Lのプロパンを燃焼させるのに必要な酸素は何〔L〕か，求めよ。

③　11gのプロパンが燃焼すると，生成する水は何〔g〕か，求めよ。

(☆☆☆☆◎◎◎◎)

【2】次の(1)，(2)の問いに答えよ。

(1)　図1のように，水平面上に固定された半径r〔m〕のなめらかな半円柱に，長さL〔m〕($L \geqq r$)，質量m〔kg〕の太さと密度の一様な棒が，水平面と45°の角度で立てかけてある。このとき，棒が受ける半円柱からの垂直抗力の大きさをT〔N〕，水平面からの垂直抗力の大きさをR〔N〕，水平面からの摩擦力の大きさをF〔N〕とする。また，棒と水平面との間の静止摩擦係数をμ，重力加速度の大きさをg〔m/s²〕とする。以下の①～⑤の問いに答えよ。

図1

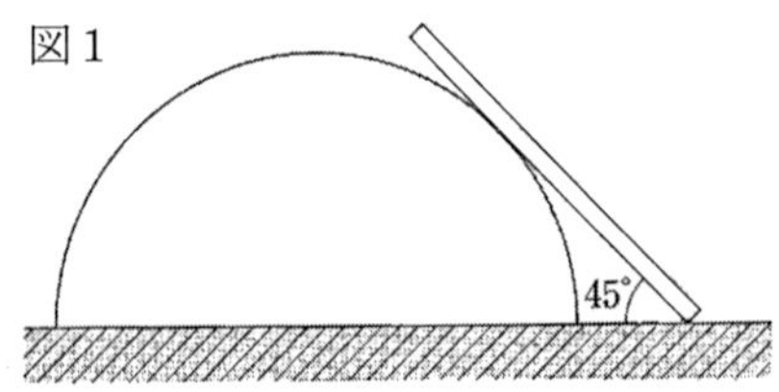

①　水平方向の力のつりあいから，Fを，Tを用いて表せ。

② 鉛直方向の力のつりあいから，Rを，T，m，gを用いて表せ。

③ 力のモーメントのつりあいから，Tを，L，r，m，gを用いて表せ。

④ F，Rを，それぞれL，r，m，gを用いて表せ。

⑤ 平面と45°の角度で立てかけることができる，棒の長さLの最大値を求めよ。

(2) 図2のように，なめらかな床の上に質量Mの台を置き，この台の水平面上に置いた質量mの小球を台の弧状の斜面に向けて速さv_0ですべらせたところ，小球は台上の点Pまで上がり，その後は斜面をすべり降りてきた。台の面はなめらかで，重力加速度の大きさをgとする。以下の①～③の問いに答えよ。

図2

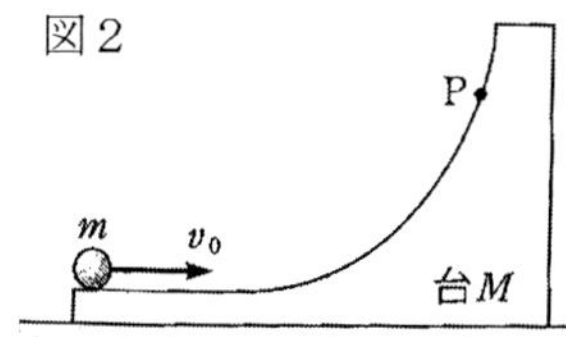

① 小球が点Pに達したときの台の速さを求めよ。

② 台の水平面から点Pまでの高さを求めよ。

③ 小球は再び台の水平面上に戻る。このときの小球と台の速さをそれぞれ求めよ。

(☆☆☆☆◎◎◎)

【3】次の(1)，(2)の問いに答えよ。

(1) 熱気球は，上部の風船部の空気をバーナーで加熱することによって，空中へ上昇することができる。図1において，風船部の形状は常に固定され，その体積はV〔m^3〕で一定に保たれているとする。風船の下部は外気と通じており，風船部の内外の圧力は等しいとみなすことができる。また，気球の風船部以外の体積は無視できるものとする。気球の外気の圧力はp_0〔Pa〕，温度はT_0〔K〕，風船部の空気の質量を除いた気球全体の質量はM〔kg〕であるとする。温度T_0〔K〕における体積V_0〔m^3〕の空気の質量をm〔kg〕，重力加速度の大きさをg〔m/s^2〕として，以下の①～③の問いに答えよ。

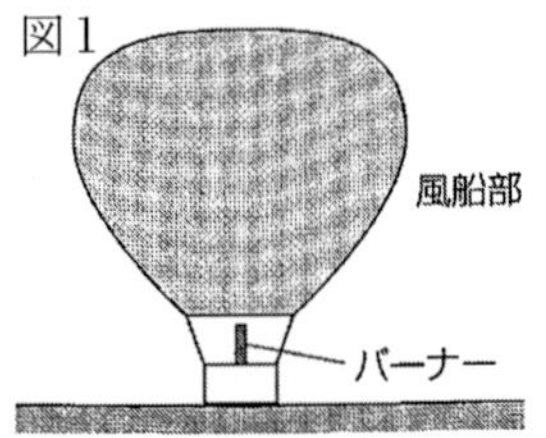

①　バーナーに点火する前(温度T_0〔K〕)のとき，風船部内の空気の密度は何〔kg/m^3〕か，求めよ。

②　バーナーに点火して，風船部内の空気の温度がT_1〔K〕になったとき，風船部内の空気の密度は何〔kg/m^3〕か，求めよ。

③　風船部内の空気の温度がT〔K〕になったとき，気球が地上からはなれた。このときの温度Tは何〔K〕か，求めよ。

(2)　図2のように，抵抗R_1，R_2を15Vの電源につなぎ，コンデンサーC_1，C_2に電荷がない状態でスイッチS_1を閉じてから，十分に時間がたった。以下の①～④の問いに答えよ。

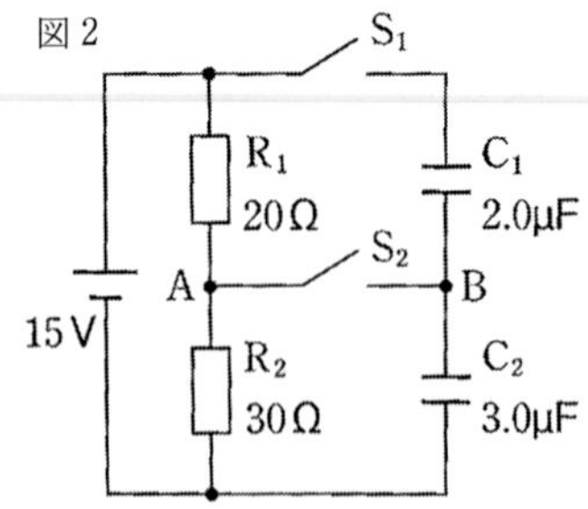

①　R_2を流れる電流は何〔A〕か，求めよ。

②　C_1に蓄えられた電気量は何〔C〕か，求めよ。

次にスイッチS_2を閉じてから，十分に時間がたった。

③　C_2に蓄えられた電気量は何〔C〕か，求めよ。

④　スイッチS_2を閉じた後に，S_2を通って移動した正電荷の電気量は何〔C〕か，求めよ。また，その移動の向きは図のA→B，B→Aのどちらか，答えよ。

(☆☆☆◎◎◎)

【4】次の文章を読み，あとの(1)～(7)の問いに答えよ。ただし，(4)，(7)については，計算過程も記せ。

図1に示すように，空気中で水平面上に置かれた屈折率n_2の平坦なガラス板の上に，屈折率n_1で一様な厚さdをもつ薄膜が広がっている。波長λ_0の単色光を薄膜表面に対して垂直に入射させ，薄膜の上面で反射する光線①と，薄膜とガラス板の間の平坦な境界面で反射する光線②の干渉を考える。空気の屈折率を1とし，$n_1 > n_2 > 1$とする。また，光線①と光線②が干渉して生じた光のことを干渉光とよぶものとし，屈折率n_1，n_2は，光の波長によって変わらないものとする。

図1

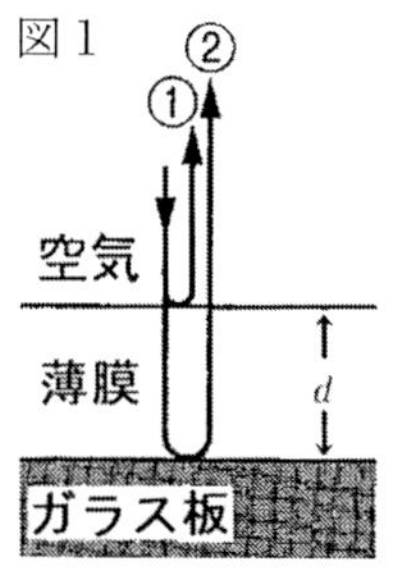

(1)　薄膜中の光の波長λ_1を，n_1，λ_0を用いて表せ。

(2)　薄膜の厚さを0から連続的に増していくと，光線①と光線②からなる干渉光は，強めあって明るくなったり，弱めあって暗くなったりした。干渉光の明るさがk回目の極大となったときの薄膜の厚さd_kを，n_1，λ_0，k(k＝1，2，3，…)を用いて表せ。

(3)　薄膜の厚さがd_kのときに，入射する単色光の波長をλ_0から短くしていくと，干渉光は一度暗くなった後，再び明るくなり極大となった。このときの入射光の波長λ_2を，λ_0，kを用いて表せ。

(4)　(3)の観測において，入射光がλ_0＝500nmで明るかった干渉光は，波長を短くしていくと，一度暗くなった後，λ_2＝433nmで再び明るくなった。薄膜の屈折率をn_1＝2.0として，薄膜の厚さd_kは何〔m〕か，求めよ。

次に，図2に示すように，波長λ_3の単色光を薄膜表面の法線に対して入射角i(i＜90°)で入射させた。このとき，薄膜の上面で反射する光線①と，薄膜の上面において屈折角rで屈折して薄膜とガラス板の間の平坦な境界で反射し，薄膜の上面に出てくる光線②との干渉を考える。これらの光線は図中の点A_1，A_2において同位相であるとする。

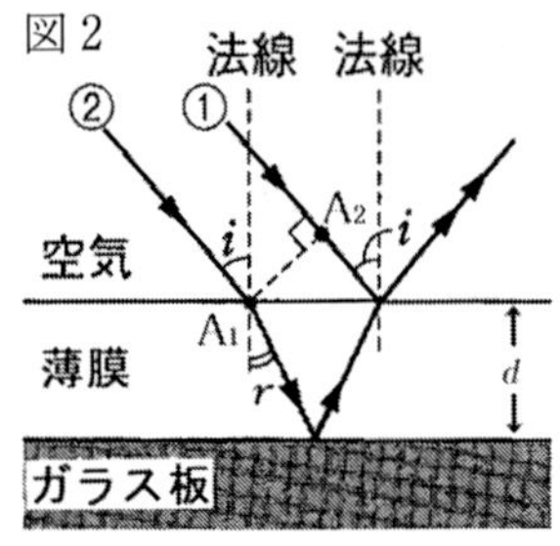

(5)　薄膜の屈折率n_1，入射角i，屈折角rの間の関係式を記せ。

(6)　光線①と光線②の干渉光が強めあって明るくなる条件を，屈折角r，屈折率n_1，厚さd，入射光の波長λ_3，整数m($m=0$，1，2，3，…)を用いて表せ。

(7)　垂直入射(入射角$i=0^\circ$)で明るかった干渉光は，入射角iを大きくしていくと，一度暗くなった後，再び明るくなり極大となった。このときの入射角を$i=i_1$としたとき，i_1と薄膜の屈折率n_1，整数mが満たす関係式を記せ。

(☆☆☆☆◎◎◎)

【化学】

【１】次の(1)～(4)の問いに答えよ。

(1)　次の文章は，高等学校学習指導要領(平成30年告示)「第2章　第5節　理科　第3款　各科目にわたる指導計画の作成と内容の取扱い」にある，指導計画の作成に当たって配慮するべき事項の一部である。この事項は，理科の指導計画の作成に当たり，生徒の主体的・対話的で深い学びの実現を目指した授業改善を進めることとし，理科の特質に応じて，効果的な学習が展開できるように配慮すべき内容を示したものである。文章を読み，以下の①～③の問いに答えよ。

> 1　指導計画の作成に当たっては，次の事項に配慮するものとする。
> 　(1)　単元など内容や時間のまとまりを見通して，その中で育む資質・能力の育成に向けて，生徒の主体的・対話的で深い学びの実現を図るようにすること。その際，理科の学習過程の特質を踏まえ，理科の見方・考え方を働かせ，見通しをもって観察，実験を行うことなどの科学的に探究する学習活動の充実を図ること。
> 　(2)～(4)省略

① 「主体的な学び」について，授業改善を図る際に考えられる視点を記せ。

② 「対話的な学び」について，授業改善を図る際に考えられる視点を記せ。

③ 「深い学び」について，授業改善を図る際に考えられる視点を記せ。

(2) 次の①～④の文が説明する堆積岩の名称を記せ。

① フズリナやサンゴの化石を多く含み，主成分が$CaCO_3$であるもの。

② 火山噴火によってできた火山灰が固結したもの。

③ 放散虫化石を多く含み主成分がSiO_2で，割れ口はガラスに似ているもの。

④ 海水が蒸発し，沈殿して生じたもの。

(3) 免疫について，次の①～④の問いに答えよ。

① 白血球の食作用のように，生まれつき備わっている免疫を何というか，記せ。

② 一度体内に侵入した抗原が再度侵入すると，記憶細胞がすぐに増殖して速やかに免疫反応が起こることを何というか，記せ。

③ 抗原を，タンパク質でできた抗体によって不活性化する免疫を何というか，記せ。

④　活性化され増殖すると，抗体産生細胞へ分化するリンパ球を何というか，記せ。

(4)　図のように水の入っている容器に，天井から糸でつり下げた金属球を入れる。水の密度を1.0×10^{3}kg/m^{3}，金属球の体積を1.0×10^{-5}m^{3}，質量を8.0×10^{-2}kg，重力加速度の大きさを9.8m/s^{2}として，以下の①～③の問いに答えよ。

図

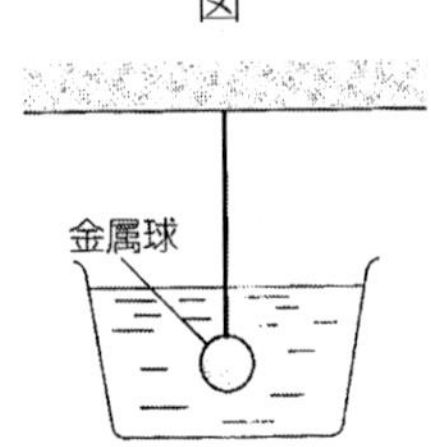

①　金属球が受ける重力の大きさは何〔N〕か，求めよ。

②　金属球が受ける浮力の大きさは何〔N〕か，求めよ。

③　糸の張力の大きさは何〔N〕か，求めよ。

(☆☆☆☆◎◎◎◎)

【２】次の(1)～(3)の問いに答えよ。

(1)　白金電極を用いて，硝酸銀$AgNO_3$水溶液を1.00Aの電流で1時間4分20秒間電気分解した。ファラデー定数を9.65×10^{4}C/molとして，次の①～⑤の問いに答えよ。ただし，①，②，④，⑤については，有効数字3桁で記せ。(N＝14，O＝16，Ag＝108)

①　流れた電気量は何〔C〕か，求めよ。

②　流れた電気量は何〔mol〕の電子に相当するか，求めよ。

③　陽極，陰極で起こる変化を，それぞれ電子e^-を用いた反応式で表せ。

④　陰極に析出する物質の質量は何〔g〕か，求めよ。

⑤　陽極に発生する気体の体積は標準状態で何〔mL〕か，求めよ。

(2)　A～Eは，鉄，カルシウム，亜鉛，銅，白金のいずれかの単体である。次の実験1～5を読み，以下の①～④の問いに答えよ。

実験1　A～Eをそれぞれ塩酸に入れたところ，A，B，Eは溶けたが，C，Dは溶けなかった。

実験2　A～Eをそれぞれ常温の水に入れたところ，Eのみが溶けた。

実験3　A～Eをそれぞれ硝酸に入れたところ，D以外は溶けた。

実験4　A，B，C，Dをそれぞれ水酸化ナトリウム水溶液に入れたところ，Aのみが溶けた。

実験5　希硫酸にBを溶かした水溶液に，Aの小片を入れると，その表面にBが析出した。

①　生徒にこの実験を授業で指導する際に，留意すべき事項を3つ記せ。

②　A～Eを，それぞれ元素記号で記せ。

③　実験2の下線部の反応を化学反応式で記せ。

④　各金属が水溶液中で陽イオンになりやすい順にA～Eの記号で記せ。

(3)　次の①～③の問いに有効数字2桁で答えよ。ただし，気体定数は 8.3×10^3Pa・L/(mol・K)とする。(H＝1.0，C＝12，O＝16)

①　メタンCH_4 0.032g，酸素0.16gを1.0Lの容器に入れて27℃に保った。このとき混合気体の全圧は何〔Pa〕か，求めよ。

②　①の混合気体に点火してメタンを完全燃焼させた後，温度を27℃に保った。このとき，生成された水のうち液体になった水の割合は何〔%〕か，求めよ。27℃の水の飽和水蒸気圧は3570Paとする。

③　②のとき，容器内の圧力は何〔Pa〕か，求めよ。

(☆☆◎◎◎◎)

【3】次の(1)，(2)の問いに答えよ。ただし，塩化銀の溶解度積を$1.7\times10^{-10}(mol/L)^2$，クロム酸銀の溶解度積を$1.1\times10^{-12}(mol/L)^3$，$\sqrt{1.7}$＝1.3，$\sqrt{11}$＝3.3とする。

(1)　1.00×10^{-2}mol/Lの塩化物イオンと1.00×10^{-3}mol/Lのクロム酸イオンが含まれている混合溶液100mLに，硝酸銀水溶液を徐々に加えた。

このときの体積変化は無視できるものとして，次の①～③の問いに答えよ。

① 塩化銀，クロム酸銀を沈殿させるために必要な銀イオンAg^{+}の濃度はそれぞれ何〔mol/L〕か，有効数字2桁で答えよ。

② クロム酸銀の沈殿が生成しはじめるときの，塩化物イオンCl^{-}の濃度は何〔mol/L〕か，有効数字2桁で答えよ。

③ ②のとき，混合溶液中にはじめに存在した塩化物イオンのうち，塩化銀として沈殿している割合は何〔%〕か，小数第3位を四捨五入して小数第2位まで答えよ。

(2) ある濃度の食塩水10.0mLをとり，水を加えて50.0mLとし，少量のクロム酸カリウム水溶液を加えた。この溶液を0.100mol/Lの硝酸銀水溶液で沈殿滴定したところ，終点までに13.5mLを要した。次の①～③の問いに答えよ。ただし，②，③については，有効数字3桁で記せ。

① この滴定の終点はどのようにして知ることができるか，説明せよ。

② 水を加える前の食塩水のモル濃度は何〔mol/L〕か，求めよ。

③ このときの水溶液中のクロム酸イオンのモル濃度は何〔mol/L〕か，求めよ。

(☆☆☆◎◎◎◎)

【4】次の文章を読み，以下の(1)～(7)の問いに答えよ。ただし，構造式は【例】にならって記せ。(H＝1.0，C＝12，O＝16)

【例】
```
                 H     H
                  \   /
                   C=C
                  /   \
CH3-CH2-C                CH2-⟨ベンゼン環⟩-CH2-OH
        ‖
        O
```

分子式$C_{15}H_{20}O_{4}$の化合物Aに関連して次の実験1～5を行った。

実験1　化合物Aの1molを加水分解したところ，化合物B，CおよびDがそれぞれ1molずつ得られた。

実験2　*p*-キシレンを酸化すると，ジカルボン酸である化合物Bが得られた。

実験3　化合物Cはナトリウムと反応して水素を発生した。化合物Cには2種類の構造異性体(化合物EおよびF)が存在する。化合物Eはナトリウムと反応して水素を発生するが，化合物Fはナトリウムを加えても反応しない。

実験4　化合物Cを穏やかに酸化すると，銀鏡反応を示す化合物が得られた。一方，化合物Dを酸化すると，フェーリング液を還元しない化合物Gが生成した。

実験5　化合物Gに水酸化ナトリウム水溶液とヨウ素を加えて温めると，特有のにおいのある黄色沈殿とカルボン酸のナトリウム塩を生じた。

(1)　化合物Aの構造式を記せ。

(2)　*p*-キシレンと過マンガン酸カリウムとの反応では，Mnの酸化数は＋7から＋4に変化し，化合物Bのカリウム塩が生成する。実験2の反応で*p*-キシレン1molと反応する過マンガン酸カリウムの物質量は何〔mol〕か，求めよ。

(3)　化合物Eとナトリウムとの反応の反応式を記せ。

(4)　化合物Cおよび化合物Fの構造式を記せ。

(5)　同じ分子量であるにもかかわらず化合物C(沸点97℃)が化合物F(沸点7℃)よりも高い沸点を示す理由を説明せよ。

(6)　化合物Dの化合物名および構造式を記せ。

(7)　実験5の反応の反応式を記せ。

(☆☆☆☆◎◎◎◎)

解答・解説

中　学　理　科

【1】① 探究　② 資質　③ 科学技術　④ 技能　⑤ 見通し　⑥ 規則性　⑦ 総合的

〈解説〉中学校理科学習指導要領における理科の第一分野の目標は教科としての理科の目標を受けて，物資やエネルギーを対象とし，より具体的に構成している。学習指導要領の目標及び内容は育成すべき資質・能力を「知識及び技能」，「思考力，判断力，表現力等」，「学びに向かう力，人間性等」の三つの柱として整理している。また，一連の学習を生徒が自分のものとすることができるようにすることが重要であることから，観察，実験を行う学習について，「見通しをもって」ということを強調している。

【2】(1) 1,020〔m〕　(2) Na＋　(3) 液体が逆流しないようにガラス管を液体から抜く　(4) イ，ウ　(5) エ　(6) 60年後

〈解説〉(1) 観測者とP点との距離をlとすると，花火の光が観測者に到達するのは，光の速度は約3.0×10^{8}〔m/s〕なので，$\frac{l}{3.0\times10^{8}}$〔s〕，一方，音はその3秒後に観測者に到達した。したがって，$l=340$〔m/s〕$\times\left(\frac{l}{3.0\times10^{8}}+3\right)$〔s〕，$l\left(1-\frac{340}{3.0\times10^{8}}\right)=340$〔m/s〕$\times3$〔s〕となる。光速$3.0\times10^{8}$〔m/s〕に比べて音速340〔m/s〕は無視できるほど遅いので，観測者とP点との距離lは$l=340$〔m/s〕$\times3$〔s〕$=1020$〔m〕となる。(2) 電子数が11個であるため，原子番号11のNaである。この原子がイオンになるとき，$Na\rightarrow Na^{+}+e^{-}$のように電子1個を放出して1価の陽イオンになる。　(3) バーナーを消すとフラスコ内の圧力が下がり，試験管内の液体がフラスコ側に逆流することがある。それを防ぐために，バーナーを消す前にガラス管を抜くことが必要となる。　(4) 解答の

他，集団が十分に大きく，他の集団との個体の移動がなく，自然選択が起こらないという条件が，ハーディ・ワインベルグの法則の成立には重要である。　(5)　恒星の明るさは数字が小さくなるほど明るくなる。その割合は，1等星明るくなると2.5倍明るくなり，5等星明るくなると100倍の明るさになる。逆に1等星数字が大きくなると，$\frac{1}{2.5}$〔倍〕暗くなる。数字が5等星大きくなると，$\frac{1}{100}$〔倍〕になる。
(6)　半減期は，元の放射性元素が半分になるのに要する時間の事を言い，半減期の回数をnとすると，$\left(\frac{1}{2}\right)^n$で表すことができる。セシウム137の数は元の$\frac{1}{4}$であるため，半減期が2回来たことになる。よって，60年になる。

【3】(1)　①　f　②　ア　肺動脈　イ　静脈血　③　酸素が多いところでは酸素と結びつき，酸素が少ないところでは酸素の一部を放す性質。　(2)　①　A　解糖系　B　クエン酸回路　C　電子伝達系　②　A　③　酸素…96〔mg〕　二酸化炭素…132〔mg〕
〈解説〉(1)　①　fは門脈(肝門脈)であり，小腸で吸収した栄養を含んだ血液が流れている。　②　肺動脈は右心室と肺をつなぐ血管であり，酸素が少ない静脈血が流れている。　③　赤血球中のヘモグロビンが酸素と結合し酸素ヘモグロビンとなり，体内に酸素を運搬する。二酸化炭素分圧が高いと酸素ヘモグロビンから酸素が解離し，組織に酸素が供給される。　(2)　①　解糖系は細胞質で，クエン酸回路はミトコンドリアのマトリックスで，電子伝達系はミトコンドリアの内膜で反応が起こる。　②　発酵とは，酸素を使わずに有機物を分解してエネルギーを取り出す代謝である。　③　呼吸の反応式は，$C_6H_{12}O_6$＋$6O_2$＋$6H_2O$→$6CO_2$＋$12H_2O$である。グルコース1molが消費する酸素は6molであり，生成される二酸化炭素は6molである。グルコースの分子量は180g/mol，酸素の分子量は32g/mol，二酸化炭素の分子量は44g/molであるため，90mgのグルコースは0.0005molである。消費する酸素量は，0.0005×6×32＝0.096〔g〕，生成される二酸化炭素量は，

$0.0005 \times 6 \times 44 = 0.132$〔g〕

【4】(1)　①　ア　　②　オ　　③　イ　　④　カ　　(2)　$Ca(OH)_2 + CO_2 \rightarrow CaCO_3 + H_2O$　　(3)　①　0.3〔mol〕　　②　0.3〔mol/L〕　③　0.09〔mol〕　　④　$CaCl_2 + Na_2CO_3 \rightarrow CaCO_3 + 2NaCl$

〈解説〉(1)　それぞれ以下のように反応する。　①　アルカリ土類金属は水と反応して水素を発生する。$Ca + 2H_2O \rightarrow Ca(OH)_2 + H_2$　②　$CaCO_3 \rightarrow CaO + CO_2$　③　$CaO + H_2O \rightarrow Ca(OH)_2$　④　$CaCO_3 + 2HCl \rightarrow CaCl_2 + H_2O + CO_2$　(2)　石灰水は水酸化カルシウム水溶液で，これに二酸化炭素を吹き込むと，炭酸カルシウムの白色沈殿が生じる。(3)　①　$n = \frac{w}{M}$より$\frac{33.3}{111} = 0.3$〔mol〕である。　②　1L中に0.3mol溶けているので濃度は0.3mol/Lである。　③　$CaCl_2$水溶液100mL中の物質量は$0.3 \times \frac{100}{1000} = 0.03$〔mol〕である。$CaCl_2 \rightarrow Ca^{2+} + 2Cl^-$と電離するので，イオンの物質量は$0.03 \times 3 = 0.09$〔mol〕である。　④　酸塩基による沈殿反応で炭酸カルシウムが沈殿する。

【5】(1)　①　エ　　②　光の屈折　　③　名称…全反射　　位置…a　④　事故の例…光源装置の光を直接見て目を傷める　　必要な配慮…光源装置の光を直接見ないように指示する。　　(2)　①　ア　②　太陽光線が水滴に当たると，光線は水滴に入るときと出ていくときに屈折するため，波長によって異なる向きに進むから。　③　太陽光が大気を長い間通過するため，散乱されにくい赤系統の光が他の色の光よりも多く目に届くから。

〈解説〉(1)　①　光を波として扱うと波に対するホイヘンスの原理より，波の速さが媒質により変化することにより波面が屈折するとして，光の屈折の法則は媒質１の屈折率をn_1，入射角i，媒質2の屈折率をn_2，屈折角rとすると，$n_1 \sin i = n_2 \sin r$となる。入射角，屈折角は媒質の境界面への法線と光との角度である。ここで，屈折率は物質固有の値で，水の屈折率をn_1，空気の屈折率をn_2とすると，$n_1 > n_2 = 1$である。したがって，空気の屈折率のほうが小さいため，$\sin i < \sin r$となり，入射角i

より屈折角rの方が大きく，正解はエとなる。 ② ①のように光が異なる媒質の境界面で折れ曲がる現象を光の屈折という。 ③ $n_1 \sin i=\sin r$より，$n_1 \sin i=1$になる入射角iでは屈折角rが90度となり境界面を光が走り，それ以上の入射角iの場合は光が空気中にでてゆくことなく，境界面でいわゆる反射の法則にしたがい光が反射する。この現象を全反射といい，オに反射する光源の位置はaとなる。 ④ 光源からの光による傷害を防止するために必要な配慮には，遮光眼鏡(ゴーグル)を着用させる。光の強度をできるだけ弱くする等も考えられる。(2) ① 夕方の太陽の位置は西にあり，太陽を光源とした光が空気中の水滴により分散し，分散した光が散乱している結果が虹なので，西に光源があり，その光が東の空に向かいながら分散，散乱するのを虹と観察するため，正解はアの東である。 ② 太陽光には短い波長の紫外光から長い波長の遠赤外光まである中で，人間の目で見える光として赤から青までの光はその波長により，水滴による屈折角が異なるため，各色の光が少しずつ違った方向に進むため，その散乱光を虹として見ることになる。 ③ 人間の見える光で赤の光の波長が一番長く，青の光の波長が一番短い。波長が長い光ほど大気を通過する際の減衰率が小さいため，散乱した赤色の光が最も強く目に届くためである。

【6】(1) ① 69.5〔%〕 ② 4.7〔g〕 ③ イ ④ 室内の気温と同じ水温にするため。 (2) ① エ ② 40 ③ 9.6〔日〕

〈解説〉(1) ① 室内の気温は18度なので，飽和水蒸気量は表から，15.4〔g/m^3〕と読める。水温が12度でコップの表面に水滴がついたので，この温度の飽和水蒸気量の値が室内の空気中に含まれる水蒸気の量となる。$\frac{10.7}{15.4}\times100=69.48\cdots$より，この部屋の湿度は，69.5% ② 室温の飽和水蒸気の量から実際に含まれる水蒸気の量を引くと，この空気が残り含むことができる水蒸気の量が分かる。$15.4-1.07=4.7$〔g〕 ③ 気温だけが上昇すると，分母の飽和水蒸気量の値が大きくなっていくので，湿度は低下していく。 ④ 解答参照。 (2) ① 地球全体の水のうち97%は海水である。残りの3%の淡水のうちの大半が氷河であり，地下水→湖沼水→河川水の順に少なくなる。　② 陸地への降水量と陸地からの蒸発量の差は111－71＝40，この差の分だけ陸地から水が河川等を伝わり海に移動している。　③ 海洋・陸地への1年間の降水量は496×10^3〔km^3/年〕になる。1日に直すと，1.36×10^3〔km^3/日〕になる。大気中の水の量は13×10^3〔km^3〕なので，この水の量を全て降水で降らせたとすると，13×10^3〔km^3〕÷1.36×10^3〔km^3/日〕で解くと，9.55…になるので，大気中の水は約9.6日間で入れ替わることになる。

高　校　理　科

【物理】

【1】(1)　①　自然の事物・現象から課題や仮説の設定をしたり，観察，実験などの計画を立案したりする学習となっているか，観察，実験などの結果を分析し解釈して仮説の妥当性を検討したり，全体を振り返って改善策を考えたりしているか，得られた知識及び技能を基に，次の課題を発見したり，新たな視点で自然の事物・現象を把握したりしているか　②　課題の設定や検証計画の立案，観察，実験の結果の処理，考察などの場面では，あらかじめ個人で考え，その後，意見交換したり，科学的な根拠に基づいて議論したりして，自分の考えをより妥当なものにする学習となっているか　③「理科の見方・考え方」を働かせながら探究の過程を通して学ぶことにより，理科で育成を目指す資質・能力を獲得するようになっているか，様々な知識がつながって，より科学的な概念を形成することに向かっているか，さらに，新たに獲得した資質・能力に基づいた「理科の見方・考え方」を，次の学習や日常生活などにおける課題の発見や解決の場面で働かせているか　④　学習内容の特質に応じて，情報の収集，仮説の設定，実験の計画，実験による検証，実験データの分析・解釈，法則性の導

出などの探究の方法を習得させるようにするとともに，報告書などを作成させたり，発表を行う機会を設けたりすること　(2)　①　石灰岩　②　凝灰岩　③　チャート　④　岩塩　(3)　①　自然免疫　②　二次応答　③　体液性免疫　④　B細胞

(4)　①　6.0〔mol〕　②　25〔L〕　③　18〔g〕

〈解説〉(1)　高等学校学習指導要領(平成30年告示)では，改訂の基本方針として「主体的・対話的で深い学び」の実現に向けた授業改善の推進を図っており，各教科において学習過程の質の向上のために，その配慮事項を示している。理科における学習過程は課題の把握(発見)，課題の探究(追究)，課題の解決という探究の過程を通じた学習活動である。その中で，観察，実験などから主体的に結果を分析し考察したり，意見交換や議論など対話的な学習活動を行ったり，得た気付きから疑問を形成し，新たな課題として設定しより深い学びとして，レポートなどを作成し，発表を行う機会を設定する一連の探究活動の中で，資質・能力を獲得することを目指している。　(2)　①　サンゴ等は炭酸カルシウムの骨格や殻を作る。これが固まると石灰岩になる。

②　火山灰が固結したものは凝灰岩と言い，短時間に広範囲に降下するので，地層の対比によく使用される。　③　放散虫は骨格にSiO_2を使用している。そのため，堆積し固まると緻密で硬いチャートが形成される。チャートは火打石に使用される。　④　海水が蒸発すると塩が残り，固まると岩塩が形成される。岩石としては石膏などと同様に，蒸発岩のカテゴリーに入る。　(3)　①　自然免疫では，樹状細胞，マクロファージ，好中球などがはたらく。　②　一度目の抗原の侵入によってB細胞やT細胞が免疫記憶細胞として体内に残るため，二度目の抗原の侵入では速く強い反応が可能になる。　③　抗原に特異的に結合する抗体が抗原を不活性化する免疫を体液性免疫といい，マクロファージの食作用などによって直接抗原を排除する免疫を細胞性免疫という。　④　樹状細胞から抗原提示を受けたヘルパーT細胞によって，B細胞が抗体産生細胞に分化する。　(4)　①　化学反応式より，1molのプロパンが燃焼すると3molの二酸化炭素が生成するので，2molのプ

ロパンからは2.0×3＝6.0〔mol〕生成する。　② プロパンの燃焼には5倍の酸素が必要になるので，5.0×5＝25〔L〕が必要である。
③ プロパン11gは$\frac{11}{44}$＝0.25〔mol〕で，これから生じる水は0.25×4＝1.0〔mol〕となり18gである。

【2】(1) ① $\frac{\sqrt{2}}{2}T$〔N〕　② $mg-\frac{\sqrt{2}}{2}T$〔N〕　③ $\frac{\sqrt{2}\,mgL}{4r}$〔N〕
④ $F\cdots\frac{mgL}{4r}$　$R\cdots mg\left(1-\frac{L}{4r}\right)$　⑤ $\frac{4\mu}{1+\mu}r$〔m〕
(2) ① $\frac{m}{m+M}v_0$　② $\frac{Mv_0^{\ 2}}{2(m+M)g}$　③ 小球…$\frac{|m-M|}{m+M}v_0$
台…$\frac{2m}{m+M}v_0$

〈解説〉(1) ① 棒の水平方向の摩擦力Fは棒の受ける半円柱からの垂直抗力Tの水平成分と等しいので，$F=T\cos45^\circ=\frac{\sqrt{2}}{2}T$〔N〕となる。
② 鉛直方向のつり合いは棒の鉛直方向の重力を棒への水平面からの垂直抗力Rと半円柱からの垂直抗力Tの鉛直成分で支えているので，$mg=R+T\sin45^\circ$より，$R=mg-\frac{\sqrt{2}}{2}T$〔N〕となる。　③ 水平面との棒の接点を支点とする力のモーメントのつり合いから，$Tr=\frac{L}{2}mg\cos45^\circ$となり，$T=\frac{\sqrt{2}\,mgL}{4r}$〔N〕となる。　④ $F=T\cos45^\circ=\frac{\sqrt{2}}{2}T$〔N〕と$R=mg-\frac{\sqrt{2}}{2}T$〔N〕とに，$T=\frac{\sqrt{2}\,mgL}{4r}$を代入すると，$F=\frac{mgL}{4r}$〔N〕，$R=mg\left(1-\frac{L}{4r}\right)$〔N〕となる。　⑤ $L\geqq 2r$の時，棒を平面に対して45°に立てかけようとすると棒の重心が半円柱との接点の先となり，棒が平面から浮き上がるが，ここでは$L\leqq 2r$とし，静止摩擦係数μとの関係として立式する。$F=\mu R$より，$\frac{mgL}{4r}=\mu mg\left(1-\frac{L}{4r}\right)$，したがって，$L=\frac{4\mu}{1+\mu}r$となり，$\mu\leqq 1$，$(L\leqq 2r)$の時$L$の最大値は

$L=\frac{4\mu}{1+\mu}r$〔m〕となる。　(2)　①　摩擦がない理想的な床の上であることから，台の速さをVとし，台と小球の運動量保存則より，小球が点Pに達したとき，小球と台が一体になって速度Vで水平に動く。よって，$mv_0=(m+M)V$となる。したがって，$V=\frac{m}{m+M}v_0$より，台の速さは$\frac{m}{m+M}v_0$となる。　②　台の水平面を位置エネルギーの基準にし，力学的エネルギー保存の法則より，台の水平面から点Pまでの高さをhとおくと，$\frac{1}{2}mv_0{}^2=mgh+\frac{1}{2}(m+M)V^2=mgh+\frac{1}{2}(m+M)\left(\frac{m}{m+M}v_0\right)^2$となる。したがって，$h=\frac{Mv_0{}^2}{2(m+M)g}$より，点Pまでの高さは$\frac{Mv_0{}^2}{2(m+M)g}$となる。　③　台の水平面上に戻るときの床に対する小球の速さをv_1，台の速さをV_1とすると，運動量の保存則から，$(m+M)V=mv_0=MV_1+mv_1$，力学エネルギー保存則から，$mgh+\frac{1}{2}(m+M)V^2=\frac{1}{2}mv_0{}^2=\frac{1}{2}MV_1{}^2+\frac{1}{2}mv_1{}^2$となる。この両式から，$v_1=\frac{mv_0-MV_1}{m}$を$\frac{1}{2}mv_0{}^2=\frac{1}{2}MV_1{}^2+\frac{1}{2}mv_1{}^2$に代入して整理すると，$V_1=\frac{2mv_0}{m+M}$となる。また，$v_1=\frac{mv_0-MV_1}{m}=\frac{mv_0-M\frac{2mv_0}{m+M}}{m}=\frac{m-M}{m+M}v_0$となり，$\frac{|m-M|}{m+M}v_0$　なお，$M>m$とすると，$v_1=-\frac{v_0(M-m)}{m+M}<0$となる。したがって，床に対して小球は台と反対方向に転がり，小球の速さは$\frac{|m-M|}{m+M}v_0$，台の速さは$\frac{2m}{m+M}v_0$となる。

【3】(1)　①　$\frac{m}{V_0}$〔kg/m³〕　②　$\frac{mT_0}{V_0T_1}$〔kg/m³〕　③　$\frac{mV}{mV-MV_0}T_0$〔K〕　(2)　①　0.3〔A〕　②　1.8×10^{-5}〔C〕　③　2.7×10^{-5}〔C〕　④　電気量…1.5×10^{-5}〔C〕　向き…A→B

〈解説〉(1)　①　密度は単位体積当たりの質量なので，空気の密度は$\frac{m}{V_0}$〔kg/m³〕となる。　②　この空気が理想気体とすると，体積と圧力が一定の条件では，空気の温度とその体積の質量の積は一定なので，温度が$T_0 \to T_1$へと変化するとV_0の質量は$m \to m\frac{T_0}{T_1}$となる。したがって，その密度は$\frac{mT_0}{V_0T_1}$〔kg/m³〕となる。　③　風船内部の空気の温度がT，外部の空気の温度がT_0とすると，風船内部の空気の密度は$\frac{mT_0}{V_0T}$なので，その空気の質量は$\frac{VmT_0}{V_0T}$となり，一方，風船に働く浮力は$\frac{Vm}{V_0}g$となる。気球が浮上する瞬間は風船に働く浮力と気球の重量が等しいので，$\left(\frac{VmT_0}{V_0T}+M\right)g=\frac{Vm}{V_0}g$，$\frac{VmT_0}{V_0\left(\frac{Vm}{V_0}-M\right)}=T$より，温度$T$は$\frac{mV}{mV-MV_0}T_0$〔K〕となる。　(2)　①　R_1とR_2は直列接続で，全体に15〔V〕の電圧がかかっているので，そこに流れる電流は$\frac{15}{20+30}=0.3$となるので，R_2に流れる電流は0.30〔A〕である。　②　スイッチS_1のみが閉じているので，コンデンサーC_1とC_2は直列接続で，全体に15〔V〕の電圧がかかっている。コンデンサーC_1とC_2の合成容量$\frac{C_1C_2}{C_1+C_2}$に蓄えられる電気量$15\frac{C_1C_2}{C_1+C_2}$がC_1の正電極に正電荷でC_2の負電極に負電荷で存在するので，C_1に蓄えられた電気量は$15\times\frac{6.0}{5.0}\times10^{-6}=1.8\times10^{-5}$〔C〕となる。
③　スイッチS_2が閉じられているので，点Bの電圧は点Aと同様に9〔V〕となり，コンデンサーC_2に9〔V〕かかっているので，C_2に蓄えられた電気量は$9\times3.0\times10^{-6}=2.7\times10^{-5}$〔C〕となる。　④　スイッチ$S_2$が閉じられているとき，コンデンサー$C_1$に6〔V〕かかっているので，$C_1$に蓄えられた電気量は$6\times2.0\times10^{-6}=1.2\times10^{-5}$〔C〕となる。したがって，$C_1$の負電極に$-1.8\times10^{-5}$〔C〕，$C_2$の正電極に$1.8\times10^{-5}$〔C〕の状態か

ら，スイッチS_2が閉じられると，C_1の負電極に-1.2×10^{-5}〔C〕，C_2の正電極に2.7×10^{-5}〔C〕の状態になるので，結局，A→Bへ，電気量$(-1.8+1.8-1.2+2.7)\times10^{-5}=1.5\times10^{-5}$〔C〕移動したことになる。

【4】(1) $\dfrac{\lambda_0}{n_1}$ (2) $\dfrac{2k-1}{4n_1}\lambda_0$ (3) $\dfrac{2k-1}{2k+1}\lambda_0$

(4) $\lambda_0=500$〔nm〕，$\lambda_2=433$〔nm〕より，

$433=\dfrac{2k-1}{2k+1}\cdot500$ よって，$k=\dfrac{933}{134}=6.96\fallingdotseq7$ (kは整数)

(2)の結果に，$k=7$，$n_1=2.0$，$\lambda_0=500$〔nm〕$=5.00\times10^{-7}$〔m〕を代入すると

$d_k=\dfrac{(2\times7)-1}{4\times2.0}\times5.00\times10^{-7}=8.125\times10^{-7}\fallingdotseq8.1\times10^{-7}$〔m〕

(5) $\sin i=n_1\sin r$ (6) $2dn_1\cos r=\left(m+\dfrac{1}{2}\right)\lambda_3$

(7) $\cos r=\sqrt{1-\sin^2 r}=\sqrt{1-\left(\dfrac{\sin i}{n_1}\right)^2}=\dfrac{\sqrt{n_1^{\,2}-\sin^2 i}}{n_1}$

これを(6)の結果に代入すると

$2n_1d\dfrac{\sqrt{n_1^{\,2}-\sin^2 i}}{n_1}=\left(m+\dfrac{1}{2}\right)\lambda_3$ よって，$2d\sqrt{n_1^{\,2}-\sin^2 i}=\left(m+\dfrac{1}{2}\right)\lambda_3$

入射角$i=0^\circ$のときに干渉光が明るくなるので(7)の結果より，

$2d\sqrt{n_1^{\,2}-\sin^2 0^\circ}=2n_1d_1=\left(m+\dfrac{1}{2}\right)\lambda_3$ …①

$0^\circ\leqq i<90^\circ$の範囲で，iを大きくすると光路差$2d\sqrt{n_1^{\,2}-\sin^2 i}$は小さくなるので，$i=i_1$のときに干渉光が明るくなる条件は

$2d\sqrt{n_1^{\,2}-\sin^2 i_1}=\left(m-\dfrac{1}{2}\right)\lambda_3$ …②

ただし，$i=0$，$m=0$では光路差は$\dfrac{1}{2}\lambda_3$となり，iを大きくしたときに次の極大点をとりえないので，$m\geqq1$となる。

①，②式より，$\dfrac{2d\sqrt{n_1^{\,2}-\sin^2 i_1}}{2n_1d}=\dfrac{\left(m-\dfrac{1}{2}\right)\lambda_3}{\left(m+\dfrac{1}{2}\right)\lambda_3}$

よって，$\dfrac{\sqrt{n_1^{\,2}-\sin^2 i_1}}{n_1}=\dfrac{2m-1}{2m+1}$ (ただし，$m\neq0$)

(整理すると，$(2m+1)^2\sin^2 i_1=8mn_1{}^2$)

〈解説〉(1)　光を波として扱うと波の速さ(波長)が媒質の屈折率によって変化する(真空中での光の速さcより遅くなる)として扱える。問題の条件から，$1\cdot\lambda_0=n_1\lambda_1$より，$\lambda_1=\dfrac{\lambda_0}{n_1}$　(2)　空気より薄膜の屈折率が大きいので，薄膜の上面で反射する光①は反射時に位相が半波長ずれ，薄膜よりガラス板の屈折率が小さいので，ガラス板の上面で反射する光②は反射時に位相はずれないことに注意すると光①と②の光路差$2d_kn_1$を波長で割った数と反射時の半波長のずれの和が波長のk倍となる。したがって，$\dfrac{2d_kn_1}{\lambda_0}+\dfrac{1}{2}=k$より，$d_k=\dfrac{2k-1}{4n_1}\lambda_0$　(3)　$d_k=\dfrac{2k-1}{4n_1}\lambda_0$の関係式で，$d_k$を固定し波長を$\lambda_0$から短くした波長$\lambda_2$で，次の明るさの極大になるので，$\dfrac{2d_kn_1}{\lambda_2}+\dfrac{1}{2}=k+1$と$d_kn_1=\dfrac{2k-1}{4}\lambda_0$で，$d_kn_1$を消去すると，$\lambda_2=\dfrac{2k-1}{2k+1}\lambda_0$　(4)　$\lambda_2=\dfrac{2k-1}{2k+1}\lambda_0$より，$k$の値を求め，$d_k=\dfrac{2k-1}{4n_1}\lambda_0$より，$d_k$〔m〕を求める。なお，波長の単位1〔nm〕$=1\times10^{-9}$〔m〕である。　(5)　光を波として扱うと波に対するホイヘンスの原理が使え，波の速さが媒質により変化することにより波面が屈折するとして，光の屈折の法則は媒質0の屈折率をn_0，入射角i，媒質1の屈折率をn_1，屈折角をrとすると，$n_0\sin i=n_1\sin r$となる。ここでは，空気の屈折率を$n_0=1$，薄膜の屈折率をn_1とするので，$\sin i=n_1\sin r$となる。　(6)　薄膜中の光の波長が空気中の$\dfrac{1}{n_1}$になることに注意し，光線①と光線②の光路差が入射光の波長λ_3の何倍になるかを関係式にする。ここで，光線①の薄膜上面の反射点をB_1，光線②のガラス板上面での反射点をC，線分A_1Cへの点B_1からの垂線との交点をB_2とし，径路A_1B_2と経路A_2B_1が，光路で考えると等しいことに注意すると，光線①と光線②の光路差は，$CB_1(\cos 2r+1)n_1=\dfrac{d}{\cos r}(\cos 2r+1)n_1=\dfrac{d}{\cos r}(\cos^2 r-1+1)n_1=2dn_1\cos r$となる。また，薄膜表面の反射光と薄膜内に屈折しガラス板の上面で反射した光が干渉し強め合う条件は，(2)と同様に，両反射光の光路差が光の波長の$\left(\text{整数倍}+\dfrac{1}{2}\right)$であるので，　$2n_1 d\cos r=\left(m+\dfrac{1}{2}\right)\lambda_3$となる。

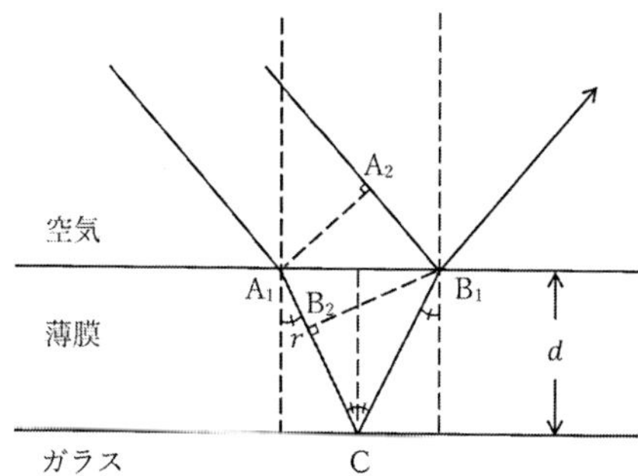

(7)　解答参照。

【化学】

【1】(1)　①　自然の事物・現象から課題や仮説の設定をしたり，観察，実験などの計画を立案したりする学習となっているか，観察，実験などの結果を分析し解釈して仮説の妥当性を検討したり，全体を振り返って改善策を考えたりしているか，得られた知識及び技能を基に，次の課題を発見したり，新たな視点で自然の事物・現象を把握したりしているか　②　課題の設定や検証計画の立案，観察，実験の結果の処理，考察などの場面では，あらかじめ個人で考え，その後，意見交換したり，科学的な根拠に基づいて議論したりして，自分の考えをより妥当なものにする学習となっているか　③「理科の見方・考え方」を働かせながら探究の過程を通して学ぶことにより，理科で育成を目指す資質・能力を獲得するようになっているか，様々な知識がつながって，より科学的な概念を形成することに向かっているか，さら

に，新たに獲得した資質・能力に基づいた「理科の見方・考え方」を，次の学習や日常生活などにおける課題の発見や解決の場面で働かせているか　(2)　①　石灰岩　②　凝灰岩　③　チャート
④　岩塩　(3)　①　自然免疫　②　二次応答　③　体液性免疫
④　B細胞　(4)　①　0.78〔N〕　②　9.8×10^{-2}〔N〕
③　0.69〔N〕

〈解説〉(1)　高等学校学習指導要領(平成30年告示)では，改訂の基本方針として「主体的・対話的で深い学び」の実現に向けた授業改善の推進を図っており，各教科において学習過程の質の向上のために，その配慮事項を示している。理科における学習過程は課題の把握(発見)，課題の探究(追究)，課題の解決という探究の過程を通じた学習活動である。その中で，観察，実験などから主体的に結果を分析し考察したり，意見交換や議論など対話的な学習活動を行ったり，得た気付きから疑問を形成し，新たな課題として設定しより深い学びとして，レポートなどを作成し，発表を行う機会を設定する一連の探究活動の中で，資質・能力を獲得することを目指している。　(2)　①　サンゴ等は炭酸カルシウムの骨格や殻を作る。これが固まると石灰岩になる。
②　火山灰が固結したものは凝灰岩といい，短時間に広範囲に降下するので，地層の対比によく使用される。　③　放散虫は骨格にSiO_2を使用している。そのため，堆積し固まると緻密で硬いチャートが形成される。チャートは火打石に使用される。　④　海水が蒸発すると塩が残り，固まると岩塩が形成される。岩石としては石膏などと同様に，蒸発岩のカテゴリーに入る。　(3)　①　自然免疫では，樹状細胞，マクロファージ，好中球などがはたらく。　②　一度目の抗原の侵入によってB細胞やT細胞が免疫記憶細胞として体内に残るため，二度目の抗原の侵入では速く強い反応が可能になる。　③　抗原に特異的に結合する抗体が抗原を不活性化する免疫を体液性免疫といい，マクロファージの食作用などによって直接抗原を排除する免疫を細胞性免疫という。　④　樹状細胞から抗原提示を受けたヘルパーT細胞によって，B細胞が抗体産生細胞に分化する。　(4)　①　重力は(質量)×(重力加

速度)なので，$8.0\times10^{-2}\times9.8$より，有効数字2桁とすると0.78〔N〕となる。　②　浮力は浮力を受ける金属球が押しのけた媒質の質量に働く重力に等しいので，(水の密度)×(金属球の体積)×(重力加速度)＝$1.0\times10^{3}\times1.0\times10^{-5}\times9.8$より，$9.8\times10^{-2}$〔N〕となる。　③　金属球を釣り上げている糸の張力は金属球に働く重力から浮力を差し引いた値なので，$7.8\times10^{-1}-9.8\times10^{-2}\fallingdotseq6.9\times10^{-1}$より，0.69〔N〕となる。

【2】(1)　①　3.86×10^{3}〔C〕　②　4.00×10^{-2}〔mol〕　③　陽極…$2H_2O\rightarrow O_2+4H^{+}+4e^{-}$　陰極…$Ag^{+}+e^{-}\rightarrow Ag$　④　4.32〔g〕　⑤　2.24×10^{2}〔mL〕　(2)　①　・保護眼鏡・白衣等を着用させる。・実験内容(目的や操作，試薬や器具の取り扱いなど)を理解させておく。　・器具の洗浄，廃液の処理，片付け等について事前に指示しておく。　②　A　Zn　B　Fe　C　Cu　D　Pt　E　Ca　③　$Ca+2H_2O\rightarrow Ca(OH)_2+H_2$　④　E＞A＞B＞C＞D
(3)　①　1.7×10^{4}〔Pa〕　②　64〔%〕　③　1.1×10^{4}〔Pa〕

〈解説〉(1)　①，②　1時間4分20秒を秒数に変換すると3860秒，流れた電気量は，電流×時間〔秒〕で求まるので，$1.00\times3860=3860=3.86\times10^{3}$〔C〕である。1molの電気量が$9.65\times10^{4}$〔C〕なので，$\frac{3860}{9.65\times10^{4}}=0.04=4.00\times10^{-2}$〔mol〕である。　③　中性水溶液中の陽極では，水が反応して酸素が発生する。　④　1molの電気量で1molの銀が析出するので，$108\times0.04=4.32$〔g〕が析出する。　⑤　4molの電気量で1〔mol〕＝22400〔mL〕の酸素が発生するので，$22400\times0.04\times\frac{1}{4}=224$〔mL〕発生する。　(2)　①　実験の安全性の確保と学習として有用な実験結果を得るために，試薬の取り扱い方や万一の事故への対応等を指導，保護メガネや白衣の着用の指導，正しい実験方法と手順についての事前指導，実験後の廃液の処分と器具の後片付けについての指導をするなどが考えられる。　②　実験2より常温の水に溶けるのは，アルカリ金属およびアルカリ土類金属であるのでEはCaに決定する。塩酸に溶けるのはイオン化傾向の大きな金属で，AおよびBはZn，Fe

である。実験4よりアルカリに溶けるのは両性元素であるのでAはZnに決まり，BはFeとなる。実験3より硝酸に溶けたため，CはCuに決まる。③　アルカリ土類金属は水に溶け水素を発生する。　④　常温の水と反応する金属はイオン傾向が大きい。実験5よりBが析出したのでA＞Bとなる。　(3)　①　メタン0.032gは$\frac{0.032}{16}$＝0.002〔mol〕，酸素0.16gは$\frac{0.16}{32}$＝0.005〔mol〕である。気体の状態方程式より，$P=\frac{nRT}{V}$＝(0.002＋0.005)×8.3×10³×$\frac{300}{1.0}$＝1.743×10⁴≒1.7×10⁴〔Pa〕となる。

②　メタンの燃焼前後の物質量は，以下のようになる。

	CH_4	$+2O_2$	→	CO_2	$+2H_2O$	合計
燃焼前	0.002	0.005		0	0	0.007
燃焼後	0	0.001		0.002	0.004	0.007

H_2Oがすべて気体とすると，全圧が1.743×10⁴〔Pa〕になることから分圧は，1.743×10⁴×$\frac{0.004}{0.007}$＝9960〔Pa〕である。水蒸気の分圧が3750Paであることより，生じた水全体のうち気体の割合は，$\frac{3570}{9960}$×100＝35.8〔%〕である。よって，液体の水は100－35.8＝64.2≒64〔%〕となる。　③　17430－(9960－3570)＝11040≒1.1×10⁴〔Pa〕である。

【3】(1)　①　塩化銀…1.7×10^{-8}〔mol/L〕　　クロム酸銀…3.3×10^{-5}〔mol/L〕　　②　5.2×10^{-6}〔mol/L〕　　③　99.95〔%〕

(2)　①　赤褐色のクロム酸銀の沈殿の析出で滴定の終点がわかる。

②　0.135〔mol/L〕　　③　6.47×10^{-3}〔mol/L〕

〈解説〉(1)　①　$k_{sp(AgCl)}=[Ag^+][Cl^-]$より，$[Ag^+]=\frac{k_{sp(AgCl)}}{[Cl^-]}=\frac{1.7\times10^{-10}}{1.00\times10^{-2}}=$1.7×$10^{-8}$〔mol/L〕となる。同様に$k_{sp(Ag_2CrO_4)}=[Ag^+]^2[CrO_4^{2-}]$より，$[Ag^+]=\sqrt{\frac{k_{sp(Ag_2CrO_4)}}{[CrO_4^{2+}]}}=\sqrt{\frac{1.1\times10^{-12}}{1.00\times10^{-3}}}=\sqrt{1.1\times10^{-9}}=3.3\times10^{-5}$〔mol/L〕である。　②　$[Cl^-]=\frac{k_{sp(AgCl)}}{[Ag^+]}=\frac{1.7\times10^{-10}}{3.3\times10^{-5}}=5.15\times10^{-6}\fallingdotseq5.2\times10^{-6}$〔mol/L〕となる。　③　沈殿した塩化物イオンは，1.00×10^{-2}－5.2×

$10^{-6}=9.9948\times10^{-3}$〔mol/L〕であるので，その割合は，$\left(\frac{9.9948\times10^{-3}}{1.00\times10^{-2}}\right)\times100=99.948\fallingdotseq99.95$〔%〕である。 (2) ① $2Ag^{+}+CrO_4^{2-}\rightarrow Ag_2CrO_4$と赤褐色の沈殿が生じる。 ② 沈殿反応は$Ag^{+}+Cl^{-}\rightarrow AgCl$と$Ag^{+}$と$Cl^{-}$が1molずつで反応する。食塩水の濃度を$c$〔mol/L〕とすると，$0.100\times\frac{13.5}{1000}=c\times\frac{10}{1000}$より，$c=0.135$〔mol/L〕となる。 ③ 終点では$[Ag^{+}]=[Cl^{-}]$で，$k_{sp\,(AgCl)}=[Ag^{+}]^2$と表せる。一方，クロム酸銀が沈殿する場合は$[CrO_4^{2-}]=\frac{k_{sp\,(Ag_2CrO_4)}}{[Ag^{+}]^2}$であるので，$[Cr_2O_4^{2-}]=\frac{k_{sp\,(Ag_2CrO_4)}}{k_{sp(AgCl)}}$，よって，$[Cr_2O_4^{2-}]=\frac{1.1\times10^{-12}}{1.7\times10^{-10}}=6.471\times10^{-3}\fallingdotseq6.47\times10^{-3}$〔mol/L〕

【4】(1)

$$CH_3-CH_2-CH_2-O-\underset{\underset{O}{\|}}{C}-C_6H_4-\underset{\underset{O}{\|}}{C}-O-\overset{\overset{CH_3}{|}}{C}H-CH_2-CH_3$$

(2) 4〔mol〕

(3)

$$2CH_3-\underset{\underset{OH}{|}}{C}H-CH_3+2Na\rightarrow 2CH_3-\underset{\underset{ONa}{|}}{C}H-CH_3+H_2$$

(4) C…$CH_3-CH_2-CH_2-OH$　F…$CH_3-CH_2-O-CH_3$

(5) Cでは分子間に水素結合が生じるから

(6) D　化合物名…2-ブタノール

構造式…

$$CH_3-CH_2-\underset{\underset{OH}{|}}{C}H-CH_3$$

(7)

$$CH_3-CH_2-\underset{\underset{O}{\|}}{C}-CH_3+3I_2+4NaOH\rightarrow CHI_3+CH_3-CH_2-\underset{\underset{O}{\|}}{C}-ONa+3NaI+3H_2O$$

〈解説〉(1) Cは【実験4】の酸化によってアルデヒドが生じたことにより第一級アルコールで，Dはケトンが生じたことにより第二級アルコールである。よって，化合物Aは，加水分解により2種類のアルコールCとDが生成したことから，エステル結合を2個含む化合物である。また，*p*-キシレンを酸化するとBを得られるため，Bはテレフタル酸$C_6H_4(COOH)_2$である。CとDの炭素数は15－8＝7【実験3】からCは構造異性体を2種含む第一級アルコールなので1-プロパノール，よって，化合物Aはテレフタル酸に第一級アルコール$CH_3CH_2CH_2OH$と第二級アルコール$CH_3CH_2CH(CH_3)OH$がエステル結合している。　(2)　*p*-キシレンC_8H_{10}との反応により，Mnの酸化数が＋7から＋4に変化したことから，MnO_4^{2-}が電子3mol得てMnO_2に変化した。一方，$C_6H_4(CH_3)_2$が$C_6H_4(COO^-)_2$に変化するときには12molの電子を失う。よって，次の化学反応式が成り立つ。$C_8H_{10}+4KMnO_4 \rightarrow K_2C_8H_4O_4+4MnO_2+2KOH+2H_2O$　(3)，(4)　Cは1-プロパノールであるため，ナトリウムと反応することから構造異性体のEはアルコールである2-プロパノール$CH_3-CH(OH)-CH_3$で，Fはエチルメチルエーテルである。アルコールはナトリウムと反応することでナトリウムアルコキシドと水素が生じる。　(5)　化合物Cではアルコール分子中のヒドロキシ基に$-O^{\delta-}-H^{\delta+}$と水素結合が生じることにより沸点が高くなる。　(6)　(1)より，Cが1-プロパノールになるので，DはC原子が4個の2-ブタノールになる。(7)　化合物Gは2-ブタノールを酸化して生じたケトンである。ヨードホルム反応は，水酸化ナトリウムを加えた塩基性の条件のもとで行われる。まずメチル基にヨウ素が置換しCHI_3が生じ，次いで中和反応によって$-COONa$とH_2Oが生成する。

2023年度　実施問題

中学理科

【1】次の(1)～(3)に答えよ。

(1) 中学校学習指導要領解説「理科編」の「第3章　指導計画の作成と内容の取扱い　3　事故防止，薬品などの管理及び廃棄物の処理(1)事故の防止について　エ　点検と安全指導」の中で，観察，実験において事故を防止するためには，基本操作や正しい器具の使い方などに習熟させるとともに，どのような観察，実験の基本的な態度を身に付けさせることが必要と示されているか，二つ記せ。

(2) 中学校学習指導要領「第4節　理科　第2　各分野の目標及び内容〔第2分野〕3　内容の取扱い」について，次の①，②に答えよ。

① (4)ウでは，「火山岩」及び「深成岩」については，代表的な岩石を扱うこととしている。火山岩の代表的な岩石は何か，二つ記せ。

② (5)ウでは，血液の循環に関連して，二つの働きに触れることとしている。一つは，血液成分の働きで，もう一つの働きは何か，記せ。

(3) 中学校において，簡易型電気分解装置を使い，水を電気分解する実験を行う際に，予想される事故の例を挙げ，その事故に対する応急処置を記せ。

(☆☆☆☆◎◎)

【2】次の(1)～(6)に答えよ。

(1) 火力発電では，化学エネルギー→熱エネルギー→運動エネルギー→電気エネルギーとエネルギーが移り変わる。各過程でのエネルギーの量を比較した結果として，最も適当なものを次から一つ選び，記号で記せ。

ア　化学エネルギー<熱エネルギー<運動エネルギー<電気エネルギー

イ　化学エネルギー＝熱エネルギー＝運動エネルギー＝電気エネルギー

ウ　化学エネルギー＝熱エネルギー>運動エネルギー＝電気エネルギー

エ　化学エネルギー>熱エネルギー>運動エネルギー>電気エネルギー

(2)　水素や炭素などには同位体が存在する。同位体を「陽子」「中性子」の語句を用いて説明せよ。

(3)　ある物体を顕微鏡で観察した。顕微鏡の倍率を100倍から400倍に変えて観察したとき，400倍で観察するときの視野の面積は，100倍で観察するときの何倍になるか，記せ。

(4)　生物体内で行われる一連の化学反応では，エネルギーの受け渡しや変換が起こる。細胞におけるエネルギーの受け渡しの役割を担っている「エネルギーの通貨」ともいわれている物質は何か，記せ。

(5)　ある地震をA地点で観察したところ，初期微動が10秒間続いた。また，この地震のP波の速度は7.5km/s，S波の速度は3.5km/sであった。この地震の震源からA地点までの距離は何kmか，小数第1位を四捨五入して求めよ。

(6)　太陽放射によって地表面が暖められると，地表面から上向きに赤外線が放射され，それが大気中の水蒸気や二酸化炭素に吸収され大気を暖める。暖められた大気は，宇宙および地表に向かって赤外線を放射する。このように，赤外放射を大気が吸収し，地表に再放出することによって地表面の温度が上がることを何というか，名称を記せ。

(☆☆☆◎◎◎◎)

【３】次の(1)，(2)に答えよ。

(1) タマネギの根の細胞分裂の様子を調べるために，次の操作1から操作4を行った。図は観察した細胞を模式的に示したものである。このことについて，以下の①～④に答えよ。

操作1 発根したタマネギの種子から根端を1cmで切り取り，固定液に10～15分入れた。

操作2 固定した根端を水で十分に洗浄後，60℃に温めた3％の塩酸に1分程度浸した。

操作3 この根を水洗いした後，スライドガラスにのせ，先端から3mm程度を残し，それに染色液を1滴たらした。

操作4 数分放置した後，カバーガラスをかけて，ろ紙をおいてその上から親指の腹で押してプレパラートをつくった。

図

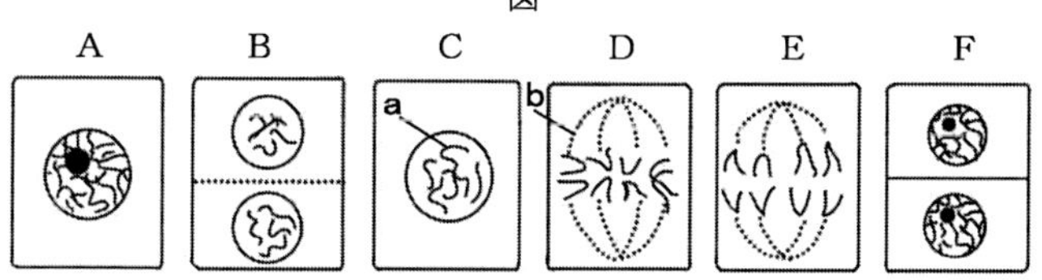

① 図のC，Dの細胞に見られるa，bをそれぞれ何というか，名称を記せ。

② 操作2で塩酸に浸した理由を記せ。

③ 図のA～Fの細胞を，細胞分裂段階の進む順に，Aから続けて記せ。

④ タマネギの根端の分裂組織を観察すると，分裂の各時期にある細胞の数は表のようになった。この細胞の核分裂の前期から終期までに要する時間を83.5分とすると，この実験で観察された中期に要した時間は何分か。小数第2位を四捨五入して求めよ。ただし，根端の分裂組織のすべての細胞が細胞分裂期の状態にあると仮定する。

表

	前期	中期	後期	終期	合計
観察された数	120	12	4	8	144

(2)　顕微鏡による細胞の観察について，次の①～③に答えよ。

①　自作の顕微鏡でコルクの切片を観察し，コルクが無数の中空の構造によって構成されていることを発見した。これを細胞(cell)と名付けた人物は誰か，記せ。

②　生きているオオカナダモの葉を1枚切り取り，プレパラートを作成して観察すると，時間の経過とともに，葉緑体が一定方向に流れている様子が観察できる。この現象を何というか，記せ。

③　次の細胞小器官のうち，光学顕微鏡では観察できないが，電子顕微鏡では観察できるものはどれか，次のア～エからすべて選び，記号で記せ。

ア　核　　イ　ゴルジ体　　ウ　リボソーム　　エ　葉緑体

(☆☆☆◎◎◎◎◎)

【4】次の(1)，(2)に答えよ。

(1)　図のように炭素棒を電極として，塩化銅水溶液と塩酸に電流を通し，電気分解を行った。以下の①～③に答えよ。

図

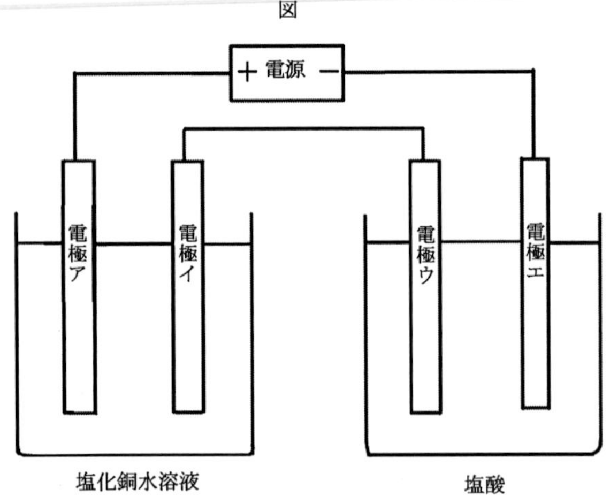

①　この電気分解では，電極ア～エのうち，2つの電極付近から同じ刺激臭の気体が発生した。その電極はどれか，記号で二つ記せ。

② この電気分解では，電極ア～エのうち，1つの電極に赤色の物質が付着した。その電極はどれか，記号で記せ。

③ この電気分解中に塩化銅水溶液と塩酸の中でおきた化学変化を，それぞれ化学反応式で記せ。

(2) 硝酸銀水溶液に白金電極を浸し，1.93Aの電流で50分間通じ電気分解した。原子量はAg＝108，ファラデー定数＝9.65×10^4C/molとして，次の①～④に答えよ。ただし，②～④については，有効数字3桁で記せ。

① このとき，各極の化学変化を，e^-を含むイオン反応式でそれぞれ記せ。

② この実験で，流れた電気量は何Cか，求めよ。

③ この実験で，陽極から発生した気体は標準状態で何mLか，求めよ。

④ この実験で，陰極の質量は何g増えるか，求めよ。

(☆☆☆◎◎◎◎)

【5】次の(1)，(2)に答えよ。

(1) 自然の長さがともに40cmで，ばね定数がk_A＝98N/mのばねAと，ばね定数がk_B＝49N/mのばねBの2本のばねを用いて，次の実験1，実験2を行った。以下の①～⑥に答えよ。ただし，ばねの重さによるばねの伸びは考えないものとする。また，重力加速度の大きさを9.8m/s^2とする。

実験1 図1のように天井から，ばねAとばねBの2本のばねを並列に取付け，質量0.60kgのおもりをつるす。

実験2 図2のように天井から，ばねAとばねBの2本のばねを直列に取付け，質量0.40kgのおもりをつるす。

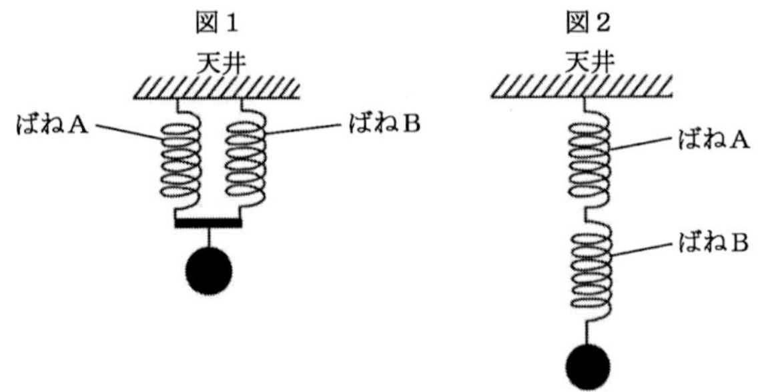

① 実験1で，2つのばねを1つのばねと考えたとき，そのばね定数を求めよ。

② 実験1で，ばねの伸びは何cmか，求めよ。

③ 実験1で，別のおもりをつるしたところ，ばねの長さが46cmとなった。おもりの質量は何kgか，求めよ。

④ 実験2で，ばねBがばねAにはたらく力の大きさは何Nか，求めよ。

⑤ 実験2で，天井がばねAにはたらく力の大きさは何Nか，求めよ。

⑥ 実験2で，ばねAとばねBの2つのばねを合わせた全体の長さは何cmか，求めよ。

(2) 「加えた力の大きさとばねののびの関係」を調べる実験を行い，その結果を生徒にグラフでまとめさせる。グラフのかき方において，生徒に留意させるポイントを3つ簡潔に記せ。

(☆☆☆◎◎◎◎)

【6】次の(1)，(2)に答えよ。

(1) 図1は，太陽とそのまわりにある金星と地球の位置関係を模式的に示している。図2は，双眼鏡で観察した金星の像のスケッチである。以下の①～④に答えよ。

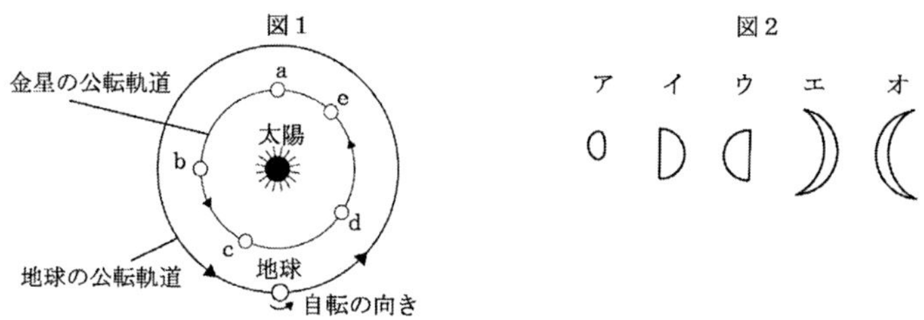

① 地球が図1の位置にあるとき，明け方に金星が見えるのはa～eのどの位置にあるときか，全て選び，記号で記せ。また，そのとき地球から見える方角も記せ。

② 地球が図1の位置にあるとき，双眼鏡で観察すると，c，dの位置にある金星はどのように見えるか。図2のア～オから最も適当なものをそれぞれ一つ選び，記号で記せ。

③ 図2のように双眼鏡で観察した金星の見かけの大きさが変わるのはなぜか，その理由を説明せよ。

④ 地球から金星は真夜中に観察することができない。その理由を説明せよ。

(2) 図3は，太陽の周りを公転する地球と，天球上の一部の星座を模式的に示したものである。図3のA～Dは，日本における春分，秋分，夏至，冬至のいずれかの日の地球の位置を示している。以下の①～④に答えよ。

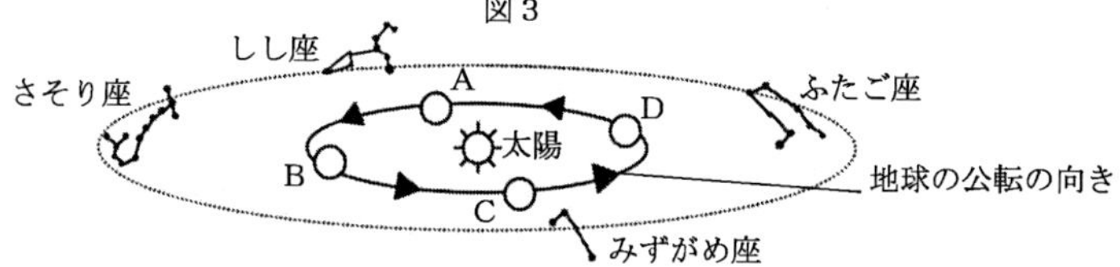

① 図3のA～Dのうち，日本における春分の日の地球の位置を表しているものを一つ選び，記号で記せ。

② 地球がBの位置にあるとき，真夜中に南の空と東の空にみられる星座はどれか。それぞれ星座の名称を記せ。

③　ふたご座が日没直後，東の空に見えるのは，地球がA～Dのどこにあるときか。記号で記せ。

④　地球の地軸は，公転面に立てた垂線に対して23.4°傾いている。甲府市の緯度がおよそ北緯35.7°とすると，甲府市の夏至の日における太陽の南中高度を求めよ。

(☆☆☆☆◎◎◎)

高　校　理　科

【化学】

【１】次の(1)～(4)の問いに答えよ。

(1)　高等学校学習指導要領(平成30年3月)「第2章　第5節　理科　第2款　各科目　第4　化学基礎　2　目標」には，「物質とその変化に関わり，理科の見方・考え方を働かせ，見通しをもって観察，実験を行うことなどを通して，物質とその変化を科学的に探究するために必要な資質・能力を次のとおり育成することを目指す。(以降省略)」とある。次の①，②の問いに答えよ。

①　「理科の見方・考え方を働かせ」とは，具体的にどのようなことか，説明せよ。

②　「見通しをもって観察，実験を行うこと」とは，具体的にどのようなことか，説明せよ。

(2)　次の①～④の文は，太陽系の惑星の特徴についての説明である。それぞれどの惑星の説明か，記せ。また，文中の(　ア　)～(　エ　)に適する語句を記せ。

①　表面の大気に(　ア　)が含まれるため青く見え，自転軸がほぼ横倒しになっている。

②　表面に大赤斑があり，惑星の主成分のほとんどが(　イ　)とヘリウムである。

③　大気の主成分は(　ウ　)で，その温室効果のため表面温度は

460℃に達する。

④　大気は非常に薄く，(　エ　)周期や自転軸の傾きが地球に似ていて，季節の変化がある。

(3)　植物の光に対する反応について，次の①～④の問いに答えよ。

①　赤色光が当たることで発芽が促進される種子を何というか，記せ。

②　一方から光を当てると，植物の茎は光のくる方向へ屈曲する。このような反応を何というか，記せ。

③　花芽の形成のように，生物の生理現象が昼(明期)と夜(暗期)の長さの変化に反応することを何というか，記せ。

④　ある時間より夜(暗期)が長くなると花芽を形成する植物を何というか，記せ。

(4)　なめらかな水平面上に静止した質量2.0kgの物体に，大きさ4.0Nの力を水平に加え続け，力の向きに9.0m動かした。重力加速度の大きさを9.8m/s^2として，次の①～③の問いに答えよ。

①　力のした仕事は何〔J〕か，求めよ。

②　重力のした仕事は何〔J〕か，求めよ。

③　9.0m動かし終えたとき，物体の速さは何〔m/s〕か，求めよ。

(☆☆☆◎◎◎◎◎)

【2】次の(1)，(2)の問いに答えよ。

(1)　次の文を読み，①～⑥の問いに答えよ。ただし，④～⑥については，有効数字2桁で記せ。

(H＝1.0，N＝14，O＝16，Na＝23，S＝32，Cl＝35.5，Ba＝137)

塩化アンモニウムと硝酸ナトリウムとの混合物4.25gを水に溶かして300mLの溶液をつくった。この(ア)溶液を30.0mLとり，水酸化ナトリウムとともに加熱し，発生する(イ)気体をすべて50.0mLの(ウ)希硫酸に吸収させた。気体を吸収させたのちの溶液中に残った硫酸を中和するために，(エ)メチルオレンジを指示薬として，0.100mol/Lの水酸化ナトリウム水溶液を少しずつ加えたところ25.0mLを要した。

また，滴定後の溶液に水酸化バリウム水溶液を十分に加えると，700mgの沈殿が生じた。

① 下線部(ア)の操作で使用する器具の名称を記せ。また，この器具が蒸留水でぬれている場合，すぐに用いるにはどうすればよいか，簡潔に記せ。

② 下線部(イ)の気体が発生するときにおこる変化を化学反応式で記せ。

③ 下線部(エ)の指示薬を使ったときに見られる色の変化を記せ。また，この指示薬を使う理由を述べよ。

④ 下線部(ウ)の希硫酸のモル濃度は何〔mol/L〕か，求めよ。

⑤ はじめの混合物に含まれていた塩化アンモニウムの物質量は何〔mol〕か，求めよ。

⑥ はじめの混合物に含まれていた硝酸ナトリウムの質量は，全体の何〔%〕か，求めよ。

(2) エタノール(分子量46)2.3gを内容積16.6Lの密閉容器に入れ，温度を27℃に保った。次に容器を冷却し，温度を12℃に保ったところ，エタノールの一部が凝縮した。気体定数は8.3×10^{3}Pa・L/(mol・K)，エタノールの蒸気圧は12℃で3.6×10^{3}Pa，27℃で8.8×10^{3}Paとし，液体のエタノールの体積は無視できるものとして，次の①～③の問いに有効数字2桁で答えよ。

① 27℃における容器内の気体の圧力は何〔Pa〕か，求めよ。

② 12℃における容器内の気体の圧力は何〔Pa〕か，求めよ。

③ 凝縮したエタノールの質量は何〔g〕か，求めよ。

(☆☆☆☆◎◎◎◎)

【３】次の(1)，(2)の問いに答えよ。

(1) 次の文を読み，①～⑤の問いに答えよ。ただし，②，③，⑤については，有効数字2桁で記せ。また，硫化水素の電離定数を9.6×10^{-22}mol^{2}/L^{2}とする。

硫化水素の電離平衡は　$H_2S \rightleftarrows 2H^{+} + S^{2-}$　と表され，

温度を一定に保ちpHを調整すると，電離平衡は移動する。

① 下線部の現象を何効果というか，記せ。

② pHを1.0にすると，水素イオンのモル濃度は何〔mol/L〕か，求めよ。

③ pHを1.0にすると，硫化物イオンのモル濃度は何〔mol/L〕か，求めよ。ただし，硫化水素は飽和していて，その濃度は0.10mol/Lである。

④ Cu^{2+}を0.010mol/L，Fe^{2+}を0.060mol/L含む水溶液のpHを1.0に調整し，硫化水素を通じて飽和させたとき，Cu^{2+}，Fe^{2+}のどちらが沈殿するか，記せ。CuS，FeSの溶解度積をそれぞれ6.0×10^{-36} mol^2/L^2，$6.0\times10^{-18}mol^2/L^2$とする。

⑤ ④で沈殿しなかった金属イオンを沈殿させるには，硫化物イオンのモル濃度を何〔mol/L〕より大きくすればよいか，求めよ。

(2) 次の文章を読み，①，②の問いに答えよ。

(Ni＝59，Cu＝64，Ag＝108，ファラデー定数F＝96500C/mol)

銅は硫化物として産出することが多く，銅鉱石としては黄銅鉱【主成分(　ア　)】が代表的なものである。黄銅鉱を石灰石やけい砂とともに高温の炉で加熱すると，硫化銅(Ⅰ)が得られる。硫化銅(Ⅰ)を転炉内で酸素を吹き込みながら加熱すると，微量の不純物を含む粗銅が得られる。粗銅を(　イ　)極，純銅を(　ウ　)極として，硫酸酸性の硫酸銅(Ⅱ)水溶液を0.3V程度の電圧で電気分解する。このとき，粗銅に含まれる不純物として，亜鉛，銀，鉄，金を考えると，(　エ　)と(　オ　)が陽イオンとなって水溶液中に溶解し，(　カ　)と(　キ　)はイオンにならずに(　ク　)として沈殿する。溶液中に溶けている陽イオンの中で銅(Ⅱ)イオンが最も還元されやすく，(　ウ　)極に純度の高い銅が析出する。

① 空欄(　ア　)に適当な化学式を，(　イ　)～(　ク　)に適当な語句を記せ。

② ニッケルと銀を含む粗銅200.0gと純銅を用いて，上記の電気分解を行った。9.65Aの電流を400分間流したところ粗銅の質量が

120.0gとなり，(　ク　)が4.00g沈殿した。粗銅の組成は変化しないものとして，粗銅中の銅の質量は，全体の何〔%〕か，整数で答えよ。

(☆☆☆☆◎◎◎)

【4】次の文章を読み，(1)～(9)の問いに答えよ。

(H＝1.0，C＝12，N＝14，O＝16)

試験管に(　ア　)4.0mLをとり，①冷水でこの試験管を冷やしながら濃硫酸4.0mLを少しずつ加えた。これにベンゼン3.9gを少しずつ加えた後，②湯浴で50～60℃に温め，ときどき振り混ぜながら約20分間反応させた。その後，③反応混合物から純粋なニトロベンゼンを取り出した。

ついで，試験管にニトロベンゼン2.0mLと粒状の(　イ　)6.0gを入れた。これに(　ウ　)6.0mLを数回に分けて加え，よく混ぜながら70℃の温水につけて，約1時間反応させた。④この間に反応の進行と終了が観察された。反応終了後，試験管中の液体部分だけを50mLのビーカーに移した。このビーカーに，冷水で冷却しながら6.0mol/Lの水酸化ナトリウム水溶液を徐々に加えていくと(　エ　)が沈殿したが，やがてこの沈殿は溶けて⑤乳濁液が生じた。このビーカーに(　オ　)10mLを加えてよくかき混ぜた後，静置したところ二層に分離した。上層だけを蒸発皿にとり，ドラフト内で(　オ　)を蒸発させてアニリンを得た。これを，(　カ　)水溶液に加えると赤紫色を呈した。

また，アニリンに酢酸と無水酢酸の等体積混合物を過剰量加えると，発熱反応が進行した。これをしばらく放置した後，冷水を加えると⑥固体が生じた。次に，アニリンの希塩酸溶液を5℃以下に冷やしながら亜硝酸ナトリウムを加えると，⑦塩化ベンゼンジアゾニウムが生成した。この中に2－ナフトールの水酸化ナトリウム水溶液を加えると，⑧赤橙色の色素が得られた。

(1)　文中の空欄(　ア　)～(　カ　)に最も適する語句を記せ。

(2)　下線部①で，冷却しながら濃硫酸を少しずつ加える理由を説明せよ。

(3)　下線部②で，温める理由を説明せよ。

(4)　下線部③で，ニトロベンゼンが生じる反応を化学反応式で記せ。

(5)　下線部④で，どのような現象が観察されたかを述べよ。

(6)　下線部⑤で，乳濁液が生じる原因となる反応を化学反応式で記せ。

(7)　下線部⑦の水溶液を加熱すると，気体を発生して別の有機化合物に変化した。この有機化合物の名称を記せ。

(8)　下線部⑥，⑧に該当する物質の構造式を記せ。

(9)　ニトロベンゼンはベンゼンから理論的に得られる量の70％で合成され，アニリンはニトロベンゼンから理論的に得られる量の80％で合成される。この条件下で，アニリンを9.3g合成するためには，反応に最低限必要なベンゼンの質量は何〔g〕か，有効数字2桁で答えよ。

(☆☆☆☆◎◎◎)

解答・解説

中　学　理　科

【1】(1)　・ふざけて事故を起こすことのないよう教師の指示に従うこと　・机上は整頓して操作をおこなうこと　・危険な水溶液などはトレイ上で扱うこと　・余った薬品を返却すること　から二つ

(2)　①　安山岩，玄武岩　②　腎臓や肝臓の働きに触れる。

(3)　事故の例…簡易型電気分解装置から溶液が漏れてしまい，その溶液が目に入ったり，手についてしまう。　応急処置…できるだけ早く多量の流水でよく洗浄する。

〈解説〉(1)　実験・観察における事故を防止するには生徒自身にも安全

対策に目を向けさせることが必要である。新学習指導要領解説では，誤った操作や使い方をしたときの危険性について認識させておくことが重要であると示されている。　(2)　①　新学習指導要領解説では，火山岩の例として安山岩と玄武岩，深成岩の例として花こう岩と閃緑岩が示されている。　②　解答参照。　(3)　簡易型電気分解装置を使用した実験の際には，薬品の漏出や気体の急激な発生による爆発などの事故が考えられる。保護眼鏡を着用すること，装置に火を近づけないことなどを徹底したい。

【2】(1)　エ　　(2)　陽子の数が同じで，中性子の数が異なる原子核をもつ原子　　(3)　$\frac{1}{16}$〔倍〕　　(4)　アデノシン三リン酸(ATP)
(5)　66〔km〕　　(6)　温室効果

〈解説〉(1)　熱力学第2法則より，エネルギーの変換では必ず損失が発生し，元のエネルギー量を保って他のエネルギー形態に変化させることはできない。すなわち，エネルギーの変換効率は必ず100％未満である。よって，エネルギー変換の各過程でエネルギーは減少し続ける。
(2)　つまり，同位体の関係にある原子どうしは，原子番号は同じで質量数が異なる。　(3)　顕微鏡の倍率を100倍から400倍に変えると，対象物の長さは4倍に拡大されて見えるため，対象物の面積は$4\times4=16$〔倍〕に見える。一方，倍率を拡大することは，より狭い範囲を詳しく見ることであり，観察できる部分(視野の面積)は拡大された倍率分だけ狭くなる。つまり，視野の面積は$\frac{1}{16}$倍となる。　(4)　ATPがADPとリン酸に分解されることで，エネルギーが放出され，これが生命活動に利用される。反対に，ADPとリン酸からATPを合成する際に，エネルギーが蓄えられる。　(5)　震源からA地点までの距離をD〔km〕とすると，初期微動継続時間はP波が到達してからS波が到達するまでの時間なので，$\frac{D}{3.5}-\frac{D}{7.5}=10$　$\therefore$　$D=\frac{7.5\times3.5}{7.5-3.5}\times10=65.625\fallingdotseq66$〔km〕　(6)　温室効果をもたらす水蒸気や二酸化炭素などを，温室効果ガスという。

【3】(1) ① a 染色体 b 紡錘糸 ② 細胞と細胞を離れやすくするため ③ A→C→D→E→B→F ④ 7.0〔分〕

(2) ① フック ② 原形質流動(細胞質流動) ③ イ，ウ

〈解説〉(1) ① a 細胞分裂の前期に現われる太い糸状のものは染色体である。 b 細胞の中央に集まった染色体を，両極に引っ張るのは紡錘糸である。 ② 操作2のことを解離という。 ③ 間期には，球状の核が見える(A)。前期では核膜が消失し，凝縮した染色体が見える(C)。中期では，染色体が赤道面に並び，紡錘体が形成される(D)。後期では，赤道面に並んだ染色体が両極に分かれる(E)。終期では，細胞板が形成され(B)，2個の細胞となる(F)。 ④ 細胞周期に対する各期の長さの割合は，全細胞数に対する各期の細胞数の割合に等しい。表より，全細胞数に対する中期の細胞数の割合は，$\frac{12}{120+12+4+8}=\frac{12}{144}=\frac{1}{12}$ よって，中期に要した時間は，$83.5\times\frac{1}{12}\fallingdotseq 7.0$〔分〕である。 (2) ① 解答参照。 ② オオカナダモの葉は，原形質流動の観察に適した試料である。 ③ 一般に，光学顕微鏡で観察できるのは，核や葉緑体の他に，細胞膜・細胞壁・液胞などである。

【4】(1) ① ア，ウ ② イ ③ 塩化銅水溶液…$CuCl_2 \rightarrow Cu + Cl_2$ 塩酸…$2HCl \rightarrow H_2 + Cl_2$ (2) ① 陽極…$2H_2O \rightarrow O_2 + 4H^+ + 4e^-$ 陰極…$Ag^+ + e^- \rightarrow Ag$ ② 5.79×10^3〔C〕 ③ 336〔mL〕 ④ 6.48〔g〕

〈解説〉(1) ① 電源の＋極につなげた電極アは陽極，－極につなげた電極エは陰極である。したがって，電極イは陰極，電極ウは陽極である。塩化銅水溶液中では，$CuCl_2 \rightarrow Cu^{2+} + 2Cl^-$と電離するので，陽極アで$2Cl^- \rightarrow Cl_2 + 2e^-$の反応により刺激臭のある塩素が発生する。また，塩酸中では$HCl \rightarrow H^+ + Cl^-$と電離するので，陽極ウで同様の反応が起こる。 ② 塩化銅水溶液中において，陰極イで$Cu^{2+} + 2e^- \rightarrow Cu$の反応により赤色の銅が析出する。 ③ 塩化銅は$CuCl_2 \rightarrow Cu_2^{+} + 2Cl^-$と電離し，陽極で$2Cl^- \rightarrow Cl_2 + 2e^-$，陰極で$Cu^{2+} + 2e^- \rightarrow Cu$の反応が生じるので，各式の辺々を加えると$CuCl_2 \rightarrow Cu + Cl_2$となる。また，塩酸は$HCl \rightarrow$

$H^+ + Cl^-$と電離し，陽極で$2Cl^- \rightarrow Cl_2 + 2e^-$，陰極で$2H^+ + 2e^- \rightarrow H_2$の反応が生じるので，各式の辺々を加えると$2HCl \rightarrow H_2 + Cl_2$となる。

(2)　①　硝酸銀水溶液中では，$AgNO_3 \rightarrow Ag^+ + NO_3^-$と電離するので，陰極では水素よりイオン化傾向が小さい銀が$Ag^+ + e^- \rightarrow Ag$の反応により析出する。陽極では$NO_3^-$は酸化されにくいため，水が酸化されて$2H_2O \rightarrow O_2 + 4H^+ + 4e^-$の反応により酸素が生じる。　②　流れた電気量は，$1.93 \times (50 \times 60) = 5.79 \times 10^3$〔C〕となる。　③　①より，陽極では，電子4molに対して酸素1mol(標準状態で22400mL)が生成する。②で求めた電気量を電子の物質量に換算すると，$\dfrac{5.79 \times 10^3}{9.65 \times 10^4} = 0.0600$〔mol〕より，酸素は$\dfrac{22400 \times 0.0600}{4} = 336$〔mL〕となる。　④　①より，陰極では電子1molに対して銀1mol(108g)が析出するので，陰極の質量の増加分は$108 \times 0.0600 = 6.48$〔g〕となる。

【５】(1)　①　147〔N/m〕　　②　4.0〔cm〕　　③　0.9〔kg〕　　④　3.92〔N〕　　⑤　3.92〔N〕　　⑥　92〔cm〕　　(2)　・変化させた量を横軸に，変化した量を縦軸にする　　・測定値の最大値が軸の端に来るように目盛を打つ　　・点の分布をみて，直線を引く

〈解説〉(1)　①　並列ばねの合成ばね定数kは，それぞれのばね定数を加えるので，$k = k_A + k_B = 98 + 49 = 147$〔N/m〕である。　②　実験1で用いたおもりの質量を$m_1 = 0.60$〔kg〕，重力加速度の大きさを$g = 9.8$〔m/s^2〕，求める伸びをx〔m〕とおいて，力のつり合いより，$kx = m_1 g$　よって，$x = \dfrac{m_1 g}{k} = \dfrac{0.60 \times 9.8}{147} = 0.040$〔m〕$= 4.0$〔cm〕である。

③　別のおもりの質量をm_1'〔kg〕，このときのばねの伸びを$x' = 46 - 40 = 6$〔cm〕$= 0.06$〔m〕として，②と同様につり合いの式より，$kx' = m_1' g$　∴　$m_1' = \dfrac{kx'}{g} = \dfrac{147 \times 0.06}{9.8} = 0.9$〔kg〕である。　④　実験2で用いたおもりの質量を$m_2 = 0.40$〔kg〕，ばねAからばねBにはたらく力をf_{AB}〔N〕とすると，ばねAには作用・反作用の法則に従い，逆向きで同じ大きさf_{AB}〔N〕の力がばねBからはたらく。したがって，ばねBに

ついて力のつり合いより，$f_{AB}=m_2g=0.40\times9.8=3.92$〔N〕となる。
⑤ 天井からばねAにはたらく力をf_R〔N〕とすると，ばねAに関して力のつり合いより，$f_R=f_{AB}=3.92$〔N〕である。 ⑥ ばねAとばねBそれぞれの伸びをx_A〔m〕，x_B〔m〕として，それぞれフックの法則より，

$$\begin{cases} \text{ばねA} \quad f_{AB}=k_Ax_A \\ \text{ばねB} \quad f_{AB}=k_Bx_B \end{cases}$$ が成り立つ。したがって，

$$\begin{cases} \text{ばねA} \quad x_A=\frac{f_{AB}}{k_A}=\frac{3.92}{98}=0.040\,〔\text{m}〕=4\,〔\text{cm}〕 \\ \text{ばねB} \quad x_B=\frac{f_{AB}}{k_B}=\frac{3.92}{49}=0.080\,〔\text{m}〕=8\,〔\text{cm}〕 \end{cases}$$ であり，ばねの自然長はともに40cmなので，全体の長さは$(40+4)+(40+8)=92$〔cm〕となる。 (2) 本問では，「加えた力の大きさ」が変化させた量，「ばねののび」が変化した量となる。また，正しく実験が行えていれば，フックの法則が成り立つので，点の分布は原点を通る直線となる。

【6】(1) ① 位置…d，e　方角…東　② cの位置…エ　dの位置…ウ　③ 地球からの距離が変わるため　④ 金星は内惑星であるため，いつも太陽に近い方向にあるので，地球から見て太陽と反対方向である真夜中には見えない。　(2) ① A　② 南の空…さそり座　東の空…みずがめ座　③ D　④ 77.7°

〈解説〉(1) ① 図1の自転の向きから判断すると，太陽より右側にある金星が明け方の東の空に見える。 ② cの位置では，地球から見て太陽光が金星の右側に当たっているが，太陽－金星－地球のなす角度が90°以上であるため欠けて見える。dの位置では，地球から見て太陽光が左側から当たっており，太陽－金星－地球のなす角度が90°であるため，左側半分が見える。なお，地球に近い位置の金星ほど大きく見える。 ③ 天体と地球の距離が近いほど視直径は大きくなる。 ④ 真夜中に観察できる天体は，地球に対して太陽と反対側にある。 (2) ① しし座は春の星座，さそり座は夏の星座，みずがめ座は秋の星座，ふたご座は冬の星座である。したがって，春分はA，夏至はB，秋分はC，冬至はDの位置である。 ② 北半球上で南を向いた観測者

をイメージすると，真夜中では太陽と反対側が南になるので，南の空にはさそり座が見え，左手側の東の空にはみずがめ座が見える。　③　地球の自転の向きは公転の向きと同じである。Dの位置の地球の日没直後，すなわち図の手前側から，南を見て左手側の東の空に，ふたご座が見える。　④　(夏至における太陽の南中高度)＝90°－(地点の緯度)＋23.4°＝90°－35.7°＋23.4°＝77.7°となる。

高　校　理　科

【化学】

【1】(1)　①　自然の事物・現象を，質的・量的な関係や時間的・空間的な関係などの科学的な視点で捉え，比較したり，関係付けたりするなどの科学的に探究する方法を用いて考えること　　②　観察，実験などを行う際，何のために行うか，どのような結果になるかを考えさせるなど，予想したり仮説を立てたりしてそれを検証するための観察，実験を行わせること　　(2)　①　天王星　　ア　メタン　　②　木星　イ　水素　　③　金星　　ウ　二酸化炭素　　④　火星　　エ　自転　(3)　①　光発芽種子　　②　(正の)光屈性　　③　光周性　　④　短日植物　　(4)　①　36〔J〕　　②　0〔J〕　　③　6.0〔m/s〕

〈解説〉(1)　①「理科の見方・考え方を働かせ，見通しをもって観察，実験を行うことなどを通して」という表現は，化学のみならず高校理科各科目において共通している。「見方・考え方」とは各教科等ならではの物事を捉える視点や考え方であり，高校理科においては，解答の通り，自然の事物・現象について科学的に探究する方法を用いて考えることである。　②「理科の目標」では，生徒自身が何を理解し，何が獲得できるのか，一連の学習を自分のものにできるかが重要であるため，「見通しをもって」と強調されている。　(2)　①　自転軸がほぼ横倒しになっているのは，天王星である。天王星の大気にはメタンが含まれ，赤い色の光を吸収するため，表面の色が青く見える。

② 大赤斑があるのは，木星である。木星を構成する主な成分は水素とヘリウムである。 ③ 表面温度が約460℃に達しているのは，金星である。表面温度が高いのは，大気の主成分である二酸化炭素の温室効果による。 ④ 自転軸の傾きが地球に似ていて，季節の変化があり，大気が非常に薄いことから，火星である。 (3) ① 光発芽種子の発芽には，赤色光が必要であるが，赤色光を照射した直後に遠赤色光を照射すると発芽しなくなる。 ② 植物が特定の刺激に対して一定の方向に屈曲する屈性には，刺激源の方向に屈曲する正の屈性と，刺激源の反対方向に屈曲する負の屈性がある。 ③ 植物の茎の伸長・落葉・休眠には，光周性が関わっている。 ④ 連続した暗期の長さが，ある一定の時間(限界暗期)より長くなる条件下で，花芽の形成が促進される植物を短日植物という。 (4) ① 求める仕事W〔J〕は力と変位の積なので，$W=4.0\times9.0=36$〔J〕である。 ② 重力は鉛直下向きの力であり，物体の変位する水平方向に常に垂直なので，重力のした仕事は0〔J〕である。 ③ 物体の質量を$m=2.0$〔kg〕，求める速さをv〔m/s〕とすると，運動エネルギーの変化と仕事の関係より，$\frac{1}{2}mv^2-\frac{1}{2}m\times0^2=W$ $\therefore$ $v=\sqrt{\frac{2W}{m}}=\sqrt{\frac{2\times36}{2.0}}=6.0$〔m/s〕である。 (別解) 物体に加えた力を$F=4.0$〔N〕，物体の加速度を$a$〔m/s²〕とすると，運動方程式より$ma=F$ $\therefore$ $a=\frac{F}{m}=\frac{4.0}{2.0}=2.0$〔m/s²〕である。したがって，等加速度運動の式より，$v^2-0^2=2a\times9.0$ $\therefore$ $v=3.0\sqrt{2a}=3.0\sqrt{2\times2.0}=6.0$〔m/s〕である。

【2】(1) ① 名称…ホールピペット　対処方法…採取する混合溶液で内部をよく洗浄する。 ② $NH_4Cl+NaOH\rightarrow NaCl+H_2O+NH_3$ ③ 色の変化…赤色から黄色(橙色)　理由…中和点では，硫酸アンモニウムの混在によって水溶液が酸性を示すため，酸性側に変色域をもつ指示薬を用いる必要があるから。 ④ 6.0×10^{-2}〔mol/L〕 ⑤ 3.5×10^{-2}〔mol〕 ⑥ 56〔%〕 (2) ① 7.5×10^{3}〔Pa〕 ② 3.6×10^{3}〔Pa〕 ③ 1.1〔g〕

〈解説〉(1)　①　ホールピペットは，一定体積の液体を正確に量り取る器具なので，液体の濃度に影響を与えないよう，中に入れる液体で共洗いしてから使用する。　②　強酸と弱塩基の塩である塩化アンモニウムと強塩基の水酸化ナトリウムが反応すると，弱塩基のアンモニアが遊離する。　③　硫酸アンモニウムは強酸と弱塩基からなる塩なので，その水溶液は酸性である。したがって，残った希硫酸と水酸化ナトリウム水溶液の中和点は酸性領域となる。　④　この希硫酸の一部はアンモニアと反応して硫酸アンモニウム$(NH_4)_2SO_4$となり，残りは水酸化ナトリウムとの中和で硫酸ナトリウムNa_2SO_4となる。滴定後，これらは水酸化バリウム$Ba(OH)_2$と反応して硫酸バリウム$BaSO_4$の沈殿となる。ここで，沈殿した硫酸バリウム(式量233)の物質量は$\frac{0.700}{233}$〔mol〕より，アンモニアと水酸化ナトリウムと反応した硫酸の物質量の合計も$\frac{0.700}{233}$〔mol〕である。下線部(ウ)のときの希硫酸の体積は50.0mLなので，この希硫酸のモル濃度は，$\frac{\frac{0.700}{233}}{0.0500} \fallingdotseq 6.0 \times 10^{-2}$〔mol/L〕となる。

⑤　アンモニアを吸収した後に残った硫酸の物質量は，水酸化ナトリウムとの中和$H_2SO_4 + 2NaOH \rightarrow Na_2SO_4 + 2H_2O$より，$\frac{0.100 \times 0.0250}{2} = 1.25 \times 10^{-3}$〔mol〕である。したがって，アンモニアを吸収した硫酸の物質量は，④より$\left(\frac{0.700}{233} - 1.25 \times 10^{-3}\right)$〔mol〕である。ここで，アンモニアと硫酸の反応$2NH_3 + H_2SO_4 \rightarrow (NH_4)_2SO_4$より，吸収されたアンモニアの物質量は$\left(\frac{0.700}{233} - 1.25 \times 10^{-3}\right) \times 2 \fallingdotseq 3.51 \times 10^{-3}$〔mol〕であり，これと塩化アンモニウムの物質量は等しい。はじめの混合物の体積は300mLであり，そこから30.0mLとったので，はじめの混合物に含まれていた塩化アンモニウムの物質量は，$(3.51 \times 10^{-3}) \times \frac{300}{30.0} \fallingdotseq 3.5 \times 10^{-2}$〔mol〕となる。　⑥　⑤より，はじめの混合物に含まれる塩化アンモ

ニウム(分子量53.5)の質量は，$53.5\times(3.5\times10^{-2})\fallingdotseq1.87$〔g〕である。よって，硝酸ナトリウムの質量の割合は，$\frac{4.25-1.87}{4.25}\times100=56$〔%〕である。 (2) ① 気体の状態方程式より，求める圧力Pは，$P\times16.6=\frac{2.3}{46}\times(8.3\times10^3)\times(273+27)$から，$P=7.5\times10^3$〔Pa〕である。
② 12℃では，エタノールの一部が凝縮しているため，容器内の圧力は飽和蒸気圧に等しく，3.6×10^3〔Pa〕である。 ③ ②の気体のエタノールの質量をwとすると，気体の状態方程式より，$(3.6\times10^3)\times16.6=\frac{w}{46}\times(8.3\times10^3)\times(273+12)$から，$w\fallingdotseq1.2$〔g〕である。よって，凝縮したエタノールの質量は，$2.3-1.2=1.1$〔g〕である。

【3】(1) ① 共通イオン効果 ② 0.10〔mol/L〕 ③ 9.6×10^{-21}〔mol/L〕 ④ Cu^{2+} ⑤ 1.0×10^{-16}〔mol/L〕
(2) ① ア $CuFeS_2$ イ 陽 ウ 陰 エ 亜鉛 オ 鉄 (エ，オ順不同) カ 銀 キ 金 (カ，キ順不同) ク 陽極泥
② 83〔%〕

〈解説〉(1) ① 水溶液中に存在するイオンと同じイオンを加えることにより，電離平衡が移動する現象が共通イオン効果である。

② $pH=-\log_{10}[H^+]$より，pH＝1.0のとき，$[H^+]=0.10$〔mol/L〕である。 ③ 電離定数$K=\frac{[H^+]^2[S^{2-}]}{[H_2S]}$より，$[S^{2-}]=\frac{K\times[H_2S]}{[H^+]^2}=(9.6\times10^{-22})\times\frac{0.10}{0.10^2}=9.6\times10^{-21}$〔mol/L〕である。 ④ CuSが沈殿する条件は，溶解度積を用いて$[Cu^{2+}][S^{2-}]>K_{sp}(CuS)=6.0\times10^{-36}$〔$mol^2/L^2$〕より，$[S^{2-}]>\frac{6.0\times10^{-36}}{0.010}=6.0\times10^{-34}$〔mol/L〕である。また，FeSが沈殿する条件は，$[Fe^{2+}][S^{2-}]>K_{sp}(FeS)=6.0\times10^{-18}$〔$mol^2/L^2$〕より，$[S^{2-}]=\frac{6.0\times10^{-18}}{0.060}=1.0\times10^{-16}$〔mol/L〕である。ここで，③よりpHが1.0のとき$[S^{2-}]=9.6\times10^{-21}$〔mol/L〕なので，CuSは条件を満たすため$Cu^{2+}$は沈殿するが，FeSは条件を満たさないので$Fe^{2+}$は沈殿しない。
⑤ ④より，沈殿しないのはFe^{2+}である。しかし，硫化物イオンの濃度を1.0×10^{-16}〔mol/L〕より大きくすれば，FeSとして沈殿する。

(2)　①　ア　銅は，主に黄銅鉱$CuFeS_2$として産出される。　イ　電気分解では陽極で銅(Ⅱ)イオンが溶解する($Cu \rightarrow Cu^{2+} + 2e^-$)ため，粗銅を陽極にする。　ウ　陰極では電子が流れることで銅が析出する($Cu^{2+} + 2e^- \rightarrow Cu$)ため，純銅を陰極にする。　エ，オ　水素よりイオン化傾向が大きい亜鉛と鉄は陽イオンになり溶解する。　カ～ク　水素よりイオン化傾向が小さい銀と金は陽極泥として沈殿する。　②　流れた電気量をQとすると，$Q = 9.65 \times 400 \times 60$〔C〕より，電子の物質量は$\dfrac{9.65 \times 400 \times 60}{96500} = 2.4$〔mol〕である。銅とニッケルはそれぞれ$Cu^{2+} + 2e^- \rightarrow Cu$，$Ni^{2+} + 2e^- \rightarrow Ni$と反応するので，いずれも電子2molに対して1mol析出する。よって，析出する銅をx〔g〕，ニッケルをy〔g〕とすると，$\dfrac{x}{64} + \dfrac{y}{59} = \dfrac{2.4}{2}$　…(a)が成り立つ。また，減少した粗銅は$200.0 - 120.0 = 80.0$〔g〕であり，4.00gの沈殿物は銀なので，析出した銅とニッケルの合計は$80.0 - 4.00 = 76.0$〔g〕であり，$x + y = 76.0$　…(b)が成り立つ。(a)(b)より，$x = 66.56$〔g〕，$y = 9.44$〔g〕となる。よって，粗銅中の銅の割合は，$\dfrac{66.56}{80.0} \times 100 \fallingdotseq 83$〔%〕である。

【4】(1)　ア　濃硝酸　　イ　スズ　　ウ　濃塩酸　　エ　水酸化スズ(Ⅳ)　　オ　ジエチルエーテル　　カ　さらし粉　　(2)　混合時に激しく発熱して，沸騰状態になるのを防ぐため。　　(3)　ニトロ化の反応速度を大きくするため。

(4)

$+ HNO_3 \longrightarrow$ NO_2 $+ H_2O$

(5)　ニトロベンゼンの油滴が消え，均一な溶液となる。

(6)

NH_3Cl $+ NaOH \longrightarrow$ NH_2 $+ NaCl + H_2O$

(7)　フェノール

(8)　⑥　　　　　　　　⑧

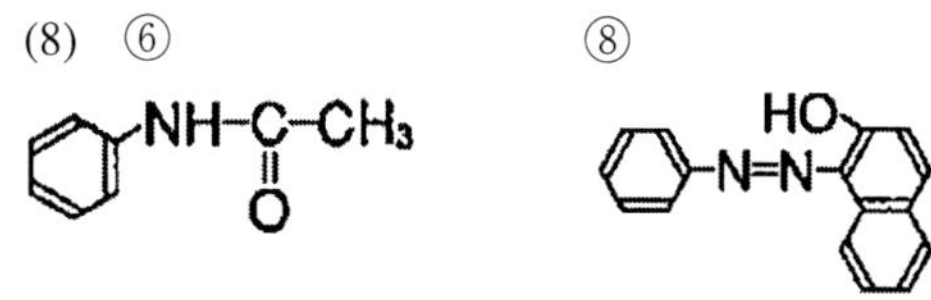

(9)　14〔g〕

〈解説〉(1)　ア　ベンゼンに濃硝酸と濃硫酸の混酸を作用させると，ベンゼンの－Hとニトロ基－NO_2が置換してニトロベンゼンが生成する。イ，ウ　ニトロベンゼンをスズと濃塩酸で還元すると，塩化スズ(Ⅳ)$SnCl_4$とアニリン塩酸塩$C_6H_5NH_3Cl$が生成する。　エ　塩化スズ(Ⅳ)と水酸化ナトリウムが反応すると，水に不溶の水酸化スズ(Ⅳ)$Sn(OH)_4$が生成するが，水酸化スズ(Ⅳ)は両性水酸化物なので水酸化ナトリウム水溶液に溶ける。　オ　ジエチルエーテルは沸点が低く蒸発しやすいので，有機化合物の抽出溶媒として用いられる。　カ　アニリンをさらし粉で酸化すると赤紫色を呈する。　(2)～(4)　解答参照。
(5)　ニトロベンゼンは水に溶けないが，これが水に可溶なアニリン塩酸塩になると均一な溶液になる。　(6)　アニリンは疎水性のベンゼン環と親水性のアミノ基をもつ化合物であり，その水溶液はミセルコロイドの水溶液になるため乳濁する。　(7)　塩化ベンゼンジアゾニウムが加水分解すると，窒素やフェノールが生成する。　(8)　⑥　アニリンと無水酢酸が反応すると，アセトアニリドが生成する。　⑧　塩化ベンゼンジアゾニウムと2－ナフトールがカップリング反応すると，1－フェニルアゾ－2－ナフトールが生成する。　(9)　それぞれの分子量は，ベンゼンが78，ニトロベンゼンが123，アニリンが93である。最低限必要なベンゼンの質量をx〔g〕とすると，得られるニトロベンゼンの質量は$x\times\frac{123}{78}\times0.70$〔g〕，得られるアニリンの質量は$\left(x\times\frac{123}{78}\times0.7\right)\times\left(\frac{93}{123}\times0.8\right)=x\times\frac{93}{78}\times0.7\times0.8$〔g〕である。よって，$x\times\frac{93}{78}\times0.7\times0.8=9.3$より，$x\fallingdotseq14$〔g〕となる。

2022年度　実施問題

中　学　理　科

【1】次は，中学校学習指導要領解説「理科編」の「第3章　指導計画の作成と内容の取扱い　2　内容の取扱いについての配慮事項」の一部である。(　a　)~(　g　)にあてはまることばをそれぞれ記せ。

(1)　科学的に探究する力や態度の育成

自然の事物・現象を科学的に探究する力と態度を育てるためには，(　a　)の設定，実験の計画と実施，器具などの操作，記録，データの処理，モデルの形成，(　b　)の発見など，科学的に探究する活動を行うことが必要である。しかしながら，科学的に探究する力は一挙に獲得できるものではなく，具体的な問題に取り組み，それを解決していく活動を通して身に付けていくものである。(　c　)をもって観察，実験を行い，得られたデータを分析して解釈し，適切な判断を行うような経験をさせることが重要である。

(4)　コンピュータや情報通信ネットワークなどの活用

コンピュータや情報通信ネットワークなどについては，日常生活でも広く使われるようになっている。生徒が知ることができる対象を拡大し，生徒の(　d　)を支援するために，観察，実験の過程での情報の検索，実験データの処理，実験の計測などにおいて必要に応じ効果的に活用できるよう配慮するとともに，観察，実験の(　e　)としてではなく，自然を調べる活動を支援する有用な道具として位置付ける必要がある。

(8)　体験的な学習活動の充実

体験的な学習は，(　f　)に学習に取り組む態度を育成するとともに，学ぶことの楽しさや成就感を体得させる上で有効である。このような学習の意義を踏まえ，理科において，観察，実験，(　g　)などの体験的な学習に取り組めるようにすることが大切である。

(☆☆◎◎◎)

【2】次の(1)～(5)に答えよ。

(1) 次のア～エは，こまごめピペットの使い方を順に示している。使い方が適当でないものはどれか。ア～エから一つ選び，記号で記せ。

ア　持つときは，親指と人差し指でゴム球を，残りの指でガラスの部分を持つ。

イ　親指と人さし指でゴム球をおしてから，こまごめピペットの先をビーカーの液体に入れる。

ウ　親指をゆるめて液体を吸いこんだら，液体をこぼさないようにこまごめピペットの先を上に向ける。

エ　親指でゴム球をおして，必要な量の液体を試験管に出す。

(2) 脊椎動物のうち，は虫類，鳥類，哺乳類をまとめて何というか，名称を記せ。

(3) 質量が2kgで体積が1500cm^{3}の物体を図1のように水の中に完全に沈めた。以下の①，②に答えよ。ただし，100gの物体にはたらく重力の大きさを1N，水の密度は1.0g/cm^{3}とする。また，ひもの質量とその体積は考えないものとする。

図1

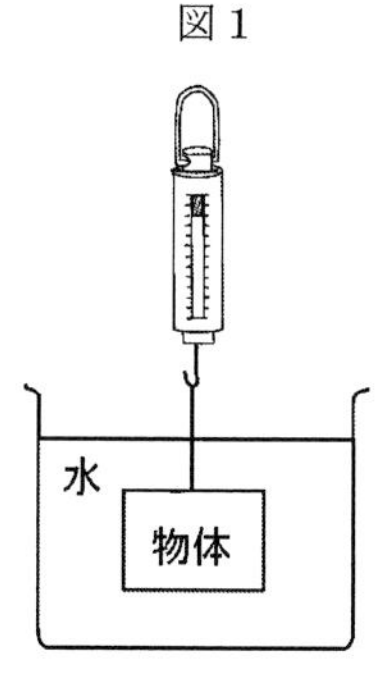

① この物体にはたらく浮力は何Nか，求めよ。

② 図のばねばかりは何Nを示すか，求めよ。

(4) サンヨウチュウ，フズリナ，ウミユリの化石を含む地層はいつごろ堆積したと考えられるか，その年代の名称を記せ。

(5) 地球の公転周期は1.0年，金星の公転周期は0.62年である。地球と金星の会合周期は何年か，小数第2位を四捨五入して，小数第1位まで求めよ。

(☆☆☆◎◎◎)

【3】次の(1)，(2)に答えよ。

(1) 表1の条件でアジサイの枝A～Cを用意した。図1のように水を入れた三角フラスコに枝A～Cをそれぞれさし，水面を油でおおった。その後，電子てんびんで全体の質量をはかり，明るく風通しのよい場所に置いた。数時間後，再び全体の質量をはかり，水の減少量を調べた。表1は結果をまとめたものである。あとの①～③に答えよ。ただしアジサイの枝A～Cの葉の大きさや枚数，茎の長さや太さは同じものとし，ワセリンは水や水蒸気をまったく通さないものとする。

図1

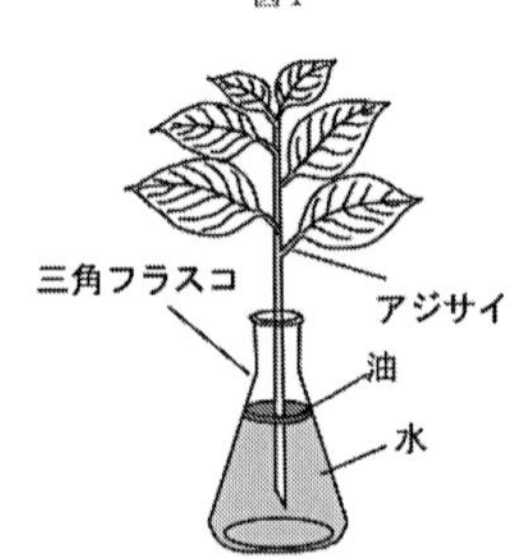

表1

枝	条　件	水の減少量〔g〕
A	すべての葉の表のみワセリンをぬる。	4.6
B	すべての葉の裏のみワセリンをぬる。	1.8
C	すべての葉の表にも，裏にもワセリンをぬらない。	5.2

① この実験の結果から，葉を除く部分から出ていった水の質量は何gか，求めよ。

② 枝Aをさした三角フラスコと枝Bをさした三角フラスコの水の減少量の違いが生じる理由を「気孔」という語句を使って，記せ。

③ 気孔の閉鎖や成長の抑制，種子の休眠の誘導などのはたらきのある植物ホルモンを何というか，名称を記せ。

(2) 次の図2は，被子植物の配偶子形成および，種子形成の過程を示したものである。以下の①，②に答えよ。

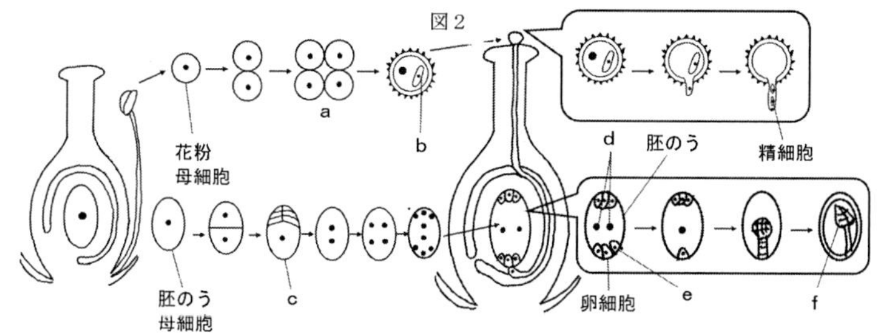

① 図2のa～fの各部の名称を記せ。

② この被子植物において，100粒の種子ができた。種子形成に関与した次の(ア)～(エ)の細胞数をそれぞれ求めよ。ただし，花粉形成や受精などはむだなく行われたとする。

(ア) 花粉母細胞　(イ) 精細胞　(ウ) 胚のう母細胞

(エ) 卵細胞

(☆☆☆◎◎◎)

【4】次の(1)，(2)に答えよ。

(1) 水とエタノールがそれぞれ入った試験管A，Bに同じ大きさの氷のかけらを入れた実験において，水に入れた氷は浮いたが，エタノールに入れた氷は，試験管の底に沈んだ。次の①，②に答えよ。

① 水が氷に状態変化すると，密度は小さくなる。そのようになる理由を，質量と体積の変化に触れながら，記せ。

② 次の文は，(1)の実験の結果をまとめたものである。文中のA，

Bの{　　}の中から，適当なものをそれぞれ一つ選び，記号で記せ。

エタノールより水の方が，密度がA{ ア 大きい　イ 小さい }ことが分かる。また，実験で用いた氷と同じ質量の氷を割って半分にし，その一つをエタノールに入れたとき，その氷はB{ ウ 浮く　エ 沈む }。

(2) 図1は，酸性の水溶液の塩酸とアルカリ性の水溶液の水酸化ナトリウム水溶液を混ぜる実験の様子である。これは表1のAの組み合わせの実験であり，同様に表1のB～Dの組み合わせでも，酸性の水溶液とアルカリ性の水溶液を混ぜる実験を行った。あとの①～③に答えよ。

図1

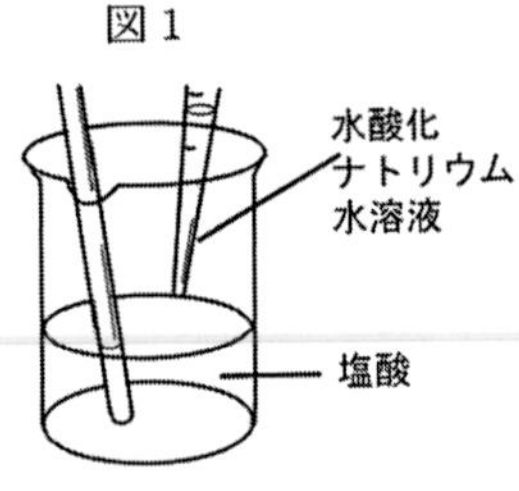

表1

	酸性の水溶液	アルカリ性の水溶液
A	塩酸	水酸化ナトリウム水溶液
B	硫酸	水酸化バリウム水溶液
C	硝酸	水酸化カリウム水溶液
D	炭酸	水酸化カルシウム水溶液

① 酸と塩基の取扱いで留意すべきこととして，誤っているものを次のア～エから一つ選び，記号で記せ。

ア　酸とアルカリの水溶液を扱う実験のときには，保護めがねを着用する。

イ　濃塩酸を希釈するときには，水に濃塩酸を少しずつ加えるようにする。

ウ　水酸化ナトリウム水溶液が皮膚に付いた場合は，できるだけ急いで強酸で洗い流す。

エ　アンモニアを使用するときは，換気を十分に行い，吸い込まないようにする。

② 酸性の水溶液とアルカリ性の水溶液を混ぜ合わせると，お互いの性質を打ち消し合う化学変化が起こる。この化学変化を何というか，記せ。

③ 表1のA～Dで起こる化学変化を化学反応式でそれぞれ記せ。

(☆☆◎◎◎)

【5】次の(1)，(2)に答えよ。

(1) 図1は，抵抗器(P～R)を用いてつくった回路である。S_1～S_3のスイッチをそれぞれ開閉して回路に流れる電流を調べた。図2は抵抗器Pの両端にかかる電圧と流れる電流の関係を表している。あとの①～⑤に答えよ。ただし，図1のPは同じ抵抗器で，抵抗値も同じである。また，すべてのスイッチの抵抗は0とする。さらには，電流計の内部抵抗の大きさは無視する。

図1

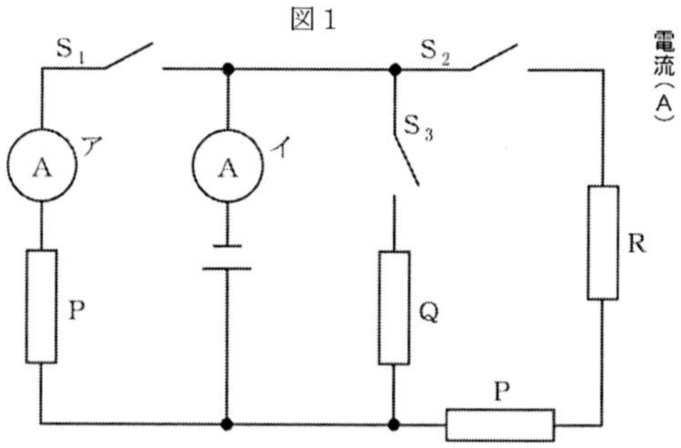

図2

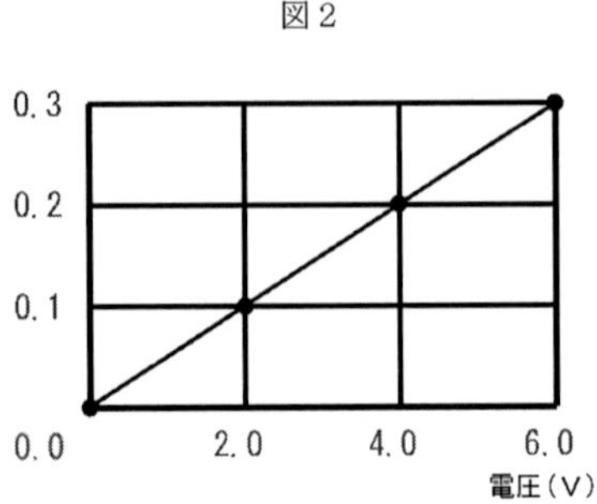

① 回路を流れる電流を測定する際，電流計は図1のように回路に直列につながなければならない。電流計を並列につないではいけない理由を電流計の構造に関連づけて記せ。

② 抵抗器Pの抵抗は何Ωになるか，求めよ。

③ スイッチS_1だけを閉じたところ，電流計アは400mAを示した。このとき，電源の電圧の大きさは何Vか，求めよ。

④ スイッチS_1とS_3の両方を閉じて，電源の電圧の大きさを4.0Vにしたところ，電流計イは1.2Aを示した。このとき，電流計アは何Aを示すか，求めよ。

⑤ スイッチS_1～S_3のすべてを閉じて，電源の電圧を6.0Vにしたところ，電流計イは2.0Aを示した。このとき，抵抗器Rの抵抗は何Ωになるか，求めよ。

(2) 次の①，②に答えよ。

① ある抵抗が1kWhの電力を消費したときの発生する熱量は何kJになるか，求めよ。

② 300Wの電熱線に5分間電流を流したときに発生する熱量は何Jになるか，求めよ。

(☆☆☆◎◎◎)

【6】次の(1)，(2)に答えよ。

(1) 図1は6月，図2は8月の天気図である。以下の①～⑥に答えよ。

図1

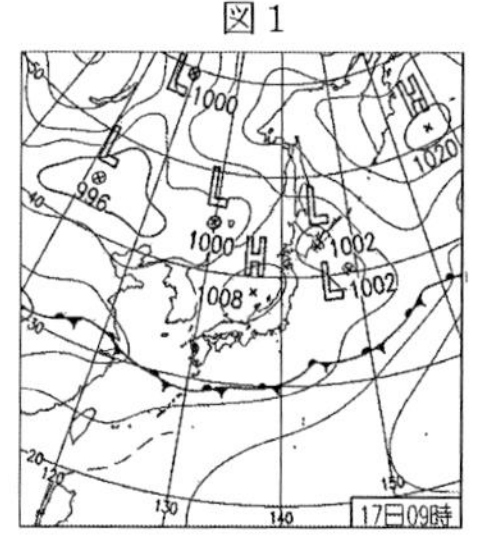

図2

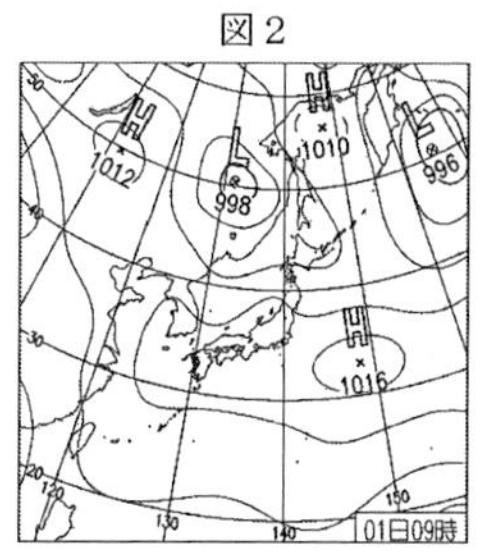

（「気象庁HP 日々の天気図」https://www.data.jma.go.jp/fcd/yoho/hibiten/index.html より）

① 図1に記されている前線を何というか，記せ。

② 次の文は，夏に特徴的な風が吹くことについて説明したものである。(a)~(c)にあてはまることばをそれぞれ記せ。

> 夏のユーラシア大陸は海洋と比べてあたたまりやすいので，海洋よりも気温が上昇する。その結果，ユーラシア大陸上の気圧が(a)くなり，太平洋上の気圧が(b)くなる。そのため，南東方向からの風が吹くことが多い。この風を夏の(c)という。

③ 日本列島付近の天気は，中緯度帯の上空を吹く風の影響を受けるため，西から東へ変わることが多い。この中緯度帯の地球規模の大気の動きを何というか，名称を記せ。

④ 「天気晴れ，北西の風，風力3」の天気，風向，風力を，天気図記号を使って記せ。

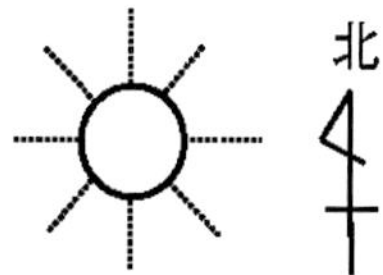

⑤ 気温が30℃で，湿度が80%の空気1m³中には何gの水蒸気が含まれるか，小数第2位を四捨五入して小数第1位まで求めよ。ただし，30℃のときの飽和水蒸気量を30.4g/m³とする。

⑥　海抜0mの地上付近で，温度が25.0℃の空気塊が，高さ2500mの山をこえて反対側の海抜0mの地上へ吹き降りたとき，この空気塊の温度は何℃になるか，小数第2位を四捨五入して，小数第1位まで求めよ。ただし，この空気塊の露点を15.2℃とし，山を越えて吹き降りるとき雲は消えているとする。また，乾燥断熱減率を0.98℃/100m，湿潤断熱減率を0.50℃/100mとする。

(2)　次の文は，火成岩のつくりについて説明したものである。(　a　)～(　c　)にあてはまることばをそれぞれ記せ。なお，同じ記号には同じことばが入るものとする。

火山岩は，比較的大きい鉱物が小さい粒に囲まれてできている。この小さい粒でできている部分を(　a　)といい，このような岩石のつくりを(　b　)組織という。深成岩には(　a　)の部分がなく，ほぼ同じ大きさの鉱物が組み合わさってできている。このような岩石のつくりを(　c　)組織という。

(☆☆☆◎◎◎◎)

高　校　理　科

【生物】

【1】次の(1)～(4)の問いに答えよ。

(1)　高等学校学習指導要領(平成30年3月)「第2章　第5節　理科　第2款　各科目　第6　生物基礎　3　内容の取扱い　(1)のイ」において，「この科目で育成を目指す資質・能力を育むため，観察，実験などを行い，探究の過程を踏まえた学習活動を行うようにすること。」とあるが，「探究の過程」について，説明せよ。

(2)　次の①～⑤の文の(　　)に適する語句を記せ。

①　プレートがそれぞれ別の方向に移動することによって，さまざまな地殻変動が起こるという考え方を(　　)という。

②　地球の大気の上端で，太陽光に垂直な1m²の面が1秒間に受ける

太陽放射エネルギーを(　　)という。

③　深成岩は，十分に成長した粗粒で同じくらいの大きさの鉱物が集まってできている。このような組織を(　　)という。

④　水を大量に含んだ砂層では，振動によって，砂粒子間の結合がはずれ圧力が高くなり，砂粒子が水中に浮遊する状態となる。これを(　　)という。

⑤　太陽スペクトルを詳しく調べると，連続したスペクトルの中に数多くの暗線(吸収線)が見られる。これを(　　)という。

(3)　次の文章中の［　ア　］～［　ウ　］には適する元素名を，(　①　)～(　⑥　)には適する語句を記せ。

物質等に含まれている元素を，いろいろな反応を用いて確認することができる。

K［　ア　］，Sr［　イ　］を含む水溶液を白金線につけてガスバーナーの外炎に入れると，炎がそれぞれ(　①　)色，(　②　)色になる。この現象を(　③　)という。

食塩水に硝酸銀水溶液を加えると，(　④　)色の沈殿が生じる。このことから食塩水の中に［　ウ　］が含まれていることを確認できる。

大理石に希塩酸を加えたときに発生する気体を(　⑤　)に通すと白濁する。このことからこの気体は(　⑥　)であることが分かる。

(4)　次の図のように，質量5.0kgの物体Aと質量10kgの物体Bが，水平面上に重ねて置かれている。図中の矢印f_1～f_5は物体A，Bにはたらく力の向きと作用点を表している。重力加速度の大きさを9.8m/s^{2}として，以下の①～④の問いに答えよ。

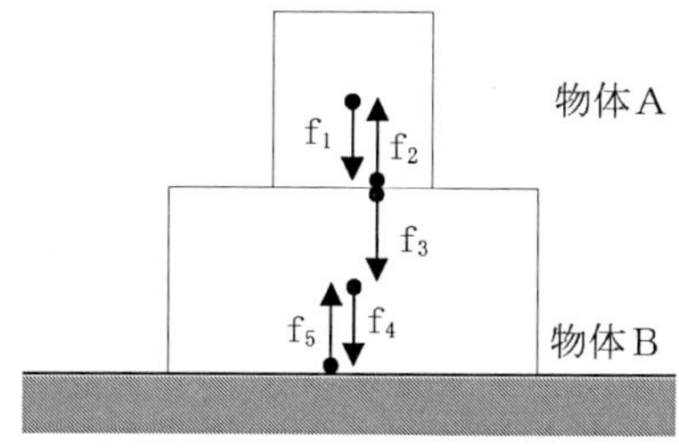

① 物体Aにはたらく重力の大きさ〔N〕を求めよ。

② 物体Bにはたらく垂直抗力の大きさ〔N〕を求めよ。

③ つりあいの関係にある力の組み合わせをすべて答えよ。

④ 作用・反作用の関係にある力の組み合わせをすべて答えよ。

(☆☆◎◎◎)

【２】次の(1), (2)の問いに答えよ。

(1) 次の塩基配列は，あるDNAの一方の鎖(H鎖とする)の一部を示している。

H鎖……ATTAGCTTAGCC……

① H鎖と対をなす鎖(I鎖とする)の塩基配列を左から順に記せ。

② DNAの構造の名称と，それを提唱した2名の科学者の名前をそれぞれ答えよ。

③ H鎖の全塩基数のうちAが28%，Tが26%，Cが22%であった。

(ア) H鎖の全塩基数のうち，Gは何%か。

(イ) I鎖の全塩基数のうち，Aは何%か。

(ウ) DNA全体では，全塩基数のうちTは何%を占めるか。

(2) 次の文章中の(①)～(⑤)に適する語句または数字を記せ。

ある生物を構成する1つの細胞の核内に存在するDNAには，1.5×10^7個の塩基対が含まれている。この場合，DNAの2本鎖のうち，一方の鎖がもつ遺伝情報がすべてタンパク質合成に使用されるとすると，DNAの遺伝情報にもとづき，(①)個のアミノ酸が相互に(②)結合することになる。さらに，(②)結合した後のアミノ酸の平均分子量を120とし，この生物の1遺伝子が平均1,200塩基対であるとすると，タンパク質の平均分子量は(③)となり，(④)種類のタンパク質がつくられることになる。また，DNAの塩基対10個分の長さを3.4nmとすると，このDNAの全長は(⑤)mとなる。

(☆☆☆◎◎◎)

【3】次の文章を読み，(1)～(5)の問いに答えよ。

生物は，複雑な物質である炭水化物，脂質，タンパク質などの有機物を酸素を用いて体内で分解し，このとき放出されるエネルギーを用いて，生命活動に必要な(　①　)を生成する呼吸を行っている。これに対して,酸素を用いないで(　①　)を生成することを(　②　)という。

呼吸により分解される物質を呼吸基質といい，発生する二酸化炭素と消費した酸素の量を測定し，呼吸商を求めることで，呼吸基質として何が使われているかを推測することができる。

3種類の植物X，Y，Zの発芽種子の呼吸基質を調べるために図1のような実験装置を作り，実験を行った。これらの植物の発芽種子をそれぞれフラスコAとBに入れ，フラスコAの副室には水酸化カリウム溶液を，フラスコBの副室には水を入れ，着色液の移動距離からフラスコ内の気体の減少量を測定し，その結果を図2に示した。

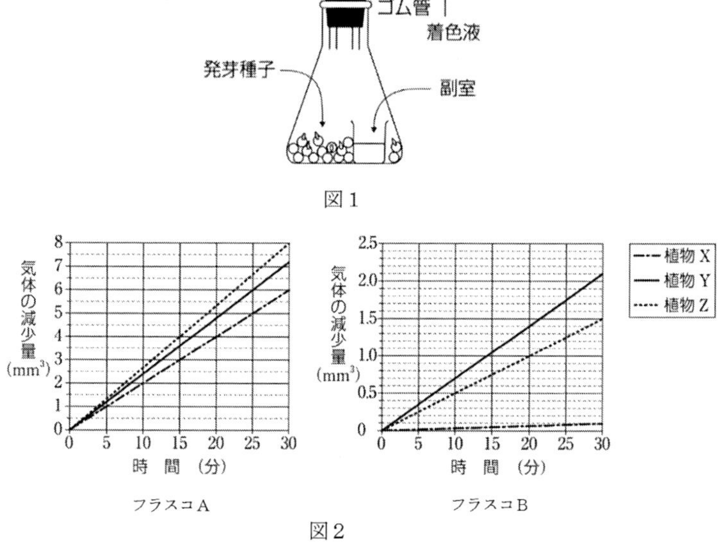

図1

図2

(1)　空欄(　①　)，(　②　)に適する語句を記せ。

(2)　実験で用いた水酸化カリウム溶液のこの実験における役割を記

せ。

(3)　フラスコAとBの気体の減少量は，それぞれ何を表しているか記せ。

(4)　図2から植物X，Y，Zの発芽種子の呼吸商をそれぞれ求めよ。なお，呼吸商は小数第2位まで求めよ。

(5)　植物X，Y，Zの発芽種子の呼吸基質は炭水化物，脂肪，タンパク質のうちどれか，それぞれ答えよ。

(☆☆☆◎◎◎)

【4】次の文章を読み，(1)～(6)の問いに答えよ。

オーキシンの移動の性質を明らかにするために，マカラスムギの幼葉鞘の先端部の下部を図1のように切断して，長さがそれぞれ1mmおよび2mmの円筒状の切片をつくり，以下の【実験1】，【実験2】を行った。なお，どの実験の場合も寒天片の大きさおよび実験開始時の上方の寒天片のオーキシン濃度は同じにした。また，実験中のオーキシンの分解や合成は無視できるものとする。実験は気温22℃と11℃の条件下で，長さ1mmと2mmの切片それぞれについて行った。

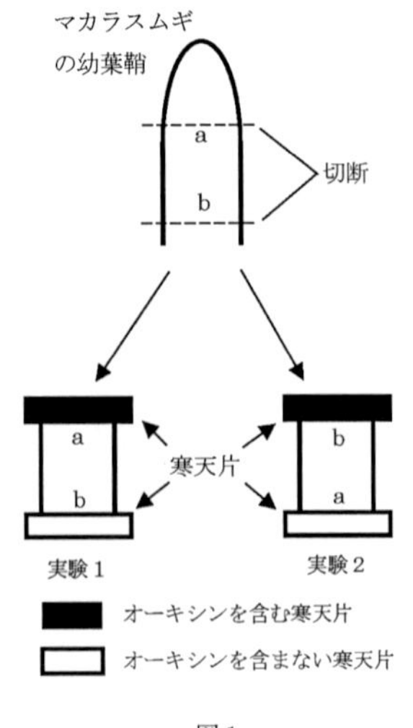

図１

【実験1】 図1のようにマカラスムギの切片を基部側bを下にしてオーキシンを含まない寒天片の上におき，先端側aの上にオーキシンを含む別の寒天片をのせた。一定時間後に下方の寒天片のオーキシン濃度を測った。

【実験2】 図1のようにマカラスムギの切片を先端側aを下にして実験1と同様に実験を行った。

【実験結果】 実験1の結果は図2(ア)～(ウ)に示した。オーキシン濃度は実験開始時の上方の寒天片のオーキシン濃度を100として相対的に表した。なお，実験2の結果は，図2の直線(エ)にのみ示した。

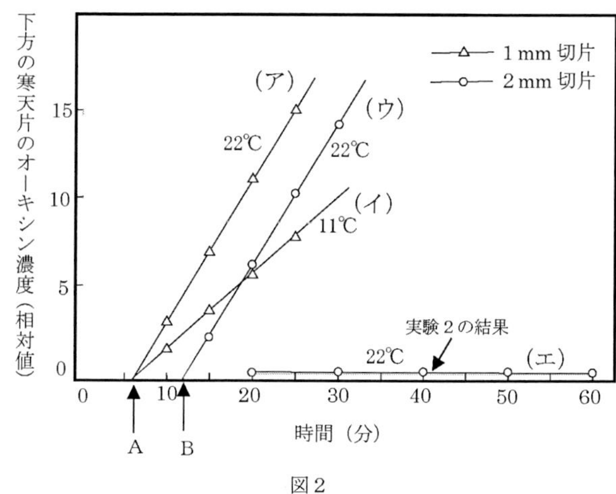

図 2

(1) 図2の直線(ア)，(ウ)が横軸とそれぞれ点A，Bで交わっている。このことからどのようなことがわかるか記せ。

(2) 図2の直線(ア)，(イ)の勾配が異なるが，このことからどのようなことがわかるか記せ。

(3) 図2の直線(ア)，(イ)が横軸上の同一の点Aで交わっているが，このことからどのようなことがわかるか記せ。

(4) 図2の直線(ウ)，(エ)の違いからどのようなことがわかるか記せ。

(5) 実験結果からオーキシンの移動の速さ〔mm/時〕を求めよ。

(6) オーキシンの移動の性質には，オーキシンの排出や取りこみを行う2種類の輸送タンパク質が関係している。これらの輸送タンパク質は植物細胞のどこに存在するか記せ。

(☆☆☆◎◎◎)

解答・解説

中学理科

【1】a　課題　　b　規則性　　c　見通し　　d　思考　　e　代替
f　主体的　　g　野外観察

〈解説〉(1)は，科学的に探究する活動の内容や過程について述べたものである。探究の過程については，他の箇所でも述べられている。最初の過程は，自然の事物・現象について問題を見いだし課題を設定することである。次の過程は，仮説の設定，検証(観察，実験等)の計画，その実施，結果(データ)の処理等であり，そこから考察・推論を行う。考察・推論を行う過程では，得られたデータの規則性や関係性を見いだす作業となる。(4)は，コンピュータや情報通信ネットワークなどのツールとしての意味合いが続く文中に示されている。コンピュータや情報通信ネットワークなどはあくまで有用な道具として利用するものであり，実験や観察などの代わりに行うものではないことを述べている。(8)に関しては，改訂された要領・解説のキーとなる内容の一つに「主体的・対話的で深い学び」がある。

【2】(1)　ウ　　(2)　羊膜類　　(3)　①　15〔N〕　　②　5〔N〕
(4)　古生代　　(5)　1.6〔年〕

〈解説〉(1)　ピペットの先端を上に向けると液体がゴム球のほうに移動し，ゴム球を傷め液体が漏れる危険がある。　(2)　胚が羊膜に包まれた卵を生む生物を羊膜類という。これは両生類から出現し，より乾燥した環境でも暮らせるようになった。 (3) ① 物体が受ける浮力の大きさは物体が排除した水の重さに等しいので，1500cm^{3}の物体にはたらく浮力の大きさは，$\frac{1.0〔g/cm^3〕\times 1500〔cm^3〕}{100}\times 1〔N〕=15〔N〕$ ② 質量2kg(＝2000〔g〕)の物体にはたらく重力の大きさは$\frac{2000}{100}=20$〔N〕より，求める値は20－15＝5〔N〕 (4) サンヨウチュウは古生代のカンブリア紀に出現し，ペルム紀に絶滅した生物である。フズリナは石炭紀からペルム紀に栄えた生物，ウミユリはカンブリア紀から栄えた生物である。 (5) 惑星の会合周期をS，地球とその惑星の公転周期をそれぞれE，Pとすると，内惑星について$\frac{1}{S}=\frac{1}{P}-\frac{1}{E}$が成り立つ。よって，$S=\frac{PE}{E-P}=\frac{0.62\times 1.0}{1.0-0.62}\fallingdotseq 1.6$〔年〕となる。

【3】(1) ① 1.2〔g〕 ② 葉の表側より，裏側の方が気孔が多いので，裏側からの蒸散量が多い。 ③ アブシシン酸
(2) ① a 花粉四分子 b 雄原細胞 c 胚のう細胞 d 極核 e 助細胞 f 胚 ② (ア) 25 (イ) 200
(ウ) 100 (エ) 100

〈解説〉(1) ① それぞれの枝で水が出ていった量は，Aは(葉の裏＋葉を除く部分)，Bは(葉の表＋葉を除く部分)，Cは(葉の表＋葉の裏＋葉を除く部分)を表している。よって，(葉を除く部分)＝A＋B－C＝4.6＋1.8－5.2＝1.2〔g〕となる。 ② 植物体中の水の蒸散は，主に気孔を通って行われる。 ③ 植物体中で水分が欠乏すると，アブシシン酸が合成される。 (2) ① 解答参照。 ② (ア) 花粉母細胞1個から4個の花粉四分子が生じ，それぞれが花粉となり受精して種子が形成される。よって，100個の種子をつくるのには25個の花粉母細胞が必要となる。 (イ) 雄原細胞1個から2つの精細胞が生じ，これらのうち片方のみが種子の形成に用いられる。よって，100個の種子をつくるためには200個の精細胞が必要となる。 (ウ) 胚のう母細胞1個からは1個の胚のう細胞が生じ，種子の形成に用いられる。よって，100個の種子をつくるためには100個の胚のう母細胞が必要となる。

(エ)　1個の卵細胞と1個の精細胞が受精卵となるので，100個の種子をつくるためには100個の卵細胞が必要となる。

【4】(1)　①　質量は変化しないが，体積が増加するから。
②　A　ア　　B　エ　　(2)　①　ウ　　②　中和　　③　A…$HCl + NaOH \rightarrow NaCl + H_2O$　　B…$H_2SO_4 + Ba(OH)_2 \rightarrow BaSO_4 + 2H_2O$
C…$HNO_3 + KOH \rightarrow KNO_3 + H_2O$　　D…$H_2CO_3 + Ca(OH)_2 \rightarrow CaCO_3 + 2H_2O$
〈解説〉(1)　①　(密度)＝(質量)÷(体積)と表せる。水は他の物質とは異なり，液体より固体の方が体積は大きいため密度は小さい。
②　A　氷を水に入れると浮いたが，エタノールに入れると沈んだため，水のほうがエタノールより密度が大きいことになる。　B　氷を半分に割っても密度は変わらない。　(2)　①　酸や塩基が皮膚に付いた場合は，すみやかに多量の水で洗い流す。　②，③　中和反応では，酸のH^+と塩基のOH^-が反応してH_2Oが生成する。

【5】(1)　①　電流計の内部抵抗は小さいので，並列につなぐと大きな電流が流れるため。　②　20〔Ω〕　③　8.0〔V〕　④　0.2〔A〕　⑤　10〔Ω〕　(2)　①　3600〔kJ〕　②　90000〔J〕
〈解説〉(1)　①　電流計は内部抵抗が大きいと電流の大きさが変化してしまうため，できるだけ内部抵抗を小さくしている。　②　図2より，電圧が6.0Vのとき電流は0.3Aなので，オームの法則より求める抵抗は$\frac{6.0}{0.3}$＝20〔Ω〕となる。　③　抵抗器Pにかかる電圧は電源の電圧と等しいので，求める電圧は20×0.4＝8.0〔V〕となる。　④　抵抗器PとQは並列に接続されているので，いずれも4.0Vの電圧がかかっている。したがって，抵抗器Pを流れる電流は$\frac{4.0}{20}$＝0.2〔A〕であり，電流計アも0.2Aを示す。　⑤　④より，抵抗器Qには電圧4.0Vで1.2－0.2＝1.0〔A〕の電流が流れるので，抵抗器Qの抵抗は，$\frac{4.0}{1.0}$＝4.0〔Ω〕となる。電源の電圧が6.0Vになると，電流計アに近い抵抗Pに流れる電流は$\frac{6.0}{20}$＝0.3〔A〕，抵抗器Qに流れる電流は$\frac{6.0}{4.0}$＝1.5〔A〕より，S_2を含む抵抗器P→抵抗器R→S_2と流れる電流は2.0－1.5－0.3＝

0.2〔A〕となる。求める抵抗をRとすると，右側の抵抗器Pと抵抗器Rは直列に接続されているので，$(20+R)\times0.2=6.0$　∴　$R=10$〔Ω〕　(2)　①　1kWhは，1kWの電力を1時間消費したときの熱量であるから，1〔kW〕＝1000〔W〕，1時間＝3600〔s〕より，求める熱量は1〔kWh〕＝1000×3600＝3600000〔J〕＝3600〔kJ〕　②　5〔分〕＝300〔s〕より，求める熱量は300×300＝90000〔J〕

【6】(1)　①　停滞前線　　②　a　低　　b　高　　c　季節風
③　偏西風
④

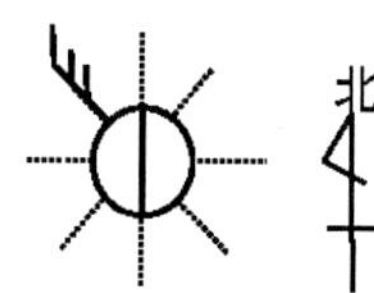

⑤　24.3〔g〕　　⑥　32.2〔℃〕　　(2)　a　石基　　b　斑状
c　等粒状

〈解説〉(1)　①　半円と三角の記号が別々の方向に並んでいる前線記号は，停滞前線である。　②　夏の季節風は，あたためられたユーラシア大陸上の気圧は低くなり，太平洋上の気圧は相対的に高くなるため，気圧の低いユーラシア大陸の方向に向かって吹く南東の風のことである。　③　中緯度付近の上空の風は，亜熱帯高圧帯(中緯度)から高緯度に向かって吹き出す風が転向力により西寄りになっている。これを偏西風といい，高気圧や低気圧はこの風に流されるため天気は西から東へと変化する。　④　天気記号は快晴を白丸，晴を丸の中に縦線，くもりを二重丸，雨を黒丸で表す。また，風が吹いてくる方向に矢羽根を伸ばし，羽根の数で風力を表す。なお，風力6までは中心から見て右側に羽根を伸ばし，7以上になると逆側に羽根を増やす。
⑤　$(\text{相対湿度})=\dfrac{(1\text{m}^3\text{の空気に含まれる水蒸気の質量})}{(\text{その気温での飽和水蒸気量})}\times100$より，(1m^{3}の空気に含まれる水蒸気の質量)＝(その気温での飽和水蒸気量)×$\dfrac{(\text{相対湿度})}{100}$と表せる。よって，求める水蒸気の質量は$30.4\times\dfrac{80}{100}$

≒24.3〔g〕となる。　⑥　上昇する空気塊は雲ができる(露点に達する)までは乾燥断熱減率にしたがい温度が低下し，その後は湿潤断熱減率にしたがい温度が低下する。この空気塊の露点は15.2℃より，海抜0mの地上付近と露点の温度差は，25.0－15.2＝9.8〔℃〕なので，乾燥断熱減率から9.8〔℃〕÷0.98〔℃/(100m)〕＝10〔100m〕となるので，高さ1000mの地点で露点に達したことになる。その後高さ2500mまでの2500－1000＝1500〔m〕は湿潤断熱減率で温度が低下するため，低下した温度は，0.5〔℃/(100m)〕×15〔100m〕＝7.5〔℃〕より，空気塊の温度は，15.2－7.5＝7.7〔℃〕となる。さらに，山を越えて吹き降りるときには雲が消えているので，吹き降りる空気塊は乾燥断熱減率にしたがい温度が上昇する。高さ2500mから海抜0mまで吹き降りた空気塊の上昇する温度は，0.98〔℃/(100m)〕×25〔100m〕＝24.5〔℃〕より，求める空気塊の温度は，7.7＋24.5＝32.2〔℃〕となる。

(2)　火山岩は地表や地表付近でマグマが急激に冷やされてできるため，成長できなかった細粒やガラス質の小さな部分ができ，これを石基という。また，比較的大きな鉱物を斑晶という。これらからなる火山岩の組織を斑状組織という。一方，深成岩の場合はマグマが地下深部でゆっくりと冷えて固まるため大きな鉱物の結晶となり，大きさもほぼそろっている。これを等粒状組織という。

高　校　理　科

【生物】

【1】(1)　問題を見いだすための観察，情報の収集，仮説の設定，実験の計画，実験による検証，調査，データの分析・解釈，推論などの探究の方法とともに，報告書などを作成させたり，発表を行う機会を設けたりすること。　(2)　①　プレートテクトニクス　②　太陽定数　③　等粒状組織　④　液状化現象　⑤　フラウンホーファー線　(3)　ア　カリウム　イ　ストロンチウム　ウ　塩素　①　赤紫　②　紅(深赤)　③　炎色反応　④　白　⑤　石灰

水　⑥　二酸化炭素　(4)　①　49〔N〕　②　1.5×10^2〔N〕
③　f_1とf_2，f_3とf_4とf_5　④　f_2とf_3

〈解説〉(1)　探究の過程については，高等学校学習指導要領(平成30年告示)解説「理科編理数編」の「理科編　第1章　第2節」の図1にも語句は異なるがまとめられている。探究の過程では，仮説の設定，検証計画の立案，観察実験の実施，結果の処理を行い，探究の過程の見通しと振り返りをするなどして課題の解決へとつげていく。

(2)　①　地球表層にある十数枚のプレートが水平にそれぞれの方向に移動することで，地球の変動を説明する考え方をプレートテクトニクスという。プレートが拡大する場所では新たなプレートを生成し，プレートが収束する境界では海溝や山脈を形成している。　②　太陽定数と地球の断面積の積が，地球全体が受け取る太陽エネルギーの量となる。　③　深成岩は，マグマが地下深部でゆっくりと冷えて固まったものである。鉱物は大きく成長し大きさもほぼそろっており，これを等粒状組織という。　④　埋立地などでは平常時には砂粒の間に多くの水を含んでおり，地震などの振動が生じると砂粒が水に浮いた状態となるために地盤を支えられなくなる。これを液状化現象という。⑤　太陽光線のスペクトルには多くの暗線が見られるが，これは太陽内部から発せられた光の一部が外側の温度が低い層を通過する際に太陽大気中の原子により吸収されるために生じる。　(3)　金属イオンに炎をあてて加熱すると，その金属特有の炎の色を呈する現象を炎色反応という。硝酸銀$AgNO_3$が塩素イオンと反応すると，$AgNO_3+Cl^-\rightarrow AgCl+NO_3^-$より，塩化銀$AgCl$の白色沈殿が生じる。大理石の主成分は炭酸カルシウム$CaCO_3$であり，希塩酸と反応すると，$CaCO_3+2HCl\rightarrow CaCl_2+H_2O+CO_2$より二酸化炭素$CO_2$が発生する。石灰水には水酸化カルシウム$Ca(OH)_2$が含まれており，二酸化炭素を通じると$Ca(OH)_2+CO_2\rightarrow CaCO_3+H_2O$より，石灰水が白濁する。　(4)　①　$5.0\times9.8=49$〔N〕となり，これはf_1にあたる。　②　物体Aの垂直抗力(f_2)は，f_1との力のつりあいより49Nであるから，作用・反作用の法則より，物体Bが物体Aから受ける力(f_3)の大きさも49Nである。物体Bにはたらく重力の大きさ(f_4)は，10×9.8＝98〔N〕となるから，物体Bについての力のつりあいより，求める垂直抗力(f_5)は，49＋98＝147〔N〕≒1.5×10^2〔N〕となる。　③　②より，(f_1)と(f_2)，および(f_3とf_4の和)と(f_5)がつりあっている。　④　②より，f_2とf_3が該当する。

【2】(1)　①　TAATCGAATCGG　　②　名称…二重らせん構造
科学者…ワトソン，クリック　　③　(ア)　24〔%〕　　(イ)　26〔%〕
(ウ)　27〔%〕　　(2)　①　5.0×10^6　　②　ペプチド　　③　4.8×10^4　　④　1.3×10^4　　⑤　5.1×10^{-3}

〈解説〉(1)　①，②　DNAは，AとT，GとCが相補的に結合することで二重らせん構造を形成している。　③　(ア)　H鎖におけるGの割合は，全体(100%)からA，T，Cの割合を引いた値となる。　(イ)　I鎖におけるAの割合は，相補的な塩基配列をもつH鎖におけるTの割合と等しい。
(ウ)　I鎖におけるTの割合は，H鎖におけるAの割合と等しいので28%となる。H鎖とI鎖の塩基数は等しいので，DNA全体のTの割合はH鎖とI鎖の割合の平均であり，$\frac{26+28}{2}=27$〔%〕となる。
(2)　①　1つのアミノ酸は3つの塩基配列により指定されるので，1.5×10^7〔個〕の塩基で指定できるアミノ酸は$1.5\times10^7\div3=5.0\times10^6$〔個〕となる。　②　アミノ酸どうしはペプチド結合によりつながっている。
③　1200塩基対からは400個のアミノ酸を指定できる。また，ペプチド結合したアミノ酸の平均分子量が120なので，このタンパク質の平均分子量は$120\times400=4.8\times10^4$となる。　④　DNA全体で塩基対は$1.5\times10^7$〔個〕，1遺伝子が塩基対1200個でつくられるので，遺伝子数は$1.5\times10^7\div1200=1.25\times10^4\fallingdotseq1.3\times10^4$となる。遺伝子1つが1種類のタンパク質に対応しているので，タンパク質は1.3×10^4種類つくられることになる。　⑤　DNA全体で塩基対は1.5×10^7〔個〕なので，$\frac{1.5\times10^7}{10}\times3.4=5.1\times10^6$〔nm〕$=5.1\times10^{-3}$〔m〕となる。

【3】(1)　①　ATP　　②　発酵　　(2)　発芽種子の呼吸によって放出した二酸化炭素を吸収する役割　　(3)　フラスコA…発芽種子の呼吸

によって吸収した酸素の体積　フラスコB…発芽種子の呼吸によって吸収した酸素の体積から，放出した二酸化炭素の体積を引いたもの　(4)　X　0.98　Y　0.71　Z　0.81　(5)　X　炭水化物　Y　脂肪　Z　タンパク質

〈解説〉(1)　生物は細胞内で有機物を分解し，このとき生じるエネルギーを利用してATPを合成している。酸素を利用する場合を呼吸，酸素を利用しない場合を発酵という。　(2)　一方のフラスコにのみ水酸化カリウムを入れることで，放出される二酸化炭素の量を知ることができる。　(3)　フラスコAでは，発芽種子の呼吸により放出された二酸化炭素は水酸化カリウムに吸収されるので，発芽種子に吸収された酸素の体積が，気体の減少量となる。一方，フラスコBでは放出された二酸化炭素は吸収されないため，吸収した酸素の体積から放出した二酸化炭素の体積を引いたものが，気体の減少量となる。　(4)　呼吸で発生する二酸化炭素と消費した酸素の体積比(CO_2/O_2)を呼吸商という。図2の30分後の結果より，植物Xの呼吸商は$\frac{6-0.1}{6}\fallingdotseq0.98$，植物Yの呼吸商は$\frac{7.2-2.1}{7.2}\fallingdotseq0.71$，植物Zの呼吸商は$\frac{8.0-1.5}{8.0}\fallingdotseq0.81$となる。
(5)　それぞれの呼吸基質の呼吸商は決まっており，炭水化物は約1.0，脂肪は約0.7，タンパク質は約0.8となるため，これらから呼吸基質の種類を推測することができる。

【4】(1)　1mmの長さの切片をオーキシンが移動するのにA分を要し，2mmの長さの切片ではB分を要した。　(2)　オーキシンの移動量は温度に比例し，22℃のときの移動量は11℃のときの約2倍になる。
(3)　オーキシンの移動速度は温度に関係なく一定である。　(4)　オーキシンは茎の先端部から基部に極性移動する。　(5)　10〔mm/時〕
(6)　細胞膜

〈解説〉(1)　直線(ア)と(ウ)の条件の違いはマカラスムギの切片の厚さなので，厚さによりオーキシンの移動に要する時間が異なることが読み取れる。　(2)　直線(ア)と(イ)の条件の違いは温度なので，温度によりオーキシンの移動量が異なることが読み取れる。　(3)　同じ厚さの

切片を同じ時間で移動してきたことから，オーキシンの移動速度は温度とは関係ないことが読み取れる。　(4)　直線(ウ)と(エ)の条件の違いはマカラスムギの切片の上下の向きであり，(エ)では下方の寒天片のオーキシン濃度が増加していないことから，オーキシンは一方向にしか移動しないことが読み取れる。　(5)　図2の点Aより，オーキシンは1mmの長さの切片を6分間で移動しているので，6〔分〕＝6÷60〔時間〕＝0.1〔時間〕より，移動速度は$\frac{1〔\mathrm{mm}〕}{0.1〔時〕}$＝10〔mm/時〕となる。　(6)　オーキシンの極性移動は，細胞膜に存在するAUX1タンパク質，PINタンパク質の2種類の輸送タンパク質(取り込み輸送体，排出輸送体)が関わっている。

2021年度　実施問題

中学理科

【1】理科の学習における観察や実験，野外観察などの活動を安全で適切に行うために，事故の防止，薬品の管理や廃棄処理などについて十分配慮することが必要である。次の(1)～(4)に答えよ。

(1) 実験，観察，野外観察の指導に当たっては，事故防止に十分留意する必要があり，その1つとして，日頃から理科室内の環境整備をすることが重要である。理科室内の環境整備として，具体的にどのようなことが必要であるか，2つ記せ。

(2) 観察や実験，野外観察などの活動で生徒に常に保護眼鏡を着用させるのは，どのような危険が考えられる場合か，具体的に2つ記せ。

(3) 実験で使用した，酸やアルカリの廃液の処理の方法を記せ。

(4) 薬品の保管場所や保管方法についてどのような点に注意するか，2つ記せ。

(☆☆◎◎◎)

【2】次の(1)～(6)に答えよ。

(1) 水に溶けない固体の体積は，メスシリンダーに水を入れ，その中に沈めることで測定することができる。水より密度の小さい物体の体積を測定するとき，物体はどのような方法で水に沈めるか，具体的に記せ。

(2) 図1は，水溶液と結晶を分離するために使用する装置を示している。図1で，正しく分離の操作を行う上で不適当な点を2つ記せ。

図1

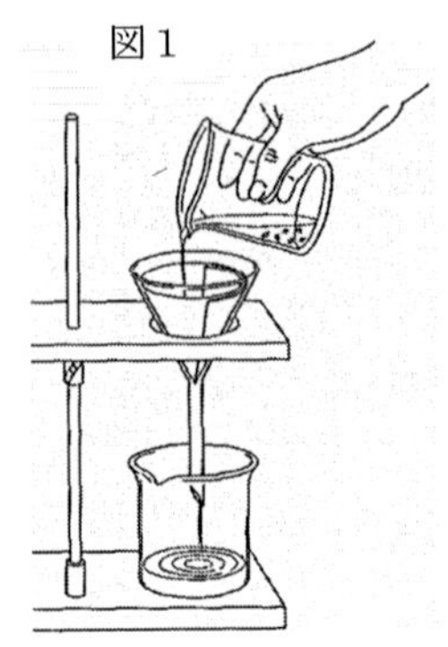

(3)　水に入れた電熱線に電流を流したときの，水の温度変化を調べる実験を行った。図2のような装置をつくり，発泡ポリスチレンのコップに20.0℃の水100gを入れ，電圧を一定に保って電熱線に電流を流し，水をゆっくりかき混ぜながら，10分後に水温を測定したところ45.0℃だった。このとき，この電熱線の消費電力は何Wか，求めよ。ただし，水の比熱を4.2J/(g・K)とし，電熱線と水の間だけで熱のやりとりがあるものとする。

図2

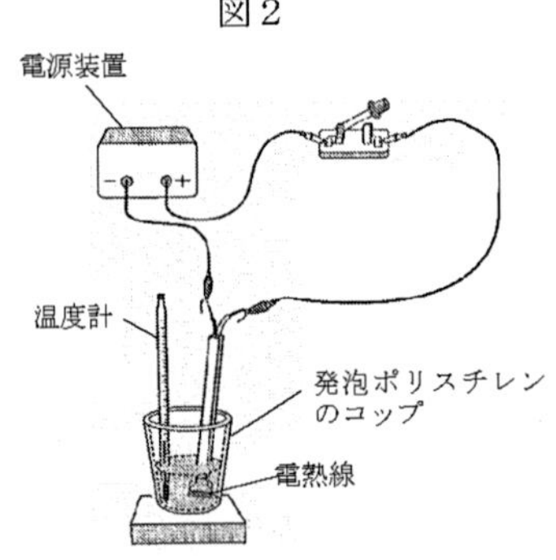

(4)　ヒトの体内では，食事による食物の消化・吸収によって血糖が供給され，余分な血糖はある多糖類として貯蔵している。何という多糖類として貯蔵しているか，記せ。また，貯蔵している器官は何か，筋肉以外で記せ。

(5)　ケンタウルス座α星の年周視差は0.755″である。ケンタウルス座α星の地球との距離は何パーセクか，小数第2位を四捨五入して記せ。

(6)　日本列島の地体構造のうち，フォッサマグナの西縁の断層帯で東北日本と西南日本の境となる断層帯を何というか，名称を記せ。

(☆☆☆◎◎◎)

【3】次の(1)～(3)に答えよ。

(1)　DNAの構造について，次の①，②に答えよ。

①　次の文章中の(　a　)，(　b　)にあてはまる塩基を，記号ではなく，名称で記せ。

DNAは，ヌクレオチド鎖2本が互いに向かいあい，内側に突き出た塩基どうしが水素結合してできた右巻きの二重らせん構造をしている。塩基の結合は，Aと(　a　)，Gと(　b　)と決まっている。

②　あるDNAの塩基組成を調べると，塩基数全体に対してAがおよそ30％を占めていた。このDNAのGの塩基が全体に占める割合はおよそ何％か，求めよ。

(2)　丸い種子をつくる純系と，しわのある種子をつくる純系を両親として交雑すると，F_1(雑種第一代)はすべて丸い種子になり，一方の親の形質だけが現れた。次の①～③に答えよ。

①　このように，F_1に現れる形質を何というか，名称を記せ。

②　生殖細胞がつくられるとき，減数分裂で対立遺伝子がそれぞれ別々の生殖細胞に1つずつ入るという法則を何というか，記せ。

③　さらに，このF_1を自家受精したところ，F_2(雑種第二代)に現れた形質のうち，丸い種子が4500個できたとすると，しわのある種子はおよそ何個できると考えられるか，求めよ。

(3)　丸い種子で緑色の子葉の純系と，しわのある種子で黄色の子葉の純系を両親として交雑すると，F_1(雑種第一代)はすべて同じ形質になった。さらに，F_1を自家受精したところ，F_2(雑種第二代)の各個体数はほぼ，丸・黄：丸・緑：しわ・黄：しわ・緑＝9：3：3：1の分離比となった。

① F_1の配偶子の遺伝子型と，その分離比を記せ。ただし，遺伝子の記号は丸(A)，しわ(a)，黄(B)，緑(b)とする。

② このような交雑実験によりメンデルが「独立の法則」を発見した。この法則について説明せよ。

(☆☆☆◎◎◎◎)

【4】次の(1)～(3)に答えよ。

(1) アンモニアで満たしたフラスコの中に，スポイトの水を入れるとビーカーの水が勢いよく吹き上がってきた。図1はその模式図である。下の①，②に答えよ。

図1

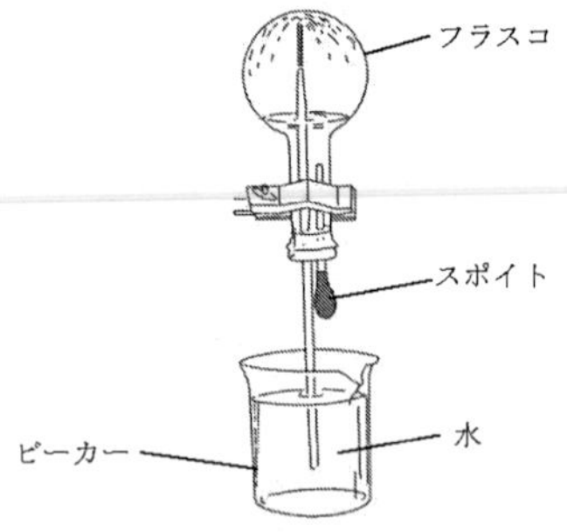

① ビーカーの水がなぜ上がってくるか，説明せよ。

② この実験で，ある指示薬をビーカーの水に加えたところ，フラスコに入った水が赤くなった。この指示薬の名称を記せ。また，指示薬を赤くしたイオンは何か，イオン式で記せ。

(2) 酸化銅(Ⅱ)6.2gと炭素粉末0.45gをよく混ぜ合わせたものを用意し，図2のような装置で加熱する実験を行った。あとの①～④に答えよ。

図2

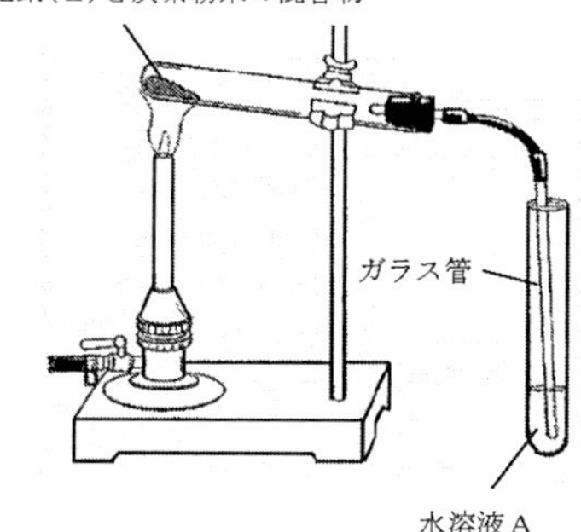

① ガスバーナーの火を消す前にどのような操作をする必要があるか，その理由とともに記せ。

② この実験で発生する気体を確かめるために使用した水溶液Aは何か，記せ。

③ この実験で起こる反応で，銅の酸化数はいくつからいくつに変わるか，記せ。

④ この実験で炭素はすべて反応し，試験管には酸化銅と銅の混合物が5.0g残った。このとき，試験管に残っている酸化銅の質量は何gと考えられるか，求めよ。ただし，銅と酸素が化合する質量の割合は4：1であるものとする。

(3) 4種類の金属A～Dがある。次の①～③の実験結果から，A～Dをイオン化傾向の大きい順に左から記号で記せ。

① AとBは希塩酸に溶けて水素を発生するが，Cは希塩酸と反応しない。

② Bの硫酸塩の水溶液にAの板を入れると，Aの表面からBが析出した。

③ Dだけは常温で水と激しく反応する。

(☆☆☆☆◎◎◎)

【５】次の(1)～(5)に答えよ。

(1)　図1のようなモノコードを用意し，条件を変えながら弦をはじき，聞こえる音の変化を観測した。このとき，次の①～④の条件だけを変えて弦をはじいたとき，音の高さが変わるものはどれか，すべて記号で記せ。

図１

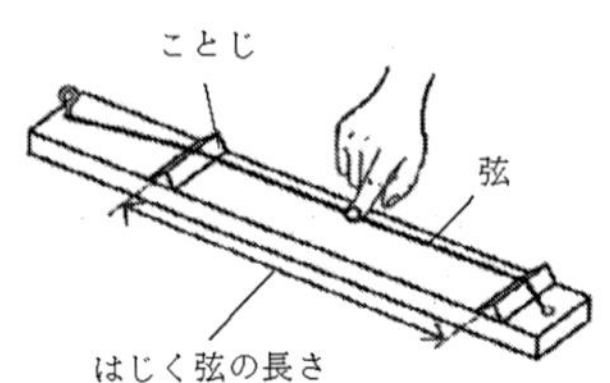

①　弦の太さ　　②　弦を張る強さ　　③　弦をはじく強さ

④　はじく弦の長さ

(2)　音叉をたたいたときの音による振動を，オシロスコープで測定した。このとき，オシロスコープには，図2のように表示された。ただし，縦軸方向は振動の振れ幅を，横軸方向は1目盛りあたり2000分の1秒の時間を表したものとする。下の①，②に答えよ。

図２

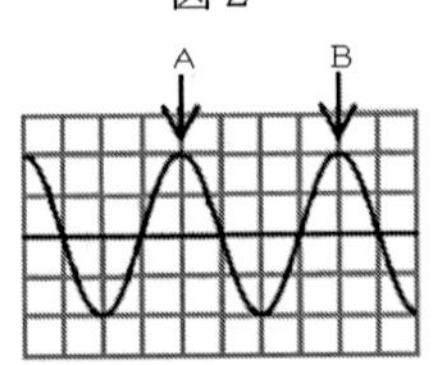

①　このとき，発生した音の振動数は何Hzか，求めよ。ただし，図2のA～Bの間が1回の振動であるものとする。

②　別の音叉で同様の測定を行ったところ，オシロスコープには図3のように表示された。図2の音と比較してどのような音になったか，音の大きさと高さについて触れながら記せ。ただし，図2と図3の縦軸及び横軸の1目盛りの大きさは同じものとする。

図3

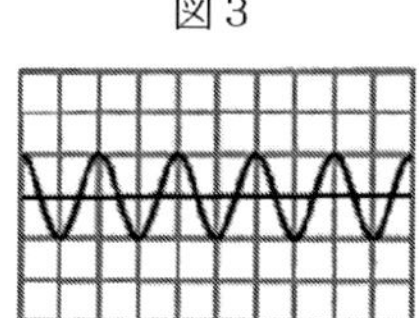

(3) 「音の干渉」とはどのような現象か，記せ。ただし，「振動数」ということばを用いるものとする。

(4) 空気中を伝わる音の速さは，温度が高くなるほど大きくなる。10℃の空気中の音の速さは何m/sか，求めよ。

(5) 救急車がサイレンを鳴らしながら16m/sの速さで，静止している観測者に向かって一直線に近づいてきている。次の①，②に答えよ。

① 観測者にはサイレンの音が高く聞こえる。このように，音源が動くことによって，もとの振動数と異なった振動数が観測される現象を何というか，記せ。

② 観測者が聞くサイレンの音の振動数は何Hzか，小数第1位で四捨五入し，整数で記せ。ただし，音の速さを340m/s，救急車が鳴らしているサイレンの振動数を770Hzとする。

(☆☆☆◎◎◎)

【6】次の(1)～(5)に答えよ。

(1) 次の文章中の(①)～(③)に当てはまる最も適当なことばを記せ。

河川の浸食によってできた崖，海岸などに地層や岩石が現れていて観察できる場所を(①)という。

また，ある時期に同一の現象が広い範囲に起きて，特定の地層として記録されると，その地層は同じ時代の面を示す。このような地層を(②)といい，(②)が特定されると，その分布を調べることによって，過去の同時代面を追跡することができる。この作業を地層の(③)という。

(2) 「不整合」とはどのような地層間の関係か，記せ。

(3) 次の文章中の(　①　), (　②　)に当てはまる最も適当なことばを記せ。

(　①　)と(　②　)はクリノメーターを使って測る。クリノメーターを水平にしたまま長辺を地層の層理面に当て，クリノメーター全体が水平になるように水準器で調整する。このときの地層に接したクリノメーターの長辺の方向が(　①　)である。

また，立てたクリノメーターの長辺を(　①　)に直角になるように層理面に接する。このとき，層理面の傾いている方向が(　②　)の方向である。

(4) ある地点でボーリング調査を行ったところ，ボーリング資料の中に石灰岩と思われる岩石があった。この岩石が石灰岩であることを確かめる方法を記せ。

(5) 図1は，ある地域の地形を等高線を用いて模式的に表したものであり，数値は標高を示している。また，図2は図1のA～Cの地点でボーリング調査を行った結果をもとに作成した柱状図である。ただし，この地域には地層の折れ曲がりや断層はなく，それぞれの地層は平行に重なっており，ある一定の方向に傾いているものとする。下の①，②に答えよ。

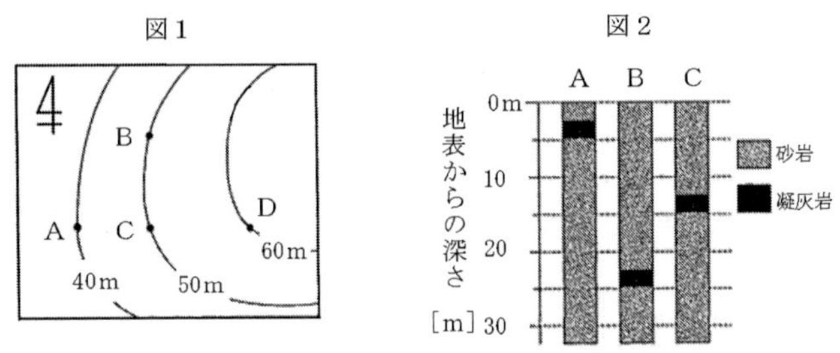

① この地域では，凝灰岩の地層の傾きは，どの方角に向かって低くなっていると考えられるか，次のア～エから一つ選び，記号で記せ。

ア．東　　イ．西　　ウ．南　　エ．北

② D地点の柱状図を作成すると，凝灰岩の層は地表からの深さ何

m～何mの間にあると考えられるか。次のア～エから最も適当なものを一つ選び，記号で記せ。

ア．12m～15m　　イ．17m～20m　　ウ．22m～25m

エ．27m～30m

(☆☆☆◎◎◎)

高校理科

【物理】

【1】次の(1)～(3)の問いに答えよ。

(1) 次の①～⑤の問いに答えよ。

① 地質年代のうち，地球創成時から約40億年間の時代を何というか，記せ。

② 地球の形成期には，融けた岩石が地表を覆っていたと考えられている。この状態を何というか，記せ。

③ ペルム紀に，プレートの運動により地球上の大陸が合体して単一の超大陸が形成された。この大陸の名称を記せ。

④ 放散虫の遺骸などが堆積してできる二酸化ケイ素を主成分とする岩石の名称を記せ。

⑤ 造礁性サンゴなど，その地層ができた環境を特定することができる化石を何というか，記せ。

(2) 次の(ア)～(オ)のイオンについて，下の①～⑤の問いに答えよ。

(ア) Li^{+}　　(イ) Cl^{-}　　(ウ) NH_4^{+}　　(エ) PO_4^{3-}

(オ) Ca^{2+}

① (ア)のイオンと同じ電子配置の希ガス(貴ガス)は何か，元素記号で記せ。

② (イ)のイオンの名称を記せ。

③ (ウ)のイオン1個がもつ電子の総数を答えよ。

④ (ウ)と(エ)の組み合わせでできる物質の名称を記せ。

⑤　(エ)と(オ)の組み合わせでできる物質の組成式を記せ。

(3)　ヒトの体内環境について，次の①～⑤の問いに答えよ。

①　血液の成分のうち，核をもち，異物の食作用など免疫に関係するはたらきをもつ成分を何というか，記せ。

②　肝臓において，アンモニアは毒性の少ないある物質に変えられる。この物質の名称を記せ。

③　腎臓において，毛細血管が球状に密集した糸球体と，これを包む袋状の構造をもつボーマンのうを合わせて何というか，記せ。

④　自律神経系のうち，休憩時などのリラックスした状態のときにはたらき，末端からは主としてアセチルコリンとよばれる神経伝達物質が分泌される神経を何というか，記せ。

⑤　外界からの異物に対する免疫反応が過敏になり，その結果，生体に不利益をもたらすことを何というか，記せ。

(☆☆◎◎◎◎)

【２】次の(1)，(2)の問いに答えよ。

(1)　長さL，質量Mの材質が均一な細い棒を用いて，図1のように棒を床から垂直な壁にθの角度で立てかけた。棒と床が接する位置をP，棒と床との間の静止摩擦係数をμ，重力加速度の大きさをg，壁と棒との間には摩擦はないものとして，下の①～⑤の問いに答えよ。

図１

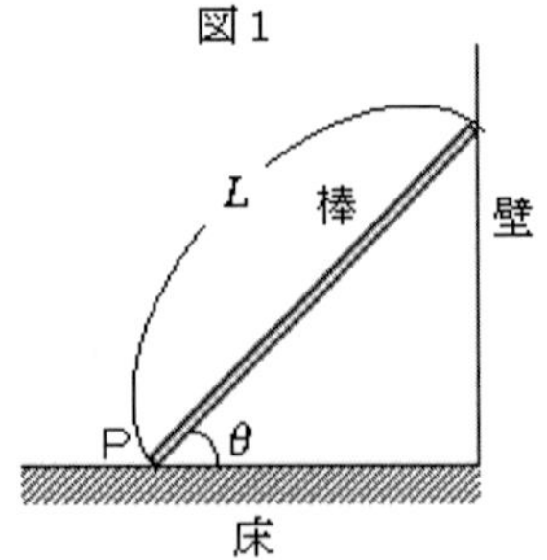

①　棒が壁から受ける垂直抗力の大きさを求めよ。

②　立てかけた棒がすべり落ちないためには，μはいくら以上でな

ければならないか，求めよ。

次に，実験Ⅰ～Ⅲを行った。

〔実験Ⅰ〕 図1において，θが45°となるようにして立てかけた。このとき，棒はすべり落ちなかった。

〔実験Ⅱ〕〔実験Ⅰ〕の状態から，質量mの小球Aを，Pから棒に沿って$\frac{2}{3}L$の位置に，質量が無視できる粘着テープで固定した。

〔実験Ⅲ〕〔実験Ⅰ〕の状態から，AをPから棒に沿って打ち出したところ，Aは棒をのぼり始めた。このとき，Aと棒との間には摩擦はないものとする。

③ 〔実験Ⅱ〕で，立てかけた棒がすべり落ちないためには，μはいくら以上でなければならないか，求めよ。

④ 〔実験Ⅲ〕で，棒をのぼるAには，重力と棒からの垂直抗力がはたらく。この2つの力の合力の大きさを求めよ。

⑤ 〔実験Ⅲ〕で，AがPから棒に沿って$\frac{2}{3}L$の位置まで達しても，立てかけた棒がすべり落ちないためには，μはいくら以上でなければならないか，求めよ。

(2) 図2のように，床からの高さがHの台の上から物体を水平方向に初速度vで投げ出したところ，水平でなめらかな床と衝突してはねかえった。物体と床との間の反発係数をe，重力加速度の大きさをg，物体を投げ出した位置から鉛直真下の台と床が接する位置をQとして，下の①～④の問いに答えよ。

図2

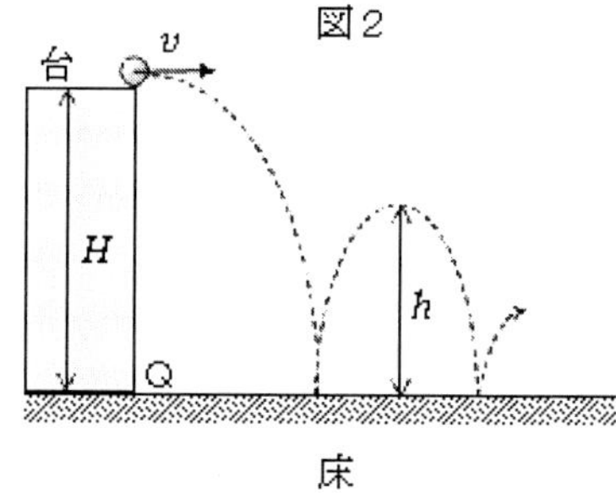

① 1回目の衝突で物体がはねかえる速さを求めよ。

② 1回目の衝突後に，物体が到達する最高点の床からの高さhを求めよ。

③ 物体を投げ出してから2回目の衝突までに要する時間を求めよ。

④ Qから物体が3回目の衝突をした地点までの水平距離を求めよ。

(☆☆☆◎◎◎)

【3】次の文章を読み，(1)，(2)の問いに答えよ。

図1は，広い水槽の水を薄い板で区切っているようすを表している。板にはA，B2つの鉛直方向の細いすき間が入っており，AとBの間隔は3cmである。

図1

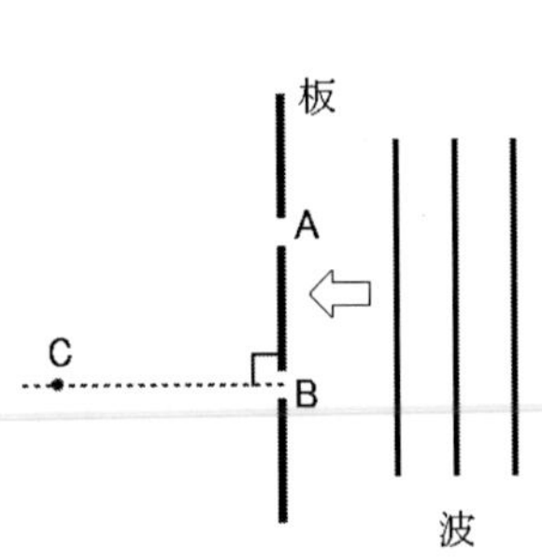

図1のように，速さが24cm/sで，板に対して波面が平行になるように，板の右遠方から波を発生させたところ，波が板に達し，AおよびBを中心とする円形の波が板の左側に生じた。十分時間が経過した後，板の左側では水面の上下の動きが見られない，波が弱め合っている場所が観察された。

図1のBを通り，板に垂直な直線上において波が弱め合っている場所は，板の左側ではBから4cmの地点C以外には確認されなかった。このことから，板の右遠方から発生させた波の波長は(　ア　)cmと求めることができる。

図2に示すように，波が弱め合っている場所は，板から離れた遠方では，A，B2つのすき間付近から伸びる放射状の直線に沿っていた。

この実験では，(a)板の左側で波が弱め合っている場所に沿った放射状の直線は2本であった。

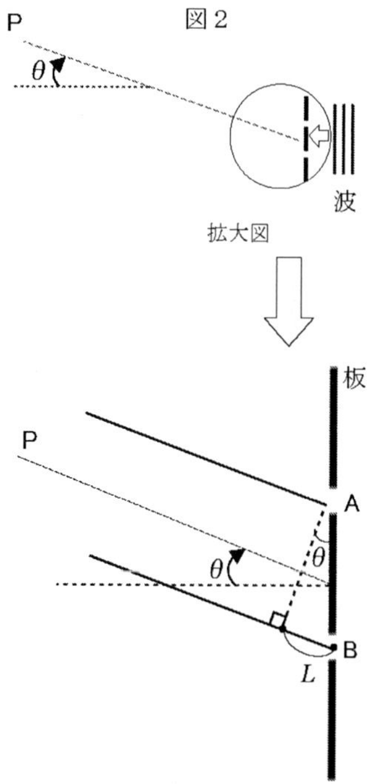

次に，図3のように，板に対する波面の角度が ϕ となるように傾けて，板の右遠方から速さが24cm/sの波を発生させた。このとき，あるひとつの波面がBに達する時刻と，Aに達する時刻の差は，φ を用いて（　イ　）秒と表すことができる。また，φ が $\frac{\pi}{6}$ のとき，(b)板の左側で波が弱め合っている場所に沿った放射状の直線が観察された。

図 3

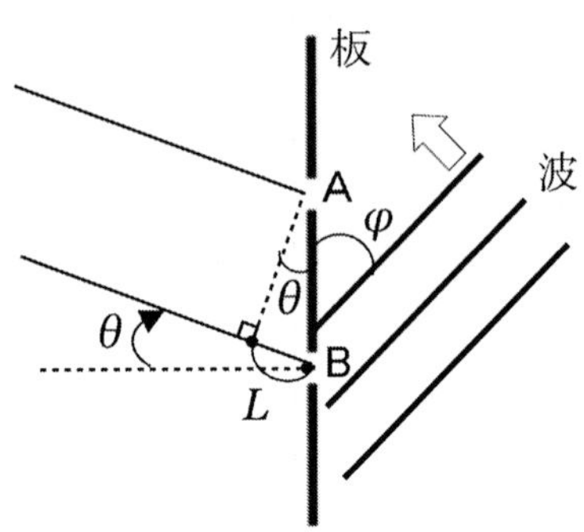

(1)　文章中の(　ア　)，(　イ　)にあてはまる数値または数式を求めよ。

(2)　図2に示すように，放射状の直線上の遠方の点をPとし，この直線の方向を板に垂直な直線から右回り(時計回り)に測った角度を θ $\left(-\frac{1}{2}\pi < \theta < \frac{1}{2}\pi\right)$ とする。このとき，Pは遠方にあるために，AP間の距離とBP間の距離の差は図2のLとみなすことができる。次の①，②の問いに答えよ。

①　文章中の下線部(a)について，放射状の直線が2本となる理由を数式を用いて説明せよ。

②　文章中の下線部(b)について，観察された直線は何本か求めよ。

(☆☆☆◎◎◎)

【4】次の(1)～(3)の問いに答えよ。

(1)　陽子は，u，u，dのクォークから，中性子はu，d，dのクォークから構成されている。uクォークおよびdクォークの電荷はいくらになるか，電気素量eを用いてそれぞれ表せ。

(2)　次の文章を読み，①～⑦の問いに答えよ。

時間的に強さが変化する磁場による誘導起電力により，電子を加速する装置をベータトロンという。磁場の強さを調節することで，電子が加速されても電子の円運動の軌道半径が変わらないようになっている。

図に示すように，強さがz軸からの距離のみで決まる磁場をz軸の正の向きに加え，質量m〔kg〕，電荷$-e$〔C〕($e>0$)の電子を，xy平面内に入射したところ，原点Oを中心にして，軌道半径r〔m〕で等速円運動をした。このときの円軌道上の磁束密度の大きさはB〔T〕であるとする。

図

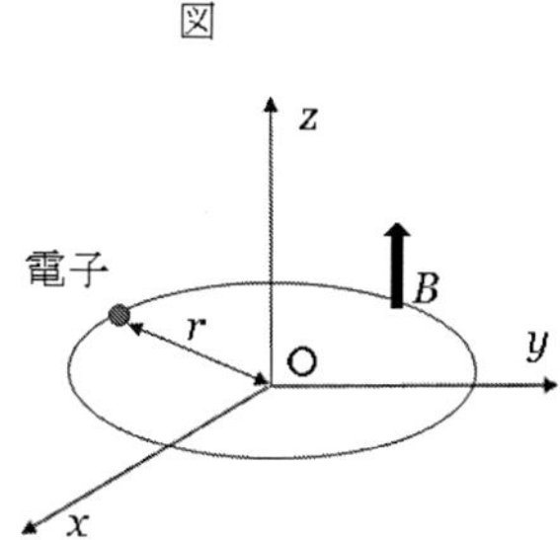

次に，円軌道内を貫く磁束Φ〔Wb〕が，短い時間$\varDelta t$〔s〕間に，$\varDelta\Phi$〔Wb〕だけ増加するように磁場を調節したところ，円軌道上には誘導起電力が生じ，円軌道に沿って電場が発生した。

① 図において，z軸の正の向きから見て電子の運動する向きは，右回り(時計回り)，左回り(反時計回り)のいずれか，答えよ。

② 図において，電子が軌道半径r〔m〕で等速円運動するときの速さ〔m/s〕を求めよ。

③ 磁場を調節したとき，円軌道に沿って発生した電場の強さ〔V/m〕を求めよ。

④ ③のとき，電子が電場から受ける力〔N〕を求めよ。

⑤ $\varDelta t$〔s〕間での，電子の速さの増加量〔m/s〕を求めよ。

⑥ 軌道半径を一定に保って加速させるための，円軌道上の磁束密度の増加量〔T〕を求めよ。

⑦ ⑥のとき，円軌道内の平均磁束密度の増加量と，円軌道上の磁束密度の増加量にはどのような関係があるか，説明せよ。

(3)　次の器具をすべて用いて，「光電効果」に関する演示実験を行った。その実験手順を示せ。また，この実験を通して「光電効果」のどのようなことを理解させたいか，確認できる現象に触れながら説明せよ。

白色LED灯　　紫外線灯　　毛皮　　亜鉛板　　箔検電器
塩化ビニル管

(☆☆☆◎◎◎)

解答・解説

中　学　理　科

【１】(1)　・生徒の使い易い場所に薬品や器具，機器などを配置し，それを周知しておく　・生徒の怪我に備えて救急箱を用意する　・防火対策として消化器や水を入れたバケツを用意する　・刺激臭をもつ気体や有毒な気体を発生させる実験では十分な換気をする。　から2つ　(2)　・飛散した水溶液が目に入る　・破砕した岩石片などが目に入る。　から2つ　(3)　中和してから多量の水で薄める。

(4)　・直射日光を避けた冷所に保管する　・異物が混入しないように注意する　・火気から遠ざけておく　・薬品庫内に転倒防止の仕切りを設ける　・毒物，劇物や引火性のある薬品などは，類別して薬品庫に施錠する　から2つ

〈解説〉中学校学習指導要領(平成29年告示)解説　理科編(平成29年7月)「第3章　指導計画の作成と内容の取扱い」「3　事故防止，薬品などの管理及び廃棄物の処理」において示されている内容を答えればよい。

(1)　同項の「(1)事故の防止について」「オ　理科室内の環境整備」に

示されている。 (2) 同項の「(1)事故の防止について」「カ 観察や実験のときの服装と保護眼鏡の着用」に示されている。 (3) 同項の「(3)廃棄物の処理について」に示されている。有毒な薬品やこれらを含む廃棄物の処理は，大気汚染防止法，水質汚濁防止法，海洋汚染防止法，廃棄物の処理及び清掃に関する法律など，環境保全関係の法律に従って処理する必要がある。 (4) 同項の「(2)薬品などの管理について」に示されている。爆発，火災，中毒などの恐れのある危険な薬品の保管場所や取扱いについては，消防法，火薬類取締法，高圧ガス保安法，毒物及び劇物取締法などの法律で定められている。

【2】(1) 体積が小さい針金等で，物体の全体を水中に押し込んで測定する (2) ・水溶液を漏斗に注ぐときにガラス棒を伝わらせていない ・漏斗のあしが濾液を入れるビーカーの内壁につけられていない (3) 17.5〔W〕 (4) 多糖類…グリコーゲン 器官…肝臓 (5) 1.3〔パーセク〕 (6) 糸魚川－静岡構造線

〈解説〉(1) 水より密度が小さい物体は水に浮いてしまうため，物体の全体が水に浸るような工夫をしなければならない。 (2) 濾過する水溶液が周囲に飛び散ることを防ぐために，ガラス棒に伝わらせて水溶液を漏斗に注ぐ必要がある。漏斗のあしをビーカーの内壁につけることで，濾液が周囲に飛び散りにくく，途絶えることなく流れ落ち，濾過速度を速くすることができる。 (3) 水が受け取った熱は，$100\times4.2\times(45.0-20.0)=10500$〔J〕 これが10分間，すなわち600秒間電流を流したことによって供給された電力量だから，求める消費電力は，$10500\div600=17.5$〔W〕 (4) 肝臓で，グルコースが多数結合したグリコーゲンとして蓄えられる。 (5) 恒星の見える方角は，地球の公転運動によって変化している。この角度のずれを年周視差といい，秒(″)で表される。年周視差p〔″〕と地球から恒星までの距離r〔パーセク〕は，$r=\frac{1}{p}$という関係がある。ケンタウルス座α星の年周視差は

0.755″であるので，ケンタウルス座α星の地球との距離は，$r=\frac{1}{0.755}$ $=1.32\cdots\fallingdotseq1.3$〔パーセク〕となる。 (6) フォッサマグナの西縁の断層帯を糸魚川－静岡構造線という。日本列島は他にも，棚倉構造線や中央構造線によって区切られている。棚倉構造線は，日本列島を東北日本と西南日本に分ける構造線である。また，中央構造線は，西南日本を内帯と外帯に分けている。

【3】(1) ① a チミン　b シトシン　② 20〔%〕
(2) ① 顕性(優性)形質　② 分離の法則　③ 1500〔個〕
(3) ① AB：Ab：aB：ab＝1：1：1：1　② 2組以上の対立遺伝子が異なる染色体に存在するとき，減数分裂において染色体が分かれる際，互いに影響しあうことなく，独立に配偶子に入る

〈解説〉(1) ① DNAは，A(アデニン)とT(チミン)，C(シトシン)とG(グアニン)がそれぞれ水素結合によって相補的に結合する。本問では記号ではなく名称で解答する必要があるため，Aとチミン，Gとシトシン，のように解答する。 ② シャルガフの法則より，DNA塩基全体に対して(Aの割合)＝(Tの割合)であるため，A＝T＝30〔%〕となる。したがって，100－(30＋30)＝40〔%〕が，DNA塩基全体に対するC＋Gの割合である。ここで，(Cの割合)＝(Gの割合)より，40÷2＝20〔%〕がCとGそれぞれの割合となる。 (2) ① 丸い種子としわのある種子のように対立する形質をもつ純系を交雑すると，一方の親の形質だけが現れることがある。この形質のことを顕性形質(優性形質)といい，他方を潜性形質(劣性形質)という。 ② 対立遺伝子がそれぞれ別の生殖細胞に1つずつ入る法則は分離の法則という。 ③ 丸い種子に関する遺伝子をA，しわのある種子に関する遺伝子をaとすると，F_1の遺伝子型はAaとなる。このF_1同士によってできたF_2は，AA：Aa：aa＝1：2：1となるため，(丸い種子)：(しわのある種子)＝3：1である。ここで，しわのある種子をx〔個〕とおくと，4500：x＝3：1となるため，

これを解いて，x＝1500〔個〕となる。　(3)　①　丸い種子に関する遺伝子をA，しわのある種子に関する遺伝子をa，黄色の子葉に関する遺伝子をB，緑色の子葉に関する遺伝子をbとして，F_1の配偶子の遺伝子型の分離比がAB：Ab：aB：ab＝m：n：n：mとすると，二遺伝子雑種のF_2の表現型の分離比は，[AB]：[Ab]：[aB]：[ab]＝$(3m^2+4mn+2n^2)$：$(2mn+n^2)$：$(2mn+n^2)$：m^2＝9：3：3：1と表すことができる。これを解いて，m＝1，n＝1となるため，F_1の配偶子の遺伝子型の分離比は，AB：Ab：aB：ab＝1：1：1：1となる。

②　解答参照。

【4】(1)　①　アンモニアがスポイトで入れた水に溶けることで，フラスコ内の気圧が小さくなる。これによって，フラスコ内の気圧と大気圧に差が生じ，ビーカーの水がガラス管内に押し上げられるため

②　名称…フェノールフタレイン(溶)液　　イオン式…OH^-

(2)　①　ガラス管を水溶液Aの中に入れたまま火を消すと，水溶液Aが逆流して試験管が割れることがあるので，ガラス管を水溶液Aの中から出した後に，ガスバーナーの火を消す　　②　石灰水(水酸化カルシウム水溶液)　　③　＋2から0　　④　0.2〔g〕　　(3)　D，A，B，C

〈解説〉(1)　①　アンモニアは水に非常に溶けやすく，スポイトの水に急速に溶けることでフラスコ内の気圧が下がり，大気圧との差が生じることで，ビーカーの水が押し上げられる。　②　フェノールフタレイン溶液は，塩基性溶液中の水酸化物イオンOH^-と反応して赤色に呈色する指示薬である。　(2)　①　火を消すと加熱している試験管が冷えて試験管内の気圧が小さくなるため，ガラス管を水溶液Aの中に入れたままにしておくと水溶液Aが逆流して試験管が割れる恐れがある。

②　この反応では，炭素Cが酸化されて二酸化炭素CO_2が発生する。CO_2を石灰水に通すと白く濁るため，発生している気体がCO_2であるこ

とを確かめられる。　③　$2CuO+C \rightarrow CO_2+2Cu$の酸化還元反応が起きている。Cuの酸化数に着目すると，＋2→0となっており，酸化銅CuOは還元されている。　④　題意より，炭素Cは0.45÷12＝0.0375〔mol〕すべて反応したことがわかる。化学反応式より，酸化銅CuOと炭素Cは，2：1の割合で反応するので，酸化銅CuOは0.0375×2×80＝6.0〔g〕減少している。よって，試験管に残っている酸化銅の質量は，6.2－6.0＝0.2〔g〕となる。なお，銅Cuは0.0375×2×64＝4.8〔g〕生成されており，未反応の酸化銅と合わせると，0.2＋4.8＝5.0〔g〕となり，題意と一致する。　(3)　①より，AとBは水素H_2よりイオン化傾向が大きく，Cは水素H_2よりイオン化傾向が小さいので，A，B＞(H_2)＞Cであることがわかる。②より，Bの陽イオンが還元されているので，イオン化傾向はA＞Bであることがわかる。③より，Dだけが常温で水と激しく反応しているため，Dはイオン化傾向が一番大きい。以上より，イオン化傾向はD＞A＞B＞Cとなる。

【5】(1)　①，②，④　　(2)　①　500〔Hz〕　　②　図2の音と比較して，小さくて高い音になった　　(3)　同じ振動数の音をスピーカーなどから出すと，空気が強く振動するところと，しないところができることで，音がよく聞こえる場所と聞こえない場所ができる現象

(4)　337.5〔m/s〕　　(5)　①　ドップラー効果　　②　808〔Hz〕

〈解説〉(1)　①　弦の太さを変えると，線密度が変わり，弦を伝わる波の速さが変わる。弦を伝わる波の速さは波長と振動数の積に等しく，波長が一定とすると，振動数が変化する。したがって，音の高さは変わる。　②　弦を張る強さを変えると，弦を伝わる波の速さが変わるので，弦の太さを変えた場合と同様に，音の高さは変わる。　③　弦をはじく強さを変えると，弦の振幅が変わるので音の大きさは変わるが，音の高さは変わらない。　④　はじく弦の長さを変えると，波長が変わる。ここで，弦を伝わる波の速さが一定だとすれば，振動数が

変化する。したがって，音の高さは変わる。　(2)　①　図2より，音波の周期は$\frac{4}{2000}=\frac{1}{500}$〔s〕である。振動数は周期の逆数だから，求める振動数は500〔Hz〕　②　図3では，周期が短くなっていることから，振動数は大きくなる。よって，音は高くなる。音の大きさは必ずしも振幅の大小と符合するとは言い切れない(例として超音波などは聞こえないため)が，中学理科の学習内容としては，図2の音波よりも図3の音波の方が振幅は小さいので，図3の音の方が図2の音よりも小さい音であるといえる。　(3)　解答参照。　(4)　空気中の音速は，気温をt〔℃〕としたとき，$331.5+0.6t$〔m/s〕と表されるので，10℃のときは，$331.5+0.6\times10=337.5$〔m/s〕　(5)　①　解答参照。　②　ドップラー効果の式より，求める振動数は，$770\times\frac{340}{340-16}=808.0\cdots\fallingdotseq808$〔Hz〕

【6】(1)　①　露頭　②　かぎ層　③　対比　(2)　長い時間を隔てて，地層の上に次の地層が堆積する場合に，浸食を受けていたり，下位の層と傾斜が異なっていたりすることでできる地層の境界
(3)　①　走向　②　傾斜　(4)　塩酸をかけて気体(二酸化炭素)が発生した場合に石灰岩であると確認できる。　(5)　①　エ
②　ウ

〈解説〉(1)　地層や岩石が観察できる場所を露頭という。文中にもあるように，離れた場所にある地層を比べて同年代面を追跡することを地層の対比という。地層の対比を行う際，短期間かつ広範囲に堆積した層が重要となってくる。このような対比の決め手となる層をかぎ層と呼ぶ。　(2)　不整合の地層間の関係については解答の通り。不整合面上部では，浸食の跡や基底礫が見られることが多い。また，地層の時系列に関する問題が出題されることもあるため，不整合の形成過程についても理解しておきたい。　(3)　地層の層理面と水平面の交線の方向を走向といい，層理面と水平面のなす角を傾斜という。走向と傾斜はクリノメーターを用いて計測する。また，クリノメーターの使い方

は文中にある通りである。　(4)　石灰岩は炭酸カルシウムを主成分とするフズリナやサンゴなどの遺骸によって生成された岩石である。炭酸カルシウムに塩酸を加えると二酸化炭素が発生する。この化学反応を用いて石灰岩の判別を行う。　(5)　①　地点Aの地表面を基準として各地点における凝灰岩層の深さを考えると，Aは2～5m，Bは12～15m，Cは2～5mとなる。AとCの凝灰岩層の深さは同じであり，Bの凝灰岩層はAとCの層よりも深い。したがって，Bの方向(北)に凝灰岩の地層が傾いている。　②　地点Dが直線AC上に位置していることから，地点Aの地表面を基準としたとき，凝灰岩層の深さはAと同じになる。DはAよりも標高が20m高いため，地点Dの凝灰岩層の深さは，地点Dの地表面を基準とすると22～25mとなる。

高　校　理　科

【物理】

【1】(1)　①　先カンブリア時代　　②　マグマオーシャン　　③　パンゲア　　④　チャート　　⑤　示相化石　　(2)　①　He　　②　塩化物イオン　　③　10　　④　リン酸アンモニウム　　⑤　$Ca_3(PO_4)_2$　(3)　①　白血球　　②　尿素　　③　腎小体　　④　副交感神経　⑤　アレルギー

〈解説〉(1)　①　地球が誕生してから約40億年間の時代を先カンブリア時代と呼ぶ。先カンブリア時代は冥王代，太古代(始生代)，原生代の3つに分けられている。この時代では，生命の誕生や縞状鉄鉱層の生成，全球凍結といったイベントを押さえたい。　②　地球の形成期には，多くの微惑星が地球に衝突した。微惑星の衝突エネルギーと原始大気の温室効果により，地球は融けた岩石に覆われていたと考えられている。この状態をマグマオーシャンと呼ぶ。この後，しだいに密度の大きな金属が重力によって中心に集まり，地球の核が形成された。

③　地球上の大陸は数億年単位で分裂と合体を繰り返している。全ての大陸が1つになった状態を超大陸といい，ペルム紀に見られた超大陸はパンゲアと呼ばれている。大陸の移動に関しては，超大陸の名前だけでなく，プレートテクトニクスについても理解したい。　④　二酸化ケイ素を主成分とする放散虫などの遺骸が堆積してできた岩石はチャートである。チャートは生物岩に分類される。生物岩に分類される他の岩石として，炭酸カルシウムを主成分とする石灰岩や石炭が挙げられる。　⑤　化石は，地層の堆積した環境や年代を推定する情報として利用されることがある。地層が堆積した環境を特定することができる化石は，示相化石と呼ばれている。示相化石の特徴として，特定の環境下でしか生息できないことや死後運搬されていないことが挙げられる。　(2)　①　リチウムLiは原子番号3，Li^+は1価の陽イオンであり，総電子数は2であるため，電子配置は原子番号2のヘリウムHeと同じである。　②　単原子の陰イオンの名称は，元素名の語尾を「～化物イオン」に変える。　③　NH_4^+は構成元素の原子番号がそれぞれ，窒素Nが7，水素Hが1であり，全体が1価の陽イオンであるため，総電子数は，7＋(1×4)－1＝10と求まる。　④　(ウ)はアンモニウムイオン，(エ)はリン酸イオンである。イオンからなる物質の名称は「～イオン」や「～物イオン」を省略し，陰イオン→陽イオンの順に名称をつける。　⑤　組成式を書くときは，(陽イオンの価数)×(陽イオンの数)＝(陰イオンの価数)×(陰イオンの数)の関係式を満たす最も簡単な数を探す。　(3)　①　ヒトの血球のうち，白血球のみが核をもち，赤血球や血小板は核をもたない。　②　アンモニアは肝臓にて尿素に変えられる。尿素はアンモニアよりも毒性が低い物質である。

③　糸球体とボーマンのうを合わせて腎小体という。また，腎小体と細尿管を合わせて腎単位という。　④　副交感神経はリラックスした状態のときにはたらき，神経伝達物質としてアセチルコリンを分泌する。一方，交感神経は興奮状態ではたらき，神経伝達物質としてノル

アドレナリンを分泌する。　⑤　生体に不利益を引き起こす過剰な免疫反応のことをアレルギーといい，これを引き起こす物質のことをアレルゲンという。

【2】(1)　①　$\dfrac{Mg}{2\tan\theta}$　②　$\dfrac{1}{2\tan\theta}$　③　$\dfrac{3M+4m}{6(M+m)}$　④　$\dfrac{mg}{\sqrt{2}}$

⑤　$\dfrac{3M+m}{3(2M+m)}$　(2)　①　$\sqrt{v^2+2e^2gH}$　②　e^2H

③　$(1+2e)\sqrt{\dfrac{2H}{g}}$　④　$(1+2e+2e^2)v\sqrt{\dfrac{2H}{g}}$

〈解説〉(1)　①　棒が壁から受ける垂直抗力をRとすると，P点のまわりの力のモーメントの和が0になることから，$RL\sin\theta-Mg\left(\dfrac{L}{2}\right)\cos\theta=0$　これより，$R=\dfrac{Mg\cos\theta}{2\sin\theta}=\dfrac{Mg}{2\tan\theta}$　②　棒が床から受ける垂直抗力をNとすると，鉛直方向の力のつり合いより，$N=Mg$　立てかけた棒がすべり落ちない条件は，棒が床から受ける摩擦力(Fとする)が最大静止摩擦力以下であること，すなわち，$F\leqq\mu N=\mu Mg$である。棒の水平方向の力のつり合いより，$F=R=\dfrac{Mg}{2\tan\theta}$であるから，$\dfrac{Mg}{2\tan\theta}\leqq\mu Mg$　よって$\mu\geqq\dfrac{1}{2\tan\theta}$　③　R，N，Fが，実験ⅡのときにそれぞれR'，N'，F'に変化したとする。まず，P点のまわりの力のモーメントの和が0になることから，$R'L\sin\theta-Mg\left(\dfrac{1}{2}L\right)\cos\theta-mg\left(\dfrac{2}{3}L\right)\cos\theta=0$　よって$R'=\dfrac{(3M+4m)g}{6\tan\theta}$　$F'=R'$なので，$F'=\dfrac{(3M+4m)g}{6\tan\theta}$　一方，鉛直方向の力のつり合いは，$N'=(M+m)g$であり，求める条件は，$F'\leqq\mu N'$であるから，F'，N'を代入して，$\dfrac{(3M+4m)g}{6\tan\theta}\leqq\mu(M+m)g$　よって

$\mu \geqq \dfrac{(3M+4m)}{6(M+m)\tan\theta}$　$\theta=45°$より，$\tan 45°=1$だから，$\mu \geqq \dfrac{3M+4m}{6(M+m)}$

④　重力の斜面に垂直な方向の成分と垂直抗力は互いに打ち消し合うから，残るのは重力の斜面方向成分である。この大きさは，$mg\sin 45°=\dfrac{mg}{\sqrt{2}}$　⑤　R，N，Fが，実験ⅢのときにR''，N''，F''に変化したとする。Aが棒の上を動いている間は，棒はAからの垂直抗力の反作用を受ける。この垂直抗力の大きさは，$mg\cos 45°=\dfrac{mg}{\sqrt{2}}$である。AがPから棒に沿って$\dfrac{2}{3}L$の位置まで達したときを考えると，P点のまわりの力のモーメントの和が0になることから，$R''\dfrac{L}{\sqrt{2}}-\left(\dfrac{2}{3}L\right)\left(\dfrac{mg}{\sqrt{2}}\right)-\dfrac{Mg}{\sqrt{2}}\left(\dfrac{1}{2}L\right)=0$　よって$R''=\dfrac{(3M+4m)g}{6}$　ここで，水平方向の力のつり合いは，$R''-F''-\left(\dfrac{1}{\sqrt{2}}\right)\left(\dfrac{mg}{\sqrt{2}}\right)=0$となるから，$F''=\dfrac{(3M+4m)g}{6}-\dfrac{mg}{2}=\dfrac{(3M+m)g}{6}$となる。一方，鉛直方向の力のつり合いは，$Mg+\left(\dfrac{1}{\sqrt{2}}\right)\left(\dfrac{mg}{\sqrt{2}}\right)=N''$より，$N''=\dfrac{(2M+m)g}{2}$　したがって，求める条件である$F''\leqq\mu N''$に代入して，$\dfrac{(3M+m)g}{2}\leqq\mu\dfrac{(2M+m)g}{2}$　よって，$\mu \geqq \dfrac{3M+m}{3(2M+m)}$　(2)　①　1回目の衝突直前の，物体の鉛直方向の速さをv_1とすると，台から投げ出された際の鉛直方向の初速度が0であることから，$v_1^2=2gH$　よって，$v_1=\sqrt{2gH}$，反発係数がeであることから，1回目の衝突直後の鉛直方向の速さは，$ev_1=e\sqrt{2gH}$になる。一方，水平方向の速さはvのままだから，求める速さはこれらの速さを合成して，$\sqrt{v^2+(e\sqrt{2gH})^2}=\sqrt{v^2+2e^2gH}$　②　鉛直方向に着目すると，速

さ$e\sqrt{2gH}$で地面から打ち出された物体が，重力加速度によって減速し，高さhの点で速さが0になるから，$0^2-(e\sqrt{2gH})^2=-2gh$　これを解いて，$h=e^2H$　③　まず，物体を投げ出してから1回目の衝突までの時間をt_1とすると，鉛直方向の速さに着目して，$gt_1=\sqrt{2gH}$　よって，$t_1=\sqrt{\dfrac{2H}{g}}$　次に，1回目の衝突から，高さhの点に到達する時間をt_2とすると，鉛直方向の速さに着目して，$e\sqrt{2gH}-gt_2=0$　よって，$t_2=e\sqrt{\dfrac{2H}{g}}$　高さhの点から2回目の衝突までに要する時間も対称性からt_2であるから，求める時間は，$t_1+2t_2=(1+2e)\sqrt{\dfrac{2H}{g}}$　④　①～③を基にして考えると，2回目の衝突後の速さは衝突前の速さのe倍になるので，2回目の衝突から3回目の衝突までの所要時間も$2t_2$のe倍になると考えられる。したがって，物体を投げ出してから3回目の衝突までの所要時間は，$t_1+2t_2+2et_2=(1+2e+2e^2)\sqrt{\dfrac{2H}{g}}$　水平方向の速さはvのまま一定だから，求める水平距離は，$(1+2e+2e^2)v\sqrt{\dfrac{2H}{g}}$

【3】(1)　ア　2　　イ　$\dfrac{\sin\square}{8}$　　(2)　①　AP間とBP間の距離の差Lは，$3\sin\theta$と表すことができ，Lは，波長の整数倍に半波長を加えた距離となるので，$3\sin\theta=\left(m+\dfrac{1}{2}\right)\lambda$ (mは整数，λは波長)の関係が成立する。$\lambda=2$より，$3\sin\theta=2m+1$を満たすmの数が，直線の数である。$-\dfrac{1}{2}\pi<\theta<\dfrac{1}{2}\pi$であることから，$-1<\sin\theta<1$より，$-3<2m+1<3$　よって，$m=0$，$m=-1$の2つが該当し，直線は2本となる。

②　3〔本〕

〈解説〉(1)　ア　BC＝4〔cm〕，AC＝$\sqrt{3^2+4^2}$＝5〔cm〕であるから，AC－BC＝1〔cm〕となる。Cが，波が弱め合っている場所の中でBから最も近い位置なので，AC－BCは$\frac{1}{2}$波長にあたる。よって，求める波長は，1×2＝2〔cm〕　イ　図3において，波面の一端がBに到達したとき，波面からAまでの距離は，AB$\sin\varphi$＝3$\sin\varphi$である。この距離を速さ24cm/sで進んで，波面がAに到達するから，求める時間差は，$\frac{3\sin□}{24}=\frac{\sin□}{8}$　(2)　①　解答参照。　②　$L-3\sin\frac{\pi}{6}=\left(m+\frac{1}{2}\right)\lambda=2m+1$ (m＝0，±1，±2，…)となる点の集合が，放射状の直線である。ここで，Lは，$0\leqq|L|<$ABを満たすから，$-3-3\sin\frac{\pi}{6}<2m+1<3-3\sin\frac{\pi}{6}$　整理すると，$-\frac{9}{2}<2m+1<\frac{3}{2}$　これを満たす整数mは－2，－1，0の3つである。よって，3本。

【4】(1)　uクォーク…$\frac{2}{3}e$　　dクォーク…$-\frac{1}{3}e$　　(2)　①　左(反時計回り)　②　$\frac{eBr}{m}$　③　$\frac{1}{2\pi r}\cdot\frac{\Delta\Phi}{\Delta t}$　④　$\frac{e}{2\pi r}\cdot\frac{\Delta\Phi}{\Delta t}$　⑤　$\frac{e\Delta\Phi}{2\pi rm}$　⑥　$\frac{\Delta\Phi}{2\pi r^2}$　⑦　円軌道内の平均磁束密度の増加量は，円軌道上の磁束密度の増加量の2倍となる関係がある。

(3)　実験手順…①亜鉛板を磨き，箔検電器に載せる。②毛皮でこすった塩化ビニル管を亜鉛板に接触させる。③亜鉛板を白色LED灯で照らし，箔のようすを観察する。④亜鉛板を紫外線灯で照らし，箔のようすを観察する。　理解させたいこと…毛皮でこすった塩化ビニル管を亜鉛板に接触させると，箔検電器が負に帯電し，箔が開く。手順③，④で，白色LED灯を照らしても箔の変化は見られないが，紫外線灯を照らした場合は光電効果により，電子が飛び出すため箔が閉じる。このことから，光電効果は紫外線程度以上の波長の短い光でないと起こらない現象であることがわかる。

〈解説〉(1)　uクォークとdクォークの電荷をそれぞれq_u，q_dとすると，$2q_u+q_d=+e$，$q_u+2q_d=0$　これを解いて，$q_u=+\frac{2}{3}e$，$q_d=-\frac{1}{3}e$

(2)　①　電子が負電荷であることを考慮してローレンツ力の向きを考える。電子が左回り(反時計回り)に回っていれば，ローレンツ力がOに向かう向きとなる。　②　運動方程式より，$\frac{mv^2}{r}=evB$　これを解いて，$v=\frac{eBr}{m}$　③　発生する誘導起電力は，$\frac{\Delta\Phi}{\Delta t}$である。円周$2\pi r$で，この誘導起電力の分だけ電位差が生じるから，発生する電場は，$\frac{1}{2\pi r}\cdot\frac{\Delta\Phi}{\Delta}$　④　$F=qE$を用いて，$\frac{e}{2\pi r}\cdot\frac{\Delta\Phi}{\Delta t}$　⑤　電子が受ける力積は，$\left(\frac{e\Delta\Phi}{2\pi r\Delta t}\right)\Delta t=\frac{e\Delta\Phi}{2\pi r}$であるから，これが運動量の変化($m\Delta v$)となる。よって，求める電子の速さの増加量は，$\frac{e\Delta\Phi}{2\pi r}\cdot\frac{1}{m}=\frac{e\Delta\Phi}{2\pi rm}$　⑥　軌道半径を一定に保つためには，②より，速さvに磁束密度Bが比例していなければならない。よって，求める増加量は，$B\times\frac{\Delta v}{v}=B\left(\frac{e\Delta\Phi}{2\pi rm}\right)\div\left(\frac{eBr}{m}\right)=\frac{\Delta\Phi}{2\pi r^2}$　⑦　解答参照。　(3)　解答参照。

2020年度　実施問題

中学理科

【1】次は，中学校学習指導要領(平成29年告示)解説「理科編」の「第1章　総説　3　理科改訂の要点」の一部である。次の(　a　)~(　g　)にあてはまることばをそれぞれ記せ。

(3)「理科の見方・考え方」

中学校における「理科の見方・考え方」については，「自然の事物・現象を，(　a　)・量的な関係や時間的・空間的な関係などの科学的な視点で捉え，(　b　)したり，関係付けたりするなどの科学的に探究する方法を用いて考えること」と整理することができる。

(4)　内容の改善の要点

①　学習内容の改善について

○改善・充実した主な内容

[第1分野]

・第3学年に加えて，第2学年においても，(　c　)に関する内容を扱うこと

[第2分野]

・全学年で(　d　)に関する内容を扱うこと

・第1学年において，生物の(　e　)の仕方に関する内容を扱うこと

(5)　指導計画の作成と内容の取扱い

オ　指導に当たっては，生徒が学習の(　f　)を立てたり学習したことを振り返ったりする活動を計画的に取り入れるよう工夫すること。

カ　観察，実験，野外観察などの(　g　)な学習活動の充実に配

慮すること。また，環境整備に十分配慮すること。

(☆☆◎◎◎)

【2】次の(1)～(6)に答えよ。

(1)　次の文の(　　)にあてはまることばを記せ。

遺伝情報を担うDNAは核酸の一種である。核酸は，リン酸と糖と塩基からなる(　　)が構成単位である。

(2)　ヒトの各消化器官から分泌されている消化液には，消化酵素が含まれている。すい液に含まれる消化酵素のうち，タンパク質を分解する消化酵素，脂肪を分解する消化酵素を，それぞれ記せ。

(3)　石灰水をつくるとき，水に溶かす物質は何か，化学式で答えよ。

(4)　質量60kgの直方体を水平な床の上に置いた。また，この直方体の床に触れている面積は3000cm^2であった。この面にはたらく圧力の大きさは何Paか，求めよ。ただし，質量100gの物体にはたらく重力の大きさを1Nとする。

(5)「フェーン現象」とはどのような気象現象か，記せ。ただし，「空気」,「山脈」ということばを用いるものとする。

(6)　図は，日本列島付近の4つのプレートの分布とそのプレートの境界を表したものである。日本列島付近でプレートが沈み込んでいる境界のうち，図のAの境界を何と呼ぶか，記せ。

図

(☆☆◎◎◎)

【3】次の(1)～(3)に答えよ。

(1) 図1は，ヒトのからだの排出にかかわる器官を表した模式図である。下の①～③に答えよ。

図1

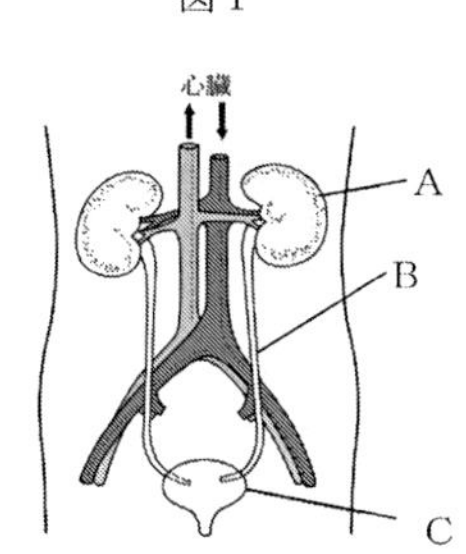

① A～Cの各部の名称を記せ。

② 図1のAには，太い血管がつながっていて，多くの血液が出入りしており，血液をろ過して血液中の尿素などの不要な物質を取り除いている。ここでろ過されている尿素は，何という物質をどの器官で合成したものか，記せ。

③ 図1のAでは，血液が糸球体を流れるときに，不要な物質が糸球体からボーマンのうへろ過されている。糸球体とボーマンのうを

まとめて何と呼ぶか，名称を記せ。

(2)　図2は，生態系における炭素の循環をまとめたものである。下の①，②に答えよ。

図2

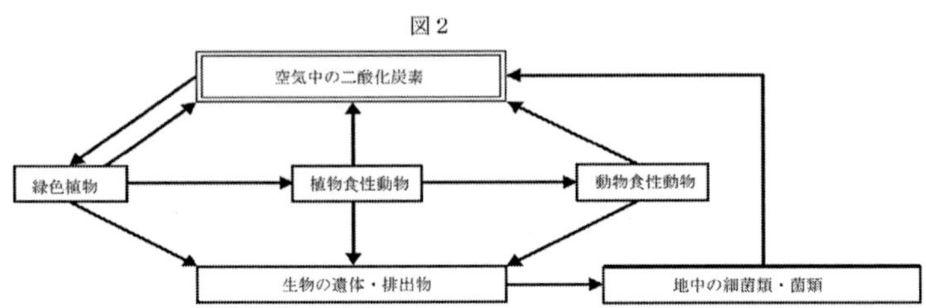

①　次の文の(　A　)，(　B　)にあてはまることばを記せ。

> 図2で表している生態系における生物の役割から，緑色植物のことを(　A　)，地中の細菌類・菌類のことを(　B　)という。

②　大気中の窒素は根粒菌などの窒素固定菌によって窒素固定されている。窒素固定とはどのようなはたらきか，記せ。

(3)　次の表は，ある森林生態系で緑色植物の1年間の単位面積あたりの有機物量変化を調査してまとめたものである。この調査区における緑色植物の1年間の純生産量(1m^{2}あたり)を求めよ。

表

調査項目	有機物量 (kg/㎡)
1年間の始めの植物体量	70.4
1年間の終わりの植物体量	70.8
植物の呼吸量	5.1
枯死した植物体量（落葉・落枝）	2.1
動物に食べられた植物体量	0.7

(☆☆☆◎◎◎◎)

【4】次の(1)～(3)に答えよ。

(1)　図は，海水を蒸留して純水を得るために組み立てた装置を示している。下の①，②に答えよ。

図

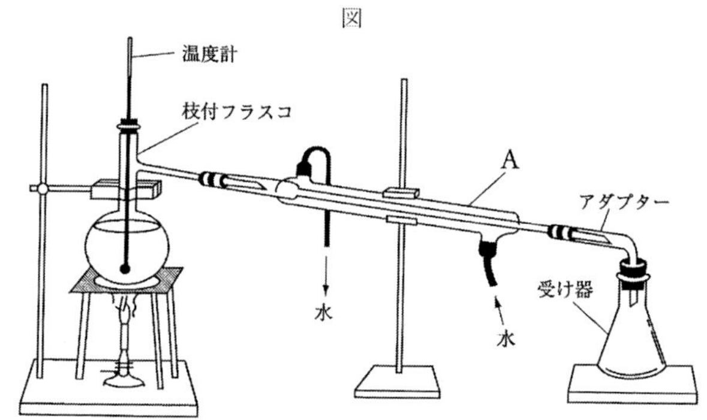

① 図の装置の枝付フラスコ内で，正しく実験を行う上で不適当な点を2つ記せ。

② 図にあるAの器具の名称を記せ。

(2) 気体の法則について，次の①，②に答えよ。

① 気体の法則の一つにボイル・シャルルの法則がある。この法則について説明せよ。

② 7℃，1.4×10^5Paで体積が4.15Lの気体について，この気体の物質量は何molか，求めよ。ただし，気体定数Rは，8.3×10^3Pa・L/(mol・K)とする。

(3) メタンに酸素を十分に供給し完全に燃焼させた。このとき，生成した水は全て液体となったとする。次の①～③に答えよ。ただし，メタンの生成熱は75kJ/mol，二酸化炭素の生成熱は394kJ/mol，水(液体)の生成熱は286kJ/molとする。

① メタンの構造式を記せ。

② メタンの燃焼を化学反応式で記せ。

③ メタンの燃焼熱は何kJ/molか，求めよ。

(☆☆◎◎◎◎◎)

【5】次の(1)～(4)に答えよ。

(1) 振り子の運動を調べる実験を行った。図1は，Aの位置でおもりをはなし，振り子の糸が運動の途中で引っかかるように点Oに釘を打って行った実験の模式図である。おもりは，どこまで上がるか，図1のア～エから最も適当なものを一つ選び，記号で記せ。ただし，糸の重さ，および摩擦は考えないものとする。

図1

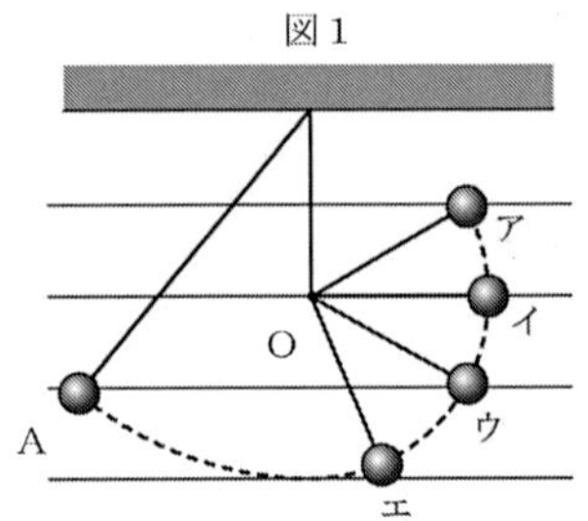

(2)　滑車を用いて図2のように，矢印の向きにひもを4m引き下げ，質量30kgの物体をある高さまで持ち上げた。下の①，②に答えよ。ただし，ひもや滑車の重さ，および摩擦は考えないものとする。また，質量100gの物体にはたらく重力の大きさを1Nとする。

図2

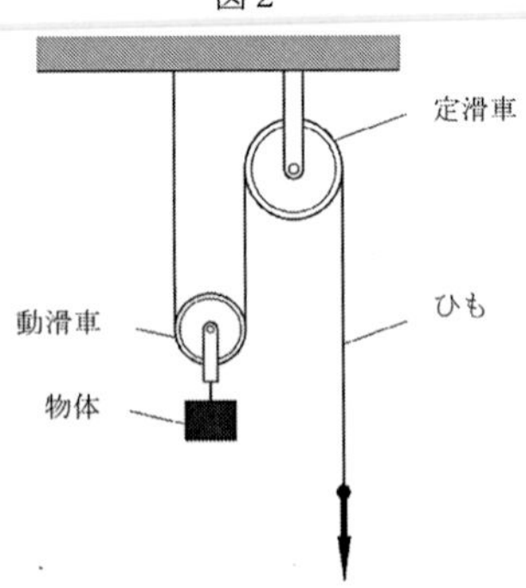

①　このとき，図2の物体に対しておこなった仕事は何Jか，求めよ。

②　斜面やてこ，滑車などの道具を利用すると，小さな力で物体を動かすことができるが，動かす距離は長くなり，結果として，仕事の大きさは変わらない。このことを何と呼ぶか，記せ。

(3)　落下する物体の運動について，次の①，②に答えよ。

① 高さ78.4mのビルの屋上から小石を静かに落とした。小石が着地するまでの時間は何秒か，求めよ。ただし，重力加速度の大きさを$9.8m/s^2$とする。

② 雨粒にも重力加速度がはたらくが，雨粒は落下の際に一定の速度から加速しない。なぜ速度が一定になるか，説明せよ。

(4) 次の①，②に答えよ。

① 図3のように，一直線上を8.0m/sの速さで進んでいた自動車が，点Oを通過した瞬間から$2.0m/s^2$の一定の加速度で3.0秒間加速した。加速し始めてから3.0秒後の自動車の速度は何m/sか，求めよ。

図３

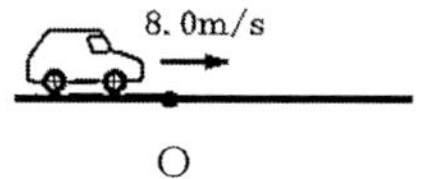

② 図4のように，物体に水平から60°の方向に2Nの力を加えて，水平に3m移動させた。このとき，力が物体にした仕事は何Jか，求めよ。

図４

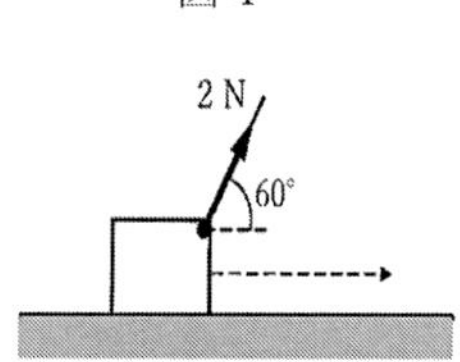

(☆☆☆☆◎◎)

【６】次の(1)，(2)に答えよ。

(1) 次の①～⑤に答えよ。

① 地球の表面のプレートがそれぞれ別の方向に移動している。このとき，プレートの境界で地震，火山活動，造山運動などの様々な地殻変動が起きるという考えを何というか，記せ。

② ハワイ島の地下深部にはマグマを供給する場所がある。地下深

部から上昇したマグマが地表に噴出する場所を何というか，記せ。

③　地球の形は地球だ円体といえるが，この地球だ円体のつぶれの度合いは偏平率によって表すことができる。偏平率を求める式を答えよ。

④　モホロビチッチ不連続面とはどのような面のことか，説明せよ。

⑤　図1のような，横軸に震央距離，縦軸に地震波の到達時間をとったグラフを何というか，記せ。

図１

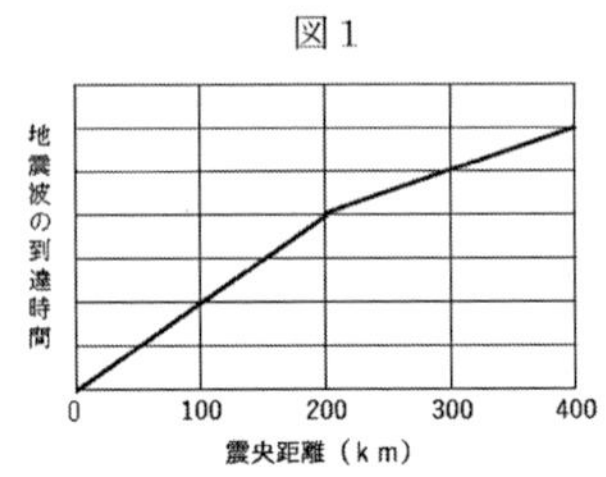

(2)　ある地震をA～Dの4つの地点で観測したところ，あとの表の結果になった。このとき，下の①～③に答えよ。なお，図2は地震計でこの地震の揺れを記録したものとする。

図２

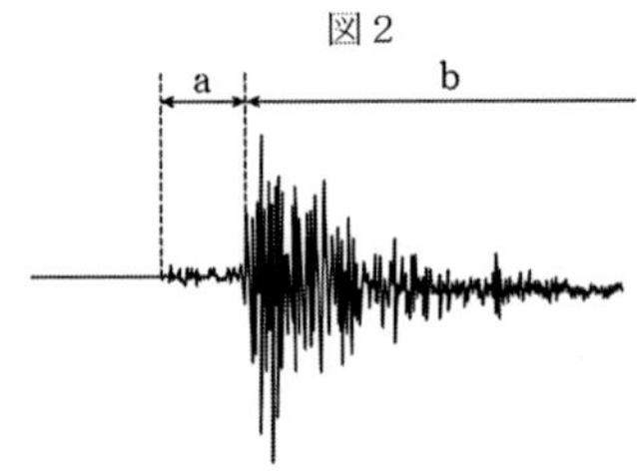

①　図2のaの揺れを何というか，記せ。

②　図2のbの揺れをもたらした地震波の速さを求めよ。

③　表の(　ア　)にあてはまる時刻と(　イ　)にあてはまる距離をそれぞれ求めよ。

表

地点	震源から観測地までの距離	aの揺れの始まった時刻	bの揺れの始まった時刻
A	7km	9時12分07秒	9時12分08秒
B	28km	9時12分10秒	9時12分14秒
C	49km	（ア）	9時12分20秒
D	（イ）	9時12分14秒	9時12分22秒

(☆☆☆◎◎◎)

高校理科

【物理】

【1】次の(1)～(4)の問いに答えよ。

(1) 高等学校学習指導要領(平成21年3月)「第2章　第5節　理科　第2款　各科目　第2　物理基礎　1　目標」において，「日常生活や社会との関連を図りながら物体の運動と様々なエネルギーへの関心を高め，目的意識をもって観察，実験などを行い，物理学的に探究する能力と態度を育てるとともに，物理学の基本的な概念や原理・法則を理解させ，科学的な見方や考え方を養う」とあるが，この目標に照らして「探究活動」を指導する際に，配慮すべき事項は何か，説明せよ。

(2) 次の①～④の問いに答えよ。

① マグマの粘性は，一般に，ある成分の割合が多くなるほど大きくなる。ある成分とは何か，化学式で記せ。

② 富士山のように，溶岩と火山砕石物が交互に積み重なってできた火山の形を何というか，記せ。

③ 大規模な爆発的噴火によって，大量のマグマが流出し，マグマだまり上部の地殻が陥没した凹地を何というか，記せ。

④ 噴火によって生じた高温の火山灰，軽石，火山岩塊などが一団となって，高速で斜面を流れ下る現象を何というか，記せ。

(3)　次の(ア)～(カ)の分子について，下の①～④の問いに答えよ。

(ア)　NH_3　　(イ)　CH_4　　(ウ)　N_2　　(エ)　H_2O　　(オ)　HCl

(カ)　CO_2

①　(イ)の分子の名称を記せ。

②　(ウ)の分子を構造式で記せ。

③　非共有電子対を最も多くもつ分子を(ア)～(カ)から1つ選び，記号で記せ。

④　極性分子はどれか，(ア)～(カ)からすべて選び，記号で記せ。

(4)　次の①～③の問いに答えよ。

①　生体内でATPが分解され，エネルギーが放出されるときに生じる2つの物質の名称をそれぞれ記せ。

②　クロロフィルが存在し，光合成を行う場としてはたらく細胞小器官は何か，記せ。

③　次の(ア)～(エ)から真核生物を1つ選び，記号で記せ。

(ア)　ネンジュモ　　(イ)　クロレラ　　(ウ)　イシクラゲ

(エ)　大腸菌

(☆☆☆◎◎◎)

【2】次の(1)，(2)の問いに答えよ。

(1)　水槽に，密度ρの水を入れ，底面積S，高さl，密度$\frac{\rho}{3}$の円柱状の木片を浮かべた。重力加速度の大きさをg，水槽は木片より十分大きいものとして，あとの①～⑤の問いに答えよ。

ただし，木片の運動は鉛直方向のみ行われるものとし，横ゆれや回転はしないものとする。また，木片は水中をなめらかに運動するものとし，水面のゆれや表面張力は無視する。

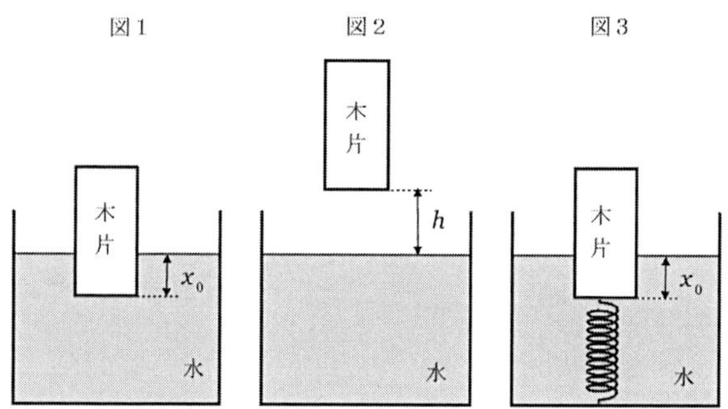

① 木片の質量を求めよ。

② 図1のように木片が静止しているとき，水面から木片の下面までの深さx_0を求めよ。

③ 木片を静止状態からわずかに水中に押し下げ，静かにはなしたところ，木片は上下に周期運動を始めた。その周期Tを求めよ。

④ 次に，木片を，その上面が水面と同じになるまで押し下げ，静かにはなしたところ，図2のように木片は水中から完全に飛び出し，水面から木片の下面までの高さがhに達した。高さhを求めよ。

⑤ 木片を図1の状態に戻し，図3のように，ばね定数kのばねの両端を，木片の下面と水槽の底面に取り付けた。このとき，水面から木片の下面までの深さはx_0のままで，ばねは自然の長さであった。ここで，木片を静止状態からわずかに押し下げて静かにはなしたところ，木片は上下に周期運動を始めた。その周期T'を求めよ。ただし，ばねの重さと体積は無視する。

(2) 次の文章を読み，①，②の問いに答えよ。

ハレー彗星の周期は76年，近日点距離(太陽との最短距離)は0.59天文単位である。1天文単位は地球と太陽の平均距離であり，$\sqrt[3]{76}=4.23$とする。

① ケプラーの第3法則を，30字以内で説明せよ。

② ハレー彗星の遠日点距離(太陽との最長距離)を求めよ。ただし，単位を天文単位として整数で記せ。

(☆☆☆☆◎◎◎◎)

【3】次の(1)，(2)の問いに答えよ。

(1) 図1のような一様な厚さのガラス板と水の層に，波長λの光が空気中から入射角θ_1で入射し，矢印の経路を通り再び空気中に出た。境界面A，B，Cでの屈折角はそれぞれθ_2，θ_3，θ_4であった。空気，ガラス，水の屈折率をそれぞれn_1，n_2，n_3とし，空気中での光の速さをv_1，ガラス中での光の速さをv_2，水中での光の速さをv_3として，下の①～④の問いに答えよ。

図1

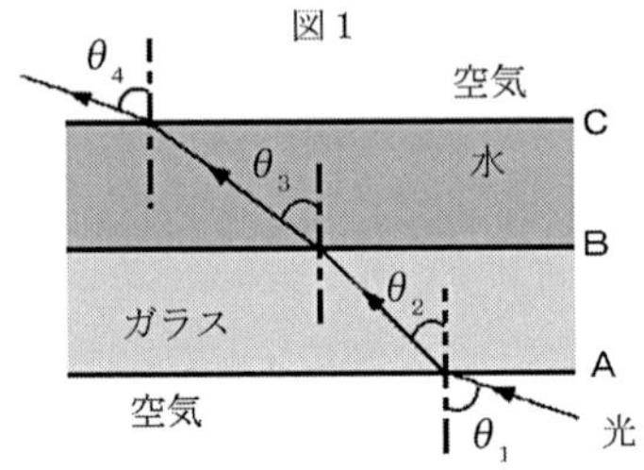

① 入射角θ_1と屈折角θ_3の関係を式で記せ。

② 水中での光の速さv_3を表す式を記せ。

③ 空気からガラス板への入射光線と，水の層から空気への屈折光線は平行になる。①の結果を利用して，このことを証明せよ。

④ $\frac{v_2}{v_3}$を求め，有効数字3桁で記せ。ただし，$n_1=1.00$，$n_2=1.77$，$n_3=1.33$とする。

(2) 空気中に浮かんでいる多くの水滴に太陽光が入射すると，太陽光が2回屈折するときの分散によって，虹(主虹)ができる。図2には，水滴に入射する白色光線と，水滴内を進み，屈折して水滴を出て行く赤色光線の経路がかかれている。あとの①，②の問いに答えよ。

図2

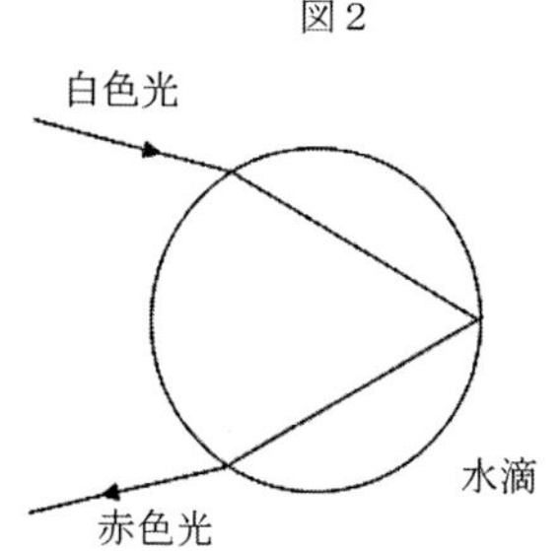

① 図2において，白色光線が水滴に入射した後の紫色光線のおおよその経路をかけ。

② 雨上がりなどに虹(主虹)が観察されたとき，虹の上(外)側の色は赤色，紫色のいずれになるか，①の結果にも触れ，理由とともに120字以内で説明せよ。

(☆☆◎◎◎◎)

【4】次の(1)，(2)の問いに答えよ。

(1) 図1のように，絹糸でつるした2つの金属球A，Bを接触させ，負に帯電したエボナイト棒Xを，右側からBに近づけたままAをBから離した。その後，Xを遠ざけると，A，Bの電荷はどのようになると考えられるか，下の①～③からそれぞれ1つずつ選び，記号で記せ。

図1

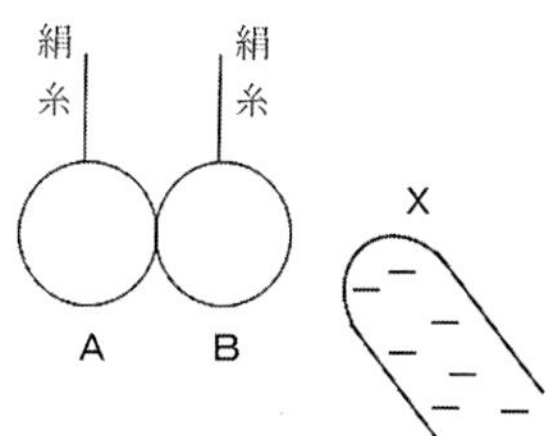

① 正　② 負　③ 帯電しない

(2) 次の文中の空欄(　ア　)～(　ケ　)にあてはまる式または数値を記せ。必要ならば，次の公式を用いよ。

$$\alpha\sin\theta + \beta\cos\theta = \sqrt{\alpha^2+\beta^2}\sin(\theta+\varphi),\ \tan\varphi = \frac{\beta}{\alpha}$$

図2

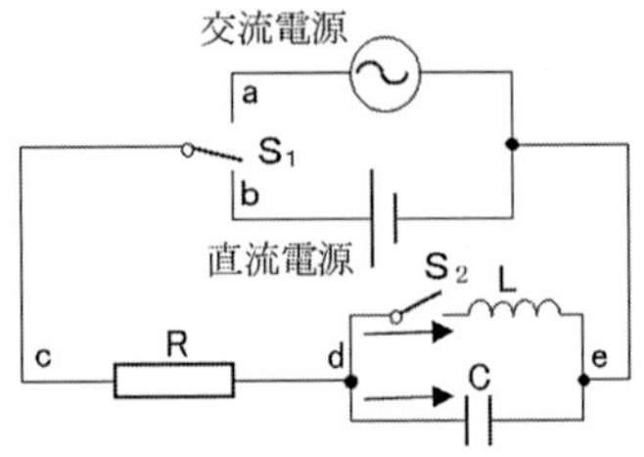

図2のように，抵抗値R〔Ω〕の抵抗R，電気容量C〔F〕のコンデンサーC，自己インダクタンスL〔H〕のコイルL，スイッチS_1，S_2からなる回路がある。この回路はスイッチS_1を切り替えることによって，交流電源，または直流電源と接続できる。交流電源の角周波数はω〔rad/s〕，直流電源の電圧はV〔V〕であり，どちらの電源もその内部抵抗の抵抗値は小さく，無視することができる。

はじめにスイッチS_2を開き，スイッチS_1を端点b側に閉じて，回路を直流電源に接続し，しばらくしてから回路を流れる電流を測定したところ，一定値(　ア　)〔A〕を示した。このときコンデンサーCに蓄えられる電気量は(　イ　)〔C〕である。その後，スイッチS_1を開いて回路を直流電源から切り離し，スイッチS_2を閉じると，コイルLとコンデンサーCには振動電流が流れた。このとき，その振動の周期は(　ウ　)〔s〕，コイルLに蓄えられる磁場のエネルギーとコンデンサーCに蓄えられる静電気のエネルギーの和は(　エ　)〔J〕である。この振動電流は長時間回路を流れるが，コイルLに含まれるわずかな抵抗によって減衰し，やがて振幅が0となった。

次に，スイッチS_2を閉じた状態でスイッチS_1を端点a側に閉じ，回路を交流電源に接続する。その後しばらくすると回路には一定振幅の周期的な電流が流れた。このときのde間の電位差を$V_1\sin\omega t$〔V〕とすると，コンデンサーCに流れる電流は，図中の矢印→の方向を正として(　オ　)×$\cos\omega t$〔A〕，コイルLに流れる電流は

(　カ　)×cos ωt〔A〕となる。このとき，抵抗Rを流れる電流は，コンデンサーCとコイルLを流れる電流の和となり，抵抗Rの両端の電位差，すなわちcd間の電位差は(　キ　)×cos ωt〔V〕となることから，ce間の電圧の最大値は(　ク　)〔V〕となる。

また，交流電源の角周波数ωが$\frac{1}{\sqrt{LC}}$と等しくないとき，回路全体に加わる電圧，すなわちce間の電位差の最大値を，回路を流れる電流の最大値でわると，(　ケ　)〔Ω〕となる。この値は交流に対する回路全体の抵抗を表している。

(☆☆☆◎◎)

【生物】

【1】次の(1)～(4)の問いに答えよ。

(1)　高等学校学習指導要領(平成21年3月)「第2章　第5節　理科　第2款　各科目　第6　生物基礎　1　目標」において，「日常生活や社会との関連を図りながら生物や生物現象への関心を高め，目的意識をもって観察，実験などを行い，生物学的に探究する能力と態度を育てるとともに，生物学の基本的な概念や原理・法則を理解させ，科学的な見方や考え方を養う」とあるが，この目標に照らして「探究活動」を指導する際に，配慮すべき事項は何か，説明せよ。

(2)　次の①～④の問いに答えよ。

①　マグマの粘性は，一般に，ある成分の割合が多くなるほど大きくなる。ある成分とは何か，化学式で記せ。

②　富士山のように，溶岩と火山砕石物が交互に積み重なってできた火山の形を何というか，記せ。

③　大規模な爆発的噴火によって，大量のマグマが流出し，マグマだまり上部の地殻が陥没した凹地を何というか，記せ。

④　噴火によって生じた高温の火山灰，軽石，火山岩塊などが一団となって，高速で斜面を流れ下る現象を何というか，記せ。

(3)　次の(ア)～(カ)の分子について，あとの①～④の問いに答えよ。

(ア)　NH_3　　(イ)　CH_4　　(ウ)　N_2　　(エ)　H_2O　　(オ)　HCl

(カ)　CO_2

①　(イ)の分子の名称を記せ。

②　(ウ)の分子を構造式で記せ。

③　非共有電子対を最も多くもつ分子を(ア)～(カ)から1つ選び，記号で記せ。

④　極性分子はどれか，(ア)～(カ)からすべて選び，記号で記せ。

(4)　ある容器に入った80℃の水200gに，10℃の水50gを混合してかき混ぜた後，しばらくすると水の温度は60℃となった。水の比熱を4.2J/(g・K)として，次の①～④の問いに答えよ。

①　80℃を絶対温度に換算すると何Kか，求めよ。

②　水200gの熱容量は何J/Kか，求めよ。

③　外部との熱のやりとりがなく，この容器の熱容量は無視できるものとすると，混合した水の温度は何℃になると考えられるか，求めよ。

④　混合した水全体が失った熱量は何kJか，求めよ。

(☆☆☆◎◎◎)

【2】次の(1)，(2)の問いに答えよ。

(1)　次の文章を読み，①～④の問いに答えよ。

真核細胞は，外側を囲む細胞膜，核やミトコンドリア，葉緑体，(　ア　)，(　イ　)などの構造体と，その間を満たす液体である(　ウ　)によって成り立っている。このうち，(　ア　)は，タンパク質の分泌に関係しており，動物細胞で特に発達している。

また，(　イ　)は，2つの(　エ　)とそれを取り囲む不定形の部分からなり，細胞分裂の際に重要なはたらきをする。

①　文章中の(　ア　)～(　エ　)にあてはまる語句を記せ。

②　下線部について，(　ア　)に輸送されたタンパク質が細胞外に分泌されるまでの過程を80字以内で説明せよ。

③　細胞分裂の際の(　ウ　)の動きとはたらきを80字以内で説明せよ。

④ 細胞膜にある，能動輸送に関わるナトリウムポンプのはたらきを50字以内で説明せよ。

(2) 酵母Xが好気的な条件下で，呼吸とアルコール発酵を同時に行い，192mgの酸素を吸収し，440mgの二酸化炭素を放出した。原子量をH＝1.0，C＝12，O＝16として，次の①，②の問いに答えよ。

① 呼吸によって生じた二酸化炭素は何mgか，求めよ。

② 酵母Xが消費したグルコースは何mgか，求めよ。

(☆☆☆◎◎◎)

【3】次の(Ⅰ)，(Ⅱ)の文章を読み，(1)～(4)の問いに答えよ。

(Ⅰ) ショウジョウバエの前後軸(頭尾軸)形成にはたらく調節遺伝子のひとつである遺伝子*A*について実験・調査を行い，次のi～ivにまとめた。

i 未受精卵の前極に遺伝子*A*から転写されたmRNAが局在しており，受精後にこのmRNAが(　ア　)されて，からだの前後軸に沿って遺伝子*A*にコードされたタンパク質の(　イ　)がつくられていた。

ii 突然変異により遺伝子*A*の機能を失った劣性の対立遺伝子を*a*と表すと，ヘテロ接合体*Aa*の雌雄を交配して生まれた次世代は，どの個体も発生過程に形態的な異常は観察されなかった。

iii ホモ接合体*aa*の雌と野生型の雄を交配して生まれた次世代は，からだの前半部の形態が正常に形成されずに，尾部のように変化した幼虫となり，野生型*AA*やヘテロ接合体*Aa*の雌とホモ接合体*aa*の雄を交配して生まれた次世代には異常は見られなかった。

iv <u>ホモ接合体*aa*の雌と野生型の雄を交配させて得られた受精卵の前極に，正常な受精卵の前極から得た細胞質を注入すると，正常な形態をもつ幼虫となった</u>。このように，雌親の遺伝子型にしたがって受精卵における表現型が決まる遺伝子は「(　ウ　)遺伝子」と呼ばれる。

(Ⅱ) ショウジョウバエのからだは，頭部・胸部・腹部からなり，初期胚において，分節遺伝子のはたらきによって(　エ　)と呼ばれる繰り返し構造が形成され，それぞれの区画に応じた器官がつくられる。これに対し，それぞれの区画に応じた正しい器官がつくられず，からだの一部が別の器官に置き換わる突然変異が知られている。これは，(　オ　)遺伝子と呼ばれる調節遺伝子の異常によって起こり，様々な(　オ　)遺伝子に共通して見られる特徴的な塩基配列を(　カ　)という。

(1)　文章中の(　ア　)～(　カ　)にあてはまる語句を記せ。

(2)　次の①～③について，正しい内容が書かれているものをすべて選び，記号で記せ。

①　親の遺伝子型にかかわらず，ホモ接合体*aa*は，からだの前半部の形態に異常が見られる幼虫となる。

②　遺伝子*A*は，ナノスと呼ばれる遺伝子と考えられる。

③　雌親の遺伝子*A*から転写されたmRNAが未受精卵で局在する。

(3)　下線部について，次の①，②の問いに答えよ。

①　正常な受精卵から得た細胞質のかわりに，ホモ接合体*aa*の雌と野生型*AA*の雄の交配で生まれた受精卵の前極から得た細胞質を注入した場合，どのような形態をもつ幼虫が生じると推定されるか，40字以内で説明せよ。

②　野生型の受精卵の後極に遺伝子*A*のmRNAを注入したところ，両端に頭部の形態をもち，からだの中央に胸部や腹部のような後方側の形態をもつ幼虫が生じた。ホモ接合体*aa*の雌と野生型*AA*の雄から生まれた受精卵の中央部分に遺伝子*A*のmRNAを注入した場合，どのような形態をもつ幼虫が生じると推定されるか，40字以内で説明せよ。

(4)　野生型のショウジョウバエでは初期胚の前方で遺伝子*B*からmRNAが合成されるが，ホモ接合体*aa*の雌と野生型の雄の交配で得られた初期胚では，遺伝子*B*のmRNAが合成されない。これらのことから，遺伝子*A*にコードされるタンパク質は，どのようなはたらきをしていると考えられるか，20字以内で説明せよ。

(☆☆☆◎◎◎)

【4】次の(1)，(2)の問いに答えよ。

(1) 図は，ヒトの耳の構造の模式図である。下の①～③の問いに答えよ。

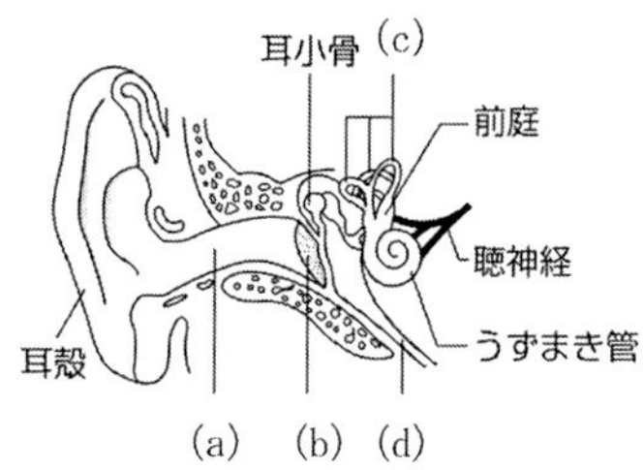

① 図の(a)～(d)の名称をそれぞれ記せ。

② (d)は長く伸びて咽頭へとつながっている。(d)の役割について20字以内で説明せよ。

③ (c)には3本の半円状の管が配置されている。このことの意味を30字以内で説明せよ。

(2) 次の文章を読み，①，②の問いに答えよ。

一定の地域における植生が，時間とともに変化する過程を遷移という。遷移の過程には溶岩上などで進む(　ア　)のほか，陥没やせき止めなどにより，新たに形成された湖から始まる(　イ　)が知られている。(　イ　)の過程には，次のⅠ～Ⅶの段階が見られる。

Ⅰ　(　イ　)の過程は，比較的深い(　ウ　)湖から始まり，沿岸部の水草類の定着は見られない。

Ⅱ　土砂や栄養塩類などの，湖外からの流入が長年続くと，水中の栄養塩類が増えてプランクトン量も増加する。沿岸部にはシャジクモ，クロモなどの(　エ　)や，ヒツジグサなどの(　オ　)，ヨシ，マコモなどの(　カ　)が成長し始める。やがて，これらの生物遺体や流入する土砂によって，湖は生産量の大きい(　キ　)湖となっていく。

Ⅲ　湖が比較的浅くなると，沿岸の水生生物は湖心に向かって侵入を始め，沿岸の湿原は乾燥が進む。その後，[a]や[b]などの陸上植物が侵入して草原へと遷移する。

Ⅳ　草原には次第に低木が増えていく。代表的な低木として，[c]や[d]などがある。

Ⅴ　やがて，ひらけた明るい場所で生育することの多い[e]など，(ク)を主とした植生となる。

Ⅵ　植生の発達によって林内の光は減少すると，(ク)のかわりに，少ない光で生育できる(ケ)が侵入を始める。

Ⅶ　さらに時間が経過していくと，(ク)が枯れて(ケ)が残るようになる。この植生は，(コ)と呼ばれる。(コ)の場合の樹種は，気候条件によって異なる。暖帯で[f]や[g]などが，温帯では[h]などが，亜寒帯や亜高山帯では[i]や[j]などが知られている。

①　文中の(ア)～(コ)にあてはまる語句を記せ。

②　文中[a]～[j]にあてはまる植物を次から選び，記せ。

ササ	ゼニゴケ	ススキ	ブナ	オリーブ
タブノキ	オオシラビソ	シイノキ	ヤナギ	ハンノキ
コメツガ	メヒルギ	アカマツ	ハイマツ	チガヤ

(☆☆☆◎◎◎)

解答・解説

中　学　理　科

【1】a　質的　　b　比較　　c　放射線　　d　自然災害　　e　分類
　f　見通し　　g　体験的

〈解説〉該当箇所を読み込むこと。

【2】(1) ヌクレオチド (2) タンパク質…トリプシン 脂肪…リパーゼ (3) $Ca(OH)_2$ (4) 2000Pa (5) 湿った空気が山脈を越え，高温で乾燥した下降気流となる現象。 (6) 南海トラフ

〈解説〉 (1) DNAはDeoxyriboNucleicAcid；デオキシリボ核酸の略であり核酸の一種である。またDNAは遺伝子の本体である。その構成単位はリン酸，糖(五炭糖)と塩基からなる“ヌクレオチド”である。このリン酸と糖がつながりながら長い1本の鎖の構造となる。さらにその2本の鎖が相補性(アデニンとチミン，グアニンとシトシンの組み合わせ)をもって塩基が水素結合で結びつきながら二重らせん構造を作っている。 (2) ヒトのすい液にはトリプシン，ペプチダーゼなどのタンパク質分解酵素，リパーゼと呼ばれる脂肪分解酵素がある。その他炭水化物分解酵素のアミラーゼも含まれている。 (3) 石灰水中の成分は$Ca(OH)_2$である。この消石灰$Ca(OH)_2$を水に溶かしてつくることができる。また生石灰CaOを水に溶かしてつくることもできる。 (4) 質量(60kg＝)60000gに働く重力＝$\frac{60000}{100}$＝600〔N〕である。この力がかかる面積が3000〔cm^2〕＝0.3〔m^2〕であるので，圧力＝$\frac{600}{0.3}$＝2000〔N/m^2＝Pa〕となる。 (5) 湿った空気が山脈を越える時に上昇し冷却されることで水分が凝縮し雨となりその潜熱が空気に与えられ山脈を越えた後下降した空気が，温度が高く乾燥した状態になる現象をいう。 (6) 図のAは南海トラフと呼ばれ，フィリピン海プレートがユーラシアプレートの下に沈み込んでいる。トラフとはプレートの沈み込みによる谷が深いものを海溝というのに対して比較的浅いものをいう。ユーラシアプレート，フィリピン海プレート，北アメリカプレートの3つの接点から駿河トラフがありAの南海トラフにつながっている。太平洋プレートが日本列島に向かって沈み込んでいるところが巨大な谷となっている日本海溝であり，上記の3つのプレートの接点から太平洋プレートに至るまでが相模トラフとなっている。

【3】(1)　①　A　腎臓　　B　輸尿管(尿管)　　C　ぼうこう
②　物質…アンモニア　　器官…肝臓　　③　腎小体(マルピーギ小体)　　(2)　①　A　生産者　　B　分解者　　②　根粒菌などが，空気中の窒素を取り込んで窒素化合物(アンモニウムイオン[NH_4^+])に還元するはたらき。　　(3)　3.2kg/m^2
〈解説〉(1)　腎臓の問題は多く出題されているため，押さえておく必要がある。また腎臓と肝臓はセットで押さえておくとよい。①　A，Cは形が特徴的であるため腎臓，ぼうこうであることがわかる。またBはそれらをつなぐ管なので尿管というのがわかる。また。似たようなことばに細尿管(腎細管)があるが，それと混同しないように注意したい。②　肝臓は解毒作用があり，人体に極めて有害なアンモニアから有害度の低い尿素を生成することができる。　③　糸球体とボーマンのうを合わせて腎小体（マルピーギ小体)と呼ばれる。　(2)　生態系の問題はエネルギー変換についてしっかりとした理解が必要である。
①　緑色植物は，独立栄養生物であり，無機物から有機物を作れる。そのため，生態系内では生産者と呼ばれる。地中の細菌類・菌類は動植物の死体等を分解して無機物に戻すことから生態系内では分解者と呼ばれる。　②　窒素固定とは，空気中に安定で存在している窒素等を取り込み体内で利用可能な窒素化合物に変換する仕組みのことである。　(3)　純生産量とは，成長量＋被食量＋枯死量のことである。表より成長量(70.8－70.4)＝0.4，被食量0.7，枯死量2.1であるので，3.2kg/m^2となる。総生産量と混同しないように注意したい。

【4】(1)　①　・温度計の球部が，枝付きフラスコの枝の付け根の高さにない。　・沸騰石が入っていない。　・液体(海水)がフラスコの2分の1以上入っている。　から2つ。　②　リービッヒ冷却器(リービッヒ冷却管)　　(2)　①　一定の物質量の気体において，体積Vは圧力Pに反比例し，絶対温度Tに比例する法則。　　②　0.25mol

(3)　①

$$
\begin{array}{ccccc} & & H & & \\ & & | & & \\ H & - & C & - & H \\ & & | & & \\ & & H & & \end{array}
$$

②　$CH_4+2O_2 \rightarrow CO_2+2H_2O$　　③　891kJ/mol

〈解説〉(1)　①　蒸留ではリービッヒ冷却器に入る気体の温度を測るために温度計を使うので，溶液の中に入れてしまっては測りたい温度が測れない。フラスコ内の水が突沸すると危険なので沸騰石を入れ，水面を高くしすぎない。　②　蒸留装置で枝付きフラスコから出てきた気体を冷やして液体に状態変化させるために使う。水は下の穴から入れて上の穴から出すことで冷却器の中に空泡ができないように(管の中が水で満ちるように)する。　(2)　①　気体の物質量が変わらなければ，圧力をかけると気体が圧縮されて体積が小さくなる。また，温度が高くなると気体分子の熱運動が激しくなって体積が大きくなる。②　圧力P，体積V，物質量n，気体定数R，気体の絶対温度Tとした時の気体の状態方程式$PV=nRT$より，以下の方程式が成立する。

$1.4\times10^5\times4.15=n\times8.3\times10^3\times(273+7)$　　$n=0.25$〔mol〕

(3)　①　炭素原子の持つ4つの価電子がそれぞれ水素原子の持つ1つの価電子と共有結合した化合物である。　②　メタンと酸素が化合して二酸化炭素と水が生成する反応である。　③　メタンの生成，二酸化炭素の生成，水の生成をそれぞれ式にすると式1，式2，式3のようになる。$C+2H_2=CH_4+75kJ$……(式1)　$C+O_2=CO_2+394kJ$……(式2)　$H_2+\frac{1}{2}O_2=H_2O+286kJ$……(式3)　以上より，(式2)+(式3)×2−(式1)とすると，メタンの燃焼熱が求まる。

【5】(1)　ウ　　(2)　①　600J　　②　仕事の原理　　(3)　①　4秒　②　雨粒が空気の抵抗を受けるので，雨粒の落下の運動を妨げる向きに力がはたらき，しだいに加速しなくなり，しばらくすると一定の速度になる。　(4)　①　14.0m/s　　②　3J

〈解説〉　(1)　力学的エネルギー保存の法則より，位置エネルギーは保存されるので，初期位置と同じ高さまで上がる。　(2)　①　4m引き下げると，動滑車を介しているので物体の上昇する距離は半分の2mとなる。よって，物体に対しておこなった仕事は300〔N〕×2〔m〕であり600Jとなる。　②　解答参照。　(3)　①　高さをh，時間をtとすると，　$h=\frac{1}{2}gt^2$であるので，数値を代入する。　②　雨粒が空気の抵抗を受けるので，雨粒の落下の運動を妨げる向きに力がはたらき，しだいに加速しなくなり，しばらくすると一定の速度(終端速度)になる。
(4)　①　初速度をv_0，速度をv，時間をt，加速度をaとすると$v=v_0+at$
この式に数値を代入する。加速がなくなると，車の進行方向に力ははたらかないので，加速直後の速さで等速直線運動をする。
②　移動する方向の力の成分が仕事量に関係するので，求める仕事は$F\cos 60^\circ \times 3=3$〔J〕となる。

【6】(1)　①　プレートテクトニクス　　②　ホットスポット
③　$\dfrac{\text{赤道半径}-\text{極半径}}{\text{赤道半径}}$　　④　地殻とマントルの境界面　　⑤　走時曲線　　(2)　①　初期微動　　②　3.5km/s　　③　ア　9時12分13秒
イ　56km

〈解説〉(1)　①　十数枚に分かれたプレートの動きやプレート間の相互作用により，種々の地学現象を統一的に理解できるとする考え方をプレートテクトニクスという。　②　プレートの分布に関係なく活発な火山活動が続く場所をホットスポットという。マントル深部から高温の物質が上昇してマグマが発生し，火山活動が起きていると考えられている。　③　解答参照。　④　マントルと外核の境界はグーテンベルク不連続面，外核と内核の境界はレーマン不連続面とよばれることがある。　⑤　地震波が観測点に到達するまでの時間を走時といい，横軸に震央距離(震央から観測点までの距離)，縦軸に走時をとってグラフにしたものを走時曲線という。モホロビチッチは，走時曲線から地下約50kmに地震波の速度が急激に増加する不連続面の存在を示した。　(2)　①　aの揺れは初期微動，bの揺れは主要動という。初期微動は，縦波であるP波が引き起こす小さな揺れのことである。大きな揺れである主要動を引き起こす横波であるS波よりも地震波速度は大きい。　②　A地点とB地点の震源距離の差21kmに対して，P波が進むのに初期微動が開始した時刻(A地点：9時12分07秒，B地点：9時12分10秒)の差である3秒間かかり，S波が進むのに主要動が開始した時刻(A地点：9時12分08秒，B地点：9時12分14秒)の差である6秒間かかっているので，P波速度は7km/s，S波速度は3.5km/sである。　③　震源距離をD〔km〕，初期微動継続時間をT〔s〕とすると，$\frac{D}{3.5}-\frac{D}{7}=T$より，$D=7T$の関係が導かれる(大森公式$D=kT$の比例定数$k=7$〔km/s〕)。よって，C地点では初期微動継続時間が7秒なので，初期微動の開始時刻は主要動の開始時刻9時12分20秒の7秒前となる。D地点では初期微動継続時間が8秒なので，震源距離は56kmとなる。

高　校　理　科

【物理】

【1】(1)　各項目の学習活動と関連させながら観察，実験を行い，報告書を作成させたり発表を行う機会を設けたりすること。また，その特質に応じて，情報の収集，仮説の設定，実験の計画，実験による検証，実験データの分析・解釈，法則性の導出などの探究の方法を習得させるようにすること。その際，コンピュータや情報通信ネットワークなどの適切な活用を図ること。　(2)　①　SiO_2　②　成層火山　③　カルデラ　④　火砕流　(3)　①　メタン　②　N≡N　③　(カ)　④　(ア)(エ)(オ)　(4)　①　アデノシン二リン酸，リン酸　②　葉緑体　③　(イ)

〈解説〉　(1)　解答参照。　(2)　①　一般に二酸化ケイ素の含有量が多くなるほどマグマの粘度は大きくなる。また温度が低いほど粘度は大きくなる。粘度の違いによってできる火山の形状も変わってくる。

②　富士山は溶岩，火山砕石物が噴火を繰り返しながら積み重なって裾野にいくにつれてなだらかな形状をつくることでできた火山であ

る。こうした火山を成層火山という。　③　カルデラにもいくつか種類があるが設問に書かれた陥没カルデラが最も多い。　④　規模や状況によって，熱雲，軽石流，スコリア流などとも呼ばれることがある。(3)　①　解答参照。　②　Nは価電子(最外殻の電子)を5つもち，そのうち不対電子が3つでこれらが共有結合する。窒素分子N_2では3本の価標(つながる線)で互いに結合している。　③　それぞれの電子配置を示す。

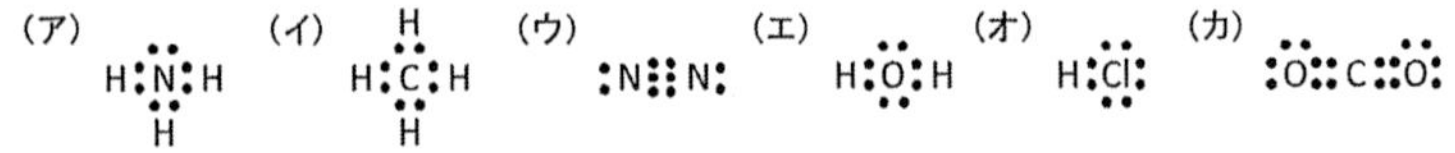

(ア) H:N:H H　(イ) H H:C:H H　(ウ) :N⋮⋮N:　(エ) H:O:H　(オ) H:Cl:　(カ) :O::C::O:

原子の間にあるのが結合に寄与している共有電子対であり，そうでないのが非共有電子対である。この非共有電子対が最も多いのは(カ)のCO_2である。　④　結合している原子間で共有電子対が均等に共有されている場合は極性が偏らず無極性分子となる。逆にいずれかに偏っている場合は極性分子となる。原子によって陰性度に強弱がある場合には極性分子になりやすい。Hは陰性度が弱く，O，N，Clは強い。同じ原子同士でできる分子は均等になるので無極性分子となる。(イ)のCH_4はHが陰性を帯びCが陽性を帯びるが，構造的に正四面体となって陰/陽性度が打ち消されて無極性分子となる。(ウ)のN_2は上記のように均等共有で無極性分子となる。(カ)のCO_2はOが陰性を帯びCが陽性を帯びるがこれも二重結合であることによってOがCに対して正反対に直線上に配位することから互いに打ち消しあい無極性分子となる。(エ)のH_2OはOに対してHが両側に配位するが直線上に並ばず極性が示される。　(4)　①　光合成によってエネルギーが取り込まれ，生体内で一般に呼吸によってエネルギーが取り出される。これらの反応は互いに逆の反応である。エネルギーを取り出す反応はATP(アデノシン三リン酸)→ADP(アデノシン二リン酸)＋P(H_3PO_4(リン酸)として)＋エネルギーとなる。　②　解答参照。　③　(ア)　ネンジュモ；藍藻類，独立栄養細菌/光合成細菌であり原核生物である。　(イ)　クロレラ；単細胞緑藻類の総称であり藻類で原生生物である。　(ウ)　イシクラゲ；ネンジュモ属で原核生物である。　(エ)　大腸菌；従属栄養細菌で原核生物である。原生生物は真核生物に属している。真核生物であるのは(イ)のクロレラである。

【2】(1) ① $\frac{\rho Sl}{3}$ ② $\frac{l}{3}$ ③ $2\pi\sqrt{\frac{l}{3g}}$ ④ $\frac{l}{2}$ ⑤ $2\pi\sqrt{\frac{\rho Sl}{3(\rho Sg+k)}}$ (2) ① 惑星の公転周期の2乗は，楕円軌道の半長軸の3乗に比例する。(29字) ② 35天文単位

〈解説〉(1) ① 求める質量をmとする。密度の公式を用いて$\frac{\rho}{3}=\frac{m}{Sl}$ これをmについて解く。 ② 木片が静止しているとき，木片の重力と浮力がつりあっている。つり合いの式は$mg=\rho Sx_0g$ この式に前問の質量を代入し，x_0について解く。 ③ 木片の静止位置よりxだけ押し下げた位置を基準とする。加速度aとした運動方程式をたてると $ma=mg-\rho S(x+x_0)g=-\rho Sgx$ $a=-\frac{3g}{l}x$ $a=-\omega^2x$と比較して，$\omega=\sqrt{\frac{3g}{l}}$なので，$T=2\pi\sqrt{\frac{l}{3g}}$となる。 ④「木片が始めにもつエネルギー＋木片にした仕事＝木片が最後にもつエネルギー」を利用する。初めと最高点に達した時は，静止しているので運動エネルギーは0である。木片が水中にある間は浮力による仕事(＝W)がはたらく。

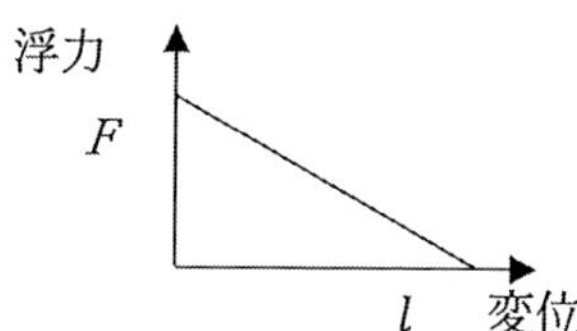

水中にある木片の底辺を基準とすると，浮力Fは，図のようにはたらくので，Wは図の面積になる。 $W=\frac{1}{2}\rho Slg\times l=\frac{1}{2}\rho Sl^2g$ また，重力は運動の間はたらくので，重力による仕事(＝W')は，$W'=-\frac{1}{3}\rho Slg(l+h)$ $0+(W+W')=0$より，$h=\frac{l}{2}$となる。 ⑤ 静止位置からxだけ押し下げた位置を基準とする。加速度をa'として運動方程式をたてると $ma'=mg-\rho S(x_0+x)g-kx$ $a'=-\frac{3(\rho Sg+k)}{\rho Sl}x$

$a=-\omega^2x$と比較して，$\omega=\sqrt{\dfrac{3(\rho Sl+k)}{\rho Sl}}$なので，

周期$T=2\pi\sqrt{\dfrac{\rho Sl}{3(\rho Sl+k)}}$　となる。　(2)　①　解答参照。

②　周期をT，半長軸をaとすると，$\dfrac{T^2}{a^3}=$一定　である。求める遠日点距離をxとして，ケプラーの第3法則をハレー彗星と地球に用いると，$\dfrac{76^2}{\left(\dfrac{x+0.59}{2}\right)^3}=1$

これを解いて，$x≒35$となる。

【3】(1)　①　$n_1\sin\theta_1=n_3\sin\theta_3$　　②　$v_3=\dfrac{n_1}{n_3}v_1$　　③　①の結果から，$n_1\sin\theta_1=n_3\sin\theta_3$　また，n_1，n_3の関係から，①と同様にして，$n_1\sin\theta_4=n_3\sin\theta_3$　よって，$\sin\theta_1=\sin\theta_4$より，$\theta_1=\theta_4$　以上より，空気からガラス板への入射光線と，水の層から空気への屈折光線は平行になる。

④　7.51×10^{-1}

(2)　①

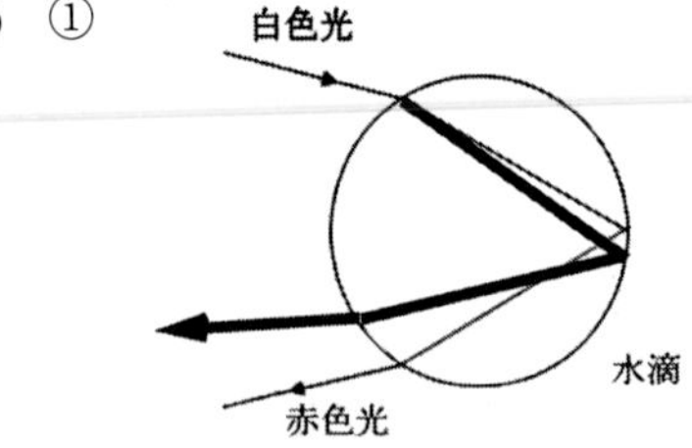

②　水の屈折率は，波長の長い赤色光よりも波長の短い紫色光の方が大きいので，紫色光は赤色光より大きく曲げられる。このため，空の高い位置にある水滴からは赤色光が，低い位置の水滴からは紫色光が多く目に届くので，虹の上側(外側)が赤色に見える。(116字)

〈解説〉(1)　①　解答参照。　②　屈折の法則より，$\dfrac{n_3}{n_1}=\dfrac{v_1}{v_3}$　これをv_3について解く。　③　解答参照。　④　②を利用すると，$v_2=\dfrac{n_1}{n_2}v_1$，

$v_3=\dfrac{n_1}{n_3}v_1$　これらを利用して$\dfrac{v_2}{v_3}=\dfrac{n_1}{n_2}\div\dfrac{n_1}{n_3}=\dfrac{n_3}{n_2}=\dfrac{1.33}{1.77}≒7.51\times10^{-1}$

(2) 解答参照。

【4】(1) A ② B ① (2) ア 0 イ CV
ウ $2\pi\sqrt{LC}$ エ $\frac{CV^2}{2}$ オ ωCV_1 カ $-\frac{V_1}{\omega L}$
キ $V_1R\left(\omega C-\frac{1}{\omega L}\right)$ ク $V_1\sqrt{1+R^2\left(\omega C-\frac{1}{\omega L}\right)^2}$
ケ $\sqrt{R^2+\frac{1}{\left(\omega C-\frac{1}{\omega L}\right)^2}}$

〈解説〉(1) 負に帯電したエボナイト棒をBに近づけるとBは正に帯電し，Aは負に帯電する。AをBから離してもAとBの電荷は移動しないので，Aが負，Bが正に帯電する。 (2) ア RC回路の直列なので，しばらくするとコンデンサーは充電され，電流は流れない。 イ コンデンサーにかかる電圧はVなので，電気量はCVとなる。 ウ 解答参照。エ S_1を開いてS_2を閉じてコイルとコンデンサーの閉回路にすると，閉回路の電圧はV，流れる電流は0である。よってそれぞれのもつエネルギーは，$U_C=\frac{1}{2}CV^2$，$U_L=0$ これらのエネルギーは保存されるので静電気のエネルギーの和は$\frac{1}{2}CV^2$である。 オ $V=\frac{1}{\omega C}I$の関係より電流を求める。求める電流をI_Cとすると，$I_C=\omega CV$ コンデンサーに流れる電流は電圧に対して位相が$\frac{\pi}{2}$進んでいるので，$I_C=\omega CV_1\sin\left(\omega t+\frac{\pi}{2}\right)$ $I_C=\omega CV_1\cos\omega t$ カ $V=\omega LI$の関係を用いる。求める電流をI_Lとすると，$I_L=\frac{V}{\omega L}$ コイルに流れる電流は電圧に対して位相が$\frac{\pi}{2}$遅れているので，$I_L=\frac{V_1}{\omega L}\sin\left(\omega t-\frac{\pi}{2}\right)$，$I_L=-\frac{V_1}{\omega L}\cos\omega t$ キ 抵抗を流れる電流I_Rはコンデンサーとコイルを流れる電流の和なので，$I_R=\omega CV_1\cos\omega t-\frac{V_1}{\omega L}\cos\omega t$，$I_R=\left(\omega C-\frac{1}{\omega L}\right)V_1\cos\omega t$ 抵抗にかかる電圧V_Rは，

$V_R = RI_R = \left(\omega C - \frac{1}{\omega L}\right) RV_1 \cos\omega t$　　ク　$\alpha\sin\theta + \beta\cos\theta =$ $\sqrt{\alpha^2 + \beta^2}\sin(\theta + \varphi)$，$\tan\varphi = \frac{\beta}{\alpha}$の公式を用いる。

$$V_1\sin\omega t + \left(\omega C - \frac{1}{\omega L}\right) RV_1\cos\omega t = \sqrt{V_1^2 + \left(\omega C - \frac{1}{\omega L}\right)^2 R^2 V_1^2}\sin(\omega t + \varphi)$$

$= V_1\sqrt{1 + \left(\omega C - \frac{1}{\omega L}\right)^2 R^2}\sin(\omega t + \varphi)$　最大値は$\sin(\omega t + \varphi) = 1$のときである。　ケ　電流の最大値は$I_R$の$\cos\omega t = 1$のときである。

$$\frac{V_{max}}{I_{max}} = V_1\sqrt{1 + R^2\left(\omega C - \frac{1}{\omega L}\right)^2} \div V_1\left(\omega C - \frac{1}{\omega L}\right)$$

$$= \sqrt{R^2 + \frac{1}{\left(\omega C - \frac{1}{\omega L}\right)^2}}\,〔\Omega〕$$

【生物】

【1】(1)　各項目の学習活動と関連させながら観察，実験を行い，報告書を作成させたり発表を行う機会を設けたりすること。また，その特質に応じて，問題を見いだすための観察，仮説の設定，実験の計画，実験による検証，調査，実験データの分析・解釈などの探究の方法を習得させること。その際，コンピュータや情報通信ネットワークなどの適切な活用を図ること。　(2)　①　SiO_2　②　成層火山　③　カルデラ　④　火砕流　(3)　①　メタン　②　N≡N　③　(カ)　④　(ア)(エ)(オ)　(4)　①　353K　②　840J/K　③　66℃　④　6.3kJ

〈解説〉　(1)　解答参照。　(2)　①　一般に二酸化ケイ素の含有量が多くなるほどマグマの粘度は大きくなる。また温度が低いほど粘度は大きくなる。粘度の違いによってできる火山の形状も変わってくる。　②　富士山は溶岩，火山砕石物が噴火を繰り返しながら積み重なって裾野にいくにつれてなだらかな形状をつくることでできた火山である。こうした火山を成層火山という。　③　カルデラにもいくつか種類があるが設問に書かれた陥没カルデラが最も多い。 ④ 規模や状況によって，熱雲，軽石流，スコリア流などとも呼ばれることがある。(3) ① 解答参照。 ② Nは価電子(最外殻の電子)を5つもち，そのうち不対電子が3つでこれらが共有結合する。窒素分子N_2では3本の価標(つながる線)で互いに結合している。 ③ それぞれの電子配置を示す。

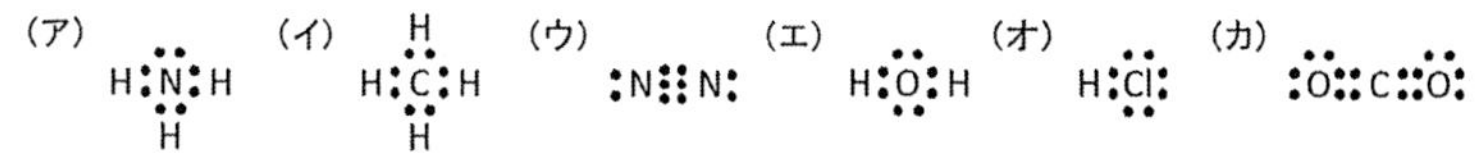

(ア) H:N:H（下にH） (イ) H:C:H（上下にH） (ウ) :N⋮N: (エ) H:O:H (オ) H:Cl: (カ) :O::C::O:

原子の間にあるのが結合に寄与している共有電子対であり，そうでないのが非共有電子対である。この非共有電子対が最も多いのは(カ)のCO_2である。 ④ 結合している原子間で共有電子対が均等に共有されている場合は極性が偏らず無極性分子となる。逆にいずれかに偏っている場合は極性分子となる。原子によって陰性度に強弱がある場合には極性分子になりやすい。Hは陰性度が弱く，O，N，Clは強い。同じ原子同士でできる分子は均等になるので無極性分子となる。(イ)のCH_4はHが陰性を帯びCが陽性を帯びるが，構造的に正四面体となって陰/陽性度が打ち消されて無極性分子となる。(ウ)のN_2は上記のように均等共有で無極性分子となる。(カ)のCO_2はOが陰性を帯びCが陽性を帯びるがこれも二重結合であることによってOがCに対して正反対に直線上に配位することから互いに打ち消しあい無極性分子となる。(エ)のH_2OはOに対してHが両側に配位するが直線上に並ばず極性が示される。 (4) ① 絶対零度は−273℃である。逆に0℃は絶対温度で273Kである。両者の1度は同じ大きさである。80℃は80＋273＝353〔K〕となる。 ② 水の比熱が4.2J/(g･K)であるので200gの熱容量は200×4.2＝840〔J/K〕となる。 ③ 外部との熱の出入りがないとすると混合前と混合後の合計の熱量は同じになる。0℃を計算の基準として，混合前は，80℃/200gの水のもつ熱量＝200×80×4.2〔J〕，10℃/50gの水のもつ熱量＝50×10×4.2〔J〕，混合後の温度をt℃とすると混合後の熱量は(200＋50)×t×4.2〔J〕となってこれらが等しくなる。200×80×4.2＋50×10×4.2＝(200＋50)×t×4.2から，

$$t=\frac{200\times80\times4.2+50\times10\times4.2}{(200+50)\times4.2}=\frac{200\times80+50\times10}{200+50}=\frac{16500}{250}=66〔℃〕$$

となる。　④　実際は60℃になったことから66－60＝6〔℃〕分熱量を失ったことになる。水の総量は250gであるので失った熱量は，250×6×4.2＝6300〔J〕より，6.3kJとなる。

【2】(1)　①　ア　ゴルジ体　　イ　中心体　　ウ　細胞質基質　エ　中心小体　　②　ゴルジ体に輸送されたタンパク質は，糖が付加されたり，濃縮されるなどの処理を受けた後，小胞に包まれた形でゴルジ体から細胞膜に送られ，細胞外に分泌される。(75字)　　③　細胞分裂の際に，複製された中心体が2つに分かれて，細胞の両極に移動する。それぞれの中心体から伸びた微小管は染色体の動原体部分に結合し，染色体を両極に分配する。(79字)　　④　ATPのエネルギーを利用して，ナトリウムイオンの排出及び，カリウムイオンの取り込みを行う。(45字)　　(2)　①　264mg　　②　540mg

〈解説〉(1)　①　真核細胞についてしっかりと理解しておくことが必要である。アはタンパク質の分解，イは細胞分裂，ウは細胞間を満たす液体，エは2つのイを形成する物質であることをしっかりと押さえておきたい。　②　ゴルジ体では，タンパク質への修飾が行われていること，ゴルジ小胞をつくっていることを押さえておきたい。　③　中心体が複製すること，両極に移動すること，微小管が伸びることを理解しておく。　④　エネルギーを使用してナトリウムとカリウムが移動していることを理解しておく。　(2)　呼吸の反応式$C_6H_{12}O_6+6O_2+6H_2O\rightarrow12H_2O+6CO_2$と，アルコール発酵の反応式$C_6H_{12}O_6\rightarrow2C_2H_5OH+2CO_2$を必ず覚えておきたい。①は呼吸の反応式より消費した酸素と発生する二酸化炭素は同量であることがわかる。今回消費した酸素は192mgで，molに変換すると$\frac{192\times10^{-3}}{32}=0.006$〔mol〕となる。そのため，二酸化炭素は0.006mol生じる。0.006×44＝0.264〔g〕より，264 mgとなる。　②は消費したグルコースの量なので呼吸とアルコール発酵の式を用いる。呼吸の式では264 mgの二酸化炭素が排出されており，全量が440mgのため，アルコール発酵では，440－264＝176〔mg〕ということがわかる。そのため，二酸化炭素はmolに変換すると$\frac{176\times10^{-3}}{44}$＝0.004〔mol〕生じる。呼吸の反応式より，発生する二酸化炭素はグルコースの6倍，アルコール発酵の式より発生する二酸化炭素はグルコースの2倍であることがわかる。そのため，呼吸で消費したグルコースは$\frac{0.006\times180}{6}$＝0.18〔g〕より180mgであり，アルコール発酵で消費したグルコースは$\frac{0.004\times180}{2}$＝0.36〔g〕より360mgである。そのため，180＋360＝540〔mg〕になる。

【3】(1) ア 翻訳　イ 濃度勾配　ウ 母性効果　エ 体節　オ ホメオティック　カ ホメオボックス　(2) ③
(3) ① からだの前半部の形態が正常に形成されず，尾部のように変化した幼虫となる。(36字)　② からだの中央に頭部のような形態をもち，両端に向けて胸部，腹部をもつ幼虫になる。(39字)
(4) 遺伝子Bの転写を促進するはたらき。(17字)
〈解説〉(1) 遺伝子の分野はショウジョウバエが頻出なので，ショウジョウバエについてしっかりと理解しておく必要がある。　(2) ① iiiの実験で，雄がホモ接合体aaの時に異常がないことから間違いである。② 遺伝子Aから転写されたmRNAは問題文より，前極に局在していることがわかっている。そのため，ナノスではなくビコイドであるため間違いである。　(3) ① ホモ接合体aaの雌の受精卵を使っているため正常な発生はせずに，尾部のように変化する。　② 遺伝子Aは頭部形成に関わるため，中央部で頭部が形成され，そこから両端に向かって濃度勾配に従って，体の形成が始まる。　(4) 野生型の受精卵は遺伝子Aからつくられるタンパク質が，初期胚の前方に多く存在している。しかし，ホモ接合体aaの雌での初期胚は前方に遺伝子Aからつくられるタンパク質は存在していない。問題文より遺伝子Bは，野生型では合成されるが，ホモ接合体aaの雌での初期胚では合成されていない。そのため，遺伝子Aからつくられるタンパク質は遺伝子Bのはたらきを促進することがわかる。

【4】(1)　①　(a)　外耳道　(b)　鼓膜　(c)　半規管　(d)　耳管　②　外耳と中耳との間の気圧の差を調整する。(19字)　③　体軸，前後，横の回転方向や速さの感覚を生じさせるため。(27字)

(2)　①　ア　乾性遷移　イ　湿性遷移　ウ　貧栄養　エ　沈水植物　オ　浮葉植物　カ　抽水植物　キ　富栄養　ク　陽樹　ケ　陰樹　コ　極相　②　a　ススキ　b　チガヤ　(a，b順不同)　c　ヤナギ　d　ハンノキ　(c，d順不同)　e　アカマツ　f　タブノキ　g　シイノキ　(f，g順不同)　h　ブナ　i　コメツガ　j　オオシラビソ　(i，j順不同)

〈解説〉(1)　①　耳の構造をしっかりと把握しておく必要がある。ある場所と特徴的な形をとらえておくと解きやすい。　②　外耳と中耳で生じる気圧の差を咽頭とつなげることによって調整するため。

③　人の体は立体であるため，3軸を判断するための器官が必要であるため。　(2)　生態系についての問題はあまり頻出とは言えないが，出題される場所が限られているため，遷移の種類や植物の分類またその種類の名前まで覚えておくとよい。また，植物については名前だけでなく，形なども覚えておくとなおよい。

2019年度　実施問題

中学理科

【1】次の(1)，(2)に答えよ。

(1) 次は，中学校学習指導要領解説「理科編」の「第3章　指導計画の作成と内容の取扱い　3」の一部である。(　①　)~(　⑦　)にあてはまることばをそれぞれ記せ。

〔事故防止について〕

キ．応急処置と対応

薬品が眼に入った場合は(　①　)で洗眼をした後，直ちに医師の手当てを受けさせる。(　②　)をしたときは患部を直ちに冷水で冷やし早急に専門の病院へ行かせる。

〔薬品などの管理について〕

薬品は，一般に(　③　)を避け冷所に保管し，異物が混入しないように注意し，(　④　)から遠ざけておく。

〔廃棄物の処理について〕

中学校では，実験で使用する薬品の年間使用量は危険物取扱いに関する法令による規制の対象となるほど多くはない。しかし，廃棄物の処理は生徒に環境への影響や(　⑤　)の大切さを考えさせるよい機会となる。

特に，薬品を廃棄する場合，例えば，酸やアルカリの廃液は(　⑥　)してから多量の(　⑦　)で薄めながら流すなど適切な処理をする必要がある。

(2) 中学校の実験で扱う気体の中で，特に十分な換気をする必要のある気体名を1つ答えよ。

(☆☆◎◎◎)

【2】次の(1)，(2)に答えよ。

(1)　太陽，地球，月について，次の①～③に答えよ。

①　図1は，太陽の一部の模式図である。下の文は，図1のア，イについて，説明したものである。それぞれの名称を記せ。

図1

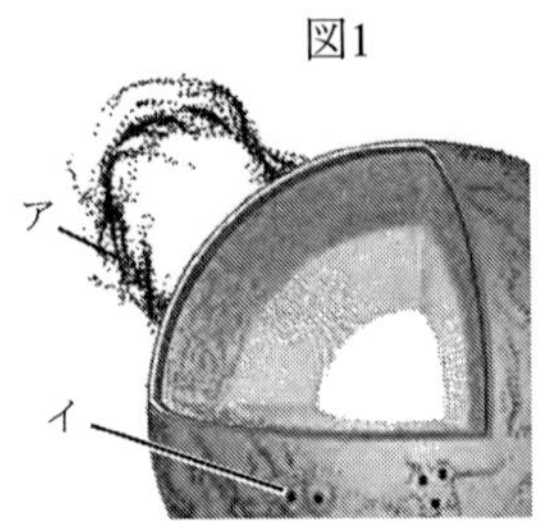

ア　太陽の縁にあるときは炎のように見えるが，太陽表面では暗い筋として見える。

イ　周囲の温度に比べ約1500～2000Kほど温度が低く暗いため，黒く見える。

②　図2は，地球を北極側から見たときの模式図である。月がAの位置にあるとき，日本のある地点から肉眼で見て月の満ち欠けはどのように見えるか。下のa～hの中から最も適当なものを選び，記号で記せ。

図2

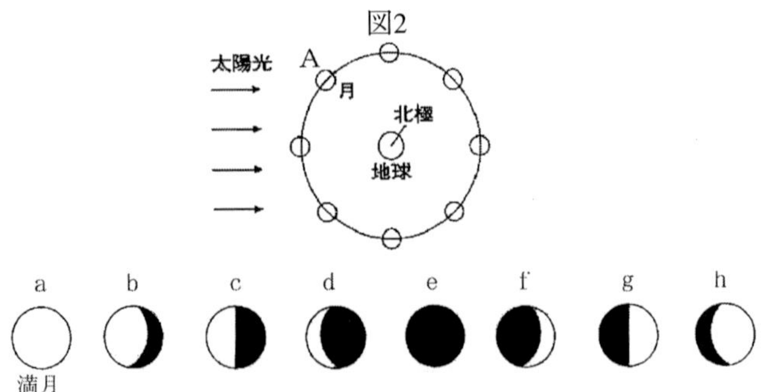

③　地球から見て，太陽と月の見かけの大きさはほぼ同じである。このことから，地球と月と太陽が一直線に並ぶことで日食が起こる。地球と月，地球と太陽との平均距離はそれぞれ約38万km，

約1.5億kmである。このとき，太陽の直径は月の直径の何倍と考えられるか，小数第1位を四捨五入して求めよ。

(2) 次の①～③に答えよ。

① 最初に陸生化をはたした脊椎動物は両生類であるが，水中生活から完全に離れることができないのはなぜか，理由を示せ。

② 「相同器官」とは何か，記せ。

③ DNAは，糖とリン酸が交互につながった2本のヌクレオチド鎖が互いに向かい合い，内側に突き出た塩基どうしが水素結合してできた右巻きの構造をしている。この構造を何というか，記せ。

(☆☆◎◎◎)

【3】次の(1)～(3)に答えよ。

(1) 図1は，植物細胞の構造を表した模式図である。下の①～④に答えよ。

図1

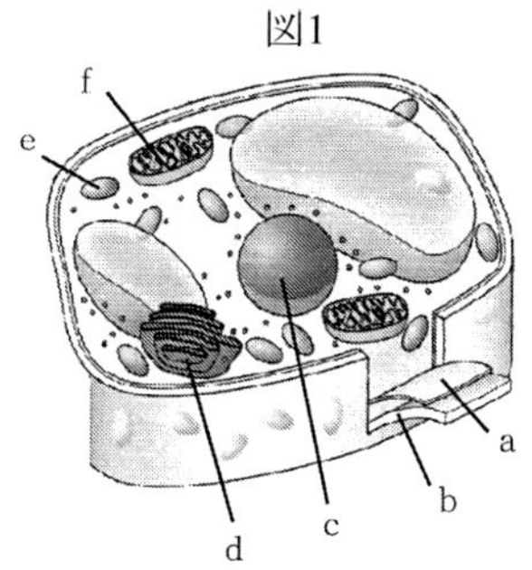

① a，d，fの各部の名称を記せ。

② 一般的な植物細胞に存在するが，動物細胞に存在しない構造をa～fから2つ選び，記号で記せ。

③ cを顕微鏡で観察するとき，観察しやすくするために染色液で細胞を染色してから観察するとよい。この染色液の名称を記せ。

④ 生物が酸素を用いて有機物を分解し，ATPを得るはたらきを呼吸という。この反応の3つの過程を記せ。

(2)　図2は，ヒトの神経系の模式図である。下の①，②に答えよ。

図2

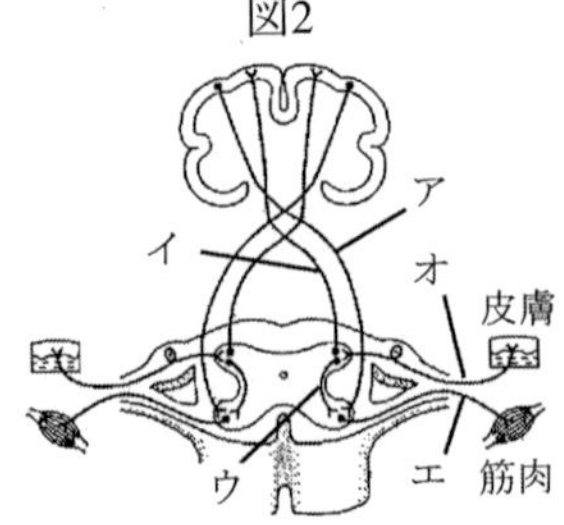

①　アイロンの熱い部分に手が触れたとき，瞬間的に手を引っ込めた。このように，無意識に起こる反応を何というか，記せ。

②　①の反応が起こるとき，信号が伝わる経路を図2のア～オから選び，信号が伝わる順に並べよ。

(3)　図3は，カエルの筋肉に神経をつけたままの神経筋標本をつくり，神経の興奮と筋収縮について調べる実験の模式図である。筋肉と神経の接合部A点から2cm離れた神経のB点と，A点から10cm離れた神経のC点にそれぞれ同じ強さの電気刺激を与えると，B点では4.0ミリ秒後，C点では6.0ミリ秒後にそれぞれ筋肉が収縮した。このとき，興奮がこの神経を伝わる速度は何m/秒か，求めよ。

図3

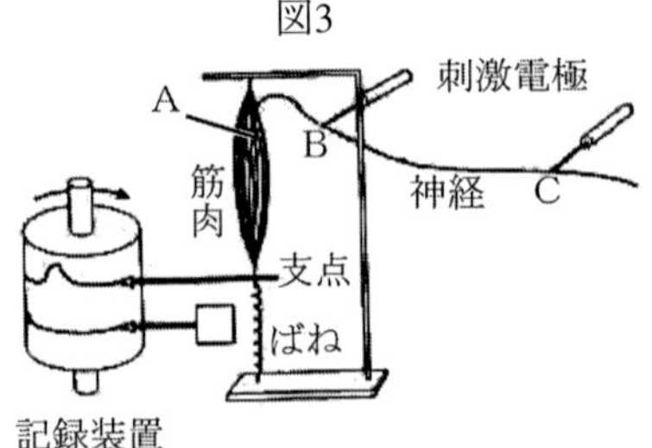

(☆☆☆◎◎◎)

【4】次の(1)～(3)に答えよ。

(1) イオンについて，次の①，②に答えよ。

① 「第一イオン化エネルギー」とは何か，記せ。

② 図1は，ある原子の電子配置を表した模式図である。この原子がイオンになったとき，その名称とイオン式を記せ。

図1

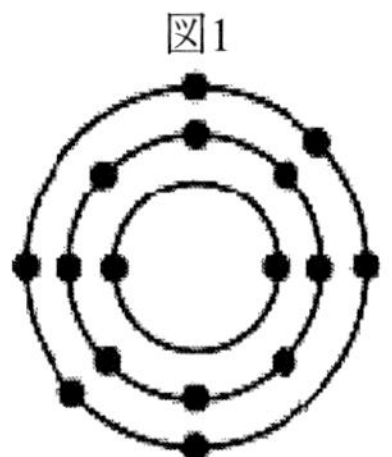

(2) 硫酸亜鉛水溶液に亜鉛板を，硫酸銅(Ⅱ)水溶液に銅板をそれぞれ浸し，亜鉛板と銅板に導線で豆電球をつなぐと点灯した。図2は，その模式図である。下の①～④に答えよ。

図2

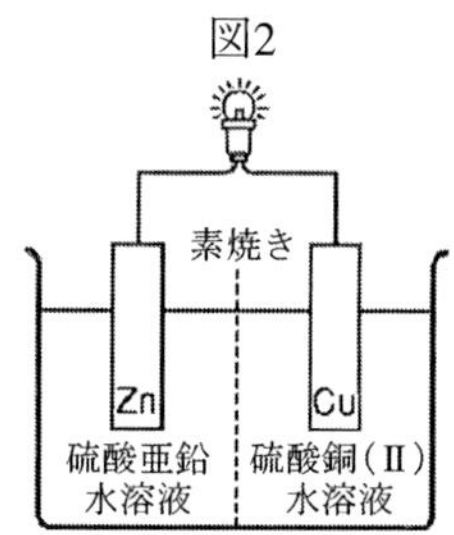

① 図2の構造をした電池を何というか，記せ。

② 正極で起こる化学変化を，e^-を含むイオン反応式で記せ。

③ 取り出す電気量を多くするには，硫酸亜鉛水溶液と硫酸銅(Ⅱ)水溶液の濃度を，それぞれどのようにする必要があるか，答えよ。

④ 導線を流れる電子は，溶け出す亜鉛1molあたり何molか，またその電気量は何Cか，それぞれ求めよ。ただし，ファラデー定数は9.65×10^4C/molとする。

(3) 負極に鉛，正極に酸化鉛(Ⅳ)を用い，希硫酸に浸した構造の電池を鉛蓄電池という。鉛蓄電池は放電と充電を行うことができ，自動車のバッテリー等に用いられる。鉛蓄電池の放電時・充電時の両極の変化をまとめて表す化学反応式を記せ。

ただし，放電は$\longrightarrow$，充電は$\dashrightarrow$で表すこととする。

(☆☆☆◎◎◎)

【５】次の(1)～(3)に答えよ。

(1)　屈折率1.5の溶媒中から空気中へ光を入射角30°で入射させる。次の①，②に答えよ。

ただし，空気の屈折率を1とし，空気中の光の速さを3.0×10^{8}m/s，溶媒中での光の波長を5.0×10^{-7}mとする。

①　溶媒中での光の速さv〔m/s〕と空気中での光の波長λ〔m〕を，それぞれ求めよ。

②　屈折角をrとして，$\sin r$を求めよ。

(2)　高さ4.5cmの物体を，焦点距離12cm，直径12cmの凸レンズを用いてスクリーンに映す実験を行った。図は，実験のようすを表した模式図である。下の①～③に答えよ。

図

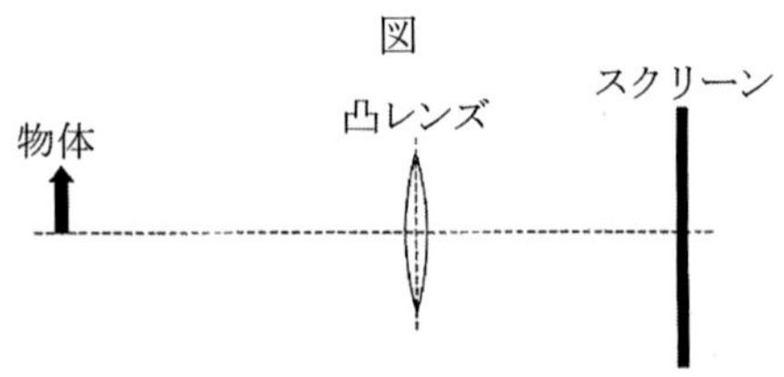

①　物体を凸レンズから30cm離れたところに置き，凸レンズとスクリーンとの距離を調整したら，スクリーン上に物体の像がはっきりと映った。このときの凸レンズとスクリーンの距離を求めよ。

②　①のとき，スクリーンに映った物体の像の大きさを求めよ。

③　物体とスクリーンは動かさずに，凸レンズを焦点距離12cm，直径18cmのものと交換し，もとの凸レンズと同じ位置に置いた。このとき，スクリーンに映る像はどのようになるか，また，その理由も記せ。

(3) 目に入った光は，角膜やレンズを通る際に屈折し，網膜上に像が結ばれる。「学」という字を見たとき，レンズを通して網膜上にはどのような像が結ばれるか。次のア～クの中から最も適当なものを選び，記号で記せ。ただし，網膜の裏側から見たと仮定するものとする。

ア　イ　ウ　エ　オ　カ　キ　ク

(☆☆◎◎◎)

【6】次の(1)～(3)に答えよ。

(1) 図1は，火山とその地下の構造を模式的に表したものである。下の①～③に答えよ。

図1

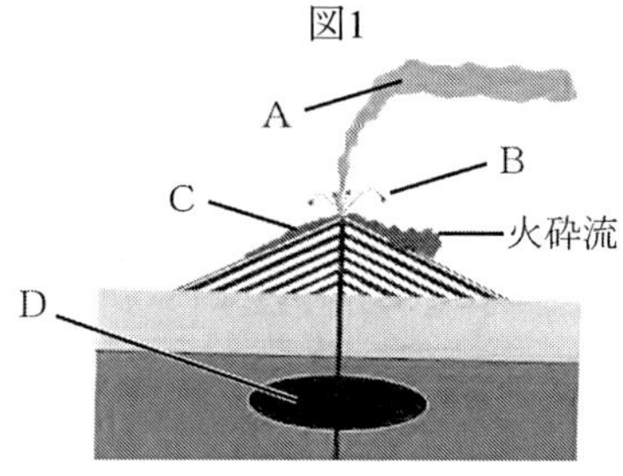

① B，C，Dにあてはまる語句を記せ。

② Aは，火山ガスや火山灰などから構成されている。火山ガスの主成分を記せ。

③ 火山の形は，マグマの粘り気や噴火のしかた等によって，形成される。富士山のような円錐形の形をしている火山を何というか，記せ。

(2) 図2は，マグマの生成プロセスを表したものである。固体である岩石は，融点をこえると，融解して液体であるマグマに変化する。図中の点Pにある岩石がマグマになる条件は2つある。1つは，「圧力が変わらずに温度が上昇する」である。もう1つは，どのような条件か，答えよ。

図2

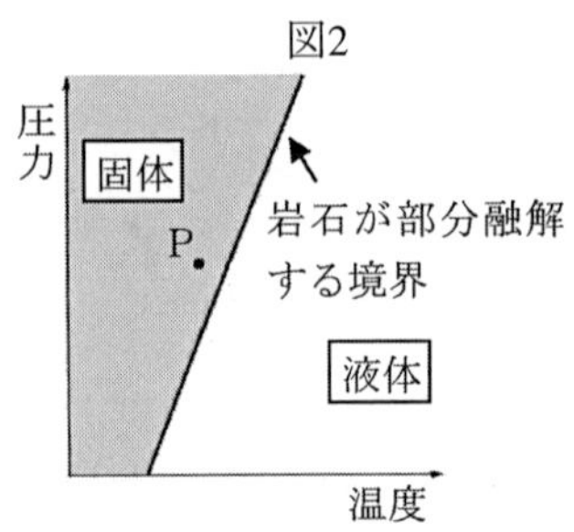

(3)　白っぽい火山灰の層に含まれる鉱物を，双眼実体顕微鏡で観察した。図3は，観察したときに多く見られた鉱物を表した模式図である。下の①～③に答えよ。

図3

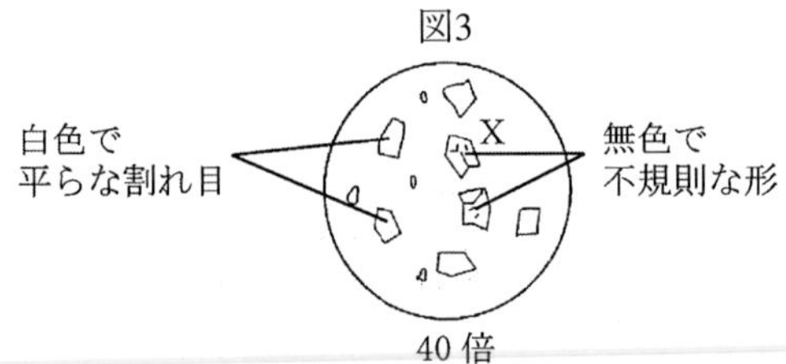

① 観察を行う前に，火山灰にどのような処理をする必要があるか，説明せよ。

② 双眼実体顕微鏡で観察すると，光学顕微鏡と比べて見え方にどのような特徴があるか，記せ。

③ 無色で不規則に割れる鉱物Xは何か，記せ。

(☆☆☆◎◎◎)

高　校　理　科

【物理】

【１】次の(1)～(3)の問いに答えよ。

(1)　次の①～④の問いに答えよ。

① 次の金属を，イオン化傾向の大きい順に並べて記せ。

Na，Cu，Pt，Mg，Zn，Ag，Al

② 塩化水素1分子に含まれる共有電子対は何組か，答えよ。

③ 同じ元素の単体で，性質の異なるものどうしを何というか，答えよ。

④ 96％の濃硫酸(密度が1.83g/cm^3)のモル濃度は何mol/Lか，有効数字2桁で答えよ。原子量は，H＝1.0，O＝16，S＝32とする。

(2) 次の文中の(　ア　)～(　ク　)にあてはまる語句を記せ。

核酸であるDNAとRNAは，どちらもリン酸と(　ア　)と(　イ　)からなる(　ウ　)が多数結合した鎖状の分子である。DNAの(　ア　)は(　エ　)であるのに対し，RNAの(　ア　)はリボースである。また，DNAの(　イ　)は，アデニン(A)，(　オ　)(T)，(　カ　)(G)，(　キ　)(C)の4種類であるのに対し，RNAの(　イ　)は，アデニン(A)，(　ク　)(U)，(　カ　)(G)，(　キ　)(C)の4種類である。

(3) 次の①～⑤の問いに答えよ。

① 大気圏は，高度による気温変化の様子をもとに区分される。このうち，オゾン層を含み，地表から高度約15km～50kmの部分を何というか，答えよ。

② 貿易風が平常時より強くなり，太平洋赤道域の東部の海水温が平常時より低くなる現象を何というか，答えよ。

③ 赤道付近で温められた空気が上昇し，緯度30度付近で下降して，赤道付近に戻る地球規模の大気の循環を何というか，答えよ。

④ 夜間，太陽放射がなくなると，地表から出ていく放射が地表が受け取る放射を上回るため，地表の温度は下がる。この現象を何というか，答えよ。

⑤ 日本の冬は，西高東低型という気圧配置となり，強い北西の風が吹く日が多い。これに対し，よく晴れて全国的に蒸し暑い日が続く日本の夏の気圧配置を何型というか，答えよ。

(☆☆◎◎◎)

【2】次の(1)，(2)の問いに答えよ．

(1)　次の文章を読み，①～④の問いに答えよ。

図1のように，質量$4M$の台車が摩擦のない水平な床に置かれている。台車の上面は摩擦のある水平面と摩擦のない斜面でできており，2つの面は点Aでなめらかにつながっている。質量Mの小物体を台車の水平面に置き，時刻$t=0$のとき小物体に右向きに速さv_0を与えた。小物体は台車の上を滑りながら進み$t=t_A$のとき，速さ$\frac{v_0}{2}$で点Aを通過し，斜面を登って点Bで最高点に達した。このとき，台車と小物体の速度は等しくなった。台車の水平面と小物体との間の動摩擦係数をμ'，重力加速度の大きさをgとする。また，床に静止して運動を観測するものとし，右向きを正とする。

図1

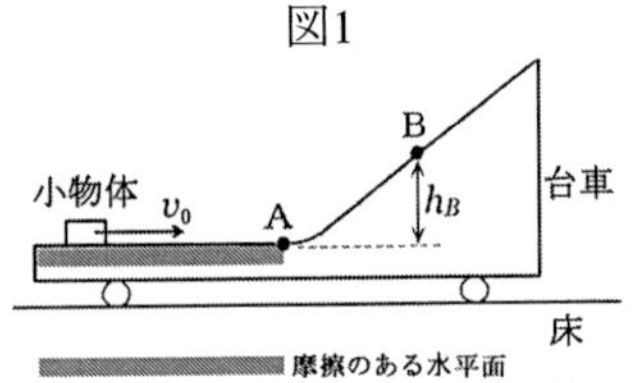

①　次の文中の(　ア　)～(　オ　)に適する数式を記せ。

$0<t\leqq t_A$のとき，時刻tにおける小物体の加速度は(　ア　)，速度は(　イ　)であり，台車の加速度は(　ウ　)，速度は(　エ　)である。また，t_Aは(　オ　)である。

②　時刻$t=0$から$t=t_A$まで経過する間に，小物体が床に対して移動した距離を求めよ。

③　小物体が点Bに達したときの速さを求めよ。

④　高さh_Bを求めよ。

(2)　あとの①，②の問いに答えよ。大気圧はp_0で，気体定数はRとする。

図2のように，なめらかに動く断面積Sのピストンをもつシリンダー内に1molの単原子分子理想気体を入れる。ピストンは，ばね定数kのばねで壁につながれている。はじめ，シリンダーの底からピストンまでの距離はl_0，ばねは自然長であった。シリンダーは固定され，外からの熱の出入りはないものとする。

図2

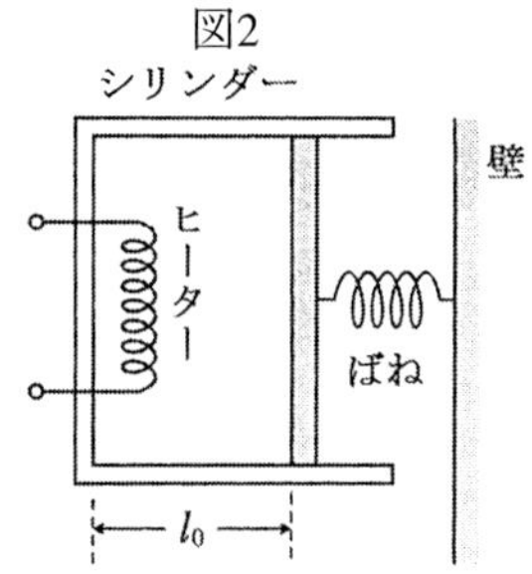

① このときの気体の温度T_0を求めよ。

② 次に，ヒーターを用いて熱量Qを加えたところ，気体の温度が上昇し，ばねがx縮んだ。このとき，(ア)～(エ)を，Q以外の文字を用いて表せ。

(ア) 変化後の気体の圧力p

(イ) 内部エネルギーの増加$\varDelta U$

(ウ) 気体が外部にした仕事W

(エ) 加えた熱量Q

(☆☆☆☆◎◎◎◎)

【3】次の(1)～(3)の問いに答えよ。

(1) 図1のように，点Oを中心とした半径Rの円周上を，音源が振動数fの音を出しながら，速さvで時計まわりに等速円運動している。この音源から発生する音波を，点Oから距離L離れた点Pで観測した。円周上の点A，B，C，D，E，Fで発せられた音波が，点Pで観測されるときの振動数をそれぞれ求めよ。ただし，音速をVとし，$V>v$とする。

図1

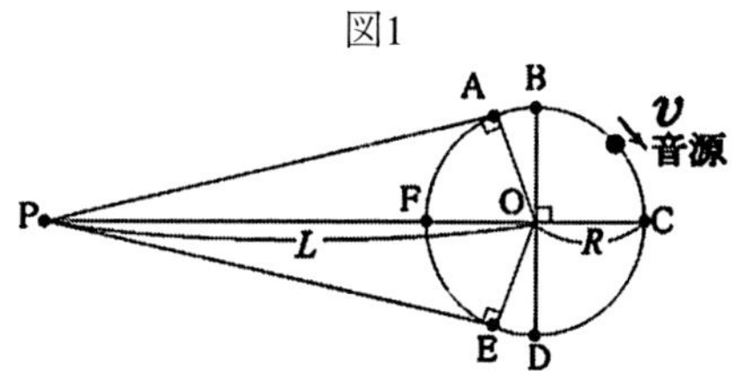

(2)　次の①～③の問いに答えよ。

①　焦点距離45cmの凹レンズの前方30cmの位置に物体を置いた。このときにできる虚像について，次の(ア)，(イ)に答えよ。

(ア)　虚像からレンズまでの距離〔cm〕を求めよ。

(イ)　虚像の倍率を求めよ。

②　焦点距離20cmの凸レンズを使って，ある物体の2.0倍の実像をつくりたい。次の(ア)，(イ)に答えよ。

(ア)　ある物体からレンズまでの距離〔cm〕を求めよ。

(イ)　実像からレンズまでの距離〔cm〕を求めよ。

③　図2のように，凸レンズの光軸に沿って平行光線が入射するとき，レンズを通過した後の波面を表す図として最も適切なものを，下のア～エから選び，記号で答えよ。さらに，波面がそのように図示される理由について，70字以内で記せ。

図2

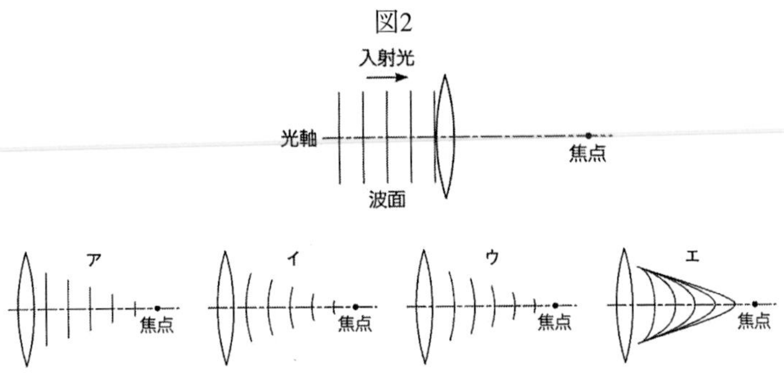

(3)　図3のような，自己インダクタンスLのコイル，抵抗値R_1，R_2の2つの抵抗と，電圧V_0の電源，スイッチSからなる回路について，あとの①～③の問いに答えよ。ただし，電流は矢印の向きを正，PG間の電圧はP側が高電位のときを正とする。

図3

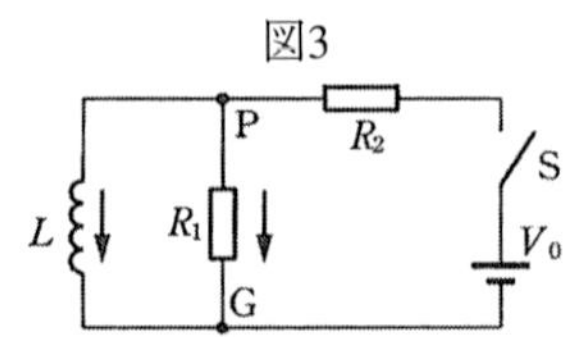

① Sを閉じて充分に時間が経過したとき，コイルに流れる電流を求めよ。

② その後，Sを開いた直後，抵抗値R_1の抵抗に流れる電流と，PG間の電圧を求めよ。

③ Sを開いてから充分に時間が経過するまでに，抵抗値R_1の抵抗で消費されるエネルギーの総量を求めよ。

(☆☆☆◎◎)

【4】次の(1)，(2)の問いに答えよ。

(1) 次の文章を読み，①～③の問いに答えよ。

図のように，平行板電極A，Bに電圧Vをかけると，電子がAから初速度0で加速し，Bに到達した。電子の質量をm，電気素量をe，プランク定数をhとする。

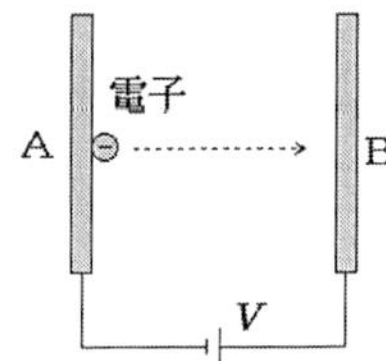

① Bに到達する直前の電子の速さを求めよ。

② Bに到達する直前の電子の運動量を求めよ。

③ Bに到達する直前の電子波の波長を求めよ。

(2) 水素原子では，電荷$+e$の陽子のまわりを，質量m，電荷$-e$の電子が静電気力を受けて半径r，速さvで等速円運動をしているものとして，次の①～⑥の問いに答えよ。ただし，プランク定数をh，クーロンの法則の比例定数をk_0とする。

① 電子の等速円運動を運動方程式で表せ。

② 電子の全エネルギーを，e，k_0，rを用いて表せ。

③ 電子の軌道半径r_nをe，m，n，h，k_0，πを用いて表せ。ただし，量子条件は，$mvr=n\frac{h}{2\pi}$ ($n=1, 2, 3, \cdots$)とする。

④ ③のときの電子の速さv_nを求めよ。

⑤　水素原子でn＝4からn＝2の軌道に電子が移るときに放出される光の波長は，スペクトル系列の何系列に属するか。次のア～ウより選び，記号で記せ。

ア．バルマー系列　　イ．ライマン系列　　ウ．パッシェン系列

⑥　⑤において放出される光の波長〔m〕を求めよ。リュードベリ定数を，$R=1.1\times10^{7}$〔m^{-1}〕として，有効数字2桁で答えよ。

(☆☆☆☆◎◎◎)

【化学】

【１】次の(1)～(3)の問いに答えよ。

(1)　次の文章を読み，①～③の問いに答えよ。

図のように，傾きがθの摩擦のない，なめらかな斜面上に質量mの物体をのせ，静かに手を放すと，物体は斜面をすべりおりた。ただし，このときの重力加速度の大きさをgとする。

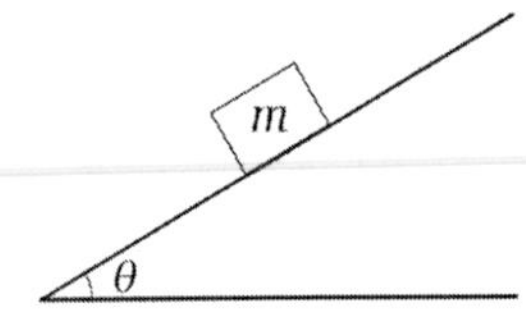

①　物体が受ける重力を求めよ。

②　物体が受ける垂直抗力を求めよ。

③　物体の加速度を求めよ。ただし，加速度の向きは斜面下向きとする。

(2)　次の文章中の(　ア　)～(　ク　)にあてはまる語句を記せ。

核酸であるDNAとRNAは，どちらもリン酸と(　ア　)と(　イ　)からなる(　ウ　)が多数結合した鎖状の分子である。DNAの(　ア　)は(　エ　)であるのに対し，RNAの(　ア　)はリボースである。また，DNAの(　イ　)は，アデニン(A)，(　オ　)(T)，(　カ　)(G)，(　キ　)(C)の4種類であるのに対し，RNAの(　イ　)は，アデニン(A)，(　ク　)(U)，(　カ　)(G)，(　キ　)(C)の4種類である。

(3) 次の①～⑤の問いに答えよ。

① 大気圏は，高度による気温変化の様子をもとに区分される。このうち，オゾン層を含み，地表から高度約15km～50kmの部分を何というか，答えよ。

② 貿易風が平常時より強くなり，太平洋赤道域の東部の海水温が平常時より低くなる現象を何というか，答えよ。

③ 赤道付近で温められた空気が上昇し，緯度30度付近で下降して，赤道付近に戻る地球規模の大気の循環を何というか，答えよ。

④ 夜間，太陽放射がなくなると，地表から出ていく放射が地表が受け取る放射を上回るため，地表の温度は下がる。この現象を何というか，答えよ。

⑤ 日本の冬は，西高東低型という気圧配置となり，強い北西の風が吹く日が多い。これに対し，よく晴れて全国的に蒸し暑い日が続く日本の夏の気圧配置を何型というか，答えよ。

(☆☆◎◎◎)

【2】次の(1)～(3)の問いに答えよ。

(1) 次の文章を読み，①～⑤の問いに答えよ。ただし，②，③，⑤については，有効数字2桁で記せ。

27℃で，6.0×10^4Paのプロパンの入った1.0Lの容器Aと，1.2×10^5Paの酸素が入った4.0Lの容器Bが図1に示すようにコックで連結されている。コックを開いて気体を混合し，容器内の着火装置により気体に点火したところ，プロパンは完全燃焼した。しばらく放置し，容器内の温度を27℃まで下げた(状態Ⅰ)。この後，容器内の温度を127℃まで上げた(状態Ⅱ)。水の飽和蒸気圧は，27℃で3.6×10^3Paであり，127℃で2.5×10^5Paであるとする。また，液体や連結管の体積は無視できるものとする。

図1

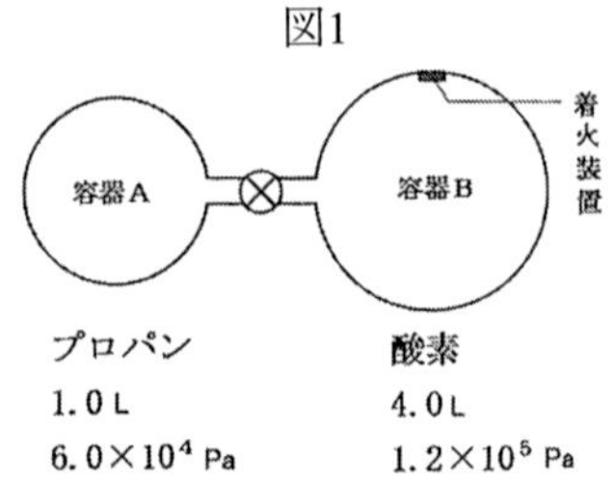

① プロパンの燃焼を化学反応式で記せ。

② 点火前の，コックを開いて気体を混合したときの容器内の全圧〔Pa〕を求めよ。

③ 状態Ⅰでの容器内の全圧〔Pa〕を求めよ。

④ 状態Ⅰでは，液体の水は存在するか。「する」または「しない」で答え，その理由も記せ。

⑤ 状態Ⅱでの容器内の全圧〔Pa〕を求めよ。

(2) 次の文を読み，①～③の問いに答えよ。

図2は，4種類の実在気体と理想気体のそれぞれ1molについて，一定温度T〔K〕のもとでの圧力Pに対する$\frac{PV}{RT}$の値の変化を示したものである。

図2

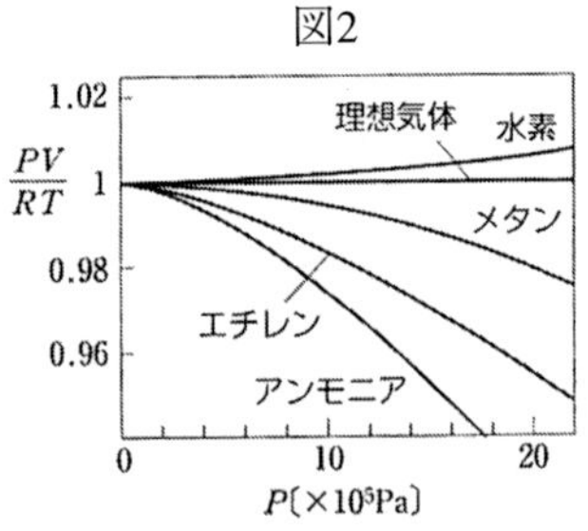

① 図2において，圧力が10×10^5Paのとき，最も体積の大きい気体は，4種類の実在気体のうちどれか，答えよ。

② 「実在気体は，気体の状態方程式にしたがわない。」この理由について理想気体との違いを2つあげ，それぞれ説明せよ。

③ アンモニアの曲線は，メタンの曲線の下に位置している。この

理由を説明せよ。

(3)　次の文章を読み，①，②の問いに答えよ。原子量は，Cu＝64，Ag＝108とする。

図3のように白金電極を用いた2つの電解槽を直列につなぎ，電解槽Aには塩化銅(Ⅱ)水溶液を，電解槽Bには硝酸銀水溶液を入れた。これに電流をある時間通じ，電気分解を行うと，電解槽Aの陰極には0.256gの金属が析出した。

図3

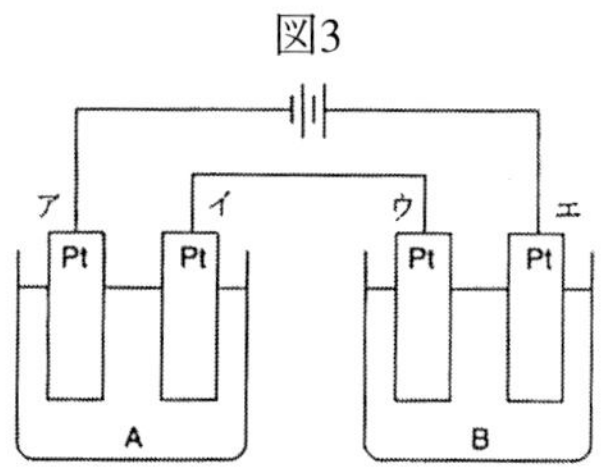

①　ア～エの各電極付近で主に起こる変化を，電子e^-を用いた反応式で記せ。

②　標準状態において，電解槽Bの陽極で発生する気体の体積〔L〕を求め，有効数字3桁で答えよ。

(☆☆☆☆◎◎◎)

【3】次の(1)～(3)の問いに答えよ。

(1)　次の文章を読み，①～③の問いに答えよ。気体定数をR〔Pa・L/mol・K〕とする。

容器V〔L〕の容器に，a〔mol〕のC_2H_6を入れ，温度T〔K〕で分解すると，次式に示す化学平衡に達した。このとき，生成したC_2H_4はb〔mol〕であった。

$$C_2H_6 \rightleftarrows C_2H_4 + H_2$$

①　平衡定数〔mol/L〕を求めよ。

②　化学平衡に達したときの，C_2H_6の分圧〔Pa〕を求めよ。

③　圧平衡定数をK_p，平衡定数をK_cとする。K_pをK_cを用いて，表せ。

(2)　硫酸銅(Ⅱ)の水に対する溶解度は，20℃で20，60℃で40である。

硫酸銅(Ⅱ)の式量を160，水の分子量を18として，次の①，②の問いに，有効数字2桁で答えよ。

① 60℃の水100gに溶けることができる硫酸銅(Ⅱ)五水和物の結晶の質量〔g〕を求めよ。

② 60℃の硫酸銅(Ⅱ)飽和水溶液100gを20℃に冷却すると析出する硫酸銅(Ⅱ)五水和物の結晶の質量〔g〕を求めよ。

(3) 次の文章を読み，①～④の問いに答えよ。

8種類の金属イオン(Li^{+}，Na^{+}，Al^{3+}，Ca^{2+}，Fe^{3+}，Cu^{2+}，Zn^{2+}，Ag^{+})のうち，5種類の金属イオンを含む水溶液がある。次の操作1～4を行い，各イオンを分離した。

操作1 水溶液に希塩酸を加えると白色沈殿が生じた。これをろ過し，沈殿Ⅰ(化合物A)と，ろ液Ⅰを得た。(ア)化合物Aは過剰のアンモニア水に溶解した。

操作2 硫化水素をろ液Ⅰに十分に吹き込むと，黒色沈殿が生じた。これをろ過し，沈殿Ⅱ(化合物B)と，ろ液Ⅱを得た。化合物Bを硝酸に溶解させたのち，アンモニア水を加えていくと沈殿を生じたが，(イ)過剰量のアンモニア水を加えると沈殿は溶解した。

操作3 (ウ)ろ液Ⅱを煮沸したのち常温にもどし，硝酸を加えた。これにアンモニア水を過剰に加えると沈殿が生じた。これをろ過し，沈殿Ⅲ(化合物C，D)と，ろ液Ⅲを得た。沈殿Ⅲに水酸化ナトリウム水溶液を加えたところ，化合物Cが溶解し，化合物Dは溶解しなかった。これをろ過し，沈殿Ⅳ(化合物D)と，ろ液Ⅳを得た。さらに，ろ液Ⅳに希塩酸を加えて酸性とし，アンモニア水を過剰に加えると，沈殿Ⅴ(化合物C)が生じた。

操作4 ろ液Ⅲに硫化水素を吹き込んだが沈殿は生じなかった。そこで，これらを煮沸したのち，炭酸アンモニウム水溶液を加えると沈殿が生じた。これをろ過し，沈殿Ⅵ(化合物E)と，ろ液Ⅵを得た。化合物Eを硝酸に溶かし，この溶液の炎色反応を調べた結果，橙赤色を示した。

① 化合物A～Eの化学式を記せ。

② 下線部(ア)の操作によって生じたイオンの化学式を記せ。

③ 下線部(イ)の操作によって生じた水溶液の色を記せ。

④ 下線部(ウ)の操作を行う理由を記せ。

(☆☆☆◎◎◎)

【4】次の(1)～(3)の問いに答えよ。

(1) 次の文章を読み，芳香族である化合物A～Fの構造式を記せ。

$C_{14}H_{13}NO$の分子式をもつ化合物Aがある。化合物Aはアミド結合をもち，希塩酸を加え，十分に加熱すると分解して，化合物Bおよび化合物Cを生じた。化合物Bを酸化剤を用いて酸化すると，化合物Dを生じた。化合物Dを加熱すると，酸無水物である化合物Eを生じた。化合物Cを酸化剤を用いて酸化すると，黒色で水に溶けにくい物質を生じた。また，化合物Cを無水酢酸と反応させると，C_8H_9NOの分子式で表され，解熱作用を示す化合物Fが生じた。

(2) 次の文章を読み，①，②の問いに答えよ。原子量は，H＝1.0，C＝12，N＝14，O＝16とする。

あるトリペプチド0.1172gを純水に溶かし，0.050mol/Lの水酸化ナトリウム水溶液を用いて中和滴定すると，8.00mLを要した。次に，このトリペプチドを加水分解すると3種類のα－アミノ酸A，B，Cが得られた。アミノ酸Aは不斉炭素原子をもたず，アミノ酸Bはベンゼン環を含むがメチル基をもたず，分子量は165であった。また，このトリペプチドは，アミノ酸Aのアミノ基と，アミノ酸Cのカルボキシ基が末端にある構造をもち，両末端の他に酸性または塩基性を示す官能基をもたない。

① このトリペプチドの分子量を求め，整数で答えよ。

② このトリペプチドの構造式を記せ。ただし，光学異性体は考慮しなくてよい。

(3) 合成高分子化合物について，次の①，②の問いに答えよ。

① デンプンは，一般にアミロースとアミロペクチンとで構成され

ている。アミロースとアミロペクチンの違いについて，構造および性質に着目して簡潔に説明せよ。

② ポリイソプレンに硫黄の粉末を少量加えると弾性が増す。この操作によって弾性が増す理由について簡潔に記せ。

(☆☆☆☆◎◎◎)

【生物】

【１】次の(1)～(3)の問いに答えよ。

(1) 次の文章を読み，①～③の問いに答えよ。

図のように，傾きがθの摩擦のない，なめらかな斜面上に質量mの物体をのせ，静かに手を放すと，物体は斜面をすべりおりた。ただし，このときの重力加速度の大きさをgとする。

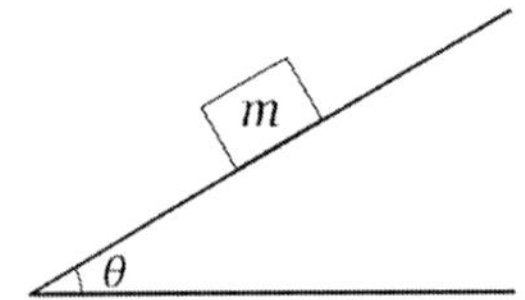

① 物体が受ける重力を求めよ。

② 物体が受ける垂直抗力を求めよ。

③ 物体の加速度を求めよ。ただし，加速度の向きは斜面下向きとする。

(2) 次の①～④の問いに答えよ。

① 次の金属を，イオン化傾向の大きい順に並べて記せ。

Na，Cu，Pt，Mg，Zn，Ag，Al

② 塩化水素1分子に含まれる共有電子対は何組か，答えよ。

③ 同じ元素の単体で，性質の異なるものどうしを何というか，答えよ。

④ 96％の濃硫酸(密度が1.83g/cm^3)のモル濃度は何mol/Lか，有効数字2桁で答えよ。原子量は，H＝1.0，O＝16，S＝32とする。

(3) 次の①～⑤の問いに答えよ。

① 大気圏は，高度による気温変化の様子をもとに区分される。こ

のうち，オゾン層を含み，地表から高度約15km～50kmの部分を何というか，答えよ。

② 貿易風が平常時より強くなり，太平洋赤道域の東部の海水温が平常時より低くなる現象を何というか，答えよ。

③ 赤道付近で温められた空気が上昇し，緯度30度付近で下降して，赤道付近に戻る地球規模の大気の循環を何というか，答えよ。

④ 夜間，太陽放射がなくなると，地表から出ていく放射が地表が受け取る放射を上回るため，地表の温度は下がる。この現象を何というか，答えよ。

⑤ 日本の冬は，西高東低型という気圧配置となり，強い北西の風が吹く日が多い。これに対し，よく晴れて全国的に蒸し暑い日が続く日本の夏の気圧配置を何型というか，答えよ。

(☆☆◎◎◎)

【2】次の(1)～(3)の問いに答えよ。

(1) 次の(ア)～(ク)にあてはまる最も適切な語句を記せ。

血液中に含まれるグルコースを血糖という。ヒトの血糖値(血糖の濃度)は，ほぼ一定に保たれている。細胞での代謝によって，グルコースが消費されて血糖値が低下すると，すい臓の(ア)のA細胞から(イ)が分泌される。その結果，主として肝臓などに蓄えられている(ウ)がグルコースに分解され，血糖値が上昇する。また，運動などによって血糖値が急激に低下したときは，(エ)を介して副腎髄質からの(オ)の分泌が促進される。(オ)は，肝臓の細胞に作用して(ウ)をグルコースに分解し，血液中に放出して血糖値を上昇させる。さらに，脳下垂体前葉から分泌される(カ)は副腎皮質から(キ)の分泌を促し，組織中のタンパク質などを糖へ変化させる反応を促進して血糖値を上昇させる。反対に，食事などによって血糖値が上昇すると，その刺激が副交感神経を介して，あるいは直接すい臓の(ア)に作用してB細胞からの(ク)の分泌を促進して血糖値が低下する。

(2)　次の①～⑤の問いに答えよ。

①　次の(ア)～(カ)より窒素固定細菌をすべて選び，記号で答えよ。

(ア)　クロストリジウム　　(イ)　クロレラ　　(ウ)　酵母

(エ)　大腸菌　　(オ)　乳酸菌　　(カ)　ネンジュモ

②　根粒菌とマメ科植物のように利益を与え合って生活している関係を何というか，記せ。

③　次の(ア)～(エ)より窒素を含むものをすべて選び，記号で答えよ。

(ア)　ADP　　(イ)　ピルビン酸　　(ウ)　カタラーゼ

(エ)　NAD^+

④　植物の窒素固定では，多くの場合，根から吸収したアンモニウムイオンがアミノ酸Aに結合して，アミノ酸Bとなる。アミノ酸A，Bの名称を何というか，それぞれ記せ。

⑤　植物が硝酸カリウム10gを吸収し，3.5gのタンパク質を合成した。硝酸カリウムに含まれる窒素のうち，何%が取り込まれたか，求めよ。ただし，答えは小数第2位を四捨五入して小数第1位で答えよ。また，原子量はH＝1.0，C＝12，N＝14，O＝16，K＝39，タンパク質中の窒素含量は16%とする。

(3)　次の文章を読み，①～④の問いに答えよ。

生体内では，様々な化学反応が進行しており，酵素によって促進される。酵素にはそれぞれ特有の立体構造をもつ(　ア　)があり，酵素の(　ア　)に基質が結合して(　イ　)が形成されると，基質は酵素の作用を受けて生成物となる。この酵素により，(　ウ　)エネルギーが下げられ，反応は促進される。酵素濃度が一定のとき，基質濃度を上げると，酵素反応速度も上昇するが，<u>(a)反応速度はある一定値に近づいていき，それ以上は大きくならない</u>。

基質とは異なる物質が，酵素反応速度に影響することもある。<u>(b)基質とよく似た形の物質は，基質と酵素の(　ア　)を取り合うために酵素反応速度を低下させる</u>。また，<u>(c)酵素反応における生成物が酵素活性を抑制することがある</u>。このような調節を(　エ　)調節と呼ぶ。

① 文中の(ア)～(エ)にあてはまる最も適切な語句を記せ。

② 下線部(a)について，その理由を記せ。

③ 下線部(b)の現象を何というか，記せ。

④ 下線部(c)のような調節を受ける酵素を何というか，記せ。

(☆☆☆☆◎◎◎)

【3】次の(1)～(4)の問いに答えよ。

(1) 遺伝情報の発現に関する次の①～④のはたらきについて，簡潔に説明せよ。

① 複製　② 転写　③ 翻訳　④ スプライシング

(2) UとCのみから構成され，その割合が5：1であるmRNA(伝令RNA)がある。次の①，②の問いに答えよ。ただし，U，Cの配列はランダムであるとする。

① UUU，CCC以外のコドンができる確率を求めよ。

② 次の表を参考に，このmRNA(伝令RNA)からつくられるアミノ酸の種類の割合を，最も簡単な整数比で答えよ。

コドン	アミノ酸
UUU，UUC	フェニルアラニン
UCU，UCC	セリン
CUU，CUC	ロイシン
CCU，CCC	プロリン

(3) 次の文章中の(ア)～(キ)にあてはまる最も適切な語句を記せ。

植物が環境に応答するためには，まず植物が環境の変化を感知する必要がある。環境の変化は植物がもつ受容体によって感知される。受容体によって感知された光や温度などの刺激の多くは，細胞の中で遺伝子発現の変化を引き起こし，その結果，植物のからだが変化することで，植物は環境に応答している。植物には環境が変化したという情報を，感知した細胞から反応する細胞へ伝えるしくみがあり，このような情報の伝達にはたらく物質を総称して(ア)という。(　ア　)は細胞の中で合成されたあと，別の細胞に移動し，遺伝子発現を調節することによって，細胞の成長や生理的なはたらきを調節する。

例えば，マカラスムギの幼葉鞘の先端でつくられる(　イ　)は，葉や根などの伸長を促進するが，濃度が高すぎると抑制的にはたらく。(　ウ　)は植物の成長を促進するほかに，細胞分裂の促進や発芽の促進などの作用をもち，種なしブドウの栽培にも利用される。また，未成熟のバナナを，よく熟したリンゴ果実と同じ箱に入れておくと成熟がはやくなる。これはリンゴから発生する揮発性の(　エ　)が作用するためである。

落葉を促進する物質として(　オ　)がある。植物を乾燥状態に置くと(　オ　)が急激に合成されて(　カ　)が閉じられ，水の蒸散が抑えられる。また，細胞分裂を促進したり，細胞の老化を防止するはたらきがある物質として(　キ　)がある。

(4)　光発芽種子は小型の種子をもつ植物に多い。小型の種子をもつ植物にとって，光発芽という性質はどのような利点があると考えられるか，120字以内で記せ。

(☆☆☆☆◎◎◎)

【4】次の(1)，(2)の問いに答えよ。

(1)　次の文章を読み，①～④の問いに答えよ。

1970年代にウーズらは，rRNA(リボソームRNA)の塩基配列を用いた分子系統学的研究によって，それまで1つのグループとして考えられてきた原核生物が，図の［(a)］，［(b)］に示される2つのグループに大別されることを見いだした。その後，これらとは明瞭に識別される図の(c)のグループを加え，<u>生物全体を3つに大別する分類体系</u>が1990年に提唱された。

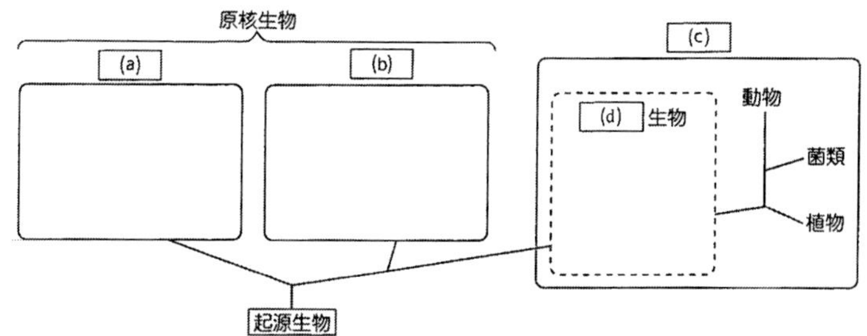

① 図の (a) ～ (c) にあてはまる最も適切なグループ名を記せ。

② 図の (d) にあてはまる語句を記せ。

③ 下線部に示す分類体系を何というか，記せ。

④ 次の(ア)～(オ)は，図の(a)，(b)，(d)のいずれのグループに属するか，記号で記せ。ただし，いずれにも該当しない場合は，「なし」と記せ。

(ア) 酵母　　(イ) 大腸菌　　(ウ) 高度好塩菌

(エ) 緑色硫黄細菌　　(オ) 渦鞭毛藻類

(2) 次の文章を読み，①～③の問いに答えよ。

生物多様性は生物の種類数という単純な種の多様性だけでなく，種内の遺伝的な多様性や生態系の多様性も含む広い意味をもっている。これら3つのレベルの生物多様性は，種や群集が維持して生存するために必要であり，人間にとっても大切なものである。したがって，<u>(a)外来生物種の移入や人間活動などの要因により生物多様性が脅かされる</u>可能性も認識する必要がある。種の多様性が維持されることにより，人間は多くの動植物によって生産される物質を食料，燃料，医療などに利用できる。また，<u>(b)遺伝的な多様性は，動植物の品種改良を進めるうえで不可欠な要素となる</u>。生態系の多様性の大切さを森林と河川のつながりで考えてみると，森林は土砂の流出防止や栄養塩類，有機物の供給と調整などを行い，河川は川と海を行き来する生物を通して，森林生態系の多様な構成種に海からの栄養を供給する機能などをもっている。このように，生態系の多様な機能が統合されることにより環境の安定性が維持される。

① 下線部(a)に関して，日本で絶滅のおそれのある野生生物の種について，それらの育成状況等を取りまとめた報告書を何というか，記せ。

② 下線部(a)に関して，地域固有の遺伝的純系が失われるという影響以外に，外来生物が引き起こす生態系への影響として考えられるものを，3つ簡潔に記せ。

③ 下線部(b)に関して，その理由を簡潔に記せ。

(☆☆☆☆◎◎◎)

解答・解説

中　学　理　科

【1】(1) ① 流水　② 火傷　③ 直射日光　④ 火気　⑤ 環境保全　⑥ 中和　⑦ 水　(2) アンモニア

〈解説〉「第3章　指導計画の作成と内容の取扱い　3　事故防止，薬品などの管理及び廃棄物の処理」の，(1)～(3)各項目からの出題である。該当箇所をよく読み込むこと。また，その中で「(1)　事故の防止について　オ　理科室内の環境整備」には，「さらに，換気にも注意を払うことが必要である。特に，アンモニアや硫化水素などの刺激臭をもつ気体や有毒な気体を発生させる実験では十分な換気をする必要がある。」とある。

【2】(1) ① ア　プロミネンス　または　紅炎　イ　黒点　② d　③ 395倍　(2) ① 皮膚が乾燥に耐えられる構造になっていないため。　② 外観やはたらきが異なっていても，発生起源が同じため，同じ基本構造をもつ器官のこと。　③ 二重らせん構造

〈解説〉(1) ① ア 太陽コロナの中に磁場の力で浮かんで見えるプロミネンス(紅炎)と呼ばれるプラズマがある。太陽表面では暗い筋として見える。 イ 光球の中に黒い点が観察される。これを黒点という。ここには非常に強い磁場があり，内部からの高温のガスが入り込みにくい。 ② 太陽の光に当たった部分は左側に，影の部分が右側に，また影の部分の方がより面積を占めている状態に見える。 ③ 視直径がほぼ等しいことから，太陽と月の直径の比は地球からの距離の比に等しい。(太陽，月，地球が一直線に並んだ様子を図に描いてみるとよい。)これより，$\frac{\text{太陽の直径}}{\text{月の直径}}=\frac{1.5\text{億}}{38\text{万}}=394.7368\cdots\fallingdotseq 395$〔倍〕となる。 (2) ① 両生類は，幼体，成体問わず皮膚呼吸をしている。この皮膚呼吸は体表面に露出した生細胞を通しておこなうため，つねに水分を必要とする。 ② 外形や機能は似ているが基本となる構造が異なるものは相似器官という。 ③ 二重らせん構造はワトソンとクリックによって提唱された。

【3】(1) ① a 細胞膜 d ゴルジ体 f ミトコンドリア ② b，e ③ 酢酸カーミン液 ④ 解糖系，クエン酸回路，電子伝達系 (2) ① 反射 ② オ→ウ→エ (3) 40m/秒

〈解説〉(1) ① a…細胞膜，b…細胞壁，c…核，d…ゴルジ体，e…葉緑体，f…ミトコンドリア ② 植物細胞に特有なのは細胞壁と葉緑体である。 ③ 細胞核を染色する場合，酢酸オルセインや酢酸カーミンが用いられる。 ④ 呼吸の反応は大きく3つの段階に分かれる。グルコースがピルビン酸に変わる解糖系，ピルビン酸が二酸化炭素に分解されるクエン酸回路，生成した水素が水になる際に多くのATPが合成される電子伝達系の順である。 (2) ① 解答参照。 ② ①の反応は脊髄反射であり，感覚神経→脊髄→運動神経と伝わる。

(3) 題意より，BC間の距離10－2＝8〔cm〕を，6.0－4.0＝2.0〔ミリ秒〕かけて興奮が伝達した。よって，求める速度は$\frac{8}{2.0}=4$〔cm/ミリ秒〕，すなわち40〔m/秒〕となる。

【4】(1)　①　原子の最外殻から1個の電子を取りさり，一価の陽イオンにするのに必要なエネルギーのこと。　②　名称…硫化物イオン　イオン式…S^{2-}　(2)　①　ダニエル電池　②　$Cu^{2+}+2e^- \rightarrow Cu$　③　硫酸亜鉛水溶液の濃度は薄く，硫酸銅(Ⅱ)水溶液の濃度は濃くしておく。　④　mol…2mol　電気量…1.93×10^5C　(3)　$Pb+PbO_2+2H_2SO_4 \rightleftarrows 2PbSO_4+2H_2O$

〈解説〉(1)　①　イオン化エネルギーの小さい原子ほど陽イオンになりやすく，陽性が強い原子である。　②　硫黄(S)原子は最外殻電子が6個であり，電子2個を取り入れて陰イオンになりやすい。

(2)　①　ダニエル電池は，正極の銅を硫酸銅(Ⅱ)水溶液に，負極の亜鉛を硫酸亜鉛水溶液に浸し，両水溶液を素焼板などで隔離した一次電池である。　②　解答参照。　③　負極では亜鉛が溶けだし硫酸亜鉛水溶液の濃度が濃くなり，正極では銅が析出して硫酸銅(Ⅱ)水溶液の濃度が薄くなる。よって，硫酸亜鉛水溶液の濃度は薄く，硫酸銅(Ⅱ)水溶液の濃度は濃くしておくとよい。　④　負極では$Zn \rightarrow Zn^{2+}+2e^-$の変化が起きているので，亜鉛1molあたり電子2molが流れる。よって，$9.65\times10^4\times2=1.93\times10^5$〔C〕である。　(3)　鉛蓄電池では，放電時，負極は$Pb+SO_4^{2-} \rightarrow PbSO_4+2e^-$，正極は$PbO_2+4H^++SO_4^{2-}+2e^- \rightarrow PbSO_4+2H_2O$の反応が起きる。これらの反応式の両辺をそれぞれ加えると，$Pb+PbO_2+2H_2SO_4 \rightarrow 2PbSO_4+2H_2O$になる。充電時は逆の反応が起きる。

【5】(1)　①　v…2.0×10^8m/s　λ…7.5×10^{-7}m　②　0.75

(2)　①　20cm　②　3cm　③　レンズの直径が大きくなったので，集めることができる光の量が多くなり，像が明るくなる。　(3)　キ

〈解説〉(1)　①　溶媒中での光の速さは，$v=\dfrac{3.0\times10^8}{1.5}=2.0\times10^8$〔m/s〕である。また，波長は$5.0\times10^{-7}=\dfrac{\lambda}{1.5}$という関係になるので，$\lambda=7.5\times10^{-7}$〔m〕である。　②　屈折の法則より，$\dfrac{1}{1.5}=\dfrac{\sin30^\circ}{\sin r}$である。これより，$\sin r=0.75$である。　(2)　①　物体とレンズの距離を$a$〔cm〕，

レンズとスクリーンの距離をb〔cm〕，レンズの焦点距離をf〔cm〕とすると，$\frac{1}{a}+\frac{1}{b}=\frac{1}{f}$と表せる。これに題意の数値を代入して，$\frac{1}{30}+\frac{1}{b}=\frac{1}{12}$となるので，$b=20$〔cm〕である。 ② 像の倍率は$\left|\frac{b}{a}\right|$で表されるので，像の大きさは$4.5\times\left|\frac{20}{30}\right|=3.0$〔cm〕となる。
③ 物体の1点から出た光のうち，凸レンズを通過した光はすべて1ヶ所に集まる。したがって，凸レンズの直径が大きいほど，通過して実像をつくる光の量も増える。 (3) 網膜の表から見ると，ウのように物体の上下左右が逆になった実像が観察できる。網膜の裏から見ると，さらに左右が反転するので，キのようになる。

【6】(1) ① B 火山弾 C 溶岩流 または 溶岩 D マグマだまり ② 水蒸気 ③ 成層火山 (2) 温度が変わらずに圧力が下がる。 (3) ① 火山灰を容器に入れ，水を加えて指で押し，水が濁らなくなるまで洗う。 ② 立体的に見える。 ③ 石英
〈解説〉(1) ① B 火山砕屑物は，その粒径の小さい順に火山灰，火山礫，火山岩塊と分類されるほか，特定の構造をもつものは火山弾と呼ばれる。 C マグマが破砕されずに流体として地表に流れ出たものを溶岩という。 D 液状のマグマが浮力によって上昇し，周囲の岩石と密度がつり合う深さで蓄えられたものをマグマだまりという。
② 火山ガスの成分で最も多いのは水蒸気(90%以上)，次に二酸化炭素，他に二酸化硫黄，硫化水素などがある。 ③ 中心火道から溶岩と火山砕屑物が交互に繰り返し噴出して重なって形成された円錐状の火山地形を成層火山という。 (2) 点Pから右向きではなく下向きに移動して，融解曲線を越えることに対応する(減圧融解)。
(3) ① 粘土など細かくて観察できない粒子を捨てる。 ② 双眼実体顕微鏡は，観察対象を薄切標本にせずそのままの状態で観察でき，また，両眼で同時に標本を見ることでサンプルを立体的に観察できる。
③ 石英はガラス破片状，粒状で，不規則な割れ口をもつ。長石類は白色で，石英に似ているが，割れ口が平面状になっているものが多い。

高校理科

【物理】

【1】(1) ①　Na，Mg，Al，Zn，Cu，Ag，Pt　②　1組　③　同素体　④　18mol/L　(2) ア　糖　イ　塩基　ウ　ヌクレオチド　エ　デオキシリボース　オ　チミン　カ　グアニン　キ　シトシン　ク　ウラシル　(3) ①　成層圏　②　ラニーニャ現象　③　ハドレー循環　④　放射冷却　⑤　南高北低型

〈解説〉(1) ①　金属のイオン化傾向の並び順は覚えておくべき事項である。②　電子を1個ずつ出し合って共有すれば，水素Hと塩素Clで互いの最外殻が安定した状態になる。つまり共有電子対は1組。③　例として炭素Cでは，ダイヤモンド，黒鉛(グラファイト)，フラーレンなどが互いに同素体である。④　仮にこの濃硫酸が100gあるとして考えてみる。硫酸H_2SO_4の分子量は98であるから，この濃硫酸に含まれるH_2SO_4の物質量は$\frac{100\times0.96}{98}$〔mol〕となる。また，この濃硫酸の体積は$\frac{100}{1.83\times1000}$〔L〕となる。よってモル濃度は，$\frac{100\times0.96}{98}\div\frac{100}{1.83\times1000}=17.9265\cdots\fallingdotseq18$〔mol/L〕となる。(2)　リボースとデオキシリボースはどちらも環状構造をもつ五炭糖で，後者は前者から酸素原子が1つ減った構造を持つ。また，4種類の塩基のうち，RNAでのウラシル(U)に対応してDNAではチミン(T)が用いられる。

(3) ①　大気圏の区分は，対流圏(0～約15km)，成層圏(約15～50km)，中間圏(50～80km)，熱圏(80～約700km)の順である。②　貿易風が弱まり赤道太平洋東部の海水温が高まるのがエルニーニョ現象，その逆がラニーニャ現象である。③　赤道域から極域への熱輸送を担う大気循環は，大きく分けてハドレー循環，フェレル循環，極循環からなる。④　地表面からはつねに，赤外放射によるエネルギーの放出が起こっている。⑤　太平洋高気圧が日本を覆い，大陸側に低圧部が分布するのが典型的配置である。

【2】(1) ① ア $-\mu' g$　イ $v_0-\mu' gt$　ウ $\frac{\mu' g}{4}$　エ $\frac{\mu' gt}{4}$

オ $\frac{v_0}{2\mu' g}$　② $\frac{3v_0^2}{8\mu' g}$　③ $\frac{v_0}{5}$　④ $\frac{9v_0^2}{160g}$

(2) ① $\frac{p_0Sl_0}{R}$　② (ア) $\frac{p_0S+kx}{S}$　(イ) $\frac{3}{2}(kx^2+p_0Sx+kl_0x)$

(ウ) $p_0Sx+\frac{1}{2}kx^2$　(エ) $2kx^2+\frac{5}{2}p_0Sx+\frac{3}{2}kl_0x$

〈解説〉(1) ① ア　小物体にはたらく動摩擦力は左向きで大きさは$\mu' Mg$となる。求める加速度をa_1とおくと，運動方程式は$Ma_1=-\mu' Mg$とかける。これより，$a_1=-\mu' g$である。　イ　初速度がv_0，加速度が$-\mu' g$なので，$v_0-\mu' gt$となる。　ウ　台車にはたらく動摩擦力は，小物体にはたらく動摩擦力と大きさが等しく，右向きである。求める加速度をa_2とおき運動方程式を立てると，$4Ma_2=\mu' Mg$である。したがって，$a_2=\frac{\mu' g}{4}$となる。　エ　初速度は0だから，速度は$\frac{\mu' gt}{4}$である。　オ　$t=t_A$のとき速さが$\frac{v_0}{2}$となるので，イより，$\frac{v_0}{2}=v_0-\mu' gt_A$である。よって，$t_A=\frac{v_0}{2\mu' g}$である。　② 小物体の移動距離を表す式は，$v_0t-\frac{1}{2}\mu' gt^2$となる。これにオの$t_A$の式を代入すると，$v_0\times\frac{v_0}{2\mu' g}-\frac{1}{2}\mu' g\left(\frac{v_0}{2\mu' g}\right)^2=\frac{3v_0^2}{8\mu' g}$となる。　③ 求める速さを$V$とおくと，小物体と台車の2物体系の運動量保存より，$Mv_0=(M+4M)V$となる。よって，$V=\frac{v_0}{5}$である。　④ 台車の速度$\frac{\mu' gt}{4}$から移動距離を求めると，$\frac{\mu' g}{8}t^2$である。これに，$t=t_A=\frac{v_0}{2\mu' g}$を代入すると，$\frac{\mu' g}{8}\left(\frac{v_0}{2\mu' g}\right)^2=\frac{v_0^2}{32\mu' g}$となる。小物体が台車上を移動した距離は，床に対して小物体が移動した距離と台車が移動した距離の差である。計算すると，$\frac{3v_0^2}{8\mu' g}-\frac{v_0^2}{32\mu' g}=\frac{11v_0^2}{32\mu' g}$となる。したがって，動摩擦力がした仕事は$\mu' Mg\times\frac{11v_0^2}{32\mu' g}=\frac{11Mv_0^2}{32}$である。この仕事を考慮して，2物体におけるエネルギー保存の式を立てれば，$\frac{1}{2}Mv_0^2-\frac{11Mv_0^2}{32}=\frac{1}{2}MV^2+Mgh_B$となる。これに$V=\frac{v_0}{5}$を代入て整理すれば，$h_B=$

$\frac{9v_0^2}{160g}$である。　(2)　①　シリンダー内の気圧は大気圧とつり合っているからp_0である。状態方程式を立てると，$p_0Sl_0=1\times RT_0$となる。これを解いて，$T_0=\frac{p_0Sl_0}{R}$　…(A)　である。　②　(ア)　ピストンにはたらく力のつり合いを考えると，$pS=p_0S+kx$となる。これより，$p=p_0+\frac{kx}{S}$　…(B)　である。　(イ)　変化後の気体の温度をTとし，状態方程式を立てると，$pS(l_0+x)=1\times RT$である。(B)を代入して整理すると，$T=\frac{(Sp_0+kx)(l_0+x)}{R}$　…(C)　となる。単原子分子理想気体の内部エネルギーの変化より，$\Delta U=\frac{3}{2}\times 1\times R\times(T-T_0)$とかくことができ，これに(A)と(C)を代入して$\Delta U=\frac{3}{2}(kx^2+p_0Sx+kl_0x)$　…(D)　である。　(ウ)　気体がした仕事は，大気圧に逆らってした仕事と，ばねに蓄えられた弾性エネルギーの和で表される。よって，$W=p_0Sx+\frac{1}{2}kx^2$　…(E)　である。　(エ)　熱力学の第一法則より，$Q=\Delta U+W$となるので，(D)と(E)を代入して，$Q=\frac{3}{2}(kx^2+p_0Sx+kl_0x)+p_0Sx+\frac{1}{2}kx^2=2kx^2+\frac{5}{2}p_0Sx+\frac{3}{2}kl_0x$である。

【3】(1)　A　$\frac{V}{V+v}f$　B　$\frac{V}{V+\frac{L}{\sqrt{L^2+R^2}}v}f$　C　f　D　$\frac{V}{V-\frac{L}{\sqrt{L^2+R^2}}v}f$　E　$\frac{V}{V-v}f$　F　f　(2)　①　(ア)　18cm　(イ)　0.60倍　②　(ア)　30cm　(イ)　60cm　③　記号…イ　理由…レンズ通過後の射線は焦点に向かい，射線と波面は垂直になる。また，波長は通過前と等しく，同一波面上の各点から焦点までの距離は等しいため。(67字)　(3)　①　$\frac{V_0}{R_2}$　②　電流…$-\frac{V_0}{R_2}$　電圧…$-\frac{R_1}{R_2}V_0$　③　$\frac{LV_0^2}{2R_2^2}$

〈解説〉(1)　音源の速度の向きと，音源と観測者を結んだ線の向きの関係を踏まえながら，ドップラー効果の式を適用する。点Aと点Eでは，2つの向きが一致しているので，音源が観測者に対して近づくもしく

は遠ざかる速さはvとなる。点Cと点Fでは，2つの向きが垂直なため，ドップラー効果は起きない。点Bと点Dでは，音源の進む向きが直線POと平行なので，2つの向きのなす角は∠BPOや∠DPOに等しい。この角をθとする。PB＝$\sqrt{L^2+R^2}$なので，音源が観測者に対して近づくもしくは遠ざかる速さは$v\cos\theta=\dfrac{L}{\sqrt{L_2+R_2}}v$となる。　(2)　物体とレンズの距離を$a$〔cm〕，レンズとスクリーンの距離を$b$〔cm〕，レンズの焦点距離を$f$〔cm〕とすると，$\dfrac{1}{a}+\dfrac{1}{b}=\dfrac{1}{f}$と表せる。ただし，虚像ができるとき$b$の値は負であり，凹レンズの場合は$f$の値は負になる。①　(ア)　題意の値を代入して，$\dfrac{1}{30}+\dfrac{1}{b}=-\dfrac{1}{45}$となるから，$b=18$〔cm〕である。　(イ)　像の倍率は$\left|\dfrac{b}{a}\right|$で表されるので，$\dfrac{18}{30}=0.6$倍である。　②　(ア)　実像の大きさを2倍にするためには，$b=2a$にすればよい。焦点距離が20cmであるから，$\dfrac{1}{a}+\dfrac{1}{2a}=\dfrac{1}{20}$となり，これを解いて$a=30$〔cm〕である。　(イ)　(ア)より，$b=2a=60$〔cm〕である。　③　解答参照。　(3)　①　充分に時間が経過した場合，コイルは単なる導線とみなすことができる。このとき，R_1の抵抗に電流は流れず，回路全体の抵抗はR_2となる。したがって，$\dfrac{V_0}{R_2}$である。

②　コイルの自己誘導により，直後の電流の大きさは$\dfrac{V_0}{R_2}$であり，向きはG→Pである。題意よりこの向きの電流は負とみなすから$-\dfrac{V_0}{R_2}$となる。Gのほうが高電位になるので，電圧は$-\dfrac{R_1}{R_2}V_0$である。　③　電流は徐々に小さくなり，最終的に0になる。この過程で，コイルに蓄えられていたエネルギーが抵抗で消費される。よって，$\dfrac{1}{2}L\times\left(\dfrac{V_0}{R_2}\right)^2=\dfrac{LV_0^2}{2R_2^2}$である。

【4】(1)　①　$\sqrt{\dfrac{2eV}{m}}$　②　$\sqrt{2meV}$　③　$\dfrac{h}{\sqrt{2meV}}$

(2)　①　$\dfrac{mv^2}{r}=k_0\dfrac{e^2}{r^2}$　②　$-\dfrac{k_0e^2}{2r}$　③　$\dfrac{h^2}{4\pi^2k_0me^2}\cdot n^2$

④　$\dfrac{2\pi k_0 e^2}{h}\cdot\dfrac{1}{n}$　　⑤　ア　　⑥　4.8×10^{-7}m

〈解説〉(1)　①　求める速さをv_0とすると，エネルギー保存則より，$\dfrac{1}{2}mv_0{}^2=eV$となる。これより，$v_0=\sqrt{\dfrac{2eV}{m}}$である。　②　$mv_0=m\times\sqrt{\dfrac{2eV}{m}}=\sqrt{2meV}$である。　③　電子波の波長を$\lambda$とすると，電子波の運動量は$\dfrac{h}{\lambda}$で表される。②より，$\dfrac{h}{\lambda}=\sqrt{2meV}$となるから，整理して$\lambda=\dfrac{h}{\sqrt{2meV}}$である。　(2)　①　静電気力が円運動の向心力となるから，運動方程式は$m\dfrac{v^2}{r}=k_0\dfrac{e^2}{r^2}$である。　②　①の結果より$v=e\sqrt{\dfrac{k_0}{mr}}$だから，電子の運動エネルギーは$\dfrac{1}{2}mv^2=\dfrac{k_0e^2}{2r}$である。静電気力による位置エネルギーは$k_0\dfrac{(-e)\times e}{r}=-\dfrac{k_0e^2}{r}$である。全エネルギーはこの和になるので，$-\dfrac{k_0e^2}{2r}$となる。　③　題意の量子条件は，$mr\times e\sqrt{\dfrac{k_0}{mr}}=n\dfrac{h}{2\pi}$とかける。整理して，$r=\dfrac{h^2}{4\pi^2k_0me^2}n^2$である。　④　$v_n=e\sqrt{\dfrac{k_0}{mr_n}}=e\sqrt{\dfrac{k_0}{m\times\dfrac{h^2}{4\pi^2k_0me^2}n^2}}=\dfrac{2\pi e^2k_0}{nh}$となる。　⑤　$n=2$の軌道へ移るスペクトル系列をバルマー系列という。なお，$n=1$はライマン系列，$n=3$はパッシェン系列である。　⑥　②の結果より，エネルギー準位$E_n=-\dfrac{k_0e^2}{2}\times\dfrac{4\pi^2k_0me^2}{n^2h^2}=-\dfrac{2\pi^2k_0{}^2me^4}{n^2h^2}$を得る。また，光の速さを$c$，波長を$\lambda$とすれば光子のエネルギーは$\dfrac{hc}{\lambda}$と表せる。電子が低い軌道に移るとき，その差に等しいエネルギーをもつ光を放出することから，$\dfrac{hc}{\lambda}=E_4-E_2=\dfrac{2\pi^2k_0{}^2me^4}{h^2}\left(\dfrac{1}{4}-\dfrac{1}{16}\right)$となり，さらに整理して$\dfrac{1}{\lambda}=\dfrac{2\pi^2k_0{}^2me^4}{ch^3}\left(\dfrac{1}{4}-\dfrac{1}{16}\right)$となる。ここで，$\dfrac{2\pi^2k_0{}^2me^4}{ch^3}$がリュードベリ定数である。よって，$\dfrac{1}{\lambda}=R\left(\dfrac{1}{4}-\dfrac{1}{16}\right)=1.1\times10^7\times\dfrac{3}{16}$であり，波長$\lambda$を求めると$\lambda=4.8\times10^{-7}$〔m〕である。

【化学】

【1】(1) ① mg ② $mg\cos\theta$ ③ $g\sin\theta$ (2) ア 糖 イ 塩基 ウ ヌクレオチド エ デオキシリボース オ チミン カ グアニン キ シトシン ク ウラシル

(3) ① 成層圏 ② ラニーニャ現象 ③ ハドレー循環 ④ 放射冷却 ⑤ 南高北低型

〈解説〉(1) ① 鉛直方向にmgの重力がかかる。 ② 重力の斜面に垂直な成分と同じ大きさの$mg\cos\theta$となる。 ③ 求める加速度をaとすると，斜面方向の運動方程式$ma=mg\sin\theta$より，$a=g\sin\theta$となる。 (2) リボースとデオキシリボースはどちらも環状構造をもつ五炭糖で，後者は前者から酸素原子が1つ減った構造を持つ。また，4種類の塩基のうち，RNAでのウラシル(U)に対応してDNAではチミン(T)が用いられる。 (3) ① 大気圏の区分は，対流圏(0～約15km)，成層圏(約15～50km)，中間圏(50～80km)，熱圏(80～約700km)の順である。 ② 貿易風が弱まり赤道太平洋東部の海水温が高まるのがエルニーニョ現象，その逆がラニーニャ現象である。 ③ 赤道域から極域への熱輸送を担う大気循環は，大きく分けてハドレー循環，フェレル循環，極循環からなる。 ④ 地表面からはつねに，赤外放射によるエネルギーの放出が起こっている。 ⑤ 太平洋高気圧が日本を覆い，大陸側に低圧部が分布するのが典型的配置である。

【2】(1) ① $C_3H_8+5O_2 \rightarrow 3CO_2+4H_2O$ ② 1.1×10^5Pa ③ 7.6×10^4Pa ④ する 理由…27℃において水がすべて気体であると仮定すると，水蒸気の分圧は4.8×10^4Paとなる。しかし，27℃での水の飽和蒸気圧は3.6×10^3Paであることから水はすべて水蒸気として存在できないことがわかる。 ⑤ 1.6×10^5Pa

(2) ① 水素 ② ・理想気体では分子間の引力がはたらかないと仮定しているが，実在気体の分子間ではこの引力がはたらくため，体積は理想気体より小さくなるため。 ・理想気体では分子自身の体積は0と仮定しているが，実在気体は分子自身に大きさがあるため，特に高圧下では体積が理想気体より大きくなるため。　③　無極性分子であるメタンは，分子間に働く引力はファンデルワールス力が主と考えられるが，極性分子であるアンモニアではファンデルワールス力よりもさらに強力な水素結合による引力も働いているため。

(3)　①　ア　$Cu^{2+}+2e^- \rightarrow Cu$　　イ　$2Cl^- \rightarrow Cl_2+2e^-$　　ウ　$Ag^++e^- \rightarrow Ag$　　エ　$2H_2O \rightarrow O_2+4H^++4e^-$　　②　4.48×10^{-2}L

〈解説〉(1)　①　解答参照。　②　プロパンの分圧は$6.0\times10^4\times\frac{1.0}{1.0+4.0}=1.2\times10^4$〔Pa〕，酸素の分圧は$1.2\times10^5\times\frac{4.0}{1.0+4.0}=9.6\times10^4$〔Pa〕となる。全圧はこれらの和をとって$1.1\times10^5$Paである。　③　反応式より，プロパン1molと酸素5molから二酸化炭素3molと水4molが生成する。したがって状態Ⅰでの分圧は，酸素が$9.6\times10^4-1.2\times10^4\times5=3.6\times10^4$〔Pa〕，二酸化炭素が$1.2\times10^4\times3=3.6\times10^4$〔Pa〕である。また，水については，④の解答に示される理由により，水蒸気が3.6×10^3Paぶん存在する。よって，全圧は$3.6\times10^4+3.6\times10^4+3.6\times10^3=7.56\times10^4\fallingdotseq7.6\times10^4$〔Pa〕となる。　④　解答参照。　⑤　127℃では水もすべて気体になっている。ボイル・シャルルの法則より，体積一定なら圧力は絶対温度に比例するから，$(3.6\times10^4+3.6\times10^4+4.8\times10^4)\times\frac{273+127}{273+27}=1.6\times10^5$〔Pa〕である。　(2)　①　圧力$P$と温度$T$が一定の条件なので，$\frac{PV}{RT}$の大小は体積$V$の大小に従う。　②③　解答参照。　(3)　①　電解液に含まれるイオンや分子のうち，どれが最も酸化／還元されやすいかを判断する。　②　電解槽Aの陰極では電子2molあたり銅1molが析出することから，$\frac{0.256}{64}\times2=8.0\times10^{-3}$〔mol〕の電子が流れたことになる。電解槽Bの陽極では電子4molあたり酸素1molが発生するから，求める体積は，$22.4\times\left(8.0\times10^{-3}\times\frac{1}{4}\right)=4.48\times10^{-2}$〔L〕である。

【3】(1)　①　$\frac{b^2}{(a-b)V}$〔mol/L〕　　②　$\frac{(a-b)RT}{V}$〔Pa〕　　③　$K_p=RTK_c$　　(2)　①　81g　　②　25g　　(3)　①　A　AgCl　　B　CuS　　C　$Al(OH)_3$　　D　$Fe(OH)_3$　　E　$CaCO_3$　　②　$[Ag(NH_3)_2]^+$

③　深青色　　④　煮沸により，溶液Ⅱに溶けている硫化水素を取り除く。また，硝酸を加えることによって，硫化水素によって還元されて生じたFe^{2+}をもとのFe^{3+}に戻す。

〈解説〉(1)　①　平衡時，C_2H_6は$a-b$〔mol〕，C_2H_4とH_2はともにb〔mol〕存在するから，平衡定数は$K_c=\dfrac{[C_2H_4][H_2]}{[C_2H_6]}=\dfrac{\left(\dfrac{b}{V}\right)^2}{\dfrac{a-b}{V}}=\dfrac{b^2}{(a-b)V}$〔mol/L〕である。　②　状態方程式より求まる。　③　C_2H_4やH_2の分圧も②と同様に考えると，圧平衡定数は$K_p=\dfrac{(C_2H_4\text{の分圧})\times(H_2\text{の分圧})}{(C_2H_6\text{の分圧})}=\dfrac{\left(\dfrac{bRT}{V}\right)^2}{\dfrac{(a-b)RT}{V}}=\dfrac{b^2RT}{(a-b)V}=RTK_c$となる。　(2)　①　硫酸銅(Ⅱ)五水和物の式量は160＋18×5＝250である。求める質量をx〔g〕とすると，飽和水溶液中の硫酸銅(Ⅱ)と水の質量比より，$\dfrac{160}{250}x:(100+\dfrac{90}{250}x)=40:100$　よって，$x=80.64\cdots\fallingdotseq 81$〔g〕である。　②　60℃の飽和水溶液100g中に，硫酸銅(Ⅱ)は$100\times\dfrac{40}{140}\fallingdotseq 28.6$〔g〕，水は$100-28.6=71.4$〔g〕存在する。したがって，求める質量を$y$〔g〕とすると，①と同様に，$(28.6-\dfrac{160}{250}y):(71.4-\dfrac{90}{250}y)=20:100$　よって，$y=25.15\cdots\fallingdotseq 25$〔g〕である。　(3)　操作1…$Ag^+$は$Cl^-$とで白色沈殿AgClを生じる。アンモニア水には，$AgCl+2NH_3\rightarrow[Ag(NH_3)_2]^++Cl^-$と反応して溶ける。　操作2…$Cu^{2+}$は$S^{2-}$とで黒色沈殿CuSを生じるが，硝酸によって$Cu^{2+}$にもどる。少量のアンモニア水を加えると淡青色沈殿$Cu(OH)_2$を生じるが，過剰のアンモニア水には深青色の$[Cu(NH_3)_4]^{2+}$として溶ける。　操作3…煮沸は硫化水素を取り除き，塩基性での反応を行わせるため。また硝酸には酸化作用がある。Al^{3+}とFe^{3+}は，過剰のアンモニア水中でもそれぞれ$Al(OH)_3$，$Fe(OH)_3$の沈殿を生じる。このうち$Al(OH)_3$のみ，水酸化ナトリウム水溶液には$[Al(OH)_4]^-$となって溶ける。操作4…Ca^{2+}は$CO_3{}^{2-}$とで白色沈殿$CaCO_3$を生じる。

【4】(1)　A

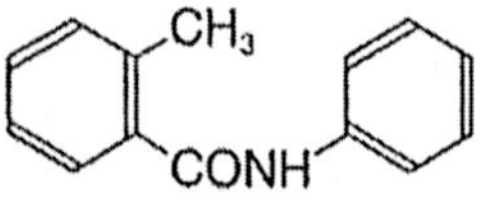

CH_3

CONH

B

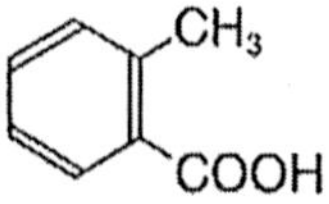

CH_3

COOH

C

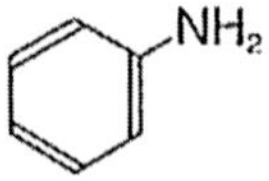

NH_2

D

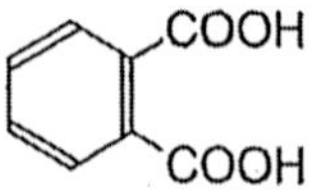

COOH

COOH

E

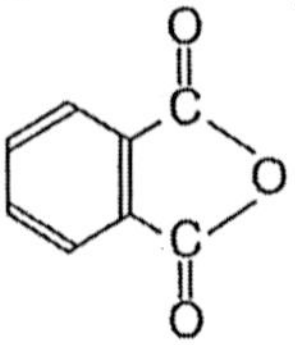

O

C

O

C

O

F

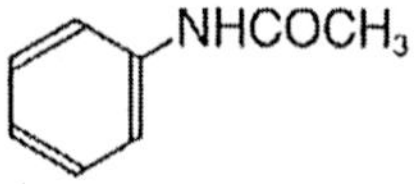

$NHCOCH_3$

(2)　①　293

②

$H_2N-CH_2-CONH-CH(CH_2C_6H_5)-CONH-CH_2-COOH$

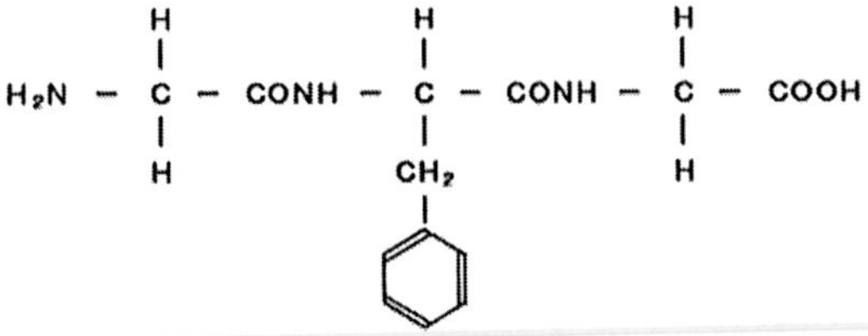

(3)　①　構造の違いは，アミロースはα－グルコースが，α－1，4－グリコシド結合によって鎖状につながった構造をしているが，アミロペクチンは，α－グルコースが，α－1，4－グリコシド結合およびα－1，6－グリコシド結合によって枝分かれする点があげられる。また，性質の違いは，アミロースは温水に溶けやすく，ヨウ素デンプン反応は青紫色を呈するのに対し，アミロペクチンは温水に溶けにくく，ヨウ素デンプン反応は赤紫色を呈する点などがある。　②　硫黄を加えることによって，鎖状のポリイソプレンが三次元に架橋され，強度が増し，弾性が強くなるため。

〈解説〉(1)　化合物Cから化合物Fを生じる記述より，化合物Fはアセトアニリド$C_6H_5NHCOCH_3$，化合物Cはアニリン$C_6H_5NH_2$である。化合物Aの分子式が$C_{14}H_{13}NO$で，アミド結合を加水分解すると$C_6H_5NH_2$と化合物Bを生じるので，化合物Bの化学式は$C_8H_8O_2$であり，カルボキシ基COOHをもつ。さらに，化合物Bから化合物Dを経て化合物Eを生じる記述について併せて考えると，化合物Bはカルボキシ基とメチル基をオルト位にもち，そのメチル基も酸化されてカルボキシ基になったものが化合物Dと考えられる。　(2)　中和したトリペプチドは$0.050 \times \frac{8.00}{1000} = 4.0 \times 10^{-4}$〔mol〕である。よって，分子量は$\frac{0.1172}{4.0 \times 10^{-4}} = 293$である。アミノ酸Bはベンゼン環を含むがメチル基をもたない分子量165のα－アミノ酸だから，フェニルアラニン$C_6H_5CH_2CH(NH_2)COOH$である。アミノ酸Aは不斉炭素原子をもたないのでグリシン$CH_2(NH_2)COOH$である。アミノ酸Cの分子量は$293 + 18 \times 2 - (165 + 75) = 89$だから，アラニン$CH_3CH(NH_2)COOH$である。これらを，Aのアミノ基とCのカルボキシ基が末端に残るように結合すると，$H_2N-CH_2-CONH-CH(CH_2-C_6H_5)-CONH-CH(CH_3)COOH$となる。(※公開解答では，②の解答でアミノ酸C部分もグリシンとなっているが，これは誤りと思われる。)　(3)　①　解答参照。　②　鎖状高分子間にS原子を仲介にした橋掛けによる網目状構造ができ，強度と弾性が増す。この処理を加硫という。

【生物】

【1】(1)　①　mg　②　$mg\cos\theta$　③　$g\sin\theta$

(2)　①　Na，Mg，Al，Zn，Cu，Ag，Pt　②　1組　③　同素体　④　18mol/L　(3)　①　成層圏　②　ラニーニャ現象　③　ハドレー循環　④　放射冷却　⑤　南高北低型

〈解説〉(1)　①　鉛直方向にmgの重力がかかる。　②　重力の斜面に垂直な成分と同じ大きさの$mg\cos\theta$となる。　③　求める加速度をaとすると，斜面方向の運動方程式$ma = mg\sin\theta$より，$a = g\sin\theta$となる。

(2)　①　金属のイオン化傾向の並び順は覚えておくべき事項である。　②　電子を1個ずつ出し合って共有すれば，水素Hと塩素Clで互いの最外殻が安定した状態になる。つまり共有電子対は1組。　③　例として炭素Cでは，ダイヤモンド，黒鉛(グラファイト)，フラーレンなどが互いに同素体である。　④　仮にこの濃硫酸が100gあるとして考えてみる。硫酸H_2SO_4の分子量は98であるから，この濃硫酸に含まれるH_2SO_4の物質量は$\frac{100 \times 0.96}{98}$〔mol〕となる。また，この濃硫酸の体

積は$\frac{100}{1.83\times1000}$〔L〕となる。よってモル濃度は，$\frac{100\times0.96}{98}\div\frac{100}{1.83\times1000}=17.9265\cdots\fallingdotseq18$〔mol/L〕となる。
(3) ① 大気圏の区分は，対流圏(0～約15km)，成層圏(約15～50km)，中間圏(50～80km)，熱圏(80～約700km)の順である。 ② 貿易風が弱まり赤道太平洋東部の海水温が高まるのがエルニーニョ現象，その逆がラニーニャ現象である。 ③ 赤道域から極域への熱輸送を担う大気循環は，大きく分けてハドレー循環，フェレル循環，極循環からなる。 ④ 地表面からはつねに，赤外放射によるエネルギーの放出が起こっている。 ⑤ 太平洋高気圧が日本を覆い，大陸側に低圧部が分布するのが典型的配置である。

【2】(1) ア ランゲルハンス島　イ グルカゴン　ウ グリコーゲン　エ 交感神経　オ アドレナリン　カ 副腎皮質刺激ホルモン　キ 糖質コルチコイド　ク インスリン
(2) ① (ア)，(カ)　② 相利共生　③ (ア)，(ウ)，(エ)
④ A グルタミン酸　B グルタミン　⑤ 40.4%
(3) ① ア 活性部位　イ 酵素－基質複合体　ウ 活性化　エ フィードバック　② 酵素－基質複合体が形成される頻度が高いほど反応速度は速くなるが，基質濃度が一定以上になると，すべての酵素が基質と結合した状態になるため，基質が反応を終えて活性部位を離れるまで次の基質が酵素に結合できないので，反応速度は一定値に近づく。　③ 競争的阻害　④ アロステリック酵素
〈解説〉(1) ヒトの血糖調節にはいくつかのプロセスがあるが，どのホルモンが，どの内分泌器から分泌され，どのような働きを促進するのか，という点から整理することができる。 (2) ① 根粒菌，アゾトバクター，クロストリジウムなどのほか，ネンジュモなど藍藻の中にも窒素固定をするものがいる。 ② 根粒菌はマメ科植物の根の根粒に共生して窒素をアンモニウムとして与え，またマメ科植物から栄養分や水分を得ている。 ③ ADPはアデニン部分に窒素を含む。ピル

ビン酸$CH_3COCOOH$は窒素を含まない。カタラーゼはアミノ酸で構成されており窒素を含む。NAD^+はニコチンアミド部分やアデニン部分に窒素を含む。 ④ アンモニウムイオンは葉緑体においてグルタミン合成酵素によってグルタミン酸と結合してグルタミンになる。
⑤ タンパク質中の窒素量は$3.5\times0.16=0.56$〔g〕となる。また，硝酸カリウムKNO_3の式量が101なので，その中の窒素量は$10\times\frac{14}{101}$〔g〕となる。よって，求める比率は$0.56\div\left(10\times\frac{14}{101}\right)\times100=40.4$〔%〕となる。 (3) ① 酵素は化学触媒と同じく，反応の活性化エネルギーを下げ反応速度を高める。酵素にはその活性部位と立体的に合致する構造を持つ基質だけが結合し，作用を受けることができる(基質特異性)。 ②③ 解答参照。 ④ アロステリック酵素とは，活性部位以外に別の物質を結合する部位(調節部位)を持つ酵素である。調節部位に物質が結合すると酵素の立体構造が変化し，本来の基質との結合に影響を及ぼす。酵素反応の生成物がその調節物質として働くこともある。

【3】(1) ① DNAの遺伝情報から，同じ遺伝情報をもつDNAをつくるはたらき ② DNAの塩基配列が，RNAの塩基配列へと写しとられるはたらき ③ RNAの塩基配列がアミノ酸配列へと置き換えられるはたらき ④ mRNA前駆体からイントロンを切り落とし，エキソンだけのmRNAをつくるはたらき (2) ① $\frac{5}{12}$ ② フェニルアラニン：セリン：ロイシン：プロリン＝25：5：5：1
(3) ア 植物ホルモン イ オーキシン ウ ジベレリン エ エチレン オ アブシシン酸 カ 気孔 キ サイトカイニン (4) 小型の種子は蓄えられている栄養分が少ないため，光の届かない場所で発芽してしまうと，光合成を行えず枯れてしまう。そのため，光発芽という性質は，光の届かない場所では発芽せず，光の届く場所でのみ発芽し，発芽後には確実に成育できるという利点がある。(120字)

〈解説〉(1)　①　元のDNAと同じDNAがもう1組合成されることをいう。　②　DNAのらせん構造がほどけ，RNAポリメラーゼがそこを移動しながら，遺伝情報である塩基配列が相補的関係に基づいてRNAに写される。　③　mRNAに転写された塩基配列は塩基3つで1つのアミノ酸を指定し，その配列に基づいてたんぱく質が合成される。　④　アミノ酸を指定している配列だけをつなぎ合わせて最終mRNAが作られる。　(2)　コドン中のUが3個，2個，1個，0個になる確率はそれぞれ$\left(\frac{5}{6}\right)^3=\frac{125}{216}$，$\left(\frac{5}{6}\right)^2\left(\frac{1}{6}\right)^1=\frac{25}{216}$，$\left(\frac{5}{6}\right)^1\left(\frac{1}{6}\right)^2=\frac{5}{216}$，$\left(\frac{1}{6}\right)^3=\frac{1}{216}$である。　①　$1-\frac{125}{216}-\frac{1}{216}=\frac{90}{216}=\frac{5}{12}$　②　フェニルアラニン：セリン：ロイシン：プロリン＝(125＋25)：(25＋5)：(25＋5)：(5＋1)＝150：30：30：6＝25：5：5：1　(3)　以下，植物ホルモンとその働きについて代表的なものをまとめる。オーキシン…細胞の伸長成長促進，呼吸の促進，根の分化促進　ジベレリン…茎の伸長促進，芽の休眠打破，種子の発芽促進　サイトカイニン…細胞分裂促進，細胞老化防止，種子の発芽促進　アブシシン酸…落葉促進，種子の発芽抑制，気孔閉鎖　エチレン…果実の成熟促進　(4)　解答参照。

【4】(1)　①　(a)　細菌(バクテリア)　(b)　古細菌(アーキア)　(c)　真核生物　②　原生　③　3ドメイン説　④　(ア)　なし　(イ)　(a)　(ウ)　(b)　(エ)　(a)　(オ)　(d)　(2)　①　レッドデータブック　②　・在来種を捕食する　・在来種と食物を奪い合う　・在来種と生活空間を奪い合う　③　品種改良を進める上で役立つ可能性のある遺伝子資源が，遺伝的な多様性が低下することで減少するため。

〈解説〉(1)　①～③　解答参照。　④　酵母は真核生物で菌類に属するので，「なし」。大腸菌は細菌の代表的な種の一つである。高度好塩菌とは通常，NaCl高濃度環境で増殖する一部の古細菌を指す。緑色硫黄細菌は光合成細菌の一群である。渦鞭毛藻類は藻類に属し原生生物である。　(2)　①　日本では環境省が「レッドデータブック」として，絶滅危惧種の生息分布や生態，影響を与えている因子，保全状況などを取りまとめた報告書を出している。 ② 生態系への影響以外では，毒を持っていたり獰猛な性格から人間に危険が及んだり，農林水産物を食い荒らすなど産業への被害をもたらす影響がある。 ③ 遺伝的多様性が大きいことで，生活環境に変動があってもそれに対応する個体が生まれる可能性が高い。品種改良の多様性も遺伝的多様性によっている。

2018年度　実施問題

中　学　理　科

【1】次は，中学校学習指導要領「理科」の「第2　各分野の目標及び内容」の一部である。(　①　)～(　⑦　)にあてはまることばをそれぞれ記せ。ただし，同じ番号には同じことばが入るものとする。

〔第1分野〕

2　目標

(7)　科学技術と人間

エネルギー資源の利用や科学技術の発展と人間生活とのかかわりについて認識を深め，自然環境の(　①　)と科学技術の利用の在り方について科学的に考察し判断する(　②　)を養う。

ア　エネルギー

(ア)　様々なエネルギーとその(　③　)

エネルギーに関する観察，実験を通して，日常生活や社会では様々なエネルギーの(　③　)を利用していることを理解すること。

(イ)　エネルギー資源

人間は，水力，火力，原子力などからエネルギーを得ていることを知るとともに，エネルギーの(　④　)な利用が大切であることを認識すること。

イ　科学技術の発展

(ア)　科学技術の発展

科学技術の発展の過程を知るとともに，科学技術が人間の生活を豊かで(　⑤　)にしてきたことを認識すること。

〔第2分野〕

2　目標

(7)　自然と人間

自然環境を調べ，自然界における生物相互の関係や自然界のつり合いについて理解させるとともに，自然と人間のかかわり方について認識を深め，自然環境の(　①　)と科学技術の利用の在り方について科学的に考察し判断する(　②　)を養う。

ア　生物と環境

(ア)　自然界のつり合い

(　⑥　)の働きを調べ，植物，動物及び(　⑥　)を栄養の面から相互に関連付けてとらえるとともに，自然界では，これらの生物がつり合いを保って生活していることを見いだすこと。

イ　自然の恵みと災害

(ア)　自然の恵みと災害

自然がもたらす恵みと災害などについて調べ，これらを多面的，総合的にとらえて，自然と人間の(　⑦　)について考察すること。

(☆☆☆◎◎◎)

【2】次の(1)，(2)に答えよ。

(1)　プラスチックの性質について調べるため，身近にある4種類のプラスチックを5mm角の大きさに切り，次の実験を行った。①～④に答えよ。ただし，実験には，PE，PP，PVC，PETのプラスチックを使用した。

実験1　4種類のプラスチック片を水の中に入れ，浮くかどうかを調べる。

実験2　実験1で浮いたプラスチック片を燃焼さじを使って加熱し，火が付いたら石灰水の入った集気瓶の中に入れ，火が消えるまで燃やした。

実験3　実験2で使った集気瓶にふたをしてよく振り，石灰水の変化を観察する。

①　「PET」は何というプラスチックの略か，記せ。

②　実験1でプラスチックは水に浮くものと沈むものがあった。この結果からどのようなことが考察されるか，記せ。

③　実験2を行うときの安全面の注意事項を2つ記せ。

④　実験3で石灰水は白く濁った。この結果からプラスチックについてどのようなことが考えられるか，記せ。

(2)　次の①～⑤に答えよ。

①　＋の電気をもった放射線を何というか，記せ。

②　「放射能」とは何か，記せ。

③　図は放射線を観察する装置である。名称を記せ。

図

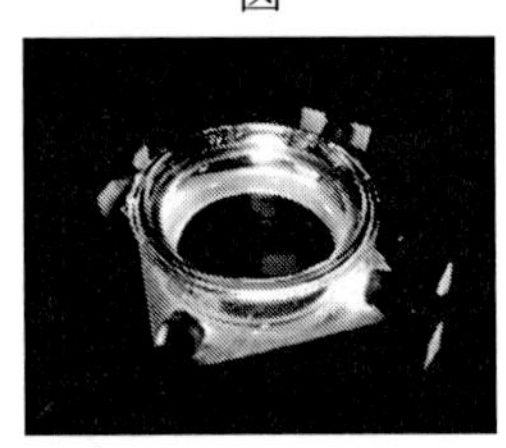

④　放射線には，「目に見えない」，「原子や分子をイオンにする能力(電離能)がある」などの性質がある。これ以外の性質を一つ記せ。

⑤　放射線が人体にどれくらいの影響があるかを表す単位を記せ。

(☆☆◎◎◎)

【3】次の(1)，(2)に答えよ。

(1)　数日間，アサガオを暗室に入れておいた後，よく晴れた日にA～Fのような操作を行った。その後，葉をとり，葉の色を脱色し，うすいヨウ素液にひたした。①～④に答えよ。

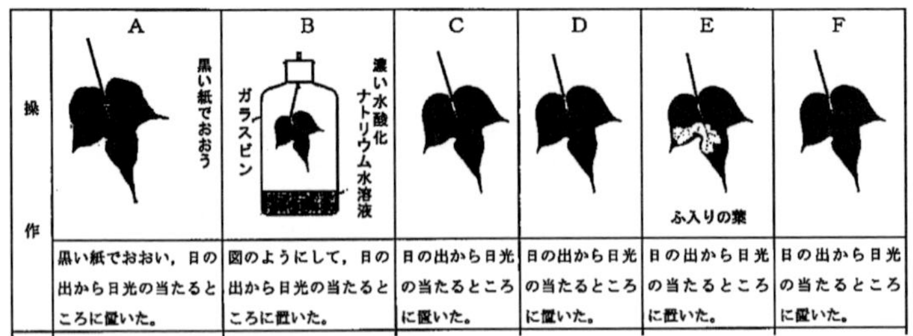

操作	A	B	C	D	E	F
	黒い紙でおおう	ガラスビン 濃い水酸化ナトリウム水溶液			ふ入りの葉	
	黒い紙でおおい，日の出から日光の当たるところに置いた。	図のようにして，日の出から日光の当たるところに置いた。	日の出から日光の当たるところに置いた。	日の出から日光の当たるところに置いた。	日の出から日光の当たるところに置いた。	日の出から日光の当たるところに置いた。

葉をとったとき	正午	正午	正午	夕方	正午	翌日の日の出前

① 数日間，アサガオを暗室に入れておく理由を記せ。

② 葉緑体に含まれる光合成色素を，一つ記せ。

③ Bで濃い水酸化ナトリウム水溶液をガラスビンの中に入れたのはなぜか，理由を記せ。

④ 次のア～エの実験結果を示すには，A～Fのうち，どれとどれを比較することが最も適当か。A～Fからそれぞれ選び，記号で記せ。

ア 光合成には日光が必要である。

イ 光合成には葉緑体が必要である。

ウ 光合成には二酸化炭素が必要である。

エ 光合成によって葉にできたデンプンは，夜の間に葉にはほとんどなくなってしまう。

(2) 生物の多様性について，①～③に答えよ。

① 生物を分類する基本単位である「種」とは何か，50字程度で答えよ。

② すべての生物に共通する特徴を3つ記せ。

③ 生物の分類は，上位から表すと，次の図のようになる。(ア)(イ)に入ることばを記せ。

上位 | 界 | (ア) | 綱 | 目 | (イ) | 属 | 種 | 下位

(☆☆☆◎◎)

【4】水溶液について，次の(1)～(4)に答えよ。

(1) 物質が水に溶けるとはどのような状態になることか，記せ。

(2) 表は硝酸カリウムKNO_3の100gあたりの水に溶ける量と温度との関係を示したものである。①，②に答えよ。

表

温度	0℃	10℃	20℃	30℃	40℃
溶解度	13.3	22.0	31.6	45.6	63.9

① 20℃の水30gにKNO_3は何gまで溶けるか，有効数字3桁で求めよ。

② 40℃の水200gにKNO_3を80g溶かした水溶液を20℃に冷却すると，結晶は何g析出するか，有効数字3桁で求めよ。

(3) 図の器具を使い，中和の実験を行った。①～③に答えよ。

図

① 図の器具の名称と，目盛りの読み方を記せ。

② pH＝1の塩酸100mLを中和させるのに必要な0.2mol/Lの水酸化ナトリウム水溶液は何mLか，求めよ。

③ pH＝1の塩酸を水で薄めてpH＝3の塩酸500mLをつくるとき，pH＝1の塩酸が何mL必要か，求めよ。

(4) アンモニアNH_3が水に溶解して電離する反応を「ブレンステッド・ローリーの酸・塩基の定義」を用いて説明せよ。

(☆☆◎◎◎)

【5】次の(1)，(2)に答えよ。

(1) 図1は，導線を水平な厚紙に通して一巻きの円形コイルをつくり，電流による磁界が地磁気より非常に強くなるように，大きい電流を矢印の向きに流したときのようすを模式的に表したものである。①，②に答えよ。

図1

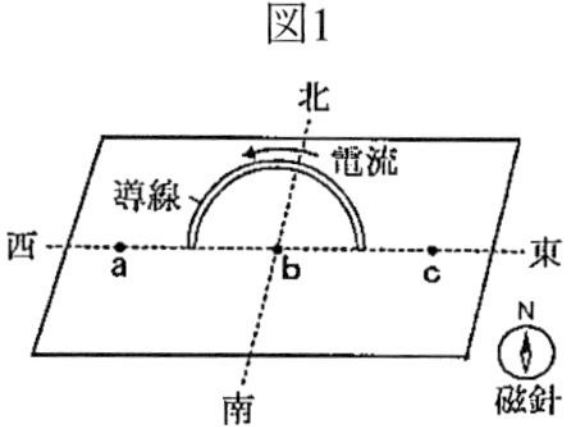

① 厚紙のa～cに磁針を置いたとき，磁針の向きはどうなるか。次のア～クの中から最も適当なものをそれぞれ選び，記号で記せ。

② 電流を止め，図2のように北から磁石のN極をコイルに近付けると，コイルに誘導電流が流れた。このときの電流の向きはア，イのどちらか，記せ。

図2

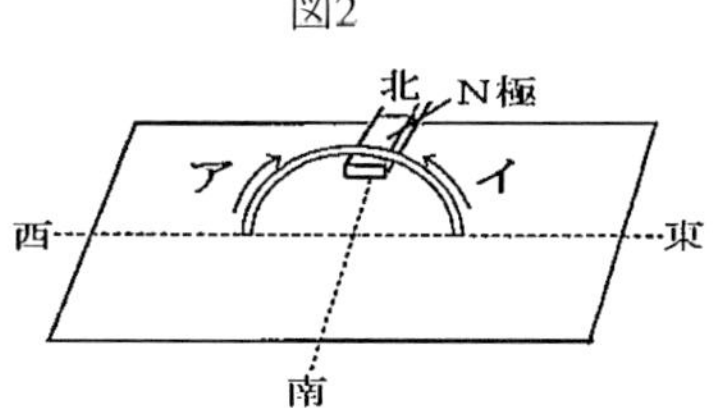

(2) 図3は，一次コイルに100Vの交流電圧を加えたところ，二次コイルにつないだ2.5Ωの豆電球に0.80Aの電流が流れたときのようすを模式的に表したものである。①～④に答えよ。ただし，この装置によるエネルギーの損失はなく，一次コイルの電力と二次コイルの電力が等しいものとする。

図3

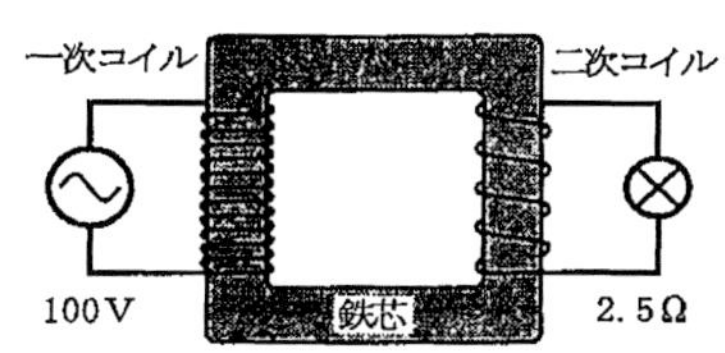

① 豆電球の消費電力は何Wか，求めよ。

② 一次コイルを流れる電流は何Aか，求めよ。

③ 一次コイルの巻き数は，二次コイルの巻数の何倍か，求めよ。

④ このしくみを用いて交流電圧を簡単に変えることができる装置を何というか，記せ。

(☆☆☆◎◎◎)

【6】次の(1)～(3)に答えよ。

(1) 気象観測のしかたと天気図の記号について，次の①～④に答えよ。

① 雨や雪が降っていないとき，「快晴」と「晴れ」を判断する基準を記せ。

② 気温をはかるときの留意点を記せ。

③ 継続的に気象観測を行うとき，図のものが利用される。この名称を記せ。

図

④ 気象観測の結果「天気くもり，南西の風，風力7」を記号を使って記せ。

(2) 次の文章中の(　①　)～(　⑥　)にあてはまる最も適当なことばを記せ。ただし，同じ番号には同じことばが入るものとする。

空気は気圧が高いところから低いところに向かって(　①　)とよばれる力を受けて運動する。このため風は等圧線に対して(　②　)に吹くはずであるが，地球上の風は，北半球では(　①　)の向きから(　③　)側にそれている。これは地球の自転の効果によって生じる(　④　)の力を受けるためである。

風の吹く向きは上空と地上付近では異なる。地上からおよそ1km

より高いところでは，風の吹き方は(　①　)と(　②　)の力のつり合いで決まる。また，地表付近では2つの力の他に(　⑤　)がはたらくため，(　⑥　)を横切って吹く。

(3)　地球表面が1秒間に受ける太陽放射エネルギーの総量は何Wか，またこのエネルギーを地球全体に平均して分配すると，地表1m^{2}当たりでは何W/m^{2}か，それぞれ求めよ。

ただし，大気による反射・吸収は考えないものとし，地球を半径6.4×10^6mの球，太陽定数を1.4×10^3W/m^2，円周率を3.14とする。

(☆☆☆◎◎◎)

高 校 理 科

【物理】

【1】次の(1)～(4)の問いに答えよ。

(1)　次の文は，高等学校学習指導要領(平成21年3月)で述べられている理科の目標である。(　ア　)～(　エ　)に入る適切な語句を記せ。

自然の事物・現象に対する関心や(　ア　)を高め，(　イ　)をもって観察，実験などを行い，科学的に探究する能力と(　ウ　)を育てるとともに自然の事物・現象についての理解を深め，科学的な(　エ　)を育成する。

(2)　次の太陽系に関する文を読み，(　ア　)～(　ウ　)に入る適切な語句を記せ。

①　(　ア　)型惑星には，水星，金星，地球，そして火星があり，半径は小さいが平均密度が大きく，固体の表面をもつ。

②　木星型惑星には，木星，土星，天王星，そして(　イ　)があり，半径は大きいが平均密度が小さく，固体の表面をもたない。

③　惑星の周囲をまわる天体は，(　ウ　)と呼ばれる。

(3)　次の①～③の問いに答えよ。

①　核膜で囲まれた核の構造をもたない細胞からできている生物を

何というか，記せ。

② 生体膜をもたない粒状の構造で，タンパク質合成の場となる細胞小器官を何というか，記せ。

③ 内外二重の生体膜からできており，呼吸のおもな場となり，有機物のもつエネルギーを利用してATPが合成される細胞小器官を何というか，記せ。

(4) 次の①，②の問いに答えよ。

① 6.0mol/Lの水酸化ナトリウム水溶液を使い，0.40mo1/Lの水酸化ナトリウム水溶液を300mLつくりたい。6.0mol/Lの水酸化ナトリウム水溶液を何mLとればよいか，求めよ。

② 60℃で100gの硝酸カリウムの飽和水溶液がある。この溶液を10℃まで冷却すると，硝酸カリウムの結晶が何g析出するか，求めよ。

ただし，硝酸カリウムの溶解度は，水100gに対し10℃で22g，60℃で110gである。また，答えは小数第1位を四捨五入して，整数値で答えよ。

(☆☆◎◎◎)

【2】次の(1)，(2)の問いに答えよ。

(1) 図1のように，長さlの軽い糸の上端を固定し，下端に質量mの小球をつけ，水平面内で等速円運動させた。糸と鉛直線のなす角をθ，重力加速度の大きさをgとして，下の問いに答えよ。

図1

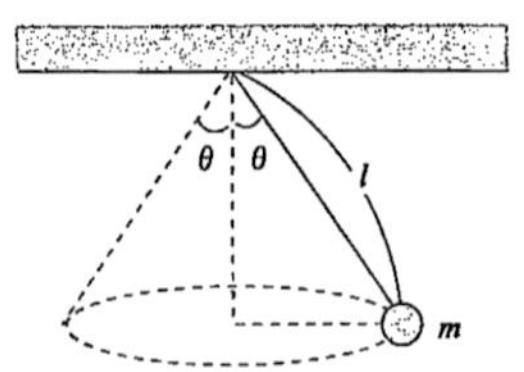

① 糸の張力の大きさを求めよ。

② 円運動の角速度と，周期を求めよ。

(2)　図2のように，長さ$2r$の軽い糸の一端を点Oに固定し，他端に質量mの小球をつけ，点Oと同じ高さの点Aから静かにはなした。点Oから鉛直下方に距離rだけ離れた点Pには釘がつけられており，小球は点Pを中心に円運動をして，図の点Dを通過した直後に糸がたるみ始めた。重力加速度の大きさをgとして，下の①～③の問いに答えよ。

図2

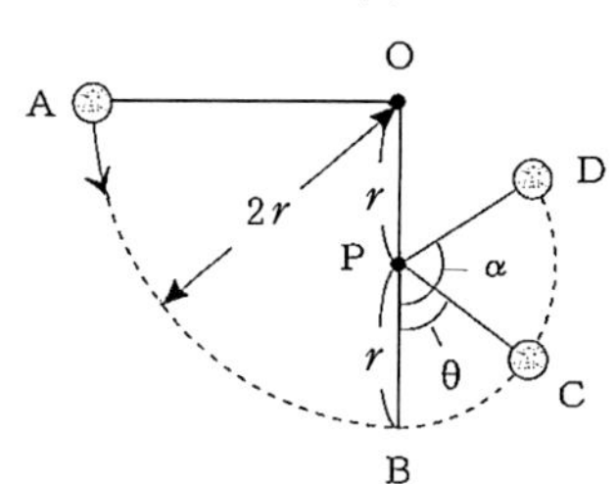

① 小球が図2のCを通過するときの速さを求めよ。ただし，∠CPBはθとする。

② 小球が①の点Cを通過するときの糸の張力の大きさを求めよ。

③ ∠DPBをαとするとき，$\cos\alpha$の値を求めよ。

(☆☆☆◎◎◎)

【3】次の(1)～(3)の問いに答えよ。

(1)　図1のように，3.0μFのコンデンサーC_1，2.0μFのコンデンサーC_2，4.0μFのコンデンサーC_3を接続し，V＝30Vの電源につないだ。各コンデンサーは，はじめ電荷をもっていなかったとして，あとの①～③の問いに答えよ。

図1

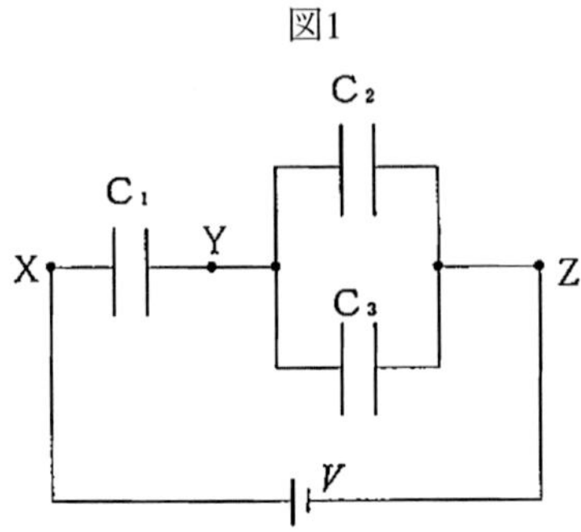

①　XZ間のコンデンサーの合成容量〔μF〕を求めよ。

②　YZ間の電圧〔V〕を求めよ。

③　C_1，C_2に蓄えられる電荷〔C〕を求めよ。

(2)　図2のように，10Vで充電された3.0μFのコンデンサーC_1に，充電されていない2.0μFのコンデンサーC_2，スイッチS，50Vの電池を接続した後，スイッチを閉じた。下の①，②の問いに答えよ。

図2

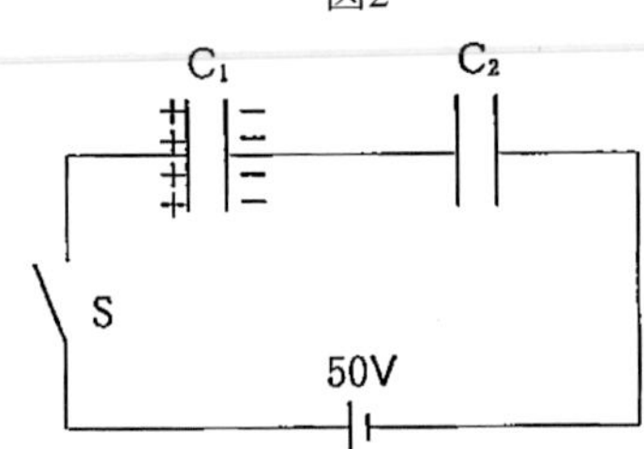

①　C_1，C_2に蓄えられる電荷〔C〕をそれぞれ求めよ。

②　C_1，C_2の両端の電圧〔V〕をそれぞれ求めよ。

(3)　図3のように，電気容量C_1〔μF〕，C_2〔μF〕のコンデンサー，抵抗値R_1〔Ω〕，R_2〔Ω}の抵抗，内部抵抗の無視できる起電力E〔V〕の電池およびスイッチSを接続した。あとの①，②のとき，C_1〔μF〕，C_2〔μF〕のコンデンサーにそれぞれ蓄えられている電気量Q_1〔C〕，Q_2〔C〕および点Pの電位〔V〕を求めよ。

図3

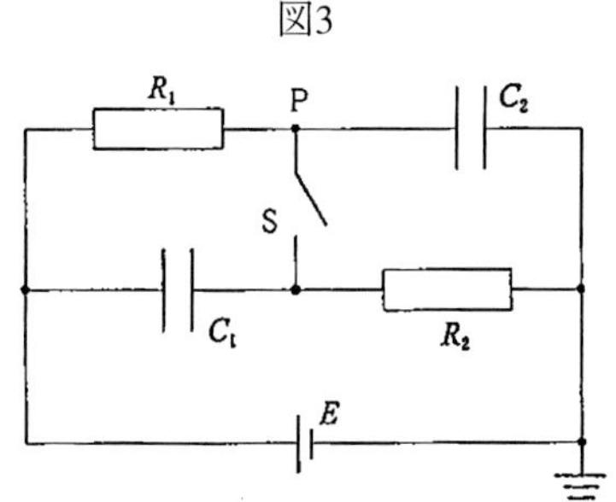

① スイッチSが開いているとき。

② スイッチSを閉じて十分に時間が経過したとき。

(☆☆☆◎◎◎)

【4】原子核は原子の10万分の1程度の大きさをもち，原子の質量のほとんどを占める。原子番号の大きな原子核には不安定で，α崩壊やβ崩壊によって別の原子核に変わるものがある。ラジウム$^{226}_{88}$Raはα崩壊をしてラドンRnに変わる。光の速さを3.0×10^{8}m/s，α粒子の質量を6.6×10^{-27}kgとして，(1)～(4)の問いに答えよ。

(1) ラジウムの半減期は1600年である。ラジウムの原子数がもとの$\dfrac{1}{2\sqrt{2}}$(約35%)になるのは何年後か，求めよ。

(2) 静止したラジウムが崩壊したとき，放出されるα粒子の速さはラドンの速さの何倍か，求めよ。また，α粒子の運動エネルギーはラドンの運動エネルギーの何倍か，求めよ。ただし，四捨五入して整数値で答えよ。

(3) 放出されるα粒子の運動エネルギーは7.7×10^{-13}Jである。α粒子の速さは光の速さの何倍か，求めよ。ただし，$\sqrt{6}=2.45$，$\sqrt{7}=2.65$とする。

(4) ラジウム$^{226}_{88}$Raはα崩壊とβ崩壊を何回か行った後，最終的には原子番号82の鉛Pbになる。β崩壊をn回行ったとして，この鉛の質量数をnを用いて記せ。

(☆☆☆◎◎◎)

【化学】

【1】次の(1)～(4)の問いに答えよ。

(1) 次の文は，高等学校学習指導要領(平成21年3月)で述べられている理科の目標である。(　ア　)～(　エ　)に入る適切な語句を記せ。

自然の事物・現象に対する関心や(　ア　)を高め，(　イ　)をもって観察，実験などを行い，科学的に探究する能力と(　ウ　)を育てるとともに自然の事物・現象についての理解を深め，科学的な(　エ　)を育成する。

(2) 次の太陽系に関する文を読み，(　ア　)～(　ウ　)に入る適切な語句を記せ。

① (　ア　)型惑星には，水星，金星，地球，そして火星があり，半径は小さいが平均密度が大きく，固体の表面をもつ。

② 木星型惑星には，木星，土星，天王星，そして(　イ　)があり，半径は大きいが平均密度が小さく，固体の表面をもたない。

③ 惑星の周囲をまわる天体は，(　ウ　)と呼ばれる。

(3) 次の①～③の問いに答えよ。

① 核膜で囲まれた核の構造をもたない細胞からできている生物を何というか，記せ。

② 生体膜をもたない粒状の構造で，タンパク質合成の場となる細胞小器官を何というか，記せ。

③ 内外二重の生体膜からできており，呼吸のおもな場となり，有機物のもつエネルギーを利用してATPが合成される細胞小器官を何というか，記せ。

(4) 図のように，3.0Ωの抵抗R_1，6.0ΩのR_2，12ΩのR_3をつないだ回路について，①，②の問いに答えよ。

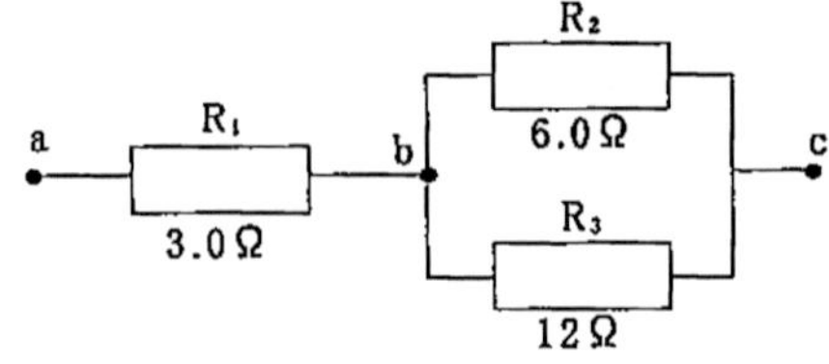

① ac間の合成抵抗〔Ω〕の大きさを求めよ。

② ac間に電池を接続したところ，R_2を流れる電流が0.80Aになった。抵抗R_1を流れる電流〔A〕の大きさを求めよ。

(☆☆◎◎◎)

【2】次の(1)，(2)の問いに答えよ。

(1) 0.040mol/Lのシュウ酸水溶液15mLを三角フラスコに取り，硫酸酸性の0.010mol/Lの過マンガン酸カリウム水溶液をビュレットを使い，少しずつ加えて過不足なく反応させた。次の①～⑤の問いに答えよ。(O＝16)

① この反応では，過マンガン酸カリウム水溶液が酸化剤としてはたらいているが，電子e^-を用いたイオン反応式で記せ。

② フラスコ内で起きている反応をイオン反応式で記せ。

③ 過不足なく反応するまでに，過マンガン酸カリウム水溶液は何mL必要か，求めよ。

④ 過不足なく反応した点(終点)を知る方法を説明せよ。

⑤ 河川などに含まれる有機化合物による水の汚濁の程度を示す指標の一つに，化学的酸素要求量(COD)がある。CODは試料水1.0Lあたりに含まれる有機化合物を酸化するために必要な酸素の質量(mg/L)で表される。ただし，水中に含まれる有機化合物を回収して，直接燃焼させて調べるのは難しいので，実際のCODの測定では，有機化合物を過マンガン酸カリウムなどで酸化し，その時に消費される酸化剤の量を酸素の量に換算して求められる。

ある有機化合物の水溶液100mLは，過マンガン酸カリウム1.0×10^{-4}molと完全に反応した。この水溶液のCODの値を求め，有効数字2桁で答えよ。ただし，酸化剤として酸素は次のようにはたらくものとする。 $O_2+4e^-+4H^+\rightarrow 2H_2O$

(2) 次の文の(a)～(g)に適する語句を記せ。また，下線部①，②の反応を化学反応式で記せ。

ケイ素は，地殻中で(a)の次に多く存在する元素である。ケイ素の単体は自然界に存在しないが，二酸化ケイ素を融解し炭素を用いて還元したケイ素の結晶は，金属と非金属の中間の電気伝導性を示す(　b　)であり，コンピュータの部品や太陽電池などの材料に用いられる。

二酸化ケイ素は，(　c　)やケイ砂などとして天然に産出し，ケイ素原子と酸素原子が交互に(　d　)結合した立体網目構造をもつ。①二酸化ケイ素に炭酸ナトリウムを加えて融解すると，ケイ酸ナトリウムが生成する。ケイ酸ナトリウムに水を加えて加熱すると，粘性の大きな液体となる。この液体を(　e　)という。②(　e　)に塩酸を加えると，白色ゲル状の(　f　)が得られる。(　f　)を加熱して脱水させた固体は(　g　)と呼ばれ，多孔質の固体で，乾燥剤，吸着剤に利用される。

(☆☆☆◎◎◎)

【3】次の(1)，(2)の問いに答えよ。

(1)　メタンをはじめとするアルカンは，重要な燃料である。次の熱化学方程式を用いて，①～④の問いに答えよ。ただし，炭素の昇華熱は718kJ/mol，H－H結合エネルギーは436kJ/mol，C－C結合エネルギーは331kJ/molであり，C－H結合エネルギーは化合物によらず，一定であるとする。なお，①～③は小数第1位を四捨五入して，整数値で答えよ。(H＝1.0，C＝12)

$2H_2$(気)＋O_2(気)＝$2H_2O$(液)＋572kJ

C(固)＋O_2(気)＝CO_2(気)＋394kJ

C(固)＋$2H_2$(気)＝CH_4(気)＋74kJ

①　メタンの燃焼熱(kJ/mol)を求めよ。

②　C－H結合エネルギー(kJ/mo1)を求めよ。

③　エタンの結合エネルギーの総和(kJ/mol)を求めよ。

④　メタン，プロパン，ブタンの各気体が完全燃焼するとき，次の(ア)～(ウ)に当てはまる気体を分子式で記せ。ただし，プロパンの燃焼熱は2219kJ/mol，ブタンの燃焼熱は2878kJ/molである。

(ア) 同温，同圧，同体積で，これらの気体が完全燃焼したとき，最も多くの熱量を発生する気体。

(イ) 同質量のこれらの気体が完全燃焼したとき，最も多くの熱量を発生する気体。

(ウ) これらの気体を完全燃焼させ，同じ熱量を得るのに，二酸化炭素の発生量が最も少ない気体。

(2) 次の文の(　ア　)～(　オ　)に適する語句，数値を記せ。ただし，数値は有効数字2桁で答えよ。(N＝14)

水に溶けにくい気体の水への溶解量は，一般に(　ア　)の法則にしたがう。0℃で，圧力が1.0×10^5Paの窒素は，水1mLに0.024mL溶ける。したがって，窒素は0℃，1.0×10^5Paにおいて5.0Lの水に(　イ　)L溶け，このとき溶けた窒素の物質量は，(　ウ　)molとなる。0℃で窒素の圧力を3.0×10^5Paにすると，5.0Lの水に(　エ　)g溶け，その体積は0℃，3.0×10^5Paのもとで(　オ　)Lを占める。

(☆☆☆◎◎◎)

【4】分子式$C_{10}H_{12}O_6$の化合物Aがある。化合物Aには光学異性体も幾何異性体も存在しない。下の〔実験1〕～〔実験5〕を読み，(1)～(6)の問いに答えよ。ただし，構造式は次の例にならって書くこと。

(H＝1.0，C＝12.0，O＝16.0)　　(例)

```
CH3 − CH2 − CH − C −CH3
            |    ||
           CH3   O
```

〔実験1〕 1molの化合物Aを完全に加水分解すると，化合物B，C，Dがそれぞれ1molずつ生成した。

〔実験2〕 25.0mgの化合物Bを計りとって元素分析を行い，炭素および水素の質量を計算したところ，それぞれ15.0mgおよび2.0mgであった。白金を触媒として，化合物Bに水素を付加させると化合物Eが生じた。また，別の実験により，化合物Bは鎖状構造の化合物であり，化合物Eは不斉炭素原子をもつことがわかった。

〔実験3〕 化合物B，C，D，Eそれぞれに炭酸水素ナトリウム水溶液を加えたところ，化合物B，C，Eでは二酸化炭素が発生したが，化合物Dでは発生しなかった。

〔実験4〕 化合物Cに十分な量のメタノールと少量の濃硫酸を加えて加熱したところ，分子量が化合物Cより28.0増加した化合物Fが得られた。

〔実験5〕 化合物Dに十分な量のギ酸と少量の濃硫酸を加えて加熱すると，分子量がDより84.0増加した化合物Gが得られた。

(1) 化合物Bの組成式を求めよ。

(2) 〔実験3〕の結果から，化合物B，C，Eはある共通の官能基をもつと推定される。その官能基の名称を記せ。

(3) 〔実験4〕の結果から，化合物Cにはメタノールと反応する官能基が何個あると考えられるか記せ。また，〔実験5〕の結果から，化合物Dにはギ酸と反応する官能基が何個あると考えられるか記せ。

(4) 化合物BおよびEの構造式を記せ。

(5) 化合物C，D，Fには，1つの炭素に2個以上のヒドロキシ基が結合した構造がないことがわかった。化合物C，D，Fの構造式を記せ。

(6) 化合物Aの構造式を記せ。

(☆☆☆◎◎◎)

解答・解説

中　学　理　科

【1】① 保全　② 態度　③ 変換　④ 有効　⑤ 便利
⑥ 微生物　⑦ かかわり方

〈解説〉「中学校学習指導要領　第2章　第4節　理科　第2　各分野の目標及び内容[第1分野]，[第2分野]」からの出題である。

【2】(1) ① ポリエチレンテレフタラート ② プラスチックは種類により密度が異なる ③ ・換気に十分注意する ・防護めがねを付ける ・やけどに気を付ける ④ プラスチックは有機物である (2) ① α 線 ② 放射性物質が放射線を出す性質(能力) ③ 霧箱 ④ 物質を通り抜ける能力(透過力) ⑤ シーベルト

〈解説〉(1) ① PE：ポリエチレン，PP：ポリプロピレン，PVC：ポリ塩化ビニル，PET：ポリエチレンテレフタラート，主なプラスチックの略称は覚えておく。 ② それぞれの密度は，PE：0.94～0.97g/cm^3，PP：0.90～0.91g/cm^3，PVC：1.35～1.45g/cm^3，PET：1.34～1.39g/cm^{3}であり，水の密度1g/cm^{3}より小さいPE，PPは水に浮き，水の密度1 g/cm^{3}より大きいPVC，PETは水に沈む。 ③ 教師になったら大切なことばかりなので，実験上の注意点はきっちり覚えておく。
④ 石灰水が白く濁ったことから，燃焼により二酸化炭素が発生したことがわかる。よって，炭素を含むことから有機物である。
(2) ① 放射線には，α 線，β 線，γ 線の3種類がある。α 線はヘリウムの原子核(中性子2個＋陽子2個)で，プラスの電気をもつ。β 線は高速の電子の流れで，マイナスの電気をもつ。γ 線は電磁波で，電気的には中性である。 ② 放射線と放射能は混同しやすいので，違いを押さえておく。 ③ 霧箱とは，放射線の通った空間に霧を生じさせることで，通過した軌跡を見ることができるようにした装置のこと。
④ 放射線は目に見えないが，透過作用，電離作用などの性質もつ。透過作用とは，物質を通り抜けることができる能力。電離作用とは，原子や分子をイオン化させる能力。 ⑤ 「放射線」の単位には，シーベルト〔Sv〕とグレイ〔Gy〕がある。シーベルトとは，放射線をあびた際の人体への影響度合いを表す単位。グレイとは，放射線が物質に吸収される線量を表す単位。また，「放射能」の総量を表す単位としてベクレル〔Bq〕がある。

【3】(1) ① 葉の中にデンプンが無い状態で実験を行うため
② クロロフィル または カロテノイド ③ 二酸化炭素を水酸

化ナトリウム水溶液に溶け込ませるため　④　ア　A，C　イ　C，E　ウ　B，C　エ　D，F　(2)　①　共通の形態的・生理的な特徴を持ち，自然交配によって子孫を生み出すことができる生物の集まりのこと(47字)　②　細胞をもつ，DNAをもつ，エネルギーを利用する，自分と同じ構造をもつ個体をつくる，体内の状態を一定に保つから3つ　③　ア　門　イ　科

〈解説〉(1)　①　暗室に入れて数日間置いておくことにより，呼吸によりデンプンが消費され，葉の中からデンプンがなくなる。　②　光合成色素は，葉緑体の中にあり，光合成に必要な光エネルギー吸収のはたらきをする。クロロフィル(青紫色のクロロフィルa，黄緑色のクロロフィルb)やカロテノイド(橙色のカロテン，黄色のキサントフィル)などがある。　③　びんの中に二酸化炭素がない状態にする。

④　ア　他の条件は同じで，日光を当てなかったA，日光を当てたBを比較する。　イ　他の条件は同じで，葉緑体がある葉C，葉緑体がない葉Eを比較する。　ウ　他の条件は同じで，二酸化炭素がなかったB，二酸化炭素があったCを比較する。　エ　他の条件は同じで，日光を当てたD，同じデンプン量ができた葉で夜通し放置したFを比較する。

(2)　種は，生物分類の基本単位である。ふつう，異種どうしは交配しない。生物を分類するときは，種を基本単位として，属，科，目，綱，門，界，ドメインなどの段階で，まとめていく。ヒトの場合，真核生物-動物界-脊索動物門-哺乳綱-霊長目-ヒト科-ヒト属-ヒト(ホモ・サピエンス)

【4】(1)　溶質が水の中に広がって見えなくなり，どの部分も濃さが均一で透明な液になる。　(2)　①　9.48g　②　16.8g　(3)　①　器具名…メスシリンダー　読み方…目の位置を液面と同じ高さにして液面のいちばん平らなところを，1目盛りの$\frac{1}{10}$まで目分量で読む。　②　50mL　③　5mL　(4)　アンモニア分子が水素イオンを受けとるので塩基，水は水素イオンをあたえているので酸

〈解説〉(1)　物質が水に溶けるとは，物質を形成する溶質粒子(分子やイ

オン)が水に混じって均一な混合物になることをいう。有色透明の場合と無色透明の場合がある。 (2) ① 20℃の水100gにKNO_3は31.6g溶けるので，水30gに溶けるKNO_3をx〔g〕とすると，100：31.6＝30：xより，x＝9.48g ② 40℃の水200gにKNO_3は，63.9×2＝127.8〔g〕溶けるので，KNO_3の80gは完全に溶けている。また，20℃の水200gにKNO_3は，31.6×2＝63.2〔g〕溶ける。よって，析出量は，80－63.2＝16.8〔g〕 (3) ① 主な実験器具については，その名称と使い方を確認しておくとよい。 ② pH＝1は，$[H^+]=1\times10^{-1}$mol/Lである。必要な水酸化ナトリウム水溶液の体積をb〔mL〕とすると，$1\times1\times10^{-1}\times\frac{100}{1000}=1\times0.2\times\frac{b}{1000}$ よって，b＝50mL ③ pH＝3は，$[H^+]=1\times10^{-3}$mol/Lである。pH＝1の塩酸の体積をa〔mL〕とすると，塩酸の物質量は変わらないので，$1\times10^{-1}\times\frac{a}{1000}=1\times10^{-3}\times\frac{500}{1000}$より，$a$＝5mL (4) ブレンステッド・ローリーの酸・塩基の定義では，他の物質に水素イオンをあたえることのできる物質を酸，水素イオンを受けとることのできる物質を塩基という。$NH_3+H_2O \rightleftarrows NH_4^++OH^-$の反応式より，アンモニアは水素イオンを受け取っているので塩基，水は水素イオンをあたえているので酸である。

【5】(1) ① a カ b オ c カ ② ア (2) ① 1.6W ② 0.016A ③ 50倍 ④ 変圧器

〈解説〉(1) ① 右ねじの法則により，右ねじが進む向きに電流が流れるとき，磁界は右ねじを回す向きにできる。 ② N極を近づけることにより，コイルを貫く南向きの磁界が増加するので，レンツの法則により，コイルには北向きの磁界をつくるように電流が流れる。

(2) ① 電力$P=RI^2$より，$P=2.5\times0.80^2=1.6$〔W〕 ② 一次コイルと二次コイルの電力が等しくエネルギーの損失がないこと，および，$P=IV$より，$1.6=I\times100$ よって，$I=0.016$A ③ 変圧器の巻数の比＝電圧の比 より，$N_1:N_2=100:\frac{1.6}{0.80}$ よって，$\frac{N_1}{N_2}=\frac{100}{2}=$ 50〔倍〕 ④ トランスともいう。

【6】(1)　①　雲量を観測して，0～1のとき快晴，2～8のとき晴れと判断する　②　地上約1.5mの高さのところで，温度計の球部に直射日光を当てないようにはかる　③　百葉箱

④

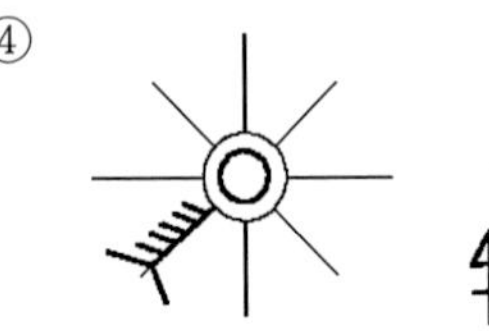

(2)　①　気圧傾度力　②　垂直　③　右　④　コリオリ　⑤　摩擦力　⑥　等圧線　(3)　総量…1.8×10^{17}W　地表1m^{2}当たり…3.5×10^{2}W/m^2

〈解説〉(1)　①　快晴，晴れ，くもりは，降水がないときの空の全天に占める雲の割合の雲量で区別される。雲量は全天が雲で覆われたときを10，雲がまったくないときを0として，0～10の11段階の整数で表される。雲量が0～1が快晴，2～8が晴れ，9～10がくもりである。

②　温度計と湿度計の設置に関して，気象庁は感部(通風筒の場合は通風筒の下部，自然通風の百葉箱に設置されたガラス製温度計の場合は水銀やアルコールを溜めている球部)を地上から 1.5mの高さに設置することを標準としている。また直射日光が当たらない環境下で測定する必要がある。　③　気象観測機器を収納し，大気本来の気象特性を測定できるよう工夫された木製の箱。大気は屋根以外の側面や底面から出入りできるようになっており，放射熱を遮断できるよう，全面を白いペンキで塗装されている。扉は開いたときに直射日光が入らないよう，北半球では北側に設置されている。測定機器は主に通風乾湿計，最高温度計，最低温度計，自記湿度計や自記温度計などで，気象庁が標準と定めている高さ1.5mで測定できるよう配置されている。近年，遠隔測定化が進み，気象庁では1993年から百葉箱は使わなくなったが，学校や地方自治体等では今日も利用されている。　④　快晴○，晴れ⦶，くもり◎，雨●，雪⊗の天気記号は書けるようになっておくこと。風向は吹いてくる風の向きに矢羽根の向きを合わせる。風力7以上の書き方はマスターしておきたい。　(2)　大気にかかる力の1つ

は，大気圧の差によって生じる気圧傾度力である。気圧傾度力は等圧線の間隔が狭いほど大きく，等圧線に直角に高圧側から低圧側に向かってはたらく。運動する大気には地球の自転により転向力(コリオリの力)がはたらく。転向力は北半球では運動方向直角右に，南半球では運動方向直角左に作用する。上層の風はこの2力がつり合った状態で運動するので，等圧線に平行に風が吹く。この風を地衡風とよぶ。等圧線が平行な場合，地表付近では上記2力のほかに運動方向とは逆向きに，摩擦力がはたらく。この3力がつり合った状態で風が吹くので，等圧線を斜めに横切るように風が吹く。　(3)　地球が受ける太陽エネルギーの総量は，地球の断面積πR^2を通過する太陽放射エネルギー量だから，$3.14\times(6.4\times10^6)^2\times1.4\times10^3=1.8\times10^{17}$〔W〕　これを地球の表面積$4\pi R^2$で割ると，$\dfrac{3.14\times(6.4\times10^6)^2\times1.4\times10^3}{4\times3.14\times(6.4\times10^6)^2}=1.4\times10^3\div4=3.5\times10^2$〔W/m^2〕

高　校　理　科

【物理】

【１】(1)　ア　探究心　　イ　目的意識　　ウ　態度　　エ　自然観
(2)　ア　地球　　イ　海王星　　ウ　衛星　　(3)　①　原核生物
②　リボソーム　　③　ミトコンドリア　　(4)　①　20mL
②　42g

〈解説〉(1)「高等学校学習指導要領解説　理科編」の「理科の目標」および各科目の目標などは確認しておくこと。　(2)　太陽系は，恒星の太陽を中心に，その周りを回っている惑星，小惑星，太陽系外縁天体と，それらの周りを回っている衛星，さらに彗星やその他の宇宙塵などから成っている。　(3)　①　核膜の形成がない原核生物は，大腸菌やシアノバクテリアなどの細菌類で，すべて単細胞生物である。一方，核膜をもつ真核細胞からなる生物を真核生物という。真核生物は原核生物から進化したものと考えられている。　②　リボソームは20nmぐらいのだるま形の粒子で，その成分はタンパク質とrRNA(リボソームRNA)である。　③　細胞小器官のうち二重膜でできているのは核のほかに，ミトコンドリア(呼吸の反応を進める酵素群をもち，呼吸の場となる)と葉緑体(クロロフィルなどの色素を含み，光合成の場となる)がある。　(4)　①　求める水酸化ナトリウム水溶液の体積をv〔mL〕とすると，$6.0\times\frac{v}{1000}=0.40\times\frac{300}{1000}$より，$v=20$mL　②　60℃の硝酸カリウム水溶液100＋110＝210〔g〕を10℃まで冷却すると，110－22＝88〔g〕の硝酸カリウムの結晶が析出する。よって，100gの硝酸カリウムの飽和溶液から析出する結晶の質量をx〔g〕とすると210：88＝100：x　よって，$x=41.9\fallingdotseq 42$〔g〕

【2】(1)　①　$\frac{mg}{\cos\theta}$　②　角速度…$\sqrt{\frac{g}{l\cos\theta}}$　周期…$2\pi\sqrt{\frac{l\cos\theta}{g}}$
(2)　①　$\sqrt{2gr(1+\cos\theta)}$　②　$mg(2+3\cos\theta)$　③　$-\frac{2}{3}$

〈解説〉(1)　張力をS，角速度をωとすると，水平方向の運動方程式は，$m\cdot l\sin\theta\cdot\omega^2=T\sin\theta$　…(a)　鉛直方向のつり合いの式は，$mg=T\cos\theta$　…(b)　(a)，(b)より，$S=\frac{mg}{\cos\theta}$，$\omega=\sqrt{\frac{g}{l\cos\theta}}$　また，周期Tは，$T=\frac{2\pi}{\omega}=2\pi\sqrt{\frac{l\cos\theta}{g}}$　(2)　①　求める速さをvとすると，力学的エネルギー保存則より，$mg(2r)=\frac{1}{2}mv^2+mgr(1-\cos\theta)$　よって，$v=\sqrt{2gr(1+\cos\theta)}$　②　張力をTとすると，運動方程式は，$\frac{mv^2}{r}=T-mg\cos\theta$　よって，$T=mg(2+3\cos\theta)$　③　$T=0$のとき，糸がたるみ始めるから，$0=mg(2+3\cos\theta)$　よって，$\cos\alpha=-\frac{2}{3}$

【3】(1)　①　2.0〔μF〕　②　10〔V〕　③　C_1…6.0×10^{-5}〔C〕　C_2…2.0×10^{-5}〔C〕　(2)　①　C_1…7.8×10^{-5}〔C〕　C_2…4.8×10^{-5}〔C〕　②　C_1…26〔V〕　C_2…24〔V〕　(3)　①　Q_1…C_1E〔C〕

Q_2…C_2E〔C〕　Pの電位…E〔V〕　②　Q_1…$\dfrac{C_1R_1}{R_1+R_2}\cdot E$〔C〕

Q_2…$\dfrac{C_2R_2}{R_1+R_2}\cdot E$〔C〕　Pの電位…$\dfrac{ER_2}{R_1+R_2}$〔V〕

〈解説〉(1)　①　YZ間は並列接続なので，合成容量は，2.0＋4.0＝6.0〔μF〕　求める合成容量をCとすれば，$\dfrac{1}{C}=\dfrac{1}{3.0}+\dfrac{1}{6.0}$　よって，$C=2.0\mu$F　②　XY間とYZ間の電気容量の比が3.0：6.0＝1：2であり，各コンデンサーははじめ電荷をもっていなかったので，電圧はこの逆比で，2：1になる。したがってYZ間の電圧は，$30\times\dfrac{1}{1+2}=$10〔V〕　③　XY間の電圧は30－10＝20〔V〕なので，$Q=CV$より，C_1に蓄えられる電荷は，$3.0\times10^{-6}\times20=6.0\times10^{-5}$〔C〕　C_2に蓄えられる電荷は，$2.0\times10^{-6}\times10=2.0\times10^{-5}$C　(2)　①　条件と電荷保存則より，$C_1$，$C_2$に蓄えられる電荷を$Q_1$，$Q_2$とすると，$-Q_1+Q_2=-3.0\times10^{-5}$　電圧の条件から，$\dfrac{Q_1}{3.0\times10^{-6}}+\dfrac{Q_2}{2.0\times10^{-6}}=50$　2式より，$Q_1=7.8\times10^{-5}$〔C〕　$Q_2=4.8\times10^{-5}$〔C〕　②　$V=\dfrac{Q}{C}$より，C_1の両端の電圧＝ 7.8×10^{-5} ＝26〔V〕　C_2の両端の電圧＝ 4.8×10^{-5} ＝24〔V〕　(3)　①　スイッチが開いたままで充電すると，R_1，R_2に電流が流れなくなるので，電気容量C_1のコンデンサー，電気容量C_2のコンデンサーにはそれぞれE〔V〕の電圧がかかる。よって，$Q_1=C_1E$〔C〕，$Q_2=C_2E$〔C〕　Pの電位はE〔V〕　②　スイッチSを閉じた状態で充電し，十分に時間が経過すると，電流はR_1の抵抗→P→R_2の抵抗と流れる。これより，R_1の抵抗，R_2の抵抗にかかる電圧は，$\dfrac{R_1}{R_1+R_2}\cdot E$〔V〕，$\dfrac{R_2}{R_1+R_2}\cdot E$〔V〕　よって，$C_1$のコンデンサー，$C_2$のコンデンサーにかかる電圧は，$R_1$の抵抗，$R_2$の抵抗にかかる電圧に等しいから，$Q_1=C_1\times\dfrac{R_1}{R_1+R_2}\cdot E$〔C〕，$Q_2=C_2\times\dfrac{R_2}{R_1+R_2}\cdot E$〔C〕　点Pの電位は，$\dfrac{ER_2}{R_1+R_2}$〔V〕

【4】(1)　2400年後　　(2)　速さ…56倍　　運動エネルギー…56倍
(3)　5.1×10^{-2}倍　　(4)　$214-2n$

〈解説〉(1)　$\frac{1}{2\sqrt{2}}=\left(\frac{1}{2}\right)^{\frac{3}{2}}$なので，$1600\times\frac{3}{2}=2400$〔年〕　(2)　崩壊後のラドンの速さを$V$，$\alpha$粒子の速さを$v$とする。ラジウムの質量数が226，$\alpha$粒子の質量数が4であるから，ラドンの質量数は，$226-4=222$である。ラジウムが崩壊したときに静止していたので，ラドンの運動量$222V$の大きさとα粒子の運動量の大きさ$4v$は等しい。ゆえに，$222V=4v$　よって，$\frac{v}{V}=\frac{222}{4}=55.5\fallingdotseq56$〔倍〕

$$\frac{\alpha\text{粒子の運動エネルギー}}{\text{ラドンの運動エネルギー}}=\frac{\frac{1}{2}\cdot4v^2}{\frac{1}{2}\cdot222V^2}\fallingdotseq56\text{〔倍〕}$$

(3)　$\frac{1}{2}\times6.6\times10^{-27}v^2=7.7\times10^{-13}$より，$v=\sqrt{\frac{7}{3}}\times10^7$　よって，$\frac{v}{c}=\frac{\sqrt{\frac{7}{3}}\times10^7}{3.0\times10^8}$より，$\sqrt{3}=1.73$として，$\frac{v}{c}=5.09\times10^{-2}\fallingdotseq5.1\times10^{-2}$〔倍〕

(4)　α崩壊をm回行ったとすると，原子番号は，$88-2m+n=82$より，$m=3+\frac{n}{2}$　よって，鉛の質量数$=226-4m=226-4(3+\frac{n}{2})=214-2n$

【化学】

【1】(1)　ア　探究心　　イ　目的意識　　ウ　態度　　エ　自然観
(2)　ア　地球　　イ　海王星　　ウ　衛星　　(3)　①　原核生物
②　リボソーム　　③　ミトコンドリア　　(4)　①　7.0Ω
②　1.2A

〈解説〉(1)「高等学校学習指導要領解説　理科編」の「理科の目標」および各科目の目標などは確認しておくこと。　(2)　太陽系は，恒星の太陽を中心に，その周りを回っている惑星，小惑星，太陽系外縁天体と，それらの周りを回っている衛星，さらに彗星やその他の宇宙塵などから成っている。　(3)　①　核膜の形成がない原核生物は，大腸菌やシアノバクテリアなどの細菌類で，すべて単細胞生物である。一方，核膜をもつ真核細胞からなる生物を真核生物という。真核生物は原核生物から進化したものと考えられている。 ② リボソームは20nmぐらいのだるま形の粒子で，その成分はタンパク質とrRNA(リボソームRNA)である。 ③ 細胞小器官のうち二重膜でできているのは核のほかに，ミトコンドリア(呼吸の反応を進める酵素群をもち，呼吸の場となる)と葉緑体(クロロフィルなどの色素を含み，光合成の場となる)がある。 (4) ① R_2とR_3の合成抵抗Rは，$\frac{1}{R}=\frac{1}{6.0}+\frac{1}{12}$より，$R=4.0$〔Ω〕 よって，ac間の合成抵抗は，3.0＋4.0＝7.0〔Ω〕 ② R_2に加わる電圧は，6.0×0.80＝4.8〔V〕 R_2，R_3は並列なので同じ電圧が加わるから，R_3を流れる電流は，$\frac{4.8}{12}=0.40$〔A〕 抵抗R_1を流れる電流は，R_2，R_3を流れる電流の和だから，0.80＋0.40＝1.2〔A〕

【2】(1) ① $MnO_4^- + 5e^- + 8H^+ \rightarrow Mn^{2+} + 4H_2O$ ② $2MnO_4^- + 5(COOH)_2 + 6H^+ \rightarrow 2Mn^{2+} + 10CO_2 + 8H_2O$ ③ 24mL ④ 過マンガン酸イオンは赤紫色をしているが，シュウ酸水溶液に還元され無色のマンガンイオンになる。過不足なく反応した後，過マンガン酸イオンを更に加えると，未反応の過マンガン酸イオンが残り，フラスコ内の水溶液がうすい赤紫色になり，終点を確認することができる。

⑤ 4.0×10 (2) a 酸素 b 半導体 c 石英(水晶)

d 共有 e 水ガラス f ケイ酸 g シリカゲル

① $SiO_2 + Na_2CO_3 \rightarrow Na_2SiO_3 + CO_2$ ② $2HCl + Na_2SiO_3 \rightarrow H_2SiO_3 + 2NaCl$

〈解説〉(1) ① 過マンガン酸イオンMnO_4^-は赤紫色を呈し，マンガンの酸化数は＋7で周期表7族の元素として最高の酸化数の状態である。よって，相手の物質から電子を奪い自身の酸化数を減少させる傾向が大きいので，強い酸化作用を示す。 ② 過マンガン酸カリウムは酸化剤として，$MnO_2^- + 5e^- + 8H^+ \rightarrow Mn^{2+} + 4H_2O$ …(a) シュウ酸は還元剤として，$(COOH)_2 \rightarrow 2CO_2 + 2H^+ + 2e^-$ …(b) の反応が起こるので，(a)×2＋(b)×5より解答の式になる。 ③ 過マンガン酸カリウム2molとシュウ酸5molが反応するので，過マンガン酸カリウム水溶液の体積をv〔mL〕とすると，$\left(0.010\times\frac{v}{1000}\right):\left(0.040\times\frac{15}{1000}\right)=2:5$ より，

$v=24$〔mL〕 ④ Mn^{2+}は非常に薄い桃色のため，MnO_4^-の赤紫色からの変化としては，ほぼ無色に見える。 ⑤ CODとは，強力な酸化剤(過マンガン酸カリウムなど)を用いて一定の条件で試料水を処理したとき，消費される酸化剤の量を求め，それに対応する酸素の量(試料水1Lにおける酸素の質量〔mg〕)に換算したものである。①のイオン反応式で示したように，過マンガン酸カリウムは，1molにつき電子e^- 5molを奪うことができる。$O_2+4e^-+4H^+ \rightarrow 2H_2O$より，酸素は$\frac{5}{4}$molあれば，過マンガン酸カリウム1molと同じように5molの電子e^-を奪うことができる。したがって，COD＝(試料水1Lを酸化するのに必要な過マンガン酸カリウムの物質量)×$\frac{5}{4}$×32×1000より計算できる。よって，$\dfrac{1.0\times10^{-4}}{\dfrac{100}{1000}}\times\dfrac{5}{4}\times32\times1000=4.0\times10$ (2) a 地殻中の元素の存在度は，酸素，ケイ素，アルミニウム，鉄の順である。 b 半導体とは，電気伝導性の良い金属などの導体と，電気抵抗率の大きい絶縁体との中間的な抵抗率をもつ物質であり，代表的なものとしてケイ素(Si)などがある。 c，d 二酸化ケイ素はシリカとも呼ばれ，石英，水晶，ケイ砂などとして天然に産出する。これらの結晶は，SiO_2の正四面体構造が立体的に繰り返し共有結合した結晶である。
e ケイ酸ナトリウムに水を加えて加熱すると，粘性の大きな液体の水ガラスになり，その水溶液は強い塩基性を示す。 f 水ガラスに塩酸などの強酸を加えると，弱酸の遊離が起こり，ゲル状のケイ酸が得られる。 g ゲル状のケイ酸を加熱して，水分を減らしたものがシリカゲルである。 ①，② 解答参照。

【3】(1) ① 892kJ/mol ② 416kJ/mol ③ 2827kJ/mol
④ (ア) C_4H_{10} (イ) CH_4 (ウ) CH_4 (2) ア ヘンリー
イ 1.2×10^{-1} ウ 5.4×10^{-3} エ 4.5×10^{-1} オ 1.2×10^{-1}
〈解説〉(1) ① メタンの燃焼熱をQ kJ/molとすると，CH_4(気)＋$2O_2$(気)＝CO_2(気)＋$2H_2O$(液)＋Q kJ 問題文で与えられた式を，上から，(a)，(b)，(c)式とすると，(a)＋(b)－(c)より，CH_4(気)＋$2O_2$(気)＝

CO_2(気)＋$2H_2O$(液)＋892kJ　よって，Q＝892kJ/mol　② C(固)＋$2H_2$(気)＝CH_4(気)＋74kJについて，C－Hの結合エネルギーをx kJ/molとすると，CH_4(気)＝C(気)＋4H(気)－4x kJ　また，C(固)＋$2H_2$(気)＝C(気)＋4H(気)－(718＋436×2)kJ　(反応熱)＝(生成物の結合エネルギーの和)－(反応物の結合エネルギーの和)より，74＝4x－(718＋436×2)から，x＝416kJ/mol　③ エタンの分子式はC_2H_6で，C－H結合が6つ，C－C結合が1つ含まれるから，416×6＋331＝2827〔kJ〕
④ (ア) 燃焼熱は，メタンCH_4：892 kJ/mol，プロパンC_3H_8：2219kJ/mol，ブタンC_4H_{10}：2878kJ/mol　である。同温，同圧，同体積の気体の物質量は等しいので，単位物質量当たりの熱量(燃焼熱)〔kJ/mol〕を比較すればよい。 (イ) モル質量は，CH_4＝16g/mol，C_3H_8＝44g/mol，C_4H_{10}＝58g/molであるから，単位質量当たりの発熱量〔kJ/g〕は，CH_4：$\frac{892}{16}$＝55.75〔kJ/g〕，C_3H_8：$\frac{2219}{44}$＝50.43〔kJ/g〕，C_4H_{10}：$\frac{2878}{58}$＝49.62〔kJ/g〕 (ウ) 燃焼熱の熱化学方程式は，CH_4(気)＋$2O_2$(気)＝CO_2(気)＋H_2O(液)＋892kJ　C_3H_8(気)＋$5O_2$(気)＝$3CO_2$(気)＋$4H_2O$(液)＋2219kJ　C_4H_{10}(気)＋$\frac{13}{2}O_2$ (気)＝$4CO_2$(気)＋$5H_2O$(液)＋2878kJ　よって，CH_4はCO_2 1mol当たり$\frac{892}{1}$＝892〔kJ/mol〕，C_3H_8はCO_2 1mol当たり$\frac{2219}{3}$＝734〔kJ/mol〕，C_4H_{10}はCO_2 1mol当たり$\frac{2878}{4}$＝720〔kJ/mol〕の熱量を発生する。 (2) ア ヘンリーの法則とは，温度が一定のとき，一定量の液体に溶解する気体の質量は，その気体の圧力 (分圧) に比例することをいう。 イ 窒素は水1mLに0.024mL溶けるので，水5.0Lに溶ける窒素をx〔L〕とすると，1：0.024＝5.0：xより，x＝1.2×10^{-1}〔L〕 ウ 気体のモル質量は22.4L/molだから，$\frac{1.2\times10^{-1}}{22.4}$＝5.35×$10^{-3}$≒5.4×$10^{-3}$〔mol〕
エ ヘンリーの法則より，1.0×10^5Paで，窒素は5.35×10^{-3}mol溶けるから，3倍の3.0×10^5Paで，3×5.35×10^{-3}＝1.6×10^{-2}〔mol〕溶ける。よって，窒素の質量は，14×2×1.6×10^{-2}＝4.48×10^{-1}≒4.5×10^{-1}〔g〕

オ　1.6×10^{-2}molの気体の体積は，0℃，1.0×10^{5}Paで，$1.6\times10^{-2}\times22.4=35.84$〔L〕を占める。求める体積を$V$〔L〕とすると，温度一定なので，ボイルの法則より，$1.0\times10^{5}\times35.84=3.0\times10^{5}V$　よって，$V=11.9\fallingdotseq1.2\times10^{-1}$〔L〕

【4】(1)　$C_5H_8O_2$　　(2)　カルボキシ基　　(3)　化合物C…2個　　化合物D…3

(4)　B

```
H             CH2－CH3
  ＼         ／
    C ＝ C
  ／         ＼
H             C － OH
              ‖
              O
```

E

```
                    CH3   O
                    |     ‖
CH3 － CH2 － CH － C －OH
```

(5)　C

```
O
‖
C－OH
|
C－OH
‖
O
```

D

```
CH2－OH
|
CH －OH
|
CH2－OH
```

F

```
O
‖
C－O－CH3
|
C－O－CH3
‖
O
```

(6)

```
H             CH2－CH3
  ＼         ／             CH2－O＼
    C ＝ C                ／        C＝O
  ／         ＼          ／          |
H             C － O－ CH            C＝O
              ‖          ＼CH2－O／
              O
```

〈解説〉(1)　Oの質量は，$25.0-(15.0+2.0)=8.0$〔mg〕　物質量の比は，C：H：O＝$\frac{15.0}{12.0}:\frac{2.0}{1.0}:\frac{8.0}{16.0}=5:8:2$　よって，Bの組成式は，$C_5H_8O_2$　　(2)　カルボン酸RCOOHは炭酸より酸性が強いので，炭酸水素ナトリウムと反応し，二酸化炭素を発生する。$RCOOH+NaHCO_3\rightarrow RCOONa+H_2O+CO_2$　　(3)　化合物CをRCOOHとすると，メタノールとの反応式は$RCOOH+CH_3OH\rightarrow RCOOCH_3+H_2O$になる。RCOOHから$RCOOCH_3$への変化により，分子量は14.0増加する。この反応では分子量が28.0増加したので$\frac{28.0}{14.0}=2.0$になり，2.0molのメタノールと反応したので，カルボキシ基－COOHは2個存在する。また，化合物DをROHとすると，ギ酸との反応式は$ROH+HCOOH\rightarrow ROCOH+H_2O$になる。ROHからROCOHへの変化で分子量は28.0増加する。この反応では分子量が84.0増加したので，$\frac{84.0}{28.0}$＝3.0になり，3.0molのギ酸と反応するので，ヒドロキシ基－OHは3個存在する。

(4)　化合物Aの分子式は$C_{10}H_{12}O_6$，化合物Bの組成式は$C_5H_8O_2$，化合物Cは－COOHを2個含み，化合物Dは各炭素原子3つに－OHが1個ずつ結合している。化合物Aの炭素原子の数が10個なので，化合物Bに5個，化合物Cに2個，化合物Dに3個の炭素原子が存在することがわかる。よって，化合物Bの分子式は$C_5H_8O_2$である。化合物Bは不飽和結合を含み，水素を付加させた化合物Eは不斉炭素原子をもつことから，化合物Bの示性式は$CH_2=C(CH_2CH_3)COOH$である。化合物Eの示性式は$CH_3CH_2{}^*CH(CH_3)COOH$(不斉炭素原子は*C)　(5)　化合物Cは炭素原子2個を含み，－COOH基が2個存在するので，シュウ酸$(COOH)_2$である。化合物Dは炭素原子を3個含み－OH基が3個あるので，グリセリン$CH_2(OH)CH(OH)CH_2OH$である。化合物Fは$(COOH)_2+2CH_3OH \rightarrow (COOCH_3)_2$の反応により生成し，示性式は$(COOCH_3)_2$である。

(6)　$CH_2=C(CH_2CH_3)COOH$，$(COOH)_2$，$CH_2(OH)CH(OH)CH_2OH$の3つの化合物から，エステル結合で水がとれて結合する。その際，$CH_2=C(CH_2CH_3)COOH$はカルボキシ基1個，$(COOH)_2$はカルボキシ基2個，$CH_2(OH)CH(OH)CH_2OH$はヒドロキシ基3個をもつので，$CH_2(OH)CH(OH)CH_2OH$が2つの化合物の間に介在して両化合物を結合する。

2017年度　実施問題

中　学　理　科

【1】中学校学習指導要領解説「理科編」について，次の(1)～(3)に答えよ。

(1) 「第3章　指導計画の作成と内容の取扱い」の「3　事故防止，薬品などの管理及び廃棄物の処理」の中で，「理科室内の環境整備」には，理科室の整理整頓や生徒の使いやすい薬品・機器の配置の必要性が述べられている。その他に，事故防止の観点から述べられていることを二つ記せ。

(2) 次の①，②に答えよ。

① 第1分野において第2学年で学習する内容をア～キの中からすべて選び，記号で記せ。

ア．運動とエネルギー　　イ．身の回りの物質
ウ．電流とその利用　　エ．科学技術と人間
オ．身近な物理現象　　カ．化学変化とイオン
キ．化学変化と原子・分子

② 第2分野において第3学年で学習する内容をア～キの中からすべて選び，記号で記せ。

ア．地球と宇宙　　イ．大地の成り立ちと変化
ウ．自然と人間　　エ．気象とその変化
オ．生命の連続性　　カ．植物の生活と種類
キ．動物の生活と生物の変遷

(3) 第1分野と第2分野に共通の最終項目「自然環境の保全と科学技術の利用」があるが，この項目のねらいはどのようなことか，記せ。

(☆☆☆◎◎◎)

【2】学校周辺の野外観察を行った。次の(1)～(3)について答えよ。

(1) 理科の授業で野外観察を行うとき，どのような服装が適しているか，その理由とともに記せ。

(2) 野外観察で図1のような植物が見られた。①～③の植物の名称を記せ。

図1

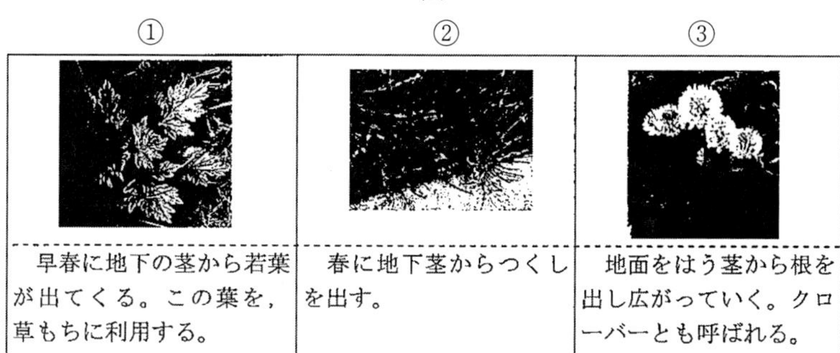

①
②
③
早春に地下の茎から若葉が出てくる。この葉を，草もちに利用する。
春に地下茎からつくしを出す。
地面をはう茎から根を出し広がっていく。クローバーとも呼ばれる。

(3) 野外観察で，川の水を採取して光学顕微鏡で調べることにした。次の①～③に答えよ。

① 光学顕微鏡の操作について述べた次の文を，正しい操作の順序に並べ，記号で記せ。

ア. 対物レンズを低倍率のものから高倍率のものに変える。

イ. 接眼レンズを取り付ける。

ウ. しぼりを開き，反射鏡を動かして視野をむらなく明るくする。

エ. プレパラートをセットする。

オ. 接眼レンズをのぞきながら調節ねじを回してピントを合わせる。

カ. 横から見ながら，調節ねじを回して対物レンズとプレパラートを近づける。

キ. 対物レンズを取り付ける。

② 顕微鏡の倍率を100倍から400倍にしたとき，視野の中に見える面積は何倍になるか，記せ。

③　接眼レンズに接眼ミクロメーター一を入れ，ステージ上に対物ミクロメーターをのせてのぞいたところ，図2のように目盛りが見られた。このとき，接眼ミクロメーター1目盛りの大きさは何μmか，求めよ。ただし，対物ミクロメーターには，1mmを100等分した目盛りが付いている。

図2

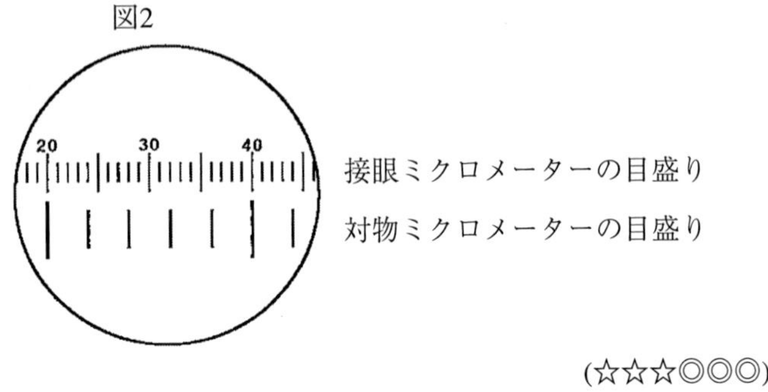

(☆☆☆◎◎◎)

【3】ブタの血液を顕微鏡で観察したところ，図1のようであった。下の(1)～(5)に答えよ。

図1

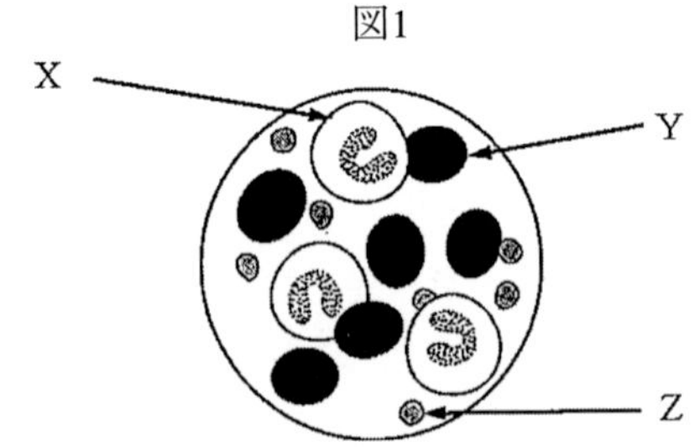

(1)　観察しやすくするためにある染色液を用いた。染色液の名称を記せ。

(2)　図のX～Zの有形成分の名称を記せ。

(3)　Xなどのはたらきにより，病原菌の侵入を防いだり，侵入した異物を排除したりする仕組みを何というか，記せ。

(4)　図2は呼吸により細胞から組織液に放出された二酸化炭素が，肺胞まで運搬される様子を表している。①②に入る化学式又はイオン式を記せ。

図2

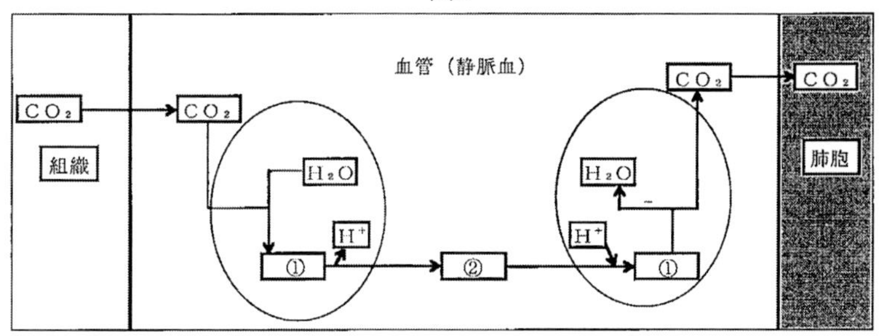

(5)　血管が傷つくと，出血を止めるために血ぺいがつくられる。傷ができてから血ぺいがつくられるまでの過程を説明せよ。

(☆☆☆◎◎)

【4】次の(1)，(2)に答えよ。

(1)　図1のように炭酸水素ナトリウムを熱分解する実験を行いたい。下の①～③に答えよ。

図1

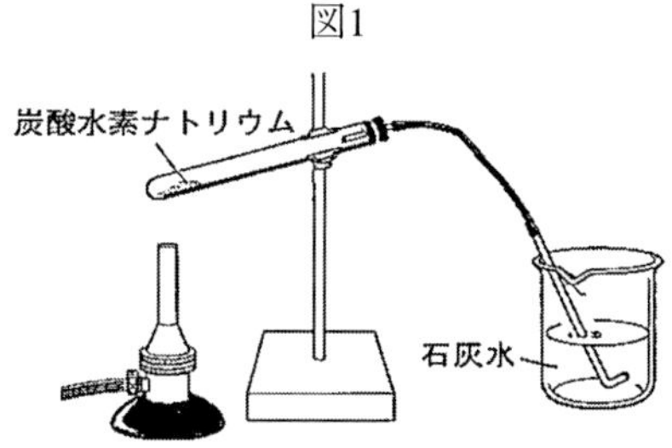

①　加熱を始めようとしたが，このままだと危険をともなうことが考えられる。安全に実験を行うために，どの部分をどのように直せばよいか，また，その理由も記せ。

②　このときの化学変化を化学反応式で記せ。

③　この実験で，加熱を止める前に，安全を考えどのような操作が必要か，また，その理由も記せ。

(2)　図2のように炭素棒を電極として，塩化銅(Ⅱ)水溶液を電気分解した。0.50Aの電流を16分5秒流した。下の①～④に答えよ。ただし，ファラデー定数＝9.65×10^4C/mol，Cl＝35.5，Cu＝63.5とする。

図2

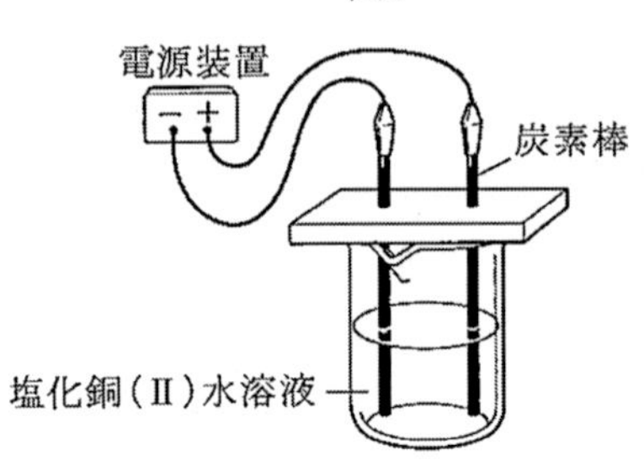

① 陽極では，酸化，還元のどちらの反応が起きたか，記せ。また，陽極での反応をe^-を含むイオン反応式で記せ。

② 流れた電気量は何Cか，また流れた電子は何molか，求めよ。

③ 陰極の質量は何g増加するか，求めよ。

④ 陽極で発生した気体は標準状態で何Lか，求めよ。

(☆☆☆◎◎◎)

【5】次の(1)～(3)に答えよ。

(1) 音について次の①～③に答えよ。

① 音を特徴付ける3要素をそれぞれ記せ。

② 音の実験において使用する実験器具A，Bの名称をそれぞれ記せ。

実験器具A　　　　実験器具B

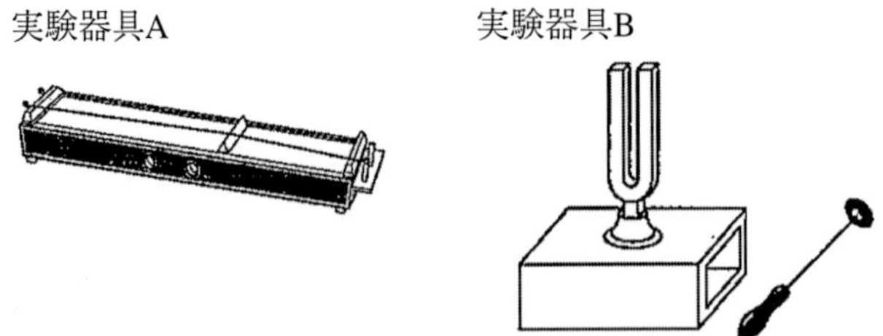

③ 前方にある壁までの距離を測るため，車のクラクションを鳴らした。このとき，4.0秒後に反響が聞こえた。音の速さを3.3×

10^2m/sとして，音を発したときの車と壁の距離を次の(ア)，(イ)の場合について求めよ。

(ア)　車が静止しているとき

(イ)　車が20m/sで壁に向かって進んでいるとき

(2)　次の図のように，正弦波がx軸の正の向きに進んでいる。Pで示す山は0.6秒後にはx＝8cmの位置に移った。この正弦波の振幅，波長，速さ，振動数，周期を求めよ。

図

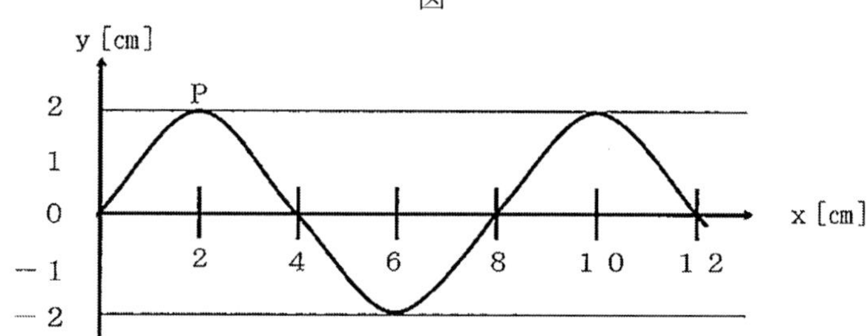

(3)　全身の姿を鏡に映そうとしたとき，身長の半分の高さの鏡を使えばよい。この理由を，図とことばを使って説明せよ。

(☆☆☆◎◎◎)

【6】図1は，地表に見られる地層の様子をスケッチしたものである。F－F′は断層であり，U面は不整合面である。地層は逆転していないものとして，下の(1)～(6)に答えよ。

図1

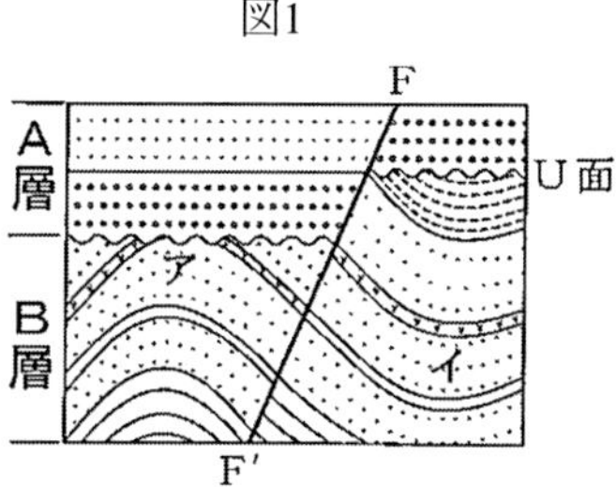

(1)　このように，地層が地表に現れている場所を何というか，記せ。

(2)　次の①～⑤の出来事を古い順に並べ，記号で記せ。

①　A層が堆積した。

②　B層が堆積した。

③　U面ができた。

④　F－F′の断層ができた。

⑤　褶曲が起きた。

(3)　褶曲している地層中に示したアのように山状に盛り上がった部分，イのように谷状にくぼんだ部分を何というか，それぞれ記せ。

(4)　F－F′の断層は何断層というか，記せ。また，どのような力がはたらいてできるか，記せ。

(5)　B層の中で，ビカリアの化石が見つかった。この地層が堆積したのは，新生代だと考えられる。このように地層ができた年代を推定できる化石を何というか，記せ。また，新生代は三つの紀に分けられるが，地質時代の古い順にすべて記せ。

(6)　地層の観察では，クリノメーターを使い走向や傾斜を調べる。クリノメーターの長辺を層理面に接するようにあて，水準器を見て，クリノメーターが水平になるようにして目盛りをみると，下図のようになった。このときの走向を読み取り，記せ。

図2

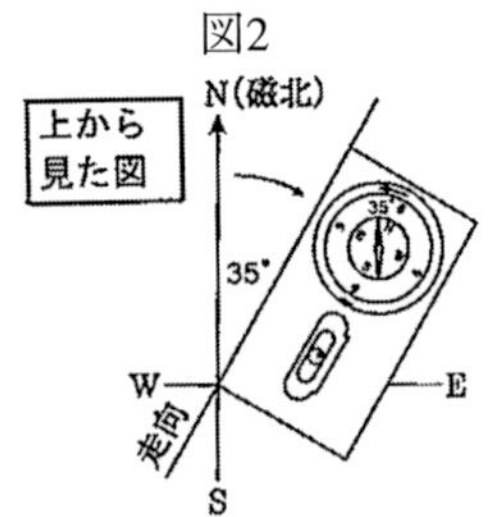

(☆☆☆◎◎◎)

高校理科

【物理】

【1】次の(1)～(3)の問いに答えよ。

(1) 次の文中の(①)～(③)に適する語句を記せ。

太陽面には(①)が見えることがあり，その温度は周囲の光球の温度に比べて低い。(①)の出現数には平均約11年の周期的な変動があることが知られている。光球の上にある彩層は，光球に比べると，密度ははるかに低く，その上層部では温度は上に行くほど高くなる。太陽面の一部が突然明るくなる(②)と呼ばれる一種の爆発現象が見られることがある。大きな(②)が現れると，地球へも影響がおよぶ。彩層の上には，約200万Kという非常に高温の(③)があり，皆既日食のときには，それが彩層の外側に広がっているのが見える。

(2) アセチレンC_2H_2の燃焼について，次の①，②の問いに答えよ。

(H＝1.0，C＝12.0，O＝16.0)

① アセチレンが完全燃焼したときの化学反応式を記せ。

② 標準状態で5.6Lのアセチレンと32gの酸素を混合し，完全燃焼させたときに発生する水は何gか求めよ。

(3) 次の①～③について答えよ。

① 外部の環境が変化しても，動物が体の状態を一定に保とうとする性質を何というか答えよ。

② 血液の中で，赤血球などの細胞以外の液体の部分の名称を記せ。

③ 物質の生成・貯蔵・分解を行い，人の体内で最も大きな器官の名称を記せ。

(☆☆☆◎◎◎)

【2】次の(1)，(2)の問いに答えよ。

(1) 図1のように，ばね定数kの軽いばねCの下端を固定し，上端に質量Mの水平な台Bを取り付け，その上に質量mの物体Aを静かにのせると，ばねが自然長からΔlだけ縮んだ位置で物体Aは静止した。このときのばねの上端の位置を原点($x=0$)として，鉛直上向きを正とするx軸をとる。運動は鉛直方向のみ行われるものとし，重力加速度の大きさをgとして，下の問いに答えよ。

図1

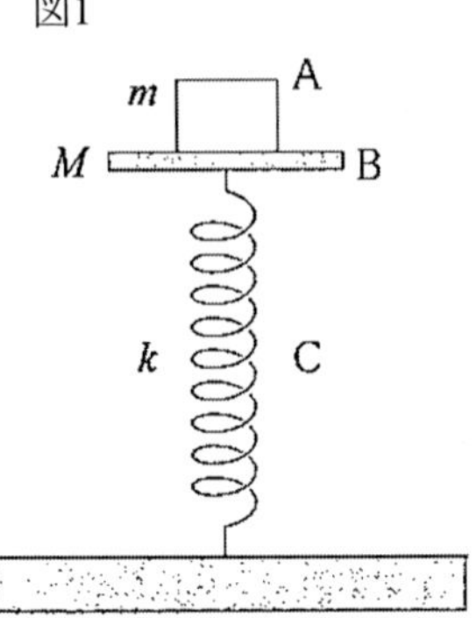

① Δlを求めよ。

② 台Bを手で少し押し下げ，手をはなすと物体Aは台Bと離れることなく単振動した。台Bとともに単振動している物体Aの加速度aを原点からの変位xの関数として表せ。

③ 台Bが物体Aを押す力fを，原点からの物体Aの変位xの関数として表せ。

④ 台Bが最高点に達したとき，物体Aが台Bを押す力がちょうど0になったとする。このときの単振動の振幅r_0を，M，m，kおよびgで表せ。

⑤ 次に，台Bを原点から$\sqrt{2}\,r_0$だけ押し下げて静かに離した。このとき，物体Aは原点からの変位がx_1のところで台Bから離れた。x_1およびそのときの物体Aの速さをM，m，kおよびgで表せ。

(2) 図2のように，半径Rの地球から，地球の中心からの距離が$3R$の円軌道に，人工衛星を2段階の操作で打ち上げる。まず，地球の中心を1つの焦点とし，点Pで地表に接し，点Qで半径$3R$の円軌道に接するだ円軌道にのせ，次に，点Qで円軌道に移行させる。地表での重力加速度の大きさをgとして，だ円軌道上を動くときの，点Pでの速さv_P，点Qでの速さv_Q，半径3Rの円軌道上を動くときの速さv_3をそれぞれ，g，Rで表せ。

図2

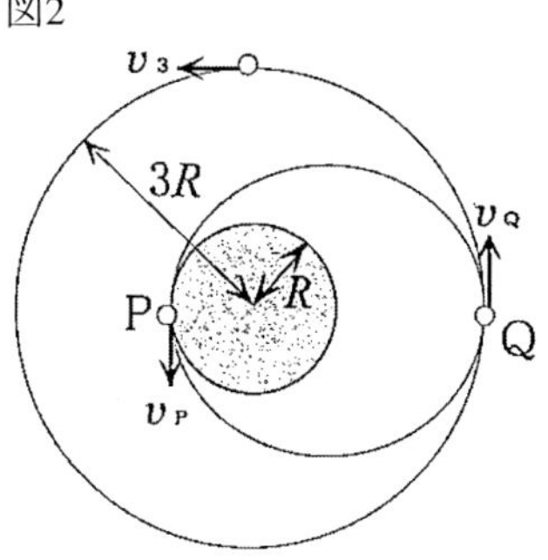

(☆☆☆☆◎◎◎)

【3】次の(1)，(2)の問いに答えよ。

(1) 図1のように，断熱材で囲まれた3つの容器が，コックA，Bがついた細管で連結されている。はじめコックA，Bは閉じられている。3つの容器Ⅰ，Ⅱ，Ⅲの容積はそれぞれV_1，V_2，V_3であり，そこに，それぞれ温度がT_1，T_2，T_3，それぞれの物質量がn_1，n_2，n_3の同種の単原子分子の理想気体が封入されている。コック，細管の体積，また容器を含めた熱容量および熱膨張は無視できるものとし，気体定数をRとして，下の問いに答えよ。

図1

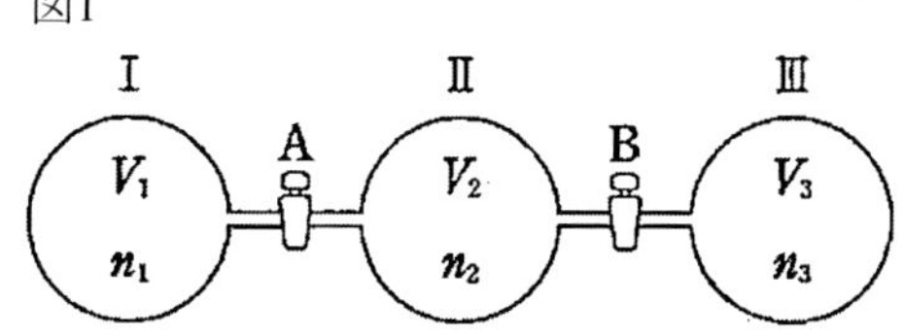

① コックAを開けて，平衡状態に達したときの容器Ⅰ，Ⅱの中の気体の温度を求めよ。

② ①の状態において，容器ⅠとⅡの中の気体の物質量をそれぞれ求めよ。

③ コックAを開けたままコックBを開けて，平衡状態に達したと

きの容器Ⅰの中の気体の物質量と圧力を求めよ。

④　図1の最初の状態において，容器Ⅲの中が真空($n_3=0$)であったとする。コックAを開けて平衡状態に達したのち，コックBを開けた。その後，平衡状態に達したときの容器Ⅰ，Ⅱ，Ⅲの中の気体の温度を求めよ。

(2)　単原子分子の理想気体が，容器に閉じこめられている。気体の圧力pと体積Vを，図2のように状態S(圧力p_0，体積V_0，温度T_0)から，A，B，C，Dの4つの状態に変化させた。ここでS→Cは等温変化，S→Dは断熱変化である。下の問いに答えよ。ただし，①～③は，T_0，p_0，p_1，V_0，V_1のうちから必要な記号を用いて表せ。

図2

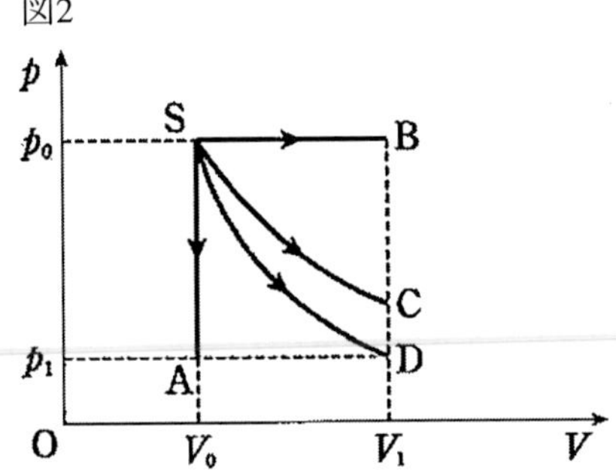

①　A，B，Dのそれぞれの温度T_A，T_B，T_Dを求めよ。

②　S→Bにおいて，気体が外部にした仕事W_{SB}，気体の内部エネルギーの増加分ΔU_{SB}，気体に加えた熱量Q_{SB}を求めよ。

③　S→Dにおいて，気体が外部にした仕事W_{SD}を求めよ。

④　A，B，Cから，さらにDにそれぞれ変化させ，(ア)S→A→D，(イ)S→B→D，(ウ)S→C→D，(エ)S→Dの4つの過程で，SをDに変化させた。各過程において，気体に加えられた熱量の総和(入った熱量を正とする)が大きいものから順に，(ア)～(エ)の記号で記せ。

(☆☆☆◎◎◎◎)

【4】次の(1)，(2)の問いに答えよ。

(1) 図1のような，抵抗値100Ωの抵抗P，可変抵抗Q，R，未知抵抗X，電池E，検流計G，スイッチSからなる回路がある。下の問いに答えよ。

図1

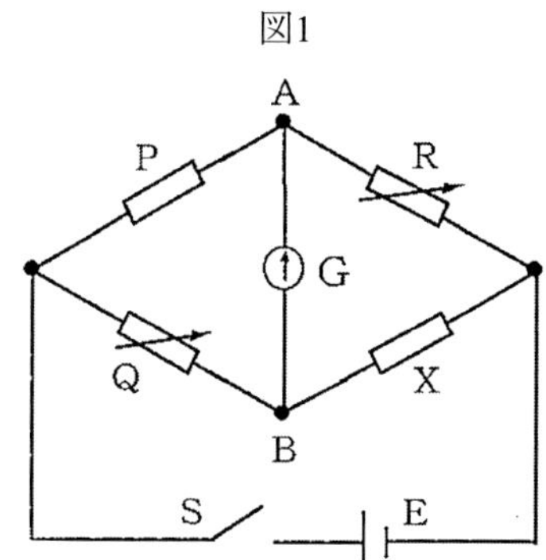

① Qの値を100Ωにし，Rの値をrにした。Sを閉じたとき，Gを流れる電流はBからAの向きであった。Xの値(xとする)とrとの大小関係を答えよ。

② 次に，Qの値を10Ωにし，Rの値を変えていくと14Ωと15Ωのときでは検流計を流れる電流の向きが逆であった。Xの値(xとする)はどのような範囲にあるか記せ。

③ 検流計を流れる電流の値が0になるとき，P，Q，R，Xの値(p，q，r，xとする)の間に成り立つ関係を求めよ。

(2) 鉛直上向きの一様な磁束密度Bの磁場中に，2本の直線導体のレールが間隔lで水平に置かれ，起電力Eの電池，抵抗値Rの抵抗およびスイッチに接続してある。レール上の導体棒PQは，レールと垂直を保ち，なめらかに移動することができる。レールおよび導体棒PQの抵抗は無視できる。あとの問いに答えよ。

図2

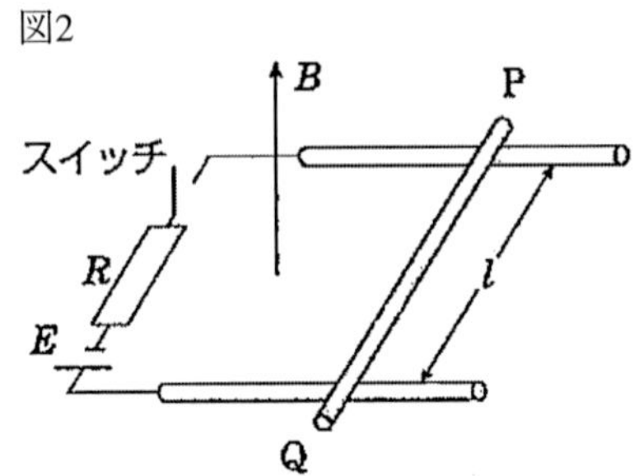

① スイッチを閉じた瞬間，導体棒PQが磁場から受ける力の向きと大きさを求めよ。

② 導体棒PQの速さがv_1になったとき，導体棒PQに流れる電流の大きさを求めよ。

③ 十分に時間が経過した時，導体棒PQはどのような運動をしていると考えられるか簡潔に記せ。ただし，導体棒PQはレール上を運動し続けるものとする。

(☆☆☆☆◎◎◎)

【生物】

【1】次の(1)～(3)の問いに答えよ。

(1) 次の文中の(①)～(③)に適する語句を記せ。

太陽面には(①)が見えることがあり，その温度は周囲の光球の温度に比べて低い。(①)の出現数には平均約11年の周期的な変動があることが知られている。光球の上にある彩層は，光球に比べると，密度ははるかに低く，その上層部では温度は上に行くほど高くなる。太陽面の一部が突然明るくなる(②)と呼ばれる一種の爆発現象が見られることがある。大きな(②)が現れると，地球へも影響がおよぶ。彩層の上には，約200万Kという非常に高温の(③)があり，皆既日食のときには，それが彩層の外側に広がっているのが見える。

(2) アセチレンC_2H_2の燃焼について，あとの①，②の問いに答えよ。

(H＝1.0，C＝12.0，O＝16.0)

① アセチレンが完全燃焼したときの化学反応式を記せ。

② 標準状態で5.6Lのアセチレンと32gの酸素を混合し，完全燃焼させたときに発生する水は何gか求めよ。

(3) 次図の実線波形は，x軸に沿って矢印の向きに進む正弦波の$t=0$〔s〕の様子を示したものである。実線波形が最初に点線波形のようになるのに0.50sかかった。下の①～③の問いに答えよ。

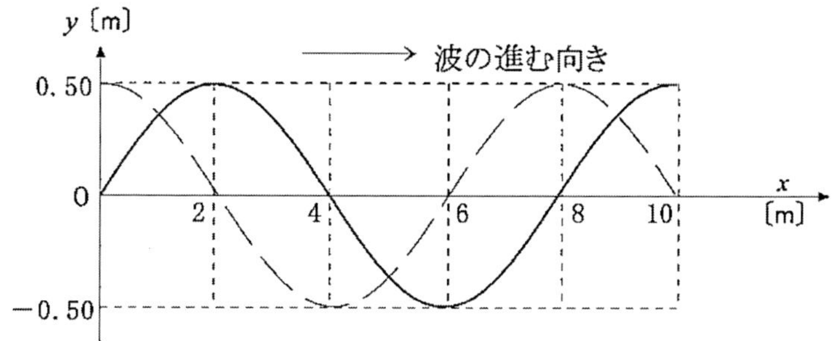

① 振幅〔m〕を求めよ。

② 波の速さ〔m/s〕を求めよ。

③ 振動数〔Hz〕を求めよ。

(☆☆☆◎◎◎)

【2】次の(1)，(2)の問いに答えよ。

(1) 動物の組織からDNAを抽出する実験を行った。①～③の問いに答えよ。

〔実験〕

操作(ア) 凍らせたニワトリの肝臓をおろし金ですりおろした。

操作(イ) すりおろした肝臓を乳鉢に移し，トリプシン水溶液を少しずつ加えながらよくすりつぶした。

操作(ウ) 15%の食塩水を乳鉢に加え，軽く混ぜた。

操作(エ) 乳鉢の内容物をビーカーに移し，100℃のお湯で4分間湯せんした。

操作(オ) ビーカーの内容物を4枚重ねのガーゼでろ過し，ろ液を冷却した。

操作(カ)　ろ液によく冷やしたエタノールを静かに入れ，ガラス棒でゆっくりかき混ぜた。

操作(キ)　ガラス棒に巻きついた白色の物質をビーカーに移し，少量の水を加え溶かした後，細いガラス管を用いてろ紙にスポットをつけ，乾燥させた。

操作(ク)　[　　　　　　　　　　　　　　　　　　　　　　　　]。

① 操作(ア)，(イ)，(ウ)，(エ)，(カ)を行う理由をそれぞれ記せ。

② 操作(ク)で行ったDNAを確認するための操作を記せ。

③ 不純物をさらに取り除き，DNAを精製するためには，上記のどこからどこまでの操作を繰り返せばよいか，記号で答えよ。

(2) A～Dは異化の代謝系について述べた文である。①～③の問いに答えよ。

A　筋肉内でグルコースが分解され最終的に(　ア　)ができるまでの反応である。グルコースから(　イ　)ができるまでは，解糖系とまったく同じ反応である。

B〔　a　〕によって，グルコースが(　イ　)を経て最終的に(　ウ　)になる反応は〔　a　〕に含まれるチマーゼのはたらきによる。

C〔　b　〕によって，O_2を消費してエタノールを酸化し(　エ　)が生成される反応である。

D　1分子のグルコースから，解糖系で2ATP，(　オ　)で2ATP，(　カ　)で34ATPができるので，全過程では38分子のATPができることになる。

① 文中の(　ア　)～(　カ　)には適する語句を，〔　a　〕，〔　b　〕には適する生物名を記せ。

② A～Dのそれぞれの反応あるいは過程の名称を記せ。

③ Bの反応を化学反応式で記せ。

(☆☆☆☆◎◎◎)

【3】下の文は生体防御について述べたものである。また，図1はそれを模式的に表したものである。(1)～(3)の問いに答えよ。

図1

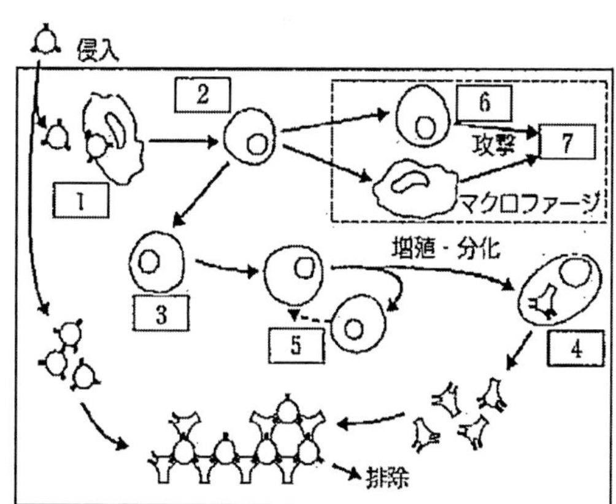

［　1　］は，体内に侵入した異物である抗原などを取り込んで分解し，その情報を［　2　］に伝える。［　2　］は刺激物質を放出し，［　3　］を刺激する。［　3　］は分化・増殖して［　4　］となり，認識された抗原とだけ結合する物質を産生し，血液中に放出する。その物質は抗原と遭遇すると反応し，やがて抗原は除去される。また，［　3　］は分化・増殖するとき，一部が［　5　］となって，その情報は，その後ある期間にわたって残される。一方，抗原の情報を受け取った［　2　］は，特有の物質を放出してマクロファージなどを集めたり，［　6　］を活性化させ，［　7　］などに直接作用する。

(1) 文章中および図中の［　1　］～［　7　］に入る適切な語句を記せ。

(2) 下線部の物質には，(ア)種類によって異なる部分と，(イ)すべてに共通する部分とがある。それぞれ名称を記せ。

(3) 以下の文を読み，①，②に答えよ。

あるマウスに，以前侵入したことがない抗原Aを期間をあけて2度注射した。抗原Aを2回目に注射したとき，以前に侵入したことがない抗原Bも同時に注射した。それぞれの抗原に対する抗体の産生量を調べたところ，図2のような結果が得られた。

図2

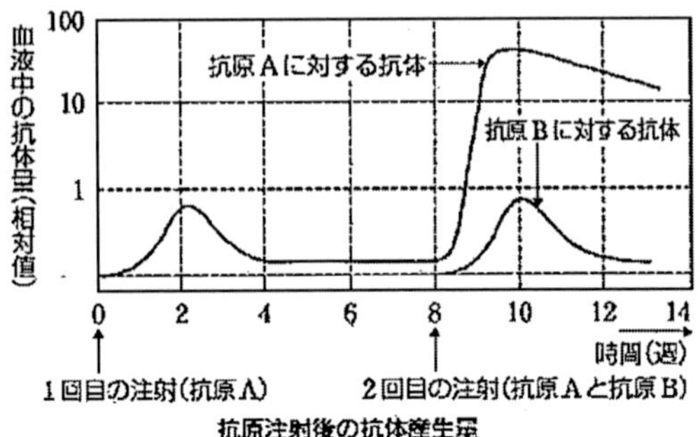

① 抗原Aに対する2回目の抗体産生反応のしくみを70字以内で記せ。

② 抗原Bのかわりに未知の抗原Xを注射したところ，抗原Xに対する抗体産生反応は，抗原Bに対するものと異なり，2回目の抗原A注射後のものと同様の反応を示した。抗原Xに対してこのような免疫反応が起こった理由として考えられることを2つあげ，それぞれ25字以内で記せ。

(☆☆☆◎◎◎)

【4】次の(1)，(2)の問いに答えよ。

(1) 次の文章を読み，①～⑥の問いに答えよ。

神経細胞は，普段は細胞の外側が(　ア　)に，細胞の内側が(　イ　)に帯電している。神経細胞が刺激を受容すると，(　ウ　)が瞬間的に開いて(　エ　)が神経細胞内に大量に流れ込み，(　オ　)が発生する。また，(　オ　)が発生した後，すぐに(　カ　)に戻るのは，(　キ　)が開き(　ク　)が神経細胞の外に出るからである。

神経の興奮と筋肉の収縮について実験するときに，カエルの足のふくらはぎの筋肉とそれにつながる神経(座骨神経)を切り離さずに取り出したものを使う。これを神経筋標本という。この実験には，すすを塗った紙をドラムにはり付けたミオグラフ，おんさなどを図

1のように設置して使用する。

図1

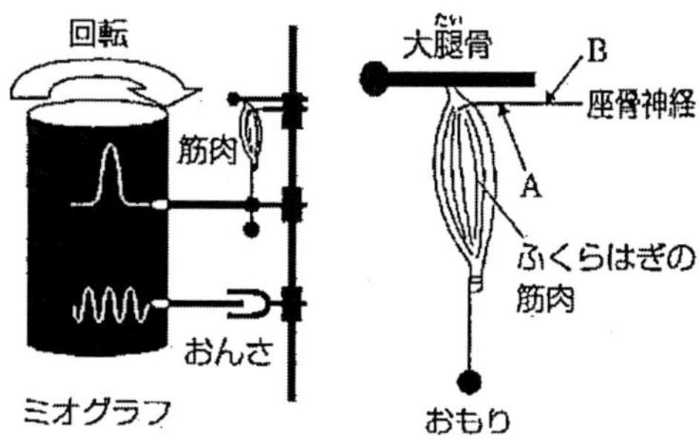

① 文章中の(　ア　)～(　ク　)に入る適切な語句または記号を記せ。

② 筋肉の神経筋接合部から3.0cm離れた座骨神経のAの場所で，1回刺激を与えると5.5ミリ秒後に，また，神経筋接合部から6.0cm離れたBの場所で同じ強さの刺激を与えると6.5ミリ秒後に，それぞれ筋肉の収縮が起こった。この座骨神経の興奮伝導速度〔m/秒〕を求めよ。

③ ②と同じ神経筋標本で，筋肉に直接電気刺激を与えた場合に収縮までに要した時間が2.0ミリ秒であった。神経筋接合部における刺激伝達に要した時間〔ミリ秒〕を求めよ。

④ 座骨神経のAの場所で10秒間，1秒間に30回の割合で刺激を与え続けたところ，筋肉は刺激を与えている間，一続きの収縮をした。このような筋肉の収縮と②のような刺激で起こった収縮の名称を，それぞれ記せ。

⑤ ④のような刺激を与え続けると筋肉中の以下の成分はどのように変化すると考えられるか。「増加する」あるいは「減少する」で答えよ。

(ア)　グリコーゲン　　(イ)　乳酸　　(ウ)　クレアチンリン酸

⑥ ④のような刺激を与え続けたとき，筋肉1g中にクレアチンが0.0655mg増加した。1gの筋肉で消費されたATPは何モルと考えら

れるか，答えよ。ただし，クレアチンの分子量を131とし，実験開始時と終了時で筋肉中のATP濃度に変化はなく，実験中に解糖系は働かなかったものとする。

(2)　限界暗期が同じである2種類の植物A，Bを，さまざまな明暗条件のもとで育てたところ，図2のような結果が得られた。①～⑤の問いに答えよ。

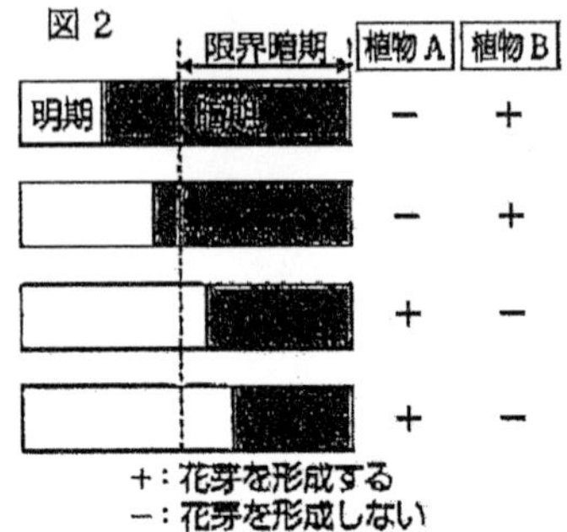

①　この実験のように，花芽形成が明期・暗期の長さに影響を受ける性質を何というか答えよ。

②　A，Bのような植物を何というかそれぞれ答えよ。

③　植物Aおよび植物Bの例を，(ア)～(オ)からそれぞれ2つずつ選び，記号を記せ。ただし，限界暗期の長さは問わないものとする。

(ア)　ヒマワリ　　(イ)　アヤメ　　(ウ)　キク

(エ)　アサガオ　　(オ)　アブラナ

④　植物A，Bを，図3のような明暗条件のもとで育てた時，得られた花芽形成の結果(a)～(d)はどうなると考えられるか。＋または－の記号で答えよ。

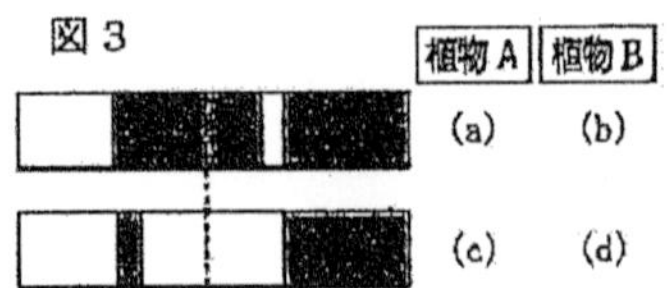

⑤　日長の影響を受けてつくられる，花芽形成を促す植物ホルモンの名称を答えよ。また，その物質はどの器官でつくられるか答え

よ。

(☆☆☆◎◎◎)

解答・解説

中　学　理　科

【1】(1)　・怪我に備え救急箱を用意する。　・防火対策として消火器や水を入れたバケツを用意する。　・換気に注意する。とくに有毒な気体を発生させる実験では十分な換気をする。　から2つ

(2)　①　ウ，キ　　②　ア，ウ，オ　　(3)　第1分野と第2分野の学習を生かし，科学技術の発展と人間生活とのかかわり方，自然と人間のかかわり方について多面的，総合的にとらえさせ，自然環境の保全と科学技術の利用の在り方について科学的に考察させ，持続可能な社会をつくっていくことが重要であることを認識させること。

〈解説〉中学校学習指導要領解説　理科編「第3章　指導計画の作成と内容の取扱い」によると，科学に関する基本的概念のいっそうの定着をはかり，科学技術と人間，エネルギーと環境，生命，自然災害など総合的な見方を育てる学習へと発展させる。また，観察・実験に取り組む際に整理整頓も学習の一環であり，さらに自然環境の保全と科学技術の利用のあり方について科学的に考察させ，持続可能な社会をつくっていくことの重要性を学習するとしている。

【2】(1)　虫刺されやかぶれ，紫外線などの危険から身を守るために，できるだけ露出部分の少ないものが適している。　(2)　①　ヨモギ　②　スギナ　③　シロツメクサ　(3)　①　イ→キ→ウ→エ→カ→オ→ア　②　$\frac{1}{16}$〔倍〕　③　2.5〔μm〕

〈解説〉(1)　虫刺されやウルシなどによるかぶれや紫外線への対策以外

に，ススキなどのイネ科植物の葉やイラクサなどの茎による傷防止のための長袖着用や，秋にはスズメバチ対策として明るい色の帽子の着用などもあげられる。　(2)　①　草もちにするのはキク科のヨモギである。　②　つくしはスギナの胞子茎である。スギナはシダ植物門トクサ綱トクサ目トクサ科トクサ属に属する。　③　クローバーはマメ科植物のシロツメクサの通称である。かつて，梱包の際の隙間を詰める乾燥したこの植物が使われたことからこの名がついたといわれる。
(3)　①　接眼レンズを先に付けるのは，鏡筒からの埃やゴミが対物レンズの中に入るのを避けるためである。焦点を合わせる作業で，まず横から見ながらプレパラートを対物レンズに近づけ，その後接眼レンズをのぞき，プレパラートを対物レンズから遠ざけるように調節ねじを回す。これは，対物レンズがプレパラートに衝突して試料やレンズを破損しないようにするためである。視野の広い低倍率から高倍率に切り替える操作は，調節ねじを回さずにレボルバーだけ回して対物レンズを切り替える。　②　顕微鏡の総合倍率は，辺の長さの倍率をさしている。面積は辺の長さの2乗だから，$\left(\frac{1}{4}\right)^2=\frac{1}{16}$〔倍〕となる。
③　対物ミクロメーターと接眼ミクロメーターを平行に並べて，両目盛りが一致する2点を探す。両目盛りが一致した2点間のそれぞれの目盛りの数を読み取り，次の式より接眼ミクロメーターの1目盛りの長さを求める。設問では，対物ミクロメーター5目盛り分と接眼ミクロメーター20目盛り分が一致している。接眼ミクロメーター1目盛りが示す長さ$=\dfrac{\text{対物ミクロメーターの目盛り数}\times 10\ 〔\mu\text{m}〕}{\text{接眼ミクロメーターの目盛り数}}=\dfrac{5\times 10}{20}=$
2.5〔μm〕

【3】(1)　ギムザ染色液　(2)　X　白血球　Y　赤血球　Z　血小板　(3)　免疫　(4)　①　H_2CO_3　②　HCO_3^-　(5)　傷の部分に血小板が集まり，フィブリンが集まった繊維が生成され，血球をからめとって血ぺいがつくられる。
〈解説〉(1)　ギムザは単一の色素でなく，メチレンブルー，アズール，エオシンYなどの混合液で，核を赤色に，細胞質を青色に染め分ける。

顆粒性白血球をギムザ染色すると，細胞内顆粒がメチレンブルー(塩基性)に染まる好塩基球と，エオシン(酸性)に染まる好酸球と，どちらにも染まらないもの(中性)すなわち好中球に区別できる。　(2)　白血球は，細胞質が青く染まり，大きい。赤血球は数多く見られ，小さくて赤く，無核である。小さく見えるものは血小板である。　(3)　白血球にはいろいろな種類があるが，どれも免疫に関係したはたらきをもつ。(4)　呼吸によって生じたCO_2は，血しょう中に溶け込み，赤血球に入って炭酸脱水素酵素のはたらきで，炭酸(H_2CO_3)になる。H_2CO_3は，HCO_3^+とH^+に解離し，HCO_3^-は血しょう中に出て肺胞に運ばれる。CO_2分圧の低い肺では逆の反応が起こるので，CO_2は気体となって放出される。　(5)　血管が切れて出血すると，血小板からの血小板因子や，組織液に含まれるトロンボプラスチンや，血しょう中の血液凝固因子およびCa^{2+}などのはたらきによって，血しょう中のトロンボプラスチンがプラスチンに変化する。トロンビンは血しょう中のフィブリノーゲン(水溶性タンパク質)を繊維状のフィブリンに変える。フィブリンが血球と絡み合って血ぺいをつくり血液を凝固させる。

【4】(1)　①　炭酸水素ナトリウムの入った試験管の口を底よりも低くする。水が発生するため，加熱部に水が流れ試験管を割る恐れがあるから。　②　$2NaHCO_3 \rightarrow Na_2CO_3 + CO_2 + H_2O$　③　石灰水が逆流して，試験管を壊さないように，ガラス管を石灰水から抜いておく。
(2)　①　反応…酸化　　イオン反応式…$2Cl^- \rightarrow Cl_2 + 2e^-$
②　電気量…482.5〔C〕　　電子…0.005〔mol〕
③　0.16(0.15875)〔g〕　　④　0.056〔L〕

〈解説〉(1)　①～③　化学反応で生じる物質が何か考える。実験中に試験管が割れる事故が起こりやすい。　(2)　①　陽極では$2Cl^- \rightarrow Cl_2 + 2e^-$　陰極では$Cu^{2+} + 2e^- \rightarrow Cu$が起こっている。電子を放出する反応は酸化反応，電子を授受する反応は還元反応である。　②　流れた電気量は，$Q = It$なので，$Q = 0.5 \times (16 \times 60 + 5) = 482.5$〔C〕。流れた電子は，$482.5 \div (9.65 \times 10^4) = 0.005$〔mol〕　③　陰極では，$Cu^{2+} + 2e^- \rightarrow Cu$が起

こっている。電子1個の反応に直すと$\frac{1}{2}Cu^{2+}+e^{-}\rightarrow\frac{1}{2}Cu$とな る。電子が0.005〔mol〕流れたのだから，$0.005\times\left(\frac{63.5}{2}\right)=0.15875\cong$ 0.16〔g〕となる。　④　陽極では，$2Cl^{-}\rightarrow Cl_2+2e^{-}$が起こっている。電子1個の反応に直すと，$Cl^{-}\rightarrow\frac{1}{2}Cl_2+e^{-}$となる。電子が0.005〔mol〕流れたのだから，$0.005\times\left(\frac{22.4}{2}\right)=0.056$〔L〕となる。

【5】(1)　①　音の大きさ，音の高さ，音色　　②　実験器具A…モノコード　　実験器具B…おんさ　　③　(ア)　660〔m〕　　(イ)　740〔m〕　　(2)　振幅…2〔cm〕　　波長…8〔cm〕　　速さ…10〔cm/s〕　振動数…1.25〔Hz〕　　周期…0.8〔s〕　　(3)　Aは頭頂部の像が鏡に映る位置であり，目と頭頂部の半分の高さ。　Bはつま先の像が鏡に映る位置であり，つま先と目の位置の半分の高さ。よって，身長の半分の鏡で全身を映すことができる。

〈解説〉(1)　③　(ア)　車と壁の距離をxとすると，音の移動距離$l=2x$，3.3×10^2〔m/s〕×4〔s〕＝$2x$〔m〕，$x=660$〔m〕　(イ)　(ア)より，$x=660$〔m〕，車の速度が20〔m/s〕で壁に向かって進んでいるので，20×4＝80〔m〕　660＋80＝740〔m〕　(2)　Pは0.6秒間に$x=8-2=6$〔cm〕進むので，速さは$\frac{6}{0.6}=10$〔cm/s〕。振動数$f=\frac{V}{\lambda}=\frac{10}{8}=1.25$〔Hz〕　周期$T=\frac{1}{f}=\frac{6}{1.25\text{〔Hz〕}}=0.8$〔s〕　(3)　作図をして考えることがポイントになる。

【6】(1)　露頭　　(2)　②→⑤→③→①→④　　(3)　ア　背斜　イ　向斜　　(4)　断層…正断層　　力…引っ張りの力　　(5)　年代を推定できる化石…示準化石　　新生代の三つの紀　…古第三紀，新第三紀，第四紀　　(6)　N35°E

〈解説〉(1)　地層が露出して，地層や岩石が観察できる場所を露頭という。　(2)　不整合面が断層によって切られているので，④断層の形成は①A層の堆積の後。U面(不整合面)は時間的，堆積環境的な不連続性を意味する。よって，①は③U面の形成の後。褶曲はB層全体に及んでいるので，⑤褶曲は②B層の堆積の後であり，U面により層理面が切られているので，⑤は③の前である。　(3)　地層が波状に屈曲した構造を褶曲といい，山状に盛り上がった部分を背斜，谷状に窪んだ部分を向斜という。　(4)　図の左側が上盤であり，地層の様子から上盤がずり落ちているので正断層である。正断層は引張りの力がはたらいて形成される。　(5)　特定の地質時代にのみ発見されるため，地層の年代特定に用いられる化石を示準化石という。示準化石の特徴として，(a)種の生存期間が短い，(b)地理的分布が広い，(c)化石の産出数が多い，などがあげられる。進化の速度が速いと，産出する時代が短く，精確に年代特定ができるので示準化石に適する。その生物が生息していたころの気候や水陸分布などの環境を推定できる化石を示相化石という。環境の適応範囲が狭い生物のほうが示相化石には適する。ビカリアは新第三紀の示準化石であり，熱帯～亜熱帯域のマングローブ海岸であったことを示す示相化石でもある。　(6)　図2から北に対して35〔°〕の方向を向いているので，N35°Eである。

高　校　理　科

【物理】

【1】(1)　①　黒点　　②　フレア　　③　コロナ　　(2)　①　$2C_2H_2+5O_2\rightarrow 4CO_2+2H_2O$　　②　4.5g　　(3)　①　恒常性(ホメオスタシス)　②　血しょう　　③　肝臓

〈解説〉(1)　①　太陽の光球(表面温度約6000〔K〕)の一部に，黒い点がみられ黒点とよばれる。温度は約4000〔K〕で光球より低い。

②　彩層およびコロナの一部において磁場のエネルギーが変化し，爆

発的に輝く現象がみられ，この現象をフレアという。　③　彩層の外側にコロナとよばれる希薄な大気層があり，温度は約200万〔K〕にもなる。またコロナの中に，プロミネンス(紅炎)と呼ばれるプラズマからなるガス雲が観察される。　(2)　①　アセチレンの完全燃焼は，必要な酸素O_2の量をアセチレン1〔mol〕に対して$\boldsymbol{n}$〔mol〕とすると，$C_2H_2 + nO_2 \rightarrow 2CO_2 + H_2O$　と表され，右辺と左辺の酸素の量から$\boldsymbol{n} = \frac{5}{2}$とわかる。したがって，その反応式は，$C_2H_2 + \frac{5}{2}O_2 \rightarrow 2CO_2 + H_2O$より，$2C_2H_2 + 5O_2 \rightarrow 4CO_2 + 2H_2O$　となる。　②　アセチレンC_2H_2の分子量は$12.0 \times 2 + 1.0 \times 2 = 26$であり，酸素$O_2$は32である。また，標準状態での1〔mol〕の気体の体積は22.4〔L〕であるので，アセチレン5.6〔L〕は$\frac{5.6}{22.4} = 0.25$〔mol〕，酸素32〔g〕は1〔mol〕である。①で求めた反応式からアセチレンと同molの水H_2Oが発生する。水H_2Oの分子量は18なので，発生する量は$0.25 \times 18 = 4.5$〔g〕となる。　(3)　①　外部の環境が変化しても動物が体の状態を一定に保とうとする性質，あるいは体内環境が安定して一定に保たれていることを，恒常性(ホメオスタシス)という。アメリカの生理学者，W. キャノンが提唱した生物学上での重要な概念。内分泌系と神経系による調節がそれを行っている。②　血液は，有形成分と液体成分に分けられる。有形成分は赤血球(核をもたない円盤状の7～8〔μm〕のもので酸素の運搬などを行う)，白血球(核をもち，8～20〔μm〕の大きさのアメーバ状のものであり免疫機能をもつ)，血小板(核をもたず2～3〔μm〕の大きさの不定形のもので血液の凝固に関与する)からなる。液体成分は血しょうとよばれ，水分，タンパク質，グルコース，脂肪，無機塩類などを含み，体内での物質の運搬を行い，また免疫にも関与する。　③　ヒトの体内で最も大きな内臓は肝臓である。肝臓は多くの機能を果たしており，炭水化物・脂肪・タンパク質の代謝，胆汁の生成，解毒作用，ビタミン貯蔵，血液貯蔵，尿素の合成，また，多くの代謝機能によって体温の維持にも貢献している。

【2】(1) ① $\dfrac{M+m}{k}g$ ② $-\dfrac{k}{M+m}x$ ③ $m\left(g-\dfrac{k}{M+m}x\right)$

④ $\dfrac{M+m}{k}g$ ⑤ $x_1=\dfrac{M+m}{k}g$ 物体Aの速さ…$g\sqrt{\dfrac{M+m}{k}}$

(2) $v_p=3\sqrt{\dfrac{gR}{6}}$ $v_Q=\sqrt{\dfrac{gR}{6}}$ $v_3=\sqrt{\dfrac{gR}{3}}$

〈解説〉(1) ① 力のつり合い$(m+M)g=k\Delta l$より，$\Delta l=\dfrac{m+M}{k}g$
② ばねが$(\Delta l-x)$縮んだときの運動方程式は$k(\Delta l-x)-(m+M)g=(m+M)a$となる。①より$\Delta l=\dfrac{M+m}{k}g$を代入すると$(m+M)g-kx-(m+M)g=(m+M)a$ ∴ $a=-\dfrac{k}{M+m}x$ ③ 物体Aについての運動方程式は$f-mg=ma$ この式に$a=-\dfrac{k}{M+m}x$を代入して$f=mg-\dfrac{mk}{M+m}x$ ∴ $f=m\left(g-\dfrac{k}{(M+m)}x\right)$ ④ $x=r_0$で$f=0$を，③で求めた式に代入すると$g-\dfrac{k}{M+m}r_0=0$となる ∴ $r_0=\dfrac{M+m}{k}g$ ⑤ 物体Aと台Bの運動方程式は，垂直抗力をNとすると，Aでは$N-mg=ma$，Bでは$k(\Delta l-x_1)-N-Mg=Ma$となる。$N=0$のとき，$a=-g$ よって，$k(\Delta l-x_1)=0$ $k\neq0$ ∴ $x_1=\Delta l=\dfrac{M+m}{k}g$ 物体Aの速さをV_1とすると，エネルギー保存則より，$\dfrac{1}{2}k(\Delta l+\sqrt{2}\,r_0)^2-(m+M)g\sqrt{2}\,r_0=\dfrac{1}{2}k(\Delta l-x_1)^2+(m+M)gx_1+\dfrac{1}{2}(m+M)V_1^2$ ここで，$\Delta l=r_0=x_1=\dfrac{M+m}{k}g$を代入して解くと，$V_1=g\sqrt{\dfrac{M+m}{k}}$

(2) ケプラーの第2法則より，$Rv_p=3Rv_Q$…① エネルギー保存則より，$-\dfrac{GmM}{R}+\dfrac{1}{2}mv_p^2=-\dfrac{GmM}{3R}+\dfrac{1}{2}mv_Q^2$…② このとき，人工衛星の質量を$m$，地球の質量を$M$とした。①，②式を解くと$v_Q^2=\dfrac{GM}{6R}$，$v_p^2=\dfrac{3GM}{2R}$ ここで，地上にある質量m'の物体にはたらく重力を万有引力で考えると，$m'g=\dfrac{Gm'M}{R^2}$ よって$g=\dfrac{GM}{R^2}$，$v_Q^2=\dfrac{gR}{6}$，$v_p^2=\dfrac{3gR}{2}$，

$v_Q \geqq 0$　$v_p \geqq 0$より，$v_p = 3\sqrt{\frac{gR}{6}}$　$v_Q = \sqrt{\frac{gR}{6}}$　一方，円軌道上を動くときに万有引力＝遠心力なので$\frac{GmM}{(3R)^2} = \frac{m v_3{}^2}{3R}$，$v_3{}^2 = \frac{GM}{3R} = \frac{gR}{3}$，$v_3 > 0$より，$v_3 = \sqrt{\frac{gR}{3}}$

【3】(1)　①　$\frac{n_1T_1 + n_2T_2}{n_1 + n_2}$　　②　容器Ⅰ…$\frac{V_1}{V_1 + V_2}(n_1 + n_2)$

容器Ⅱ…$\frac{V_2}{V_1 + V_2}(n_1 + n_2)$　　③　物質量…$\frac{V_1}{V_1 + V_2 + V_3}(n_1 + n_2 + n_3)$

圧力…$\frac{n_1T_1 + n_2T_2 + n_3T_3}{V_1 + V_2 + V_3}R$　　④　$\frac{n_1T_1 + n_2T_2}{n_1 + n_2}$

(2)　①　$T_A = \frac{p_1}{p_0}T_0$　　$T_B = \frac{V_1}{V_0}T_0$　　$T_D = \frac{p_1V_1}{p_0V_0}T_0$　　②　$W_{SB} = p_0(V_1 - V_0)$　　$\varDelta U_{SB} = \frac{3}{2}p_0(V_1 - V_0)$　　$Q_{SB} = \frac{5}{2}p_0(V_1 - V_0)$

③　$\frac{3}{2}(p_0V_0 - p_1V_1)$　　④　(イ)>(ウ)>(エ)>(ア)

〈解説〉(1)　①　初期状態Ⅰ：$P_1V_1 = n_1RT_1$　Ⅱ：$P_2V_2 = n_2RT_2$　Ⅲ：$P_3V_3 = n_3RT_3$　コックAをあけた後$P_{12}(V_1 + V_2) = n_{12}RT_{12} = (n_1 + n_2)RT_{12}$　内部エネルギーは保存されるので，$\frac{3}{2}n_1RT_1 + \frac{3}{2}n_2RT_2 = \frac{3}{2}(n_1 + n_2)RT_{12}$　よって$T_{12} = \frac{n_1T_1 + n_2T_2}{n_1 + n_2}$　②　物質量は体積に比例するため，容器Ⅰは$n_1{}' = \frac{V_1}{V_1 + V_2}n_{12} = \frac{V_1}{V_1 + V_2}(n_1 + n_2)$　容器Ⅱは$n_2{}' = \frac{V_2}{V_1 + V_2}n_{12} = \frac{V_2}{V_1 + V_2}(n_1 + n_2)$　③　②と同様に，物質量は$n_1{}' = \frac{V_1}{V_1 + V_2 + V_3}n_{123} = \frac{V_1}{V_1 + V_2 + V_3}(n_1 + n_2 + n_3)$　①と同様に，内部エネルギーは保存されるため，

$\frac{3}{2}n_1RT_1 + \frac{3}{2}n_2RT_2 + \frac{3}{2}n_3RT_3 = \frac{3}{2}(n_1 + n_2 + n_3)RT_{123}$　よって，

$T_{123} = \frac{n_1T_1 + n_2T_2 + n_3T_3}{n_1 + n_2 + n_3}$　$PV_{123} = (n_1 + n_2 + n_3)RT_{123}$に代入して，

$P(V_1+V_2+V_3)=(n_1+n_2+n_3)R\cdot\dfrac{n_1T_1+n_2T_2+n_3T_3}{n_1+n_2+n_3}$　より

$P=\dfrac{n_1T_1+n_2T_2+n_3T_3}{V_1+V_2+V_3}R$　圧力は容器Ⅰ，Ⅱ，Ⅲ内で一定。　④　③より，$T_{123}=\dfrac{n_1T_1+n_2T_2+n_3T_3}{n_1+n_2+n_3}$　ここに$n_3=0$を代入して，$T_{123}=\dfrac{n_1T_1+n_2T_2}{n_1+n_2}$

(2)　①　状態方程式A：$p_1V_0=nRT_A$，B：$p_0V_1=nRT_B$，D：$p_1V_1=nRT_D$，S：$p_0V_0=nRT_0\to nR=\dfrac{P_0V_0}{T_0}$　よって，$T_A=p_1V_0\times\dfrac{T_0}{p_0V_0}=\dfrac{p_1}{p_0}T_0$，$T_B=p_0V_1\times\dfrac{T_0}{p_0V_0}=\dfrac{V_1}{V_0}T_0$，$T_D=p_1V_1\times\dfrac{T_0}{p_0V_0}=\dfrac{p_1V_1}{p_0V_0}T_0$　②　定圧変化のときに気体がした仕事W_{SB}は，$W_{SB}=p\Delta V=p_0(V_1-V_0)$　内部エネルギーは$\dfrac{3}{2}nRT$で表されるため，$\Delta U_{SB}=\dfrac{3}{2}nRT_B-\dfrac{3}{2}nRT_0=\dfrac{3}{2}\dfrac{p_0V_0}{T_0}\left(\dfrac{V_1}{V_0}T_0-T_0\right)=\dfrac{3}{2}p_0(V_1-V_0)$　熱力学第一法則より，$\Delta U_{SB}=Q_{SB}-W_{SB}$，$Q_{SB}=\dfrac{3}{2}p_0(V_1-V_0)+p_0(V_1-V_0)=\dfrac{5}{2}p_0(V_1-V_0)$　③　S→Dは断熱変化であるから，$Q_{SD}=0$　よって，$\Delta U_{SD}=-W_{SD}$，$W_{SD}=-\Delta U_{SD}=-\left(\dfrac{3}{2}nRT_D-\dfrac{3}{2}nRT_0\right)=-\dfrac{3}{2}\dfrac{p_0V_0}{T_0}\left(\dfrac{p_1V_1}{p_0V_0}T_0-T_0\right)=\dfrac{3}{2}(p_0V_0-p_1V_1)$　④　(ア)は定積変化(S→A)では，$W_{SA}=0$　よって，$Q_{SA}=\Delta U_{SA}=\dfrac{3}{2}(p_1-p_0)V_0$　一方，定圧変化(A→D)では，$Q_{AD}=\Delta U_{AD}+p_1\Delta V=\dfrac{3}{2}p_1(V_1-V_0)+p_1(V_1-V_0)=\dfrac{5}{2}p_1(V_1-V_0)$　(イ)はS→Bでは，②より$Q_{SB}=\dfrac{5}{2}p_0(V_1-V_0)$，B→Dでは(ア)と同様に$Q_{BD}=\dfrac{3}{2}(p_1-p_0)V_1$　(ウ)は等温変化では$\Delta U_{SC}=0$より，$Q_{SC}=W_{SC}>0$　C→Dでは$Q_{CD}=\dfrac{3}{2}(p_C-p_0)V_1$　(エ)は③より，$Q_{SD}=0$　よって，(イ)>(ウ)>(エ)>(ア)となる。

【4】(1)　①　$x>r$　　②　1.4〔Ω〕$<x<$1.5〔Ω〕　　③　$px=qr$

(2)　①　向き…右向き　大きさ…$\frac{EBl}{R}$　　②　$\frac{E-v_1Bl}{R}$

③　$\frac{E}{Bl}$の速さの等速運動をしていると考えられる。

〈解説〉(1)　①　図のように流れる電流をI_1～I_5とおく。

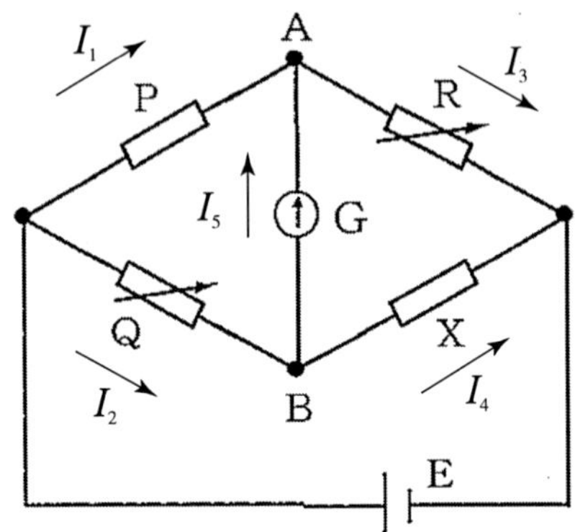

キルヒホッフの第二法則より，$100I_1-100I_2=0$より　$I_1=I_2$　同様に$rI_3=xI_4$　一方で，キルヒホッフ第一法則より，$I_1=I_3-I_5$　$I_2=I_5+I_4$　これより $I_3>I_4$　よって，$x>r$　②　キルヒホッフ第二法則より，$100I_1-10I_2=0$　$10I_1=I_2$　①より，$10I_1=I_2$を$I_1=I_3-I_5$に代入して，$I_2=10I_1=10I_3-I_5$，$I_2=I_5+I_4$，$I_5=5I_3-\frac{1}{2}I_4$　$r=14$〔Ω〕のとき，$14I_3=xI_4$

$I_5=\left(\frac{5}{14}x-\frac{1}{2}\right)I_4$　$r=15$〔Ω〕のとき，$15I_3=xI_4$

$I_5=\left(\frac{1}{3}x-\frac{1}{2}\right)I_4$　rが14〔Ω〕，15〔Ω〕でI_5の正負が反転することから，$\frac{5}{14}x-\frac{1}{2}<0$ かつ，$\frac{x}{3}-\frac{1}{2}>0$　または$\frac{5}{14}x-\frac{1}{2}>0$かつ，$\frac{x}{3}-\frac{1}{2}<0$　これが解をもつのは，1.4〔Ω〕$<x<$1.5〔Ω〕のとき。　③　$I_5=0$となるとき，$I_1=I_3$，$I_2=I_4$，$pI_1=qI_2$，$rI_3=xI_4$　これを解くと，$px=qr$

(2)　①　電流はQ→Pに流れるため，フレミング左手の法則より，力

は図の右向きにはたらく。このときの力は，$F=BIl=\frac{BE}{R}l=\frac{EBl}{R}$

② 速さv_1で動くとき，ファラデーの電磁誘導の法則より，誘導起電力が生じる。その大きさVは，$V=\frac{\Delta\Phi}{\Delta t}=\frac{Blv_1\Delta t}{\Delta t}=Blv_1$ P→Qの向きに電流が流れる方向に発生するため，PQに流れる電流の大きさは$I=\frac{\Delta E-V}{R}=\frac{E-Blv_1}{R}$ ③ 速さが大きくなると，$I=0$となって棒は磁界から力を受けなくなり，等速運動を行う。このときのV'は②より，$\frac{E-BlV'}{R}=0$ $V'=\frac{E}{Bl}$

【生物】

【1】(1) ① 黒点 ② フレア ③ コロナ (2) ① $2C_2H_2+5O_2\rightarrow 4CO_2+2H_2O$ ② 4.5〔g〕 (3) ① 0.50〔m〕 ② 12〔m/s〕 ③ 1.5〔Hz〕

〈解説〉(1) ① 太陽の光球(表面温度約6000〔K〕)の一部に，黒い点がみられ黒点とよばれる。温度は約4000〔K〕で光球より低い。
② 彩層およびコロナの一部において磁場のエネルギーが変化し，爆発的に輝く現象がみられ，この現象をフレアという。 ③ 彩層の外側にコロナと呼ばれる希薄な大気層があり，温度は約200万〔K〕にもなる。またコロナの中に，プロミネンス(紅炎)と呼ばれるプラズマから成るガス雲が観察される。 (2) ① アセチレンの完全燃焼は，必要な酸素O_2の量をアセチレン1〔mol〕に対してn〔mol〕とすると，$C_2H_2+nO_2\rightarrow 2CO_2+H_2O$ と表され，右辺と左辺の酸素の量から$n=\frac{5}{2}$とわかる。したがって，その反応式は，$C_2H_2+\frac{5}{2}O_2\rightarrow 2CO_2+H_2O$より，$2C_2H_2+5O_2\rightarrow 4CO_2+2H_2O$ となる。 ② アセチレンC_2H_2の分子量は$12.0\times 2+1.0\times 2=26$であり，酸素$O_2$は32である。また，標準状態での1〔mol〕の気体の体積は22.4〔L〕であるので，アセチレン5.6〔L〕は$\frac{5.6}{22.4}=0.25$〔mol〕，酸素32〔g〕は1〔mol〕である。①で求めた反応式からアセチレンと同molの水H_2Oが発生する。水H_2Oの分子量は18な

ので，発生する量は0.25×18＝4.5〔g〕となる。

(3)　①　振幅は中心からの最大振れ幅であるので，0.50〔m〕である。　②　図より，0.50〔s〕で移動した距離は8－2＝6〔m〕である。したがって，波の速さ＝$\frac{6}{0.50}$＝12〔m/s〕となる。　③　波長は波の1周期分の長さであり，図から8〔m〕とわかる。また②より，波の速さは12〔m/s〕　速さを波長で割れば1秒間に$\frac{12}{8}=\frac{3}{2}$〔個〕の波があることがわかる。すなわち，振動数は$\frac{3}{2}$＝1.5〔Hz〕である。

【2】(1)　①　(ア)　細胞を破壊し，DNAを抽出しやすくするため　(イ)　DNAと混在しているタンパク質を分解するため　(ウ)　DNAとタンパク質の結合を切断するため(DNAをよく溶かすため)

(エ)　未分解のタンパク質を凝固させて除くため　(カ)　DNAとタンパク質を分離するため(DNAをよく沈殿させるため)　②　ろ紙を酢酸オルセイン溶液に浸し，お湯で洗浄後スポットの染色を確認する　③　操作(ウ)～(カ)　(2)　①　ア　乳酸　イ　ピルビン酸　ウ　エタノール　エ　酢酸　オ　クエン酸回路　カ　電子伝達系　a　酵母(菌)　b　酢酸菌　②　A　解糖　B　アルコール発酵　C　酢酸発酵　D　(好気)呼吸　③　$C_6H_{12}O_6$ → $2C_2H_5OH$＋$2CO_2$

〈解説〉(1)　①　(ア)　細胞を破壊するとともに，組織を砕いて細かくすることでその後の処理液と接触する面積を増やすことにもなる。

(イ)　トリプシンはややアルカリ側ではたらくタンパク質分解酵素である(ペプシンは強酸のもとではたらくので使えない)。タンパク質がアミノ酸に分解されると水に溶ける。　(ウ)　陰イオンを帯びているDNA分子を塩化ナトリウムにより，電気的に中和し，細くて肉眼で見えないDNA分子が互いに集合して太い束になり，タンパク質と分離する。　(エ)　タンパク質が熱変性で凝固し分離しやすくなる。

(カ)　水に溶け込んだDNAをエタノールにより沈殿させて分離する。こうしてDNAを沈殿物として取り出せるようにする。　②　ろ紙上のスポットにあるDNAを酢酸オルセイン(または酢酸カーミン)で染色する。ろ紙も色素で赤くなるので，お湯でろ紙の染色液を洗うと，スポットのDNAだけが赤く残り存在を確認できる。　③　(ウ)～(カ)の操作でタンパク質とDNAの分離を繰り返す。　(2)　①　呼吸は大きく分けて，3つの反応過程で進む。　②　A　1分子のグルコースから2分子のピルビン酸に分解されるまでの解糖系の反応は，(好気)呼吸，乳酸発酵，アルコール発酵に共通している。　B　アルコール発酵を進めるさまざまな酵素をふくめてチマーゼとよぶ。　C　酢酸菌によるアルコールから酢酸までの反応は酸素を用いる。このような発酵を酸化発酵とよぶ。　D　(好気)呼吸の3つの反応系とATP生産は繰り返し出題される。反応式も確認しておく。　③　次の3つの反応式はいつでも書けるようにしておきたい。　アルコール発酵…$C_6H_{12}O_6 \rightarrow 2C_2H_5OH + 2CO_2 + 2ATP$　(好気)呼吸…$C_6H_{12}O_6 + 6O_2 + 6H_2O \rightarrow 6CO_2 + 12H_2O + 38ATP$　乳酸発酵・解糖…$C_6H_{12}O_6 \rightarrow 2C_3H_6O_3 + 2ATP$

【3】(1)　①　1　樹状細胞　2　ヘルパーT細胞　3　B細胞　4　抗体産生細胞　5　(免疫)記憶細胞　6　キラーT細胞　7　感染細胞　(2)　(ア)　可変部　(イ)　定常部　(3)　①　1回目の抗原Aの侵入で分化したB細胞の一部は，記憶細胞として体内に残っており，2回目に侵入した抗原Aに対して，すぐに大量の抗体を産出する。　②　・AとXは同じ抗原であり，免疫記憶が行われていた。　・この実験以前に，抗原Xが体内に侵入していた。

〈解説〉(1)　1の樹状細胞から5の免疫記憶細胞までの文は，体液性免疫に関したものであり，6，7は細胞性免疫に関するものである。

(2)　抗体である免疫グロブリン(タンパク質)の構造に関する設問である。免疫グロブリンG(IgG)分子の場合，H鎖(Heavy chain，重鎖)とL鎖(Light chain，軽鎖)が対になって結合したものが2つ合わさってY字型になっている。可変部は，H鎖とL鎖の先端部で，この部分で抗原と結合する。抗原ごとに，対応する可変部の構造は異なる。

(3)　①　体液性免疫において，同じ抗原が2度目に侵入したときは，免疫記憶細胞が増殖して抗体産生細胞に分化し，急速に抗体がつくられる。これを二次応答とよぶ。二次応答による抗体産生量は1回目よりも多い。　②　二次応答は，すでに免疫ができている抗原のみに起こる現象であることを考えて解答を考えればよい。

【4】(1)　①　ア　正(＋)　　イ　負(－)　　ウ　ナトリウムチャネル　エ　ナトリウムイオン(Na^+)　　オ　活動電位　　カ　静止電位　キ　カリウムチャネル　　ク　カリウムイオン(K^+)　　②　30〔m/秒〕　③　2.5〔ミリ秒〕　　④　一続きの収縮…完全収縮　　②のような収縮…単収縮　　⑤　(ア)　減少する　　(イ)　増加する　　(ウ)　減少する　　⑥　5.0×10^{-7}〔モル〕　　(2)　①　光周性　　②　A　長日植物　　B　短日植物　　③　A　(イ)，(オ)　　B　(ウ)，(エ)　④　(a)　＋　　(b)　－　　(c)　＋　　(d)　－　　⑤　ホルモン…フロリゲン　　器官…葉

〈解説〉(1)　①　細胞膜に存在するナトリウムポンプによって，細胞内のK^+濃度は細胞外に比べて高く維持されている。細胞膜には，電位変化に依存せず常に開口しているK^+チャネルが存在する。K^+は，細胞内外の濃度勾配に従ってこのチャネルから細胞外へと移動する。これによって静止電位が発生する。刺激が加わると，電位依存性のNa^+チャネルが開口しNa^+が流入することで電位が逆転し活動電位が発生する。　②　A－B間を伝導する興奮の速度を求める。速度$(v)=\left(\frac{\text{距離}}{\text{時間}}\right)$の式で求められる。$v=\frac{(60.0-30.0)\text{〔mm〕}}{(6.5-5.5)\text{〔ミリ秒〕}}=30$〔m/秒〕　③　A点が刺激を受けてから筋肉が収縮するまでに要した時間の長さ5.5〔ミリ秒〕をT_sとする。また，A点を刺激してから30.0〔mm〕離れた筋肉の神経接合部まで興奮が伝導するのに要した時間をT_a〔ミリ秒〕，神経接合部における刺激伝達に要した時間をX〔ミリ秒〕，刺激を受けた筋肉が収縮までに要した時間をT_b〔ミリ秒〕とする。それぞれの時間の間に次の関係式が成り立つ。$T_s=T_a+X+T_b \rightarrow X=T_s-(T_a+T_b)$　ここで$T_a=\frac{\text{距離}}{\text{速度}}=\frac{30\text{〔mm〕}}{(30\text{〔mm/ミリ秒〕}}=1.0$〔ミリ秒〕　問題文より$T_s=5.5$〔ミリ秒〕，$T_b=2.0$〔ミリ秒〕から，$X=5.5-(1.0+2.0)=2.5$〔ミリ秒〕　④　約35ミリ秒の短い間隔で繰り返し与えられる閾値以上の刺激では

筋収縮は強縮(完全強縮)となる。1秒間(1000〔ミリ秒〕)に30回の刺激は，刺激と刺激の間隔が$\frac{1000}{30}$≒33〔ミリ秒〕で強縮を引き起こす条件にあっている。　⑤　強縮による筋肉のATP消費が続くと，筋組織は酸欠状態になり呼吸によるATP補給は期待できず，グルコースを乳酸に分解する解糖によるATP補給が行われる。また，クレアチンリン酸がクレアチンになるエネルギーでもATP補給が行われるためにクレアチン量が増大する。　⑥　次図のように，運動時の筋収縮はATPのエネルギー(a)をつかって行われる。消費されたATPは呼吸により生じたエネルギー(c)で補われるが，④のような連続的な収縮で酸欠状態になると，クレアチンリン酸からクレアチンへの分解により生ずるエネルギー(b)で補われる。この場合のATPとクレアチンの分子数の関係は1対1である。よって，1〔g〕の筋肉で消費されたATPの物質量〔mol〕は，筋肉1〔g〕で増加したクレアチンの物質量と同じ量である。

クレアチン0.0655〔mg〕の物質量〔mol〕

$=\frac{\text{クレアチン}0.0655\,〔\text{mg}〕}{\text{クレアチン}1\text{mol当たりの質量}\,〔\text{g/mol}〕}=\frac{655\times10^{-7}}{131}$

$=5.0\times10^{-7}$〔mol〕

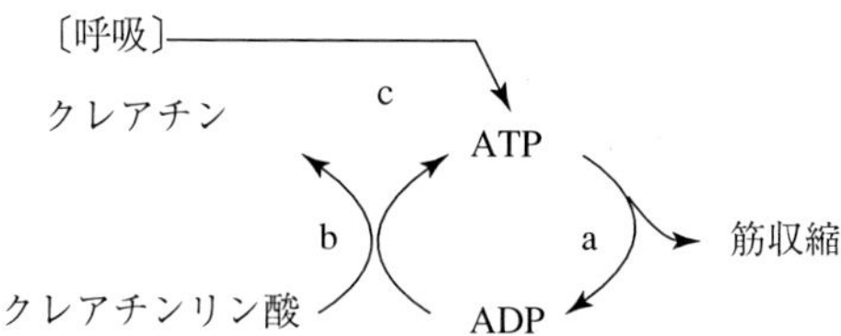

［図］運動時の筋収縮とエネルギー

(2)　②・③　植物Bは連続する暗期が限界暗期以上の時間になると花芽形成をする。このような植物を短日植物という。アサガオやキクのように花期が夏から秋になる植物が多い。逆に，暗期が限界暗期以下になると花芽形成するのを長日植物という。アヤメやアブラナのように花期が夏前にある植物が多い。ヒマワリ，シクラメンなどの，日長とは関係なく一定の生育に達すると花芽形成する植物は中性植物という。　④　問題文の図3の図は上下とも，植物B(短日植物)の花芽形成に必要な連続する暗期の長さが限界暗期に達する前に中断している。

その後の暗期の長さも限界暗期の長さに満たないので，花芽形成できない。長日植物の花芽形成の条件は短日植物の逆で，連続した暗期の長さが限界暗期未満なので花芽形成をする。　⑤　短日植物に限界暗期以上の長さの連続した暗期を与えても，葉を付けたものは花芽形成をし，すべての葉を取り除いたものは花芽形成をしないという実験結果がある。このことから，植物は葉で日長時間を感じとっていることがわかる。葉でつくられたフロリゲン(花成ホルモン)は師管を通って他の部分に送られる。

2016年度　実施問題

中学理科

【1】次は，中学校学習指導要領「理科」の「第2　各分野の目標及び内容」の一部である。①～⑦にあてはまることばをそれぞれ記せ。

[第1分野]

(1)　身近な物理現象

身近な事物・現象についての観察，実験を通して，光や音の規則性，力の性質について理解させるとともに，これらの事物・現象を日常生活や(　①　)と関連付けて科学的にみる見方や考え方を養う。

(2)　身の回りの物質

身の回りの物質についての観察，実験を通して，固体や液体，気体の性質，物質の状態変化について理解させるとともに，物質の性質や変化の(　②　)の基礎を身に付けさせる。

(4)　化学変化と原子・分子

化学変化についての観察，実験を通して，化合，分解などにおける物質の変化やその量的な関係について理解させるとともに，これらの事物・現象を原子や分子の(　③　)と関連付けてみる見方や考え方を養う。

(7)　科学技術と人間

エネルギー資源の利用や科学技術の発展と(　④　)とのかかわりについて認識を深め，自然環境の保全と科学技術の利用の在り方について科学的に考察し判断する態度を養う。

[第2分野]

(2)　大地の成り立ちと変化

大地の活動の様子や身近な岩石，(　⑤　)，地形などの観察を通して，地表に見られる様々な事物・現象を大地の変化と関連付けて理解させ，大地の変化についての認識を深める。

(3)　動物の生活と生物の(　⑥　)

生物の体は細胞からできていることを観察を通して理解させる。また，動物などについての観察，実験を通して，動物の体のつくりと働きを理解させ，動物の生活と種類についての認識を深めるとともに，生物の(　⑥　)について理解させる。

(6)　地球と宇宙

身近な天体の観察を通して，地球の運動について考察させるとともに，太陽や惑星の特徴及び月の運動と(　⑦　)を理解させ，太陽系や恒星など宇宙についての認識を深める。

(☆☆◎◎◎)

【2】次の(1)～(4)について答えよ。

(1)「同位体」とはどのような原子か，簡潔に記せ。

(2)　石灰水に二酸化炭素を加えたとき白い沈殿が生じる。この化学変化を化学反応式で記せ。

(3)　表のようなA液～F液をつくり，BTB溶液をそれぞれ2～3滴加えると，E液は緑色になった。A液～F液をすべて混ぜ合わせ中性にするためには，塩酸と水酸化ナトリウム水溶液どちらを何cm^3加えればよいか，記せ。ただし，塩酸と水酸化ナトリウム水溶液の濃度はそれぞれ同じものとする。

表

水溶液[cm^3]	A液	B液	C液	D液	E液	F液
水酸化ナトリウム水溶液	10.0	10.0	10.0	10.0	10.0	10.0
塩酸	0.0	2.0	4.0	5.0	6.0	7.0

(4) 月の公転周期は約27.3日であるが，実際に新月から次の新月までは約29.5日である。約2.2日の差が出る理由を簡潔に記せ。

(☆☆☆◎◎◎)

【3】遺伝子とそのはたらきについて，次の(1)～(4)に答えよ。

(1) 核酸にはDNAとRNAの2種類がある。次の①～③に答えよ。

① 次の文のA，Bにあてはまることばをそれぞれ記せ。

ヌクレオチドは塩基，(　A　)，(　B　)からなる核酸の構成単位である。

② DNAとRNAをそれぞれ構成する4種類の塩基のうち，DNAとRNAの片方にしか存在しないものは何か，すべて記せ。

③ 次の図はDNAの塩基配列と，DNAの一方の鎖の塩基配列(A (ア) G)を写し取ったmRNAの塩基配列である。ア～カにあてはまる塩基をそれぞれ記せ。

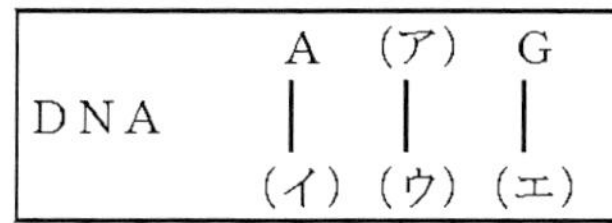

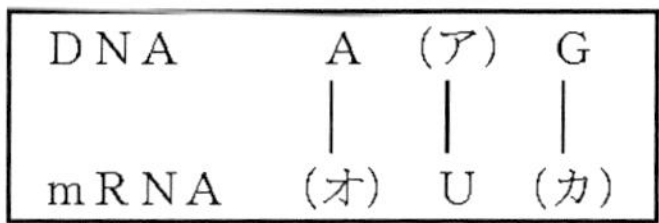

(2) シャルガフの規則について簡潔に述べよ。

(3) 次は，細胞の中におけるDNAの遺伝情報の流れを示したものである。下の①～③に答えよ。

(ア)　　(イ)

DNA　→　RNA　→　タンパク質

① 一般に遺伝情報はDNA→RNA→タンパク質の順に一方向に流れる。このような考え方を何というか，記せ。

② 図中の(ア)(イ)の過程はそれぞれ何と呼ばれているか記せ。

③ 次のア～エをタンパク質が合成される反応の段階順に並べ記号で記せ。

ア　隣り合ったRNAのヌクレオチドどうしが結合してmRNAができる。

イ　DNAの一方の鎖の塩基に相補的な塩基を持つRNAのヌクレオチドが結合する。

ウ　mRNAの塩基配列に基づいて，アミノ酸が結合し，タンパク質が合成される。

エ　DNAの塩基対どうしの結合がほどけて1本鎖になる。

(4)　ヒトの1個の体細胞には，46本の染色体があり，それらに含まれるDNAの全長は約2.0mで，それには，およそ60億個の塩基対が含まれる。ヒトの染色体1本に含まれるDNAの平均の長さを求めよ。

(☆☆◎◎◎◎)

【４】次の(1)，(2)に答えよ。

(1)　次の①～⑤の法則名をそれぞれ記せ。また，その発見者を下のa～jからそれぞれ一つ選び記号で記せ。

①　化合物では，その成分元素の質量比は常に一定である。

②　化学反応の前後で，反応にかかわる物質の質量の総和は変わらない。

③　すべての気体は，同温，同圧では，同体積中には同数の分子を含む。

④　気体が反応するとき，同温，同圧では，反応にかかわる気体の体積比は簡単な整数比になる。

⑤　2種の元素が化合して生じた数種類の化合物において，一方の元素の一定質量と化合するもう一方の元素の質量の間には，簡単な整数比が成り立つ。

a　ゲーリュサック　　b　モル　　c　ドルトン

d　ボイル　　e　アボガドロ　　f　シャルル

g　ラボアジェ　　h　ケルビン　　i　キャベンディッシュ

j　プルースト

(2) 次の①～⑥に答えよ。

ただし，アボガドロ定数＝6.0×10^{23}/mol，H＝1，C＝12，Cl＝35.5，Cu＝63.5とする。

① 銅原子3.0×10^{24}個は何molか，記せ。

② ダイヤモンド0.24gは何molか，記せ。

③ 標準状態で，67.2Lの塩化水素は何molか，記せ。

④ ダイヤモンド1.2gに含まれる炭素原子は何個か，記せ。

⑤ 水素5gは標準状態で何Lか，記せ。

⑥ 標準状態で11.2Lの水素に含まれている水素分子は何個か，記せ。

(☆☆◎◎◎)

【5】次の(1)～(4)に答えよ。

(1) 次の①～③の熱の伝わり方を何というか，記せ。

① 鍋に水を入れて，ガスコンロで温めると，鍋底で温まった水が上昇し，上部の冷たい水と入れかわる。

② 赤外線ヒーターの前に座ると，赤外線という目に見えない光が出て暖かく感じる。

③ 金属棒の先端をバーナーで温めると，温度の高い方から低い方に徐々に熱が伝わる。

(2) 80℃の水200gと20℃の水400gを混ぜ合わせると，全体の温度は何℃になるか，求めよ。ただし，水の中だけで熱のやりとりがあるものとする。

(3) 水平な道路を，時速72kmで等速直線運動をする質量2.0tの車が持つ運動エネルギーの大きさは何Jか，求めよ。

(4)　次の図のような水熱量計に80gの水を入れ，8.75Ωの電熱線に7.0Vの電圧を5分間かけ，温度変化を調べる実験を行った。下の①～③に答えよ。ただし，水の比熱を4.2J/(g・K)とする。

図

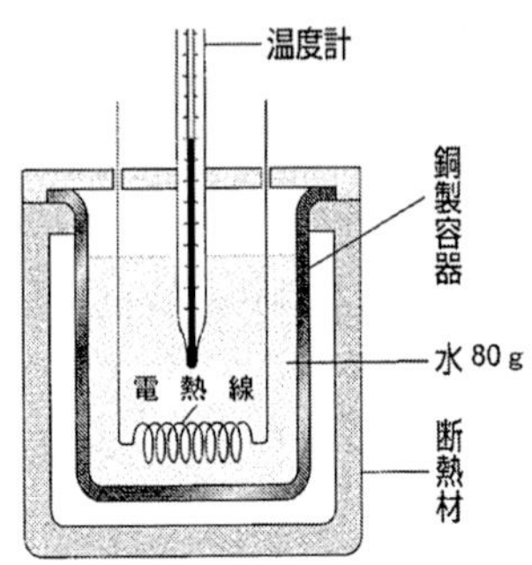

①　電熱線から発生した熱量は何Jか，求めよ。

②　このとき，水は何℃上昇するか，求めよ。ただし，電熱線と水の間だけで熱のやりとりがあるものとする。

③　電圧をかけるのをやめた後，この水熱量計に，温度60℃質量50gの金属球を入れ，じゅうぶん時間が過ぎたあと温度をはかると，27℃だった水温が30℃になっていた。この金属球の比熱を求めよ。ただし，金属球と水の間だけで熱のやりとりがあるものとする。

(☆☆◎◎◎)

【6】図1は東北日本の東西断面である。火山の分布，地震の震源，沈み込む海洋プレートの位置を表している。下の(1)～(5)に答えよ。

図1

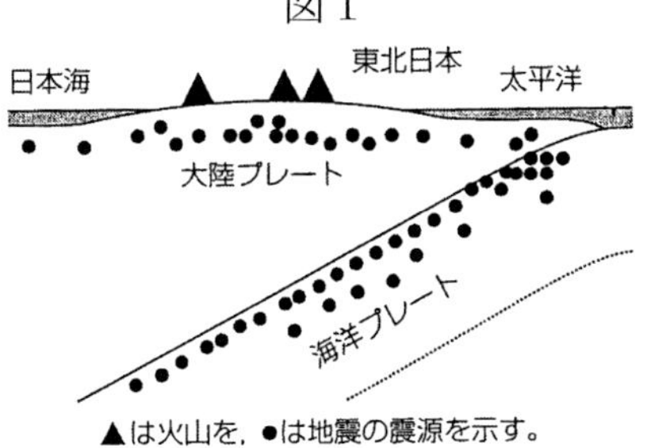

(1) 日本列島付近での地震の多くは，二つの大陸プレートと二つの海洋プレートの押し合いが関係している。二つの海洋プレート名を，記せ。

(2) 海洋プレートが生成される場所と海洋プレートが下に沈み込む場所を，それぞれ何というか，記せ。

(3) プレートの下にあるマントル上部の比較的流動性に富む層を何というか，記せ。

(4) 図2の波形は，ある観測点で記録された，上下，東西，南北の3方向の地震計の記録である。この記録から読み取れる，P波の初動は，押し波か引き波か，記せ。また，震源が観測点から見て，どの方向か，8方位で記せ。

図2

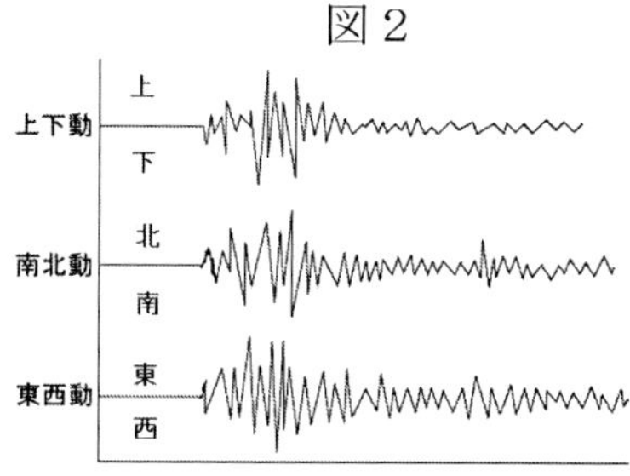

(5)　図3はある地点での，地震波の記録である。下の①，②に答えよ。

図3

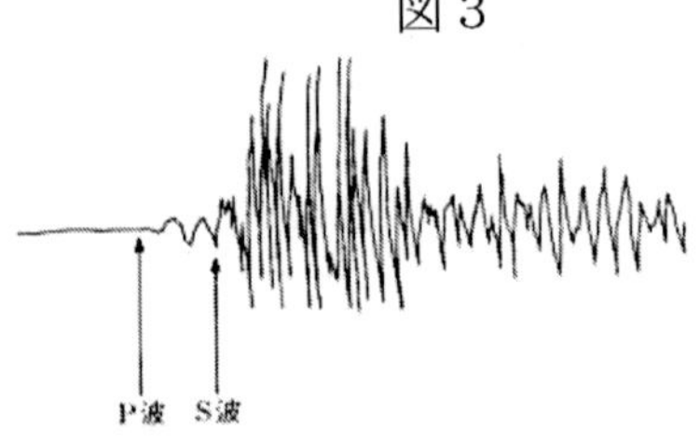

①　この地点での初期微動継続時間は12秒であった。震源までの距離を求めよ。ただし，P波の速さを秒速7.0km，S波の速さを秒速3.5kmとする。

②　この地点から震央までの距離は，76.0kmであった。震源の深さを求めよ。

(☆☆◎◎◎◎)

高　校　理　科

【化学】

【1】次の(1)～(4)の問いに答えよ。

(1)　次の文は，高等学校学習指導要領(平成21年3月)「理科」にある，指導計画の作成に当たって配慮すべき事項の一部を示したものである。文中の(　ア　)～(　エ　)に入る適切な語句を記せ。

「物理」，「化学」，「生物」及び「地学」の各科目については，原則として，それぞれに対応する(　ア　)を付した科目を履修した後に履修させること。

「理科課題研究」については，一つ以上の(　ア　)を付した科目を履修した後に履修させること。また，課題の(　イ　)や学校の(　ウ　)に応じて，授業を特定の期間に実施するなど，指導を(　エ　)に行うこと。

(2) 水面から高さ10mの崖の上から水平方向に速さ14m/sで小球を投げ出した。重力加速度の大きさを9.8m/s^{2}とする。次の①～③の問いに，有効数字2桁で答えよ。ただし，$\sqrt{2}=1.41$，$\sqrt{3}=1.73$とする。

① 小球が水面に達するまでの時間〔s〕を求めよ。

② 水面に達するまでに，小球が水平方向に移動した距離〔m〕を求めよ。

③ 水面に達したときの小球の速さ〔m/s〕を求めよ。

(3) 地震について述べた次の文中の(ア)～(カ)に入る適切な語句・数式を記せ。

地震は地殻やマントルに蓄積したひずみが一瞬で解放されることによって発生する。地震が起こると，地震波が地球全体に伝わっていく。この地震波から，ゆれの大きさをはかるものさしである(ア)，地震の規模をはかるものさしである(イ)が求められる。地震波には2種類あり，初めに観測点に到達する波を(ウ)という。次に到達する波を(エ)という。(ウ)と(エ)の到着時刻の差を(オ)という。(オ)をT〔s〕，震源距離をD〔km〕，(ウ)の速度をV_1〔km/s〕，(エ)の速度をV_2〔km/s〕とすると，$T=$(カ)という式が成り立つ。

(4) 文中の(ア)～(カ)に入る適切な語句を記せ。

代謝は連続的な化学反応のつながりといえる。生体内では数多くの化学反応が効率よく進行している。これには(ア)と呼ばれる触媒が重要なはたらきをしている。(ア)は，おもに(イ)が多数つながった大きな分子である(ウ)でできている。(ア)は，特有な化学構造を持つ(エ)だけにはたらく性質を持つ。これを(エ)特異性という。

DNAの(オ)配列がRNAに転写，翻訳され，その情報をもとに(イ)がつながり(ウ)が合成される。DNAとは，(カ)という物質の略称である。

(☆☆◎◎◎)

【2】次の文を読み，(1)～(7)の問いに答えよ。

タンパク質に濃硫酸を加えて加熱すると，タンパク質に含まれる窒素はすべて硫酸アンモニウムとなり溶液中に溶ける。<u>この溶液を希釈して過剰の水酸化ナトリウム水溶液を加えて加熱すると，気体のアンモニアが発生する</u>。このアンモニアを再び一定量の硫酸に吸収させたのち，メチルレッドを指示薬として水酸化ナトリウムで滴定を行うことによって，タンパク質中の窒素含有量を求めることができる。

この原理を利用して次の実験を行った。破砕したタンパク質を含む食品試料1.00gを濃硫酸20.0mLと十分に反応させたのち，正確に希釈して100mLにした。この溶液を10.0mLとり，十分な量の水酸化ナトリウム水溶液を加えて加熱し，発生したアンモニアを，メチルレッドを含む5.00×10^{-2}mol/L硫酸水溶液10.0mL(溶液A)にすべて吸収させた。溶液Aを0.100mol/L水酸化ナトリウム水溶液で滴定すると，中和までに7.25mLを要した。

(1)　下線部の反応の化学反応式を答えよ。

(2)　硫酸アンモニウムを水に溶かし水溶液にしたときの液性を答えよ。

(3)　5.00×10^{-2}mol/L硫酸水溶液10.0mL(溶液A)のpHを求めよ(ただし，硫酸は完全に電離しているものとする)。

(4)　溶液Aに吸収されたアンモニアの物質量を有効数字3桁で求めよ。

(5)　実験の結果から，この試料1.00gに含まれる窒素の質量を有効数字3桁で求めよ(N＝14)。

(6)　次の文の〔　A　〕～〔　F　〕に式を，(　ア　)～(　ケ　)に数値・語句・化学式を入れよ。ただし，必要があれば$\log_{10}2=0.3$，$\log_{10}3=0.48$を使用せよ。

酢酸は，水溶液中で次式のように電離平衡の状態に達している。

$CH_3COOH \rightleftarrows CH_3COO^- + H^+$

平衡時における各成分のモル濃度を$[CH_3COOH]$，$[CH_3COO^-]$，$[H^+]$とすると，電離定数はK_a＝〔　A　〕となる。$c$mol/Lの酢酸水溶液で，電離度をαとすると電離定数はK_a＝〔　B　〕と表される。

酢酸は弱酸であり，電離度が1よりも著しく小さいので，K_a＝〔　C　〕と近似できる。したがって，式を変形するとα＝〔　D　〕となる。また，この水溶液の水素イオン濃度は，cとK_aを使って表すと$[H^+]$＝〔　E　〕mol/Lとなり，pH＝〔　F　〕となる。この時，c＝0.2mol/L，K_a＝2.0×10^{-5}mol/Lだとすると，pH＝(　ア　)となる。

この酢酸水溶液を水で薄めると，αは(　イ　)なる。また，一方，この水溶液に酢酸ナトリウムを加えると，この平衡が(　ウ　)へ移動し，水溶液のpHは酢酸だけの時よりも(　エ　)なる。この混合水溶液に塩酸を加えると，次の反応が起こって，加えられた水素イオンが消費される。

CH_3COO^-＋(　オ　)→(　カ　)

また，この混合水溶液に水酸化ナトリウム水溶液を加えると，次の反応が起こって，加えられた水酸化物イオンが消費される。

CH_3COOH＋(　キ　)→(　ク　)＋H_2O

このように，少量の酸や塩基を加えても，その影響が緩和され，水溶液のpHがほぼ一定に保たれる溶液を(　ケ　)溶液という。

(7)　酢酸ナトリウムは，水溶液中で完全に電離し，生じた酢酸イオンは加水分解する。0.1mol/L酢酸ナトリウム水溶液のpHを小数点以下第2位まで求めよ。ただし，酢酸イオンの加水分解はごくわずかであるため，$[CH_3COO^-]$は酢酸ナトリウム水溶液の濃度に等しいものとする。また，水のイオン積はK_w＝1.0×10^{-14}(mol/L)^{2}である。

(☆☆☆◎◎◎)

【3】次の(1)～(5)の問いに答えよ。

ただし，原子量はH＝1.0，O＝16，S＝32とする。

(1)　気体を発生させる次の(ア)～(エ)の反応を化学反応式で記せ。

(ア)　塩素酸カリウムに酸化マンガン(Ⅳ)を加え，加熱する。

(イ)　硫化鉄(Ⅱ)に希硫酸を加え，加熱する。

(ウ)　銅板に希硝酸を反応させる。

(エ)　亜硫酸ナトリウムに希硫酸を加え，反応させる。

(2) 次の①～③はオストワルト法でアンモニアから硝酸を合成する過程である。(ア)～(ウ)の問いに答えよ。

① 白金を触媒として高温でアンモニアを空気中の酸素と反応させると，一酸化窒素が生成する。

② 一酸化窒素をさらに空気中の酸素と反応させると二酸化窒素が生成する。

③ 二酸化窒素を水に吸収させると硝酸が生成する。

(ア) ①，②，③の反応を化学反応式で記せ。

(イ) オストワルト法の反応を一つの化学反応式で記せ。

(ウ) 標準状態で112Lのアンモニアをすべて硝酸に変換したとすると，質量パーセント濃度63％の濃硝酸は何〔kg〕できるか求めよ。

(3) 次の文中の(　ア　)～(　コ　)に適切な語句や数値，式を記せ。ただし，$\sqrt{2}=1.41$，$\sqrt{3}=1.73$，$\pi=3.14$とする。

金属結晶の単位格子には，(　ア　)格子，(　イ　)格子，六方最密構造などがあり，(　ア　)格子では単位格子の立方体の中心と頂点に原子が位置している。(　ア　)格子と(　イ　)格子においては，単位格子の頂点に位置する原子は，(　ウ　)個の単位格子によって共有されている。単位格子中に含まれる原子の数は，(　ア　)格子では(　エ　)個，(　イ　)格子では4個である。結晶構造中の配位数は，(　ア　)格子，(　イ　)格子では，それぞれ(　オ　)，(　カ　)である。

単位格子の一辺の長さをaとすると，原子半径rは，(　ア　)格子では(　キ　)，(　イ　)格子では(　ク　)と表される。また，各単位格子の充填率は，(　ア　)格子では(　ケ　)％，(　イ　)格子では(　コ　)％となる。

(4) 密度$1.20 g/cm^3$の希硫酸(Aとする)の質量パーセント濃度は21.0%である。次の各問いに答えよ。

① 希硫酸Aのモル濃度は何mol/Lか，小数第2位まで求めよ。

② 2.00mol/Lの希硫酸51.4mLをつくるのに必要な希硫酸Aの体積は何mLか，求めよ。

③ 希硫酸Aに水を加えて，質量パーセント濃度が7.00%の水溶液600gをつくりたい。使用するAおよび加える水の質量はそれぞれ何gか，求めよ。

(5) ヨウ化カリウムデンプン紙は，ヨウ化カリウムとデンプンを溶かした溶液にろ紙を浸して乾燥させたものである。この試験紙は塩素，オゾンなどに触れると青紫色を呈する。どのような反応がおこって呈色するのか，説明せよ。

(☆☆☆◎◎◎)

【4】次の文を読み，(1)～(7)の問いに答えよ。

炭素，水素，酸素からなるエステルA～Dは，互いに異性体である。33.0mgのAを完全燃焼させると二酸化炭素66.0mgと水27.0mgが生じた。また，4.40gのAをベンゼン100gに溶かした溶液の凝固点は，ベンゼンよりも2.56℃低かった。A，Bを加水分解すると，それぞれ銀鏡反応を示す化合物Eが生じた。Aを加水分解して得られるアルコールFを酸化すると，ケトンGが得られた。Cを加水分解するとカルボン酸HとアルコールIが生じ，Iを酸化するとHが生じた。

(1) Aの分子量を求めよ。ベンゼンのモル凝固点降下は5.12K・kg/molである。

(2) Aの分子式を求めよ。

(3) エステルA～Dの示性式を記せ。

(4) 化合物E～Iの名称を記せ。

(5) 加水分解して得られるアルコールがヨードホルム反応を示すエステルはどれか。A～Dから，すべて記号で記せ。

(6)　A～Dを加水分解すると，沸点78℃のアルコールが得られる。このアルコールに濃硫酸を加えて約170℃で加熱すると生成する化合物の構造式を記せ。

(7)　ポリエチレンに関する問いに答えよ。原子量は，H＝1.0，C＝12とする。

①　ポリエチレン$\left[\!-CH_2-CH_2-\right]_n$の平均分子量を$2.8\times10^5$とする。このポリエチレンの平均重合度$\boldsymbol{n}$を求めよ。

②　ポリエチレン2.8gを完全燃焼させたときに生じる二酸化炭素の体積は，標準状態で何Lを占めるか，求めよ。

(☆☆☆☆◎◎◎)

【生物】

【1】次の(1)～(4)の問いに答えよ。

(1)　次の文は，高等学校学習指導要領(平成21年3月)理科にある，指導計画の作成に当たって配慮すべき事項の一部を示したものである。文中の(　ア　)～(　エ　)に入る適切な語句を記せ。

「物理」，「化学」，「生物」及び「地学」の各科目については，原則として，それぞれに対応する(　ア　)を付した科目を履修した後に履修させること。

「理科課題研究」については，一つ以上の(　ア　)を付した科目を履修した後に履修させること。また，課題の(　イ　)や学校の(　ウ　)に応じて，授業を特定の期間に実施するなど，指導を(　エ　)に行うこと。

(2)　水面から高さ10〔m〕の崖の上から水平方向に速さ14〔m/s〕で小球を投げ出した。重力加速度の大きさを9.8〔m/s^2〕とする。次の①～③の問いに，有効数字2桁で答えよ。但し，$\sqrt{2}=1.41$，$\sqrt{3}=1.73$とする。

①　小球が水面に達するまでの時間〔s〕を求めよ。

②　水面に達するまでに，小球が水平方向に移動した距離〔m〕を求めよ。

③ 水面に達したときの小球の速さ〔m/s〕を求めよ。

(3) 地震について述べた次の文中の(　ア　)~(　カ　)に入る適切な語句・数式を記せ。

地震は地殻やマントルに蓄積したひずみが一瞬で解放されることによって発生する。地震が起こると，地震波が地球全体に伝わっていく。この地震波から，ゆれの大きさをはかるものさしである(　ア　)，地震の規模をはかるものさしである(　イ　)が求められる。地震波には2種類あり，初めに観測点に到達する波を(　ウ　)という。次に到達する波を(　エ　)という。(　ウ　)と(　エ　)の到着時刻の差を(　オ　)という。(　オ　)をT〔s〕，震源距離をD〔km〕，(　ウ　)の速度をV_1〔km/s〕，(　エ　)の速度をV_2〔km/s〕とすると，$T=$(　カ　)という式が成り立つ。

(4) 食酢を正確に10.0〔mL〕とり，器具Xに入れて水を加え，全量を100〔mL〕とした。このうすめた水溶液20.0〔mL〕を器具Yを用いてコニカルビーカーにとり，指示薬フェノールフタレイン溶液を加えたのち，0.1〔mol/L〕の水酸化ナトリウム水溶液で滴定した。中和点までに必要な水酸化ナトリウム水溶液の体積は14.4〔mL〕であった。次の各問いに答えよ。

① 器具XとYは何か。名称を記せ。

② 0.1〔mol/L〕の水酸化ナトリウム水溶液のpHを求めよ。

③ 食酢の濃度〔mol/L〕を求めよ。

(☆☆◎◎◎)

【2】次の(1)~(3)の問いに答えよ。

(1) 染色体と遺伝子に関する次の文章中の(　ア　)~(　ク　)に適する語句または記号を答えよ。

真核細胞では，DNAは(　ア　)とよばれるタンパク質に巻きついて(　イ　)を形成している。

ヒトの体細胞には46本の染色体があり，その内の44本は男女に共通して見られる染色体で，(　ウ　)という。残りの2本は男女で構成の異なる染色体で，(　エ　)という。通常，1個の体細胞には，大きさと形が同じ染色体が2本ずつあるが，この対になる染色体を(　オ　)という。(　オ　)はふつうn対あるので，この場合，染色体数は(　カ　)で表すことができる。

ある形質に関する遺伝子は，染色体の特定の場所に存在し，その位置は同じ生物種では共通している。このような染色体に占める遺伝子の位置のことを(　キ　)という。また，共通の(　キ　)に存在する異なる型の遺伝子のことを(　ク　)という。

(2)　次の文章を読み，①～④の問いに答えよ。

図のア～エは，ある生物のF_1(遺伝子型AaBb)の染色体と遺伝子の関係について，予想される組み合わせを示したものである。

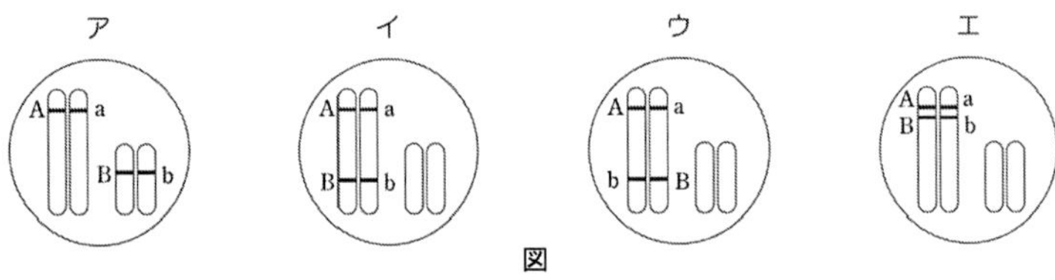

図

このF_1と遺伝子型aabbの個体を交配したとき，次代の表現型の分離比が次のⅠ～Ⅳのようになったとする。但し，遺伝子A，Bは遺伝子a，bに対して，それぞれ優性である。

(Ⅰ)　〔AB〕：〔Ab〕：〔aB〕：〔ab〕＝1：1：1：1

(Ⅱ)　〔AB〕：〔ab〕＝1：1

(Ⅲ)　〔AB〕：〔Ab〕：〔aB〕：〔ab〕＝4：1：1：4

(Ⅳ)　〔AB〕：〔Ab〕：〔aB〕：〔ab〕＝1：5：5：1

①　下線部のような交配を何というか，その名称を答えよ。

②　図イ～エのように同じ染色体に複数の遺伝子が存在し，配偶子ができるときに行動を共にする現象を何というか，その名称を答えよ。

③　(Ⅰ)～(Ⅳ)に示す分離比が得られたとき，F_1の染色体と遺伝子の関係を示しているのは，図のア～エのどれか。最も適するものをそれぞれ1つずつ選べ。

④　(Ⅲ)に示す分離比が得られたとき，組換え価〔%〕を求めよ。

(3)　ハエの交雑実験に関する次の文章を読み，①～④の問いに答えよ。

ある種のハエにおいて同一染色体上にある3つの形質，白眼(r)，切れ翅(t)，棒眼(b)は，野生型の赤眼(R)，正常翅(T)，丸眼(B)に対して劣性である。白眼，切れ翅，棒眼の個体と野生型の個体を交雑してF_1を得た。

さらにこのF_1の雌に白眼，切れ翅，棒眼の雄を交雑させ，表のように1000個体を得た。

形質	個体数
白眼，切れ翅，棒眼	407
赤眼，正常翅，丸眼	405
白眼，正常翅，丸眼	55
赤眼，切れ翅，棒眼	53
白眼，正常翅，棒眼	35
赤眼，切れ翅，丸眼	33
白眼，切れ翅，丸眼	7
赤眼，正常翅，棒眼	5

①　F_1の遺伝子型を答えよ。

②　rとbの間で組換えの起こった個体は，得られた1000個体のうち何個体か，答えよ。

③　tとbの間で組換えの起こった個体は，得られた1000個体のうち何個体か，答えよ。

④　図は遺伝子r，t，bの位置関係を示した染色体地図である。図中の(　ア　)，(　イ　)には適する数値を，(　ウ　)，(　エ　)，(　オ　)には適する遺伝子記号を答えよ。但し，(　ウ　)と(　エ　)との距離は(　エ　)と(　オ　)との距離よりも短い。

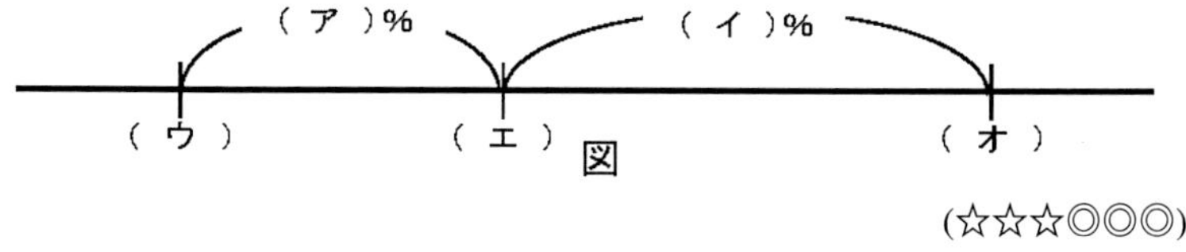

図

(☆☆☆◎◎◎)

【3】次の(1)～(3)の問いに答えよ。

(1)　細胞の研究に関する次の文章について，①～③の問いに答えよ。

1665年，イギリスの(　a　)は，自作の顕微鏡でコルクの切片を観察し，コルクが多数の小部屋からできていることを見つけ，その小部屋を「細胞(cell)」と呼んだ。その後，1838年，ドイツの(　b　)が植物について，1839年，(　c　)が動物について，「細胞は生物体をつくりあげる単位である」という(　ア　)を提唱した。さらに，(　d　)は，細胞分裂による細胞の増殖を示し，「　イ　」と述べて(　ア　)の発展に寄与した。

①　(　a　)～(　d　)に適する人物をそれぞれ答えよ。

②　(　ア　)に適する語句を答えよ。

③　「　イ　」にあてはまる文を15字以内で答えよ。

(2)　細胞の構造や働きについて，①～⑤の問いに答えよ。

①　図1は植物細胞と動物細胞の模式図である。図1の(ア)～(ク)の名称を答えよ。

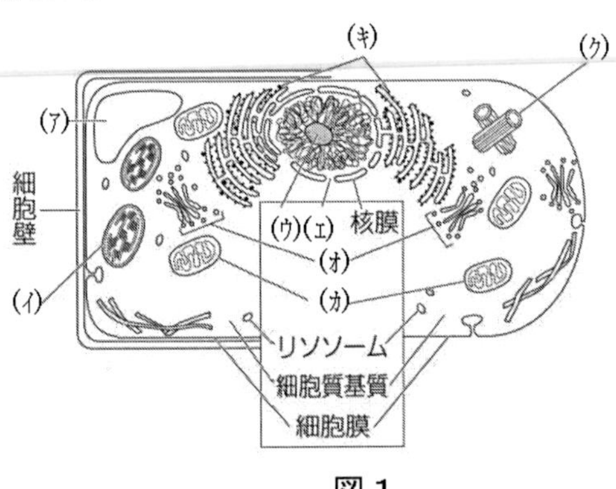

図1

②　次の文は，図1の(ア)～(ク)の構造のうち，どれについて説明したものか，適するものを選び，それぞれ図1の記号で答えよ。

(a)　扁平な袋を数枚重ねた形で，物質の分泌に関係している。

(b)　細胞分裂時に紡錘糸形成の起点となる。植物では，体細胞には見られないが，コケ・シダ植物の精子に見られる。

③ 図2は，図1の(イ)と(カ)の拡大図である。(ケ)～(ス)の名称を答えよ。

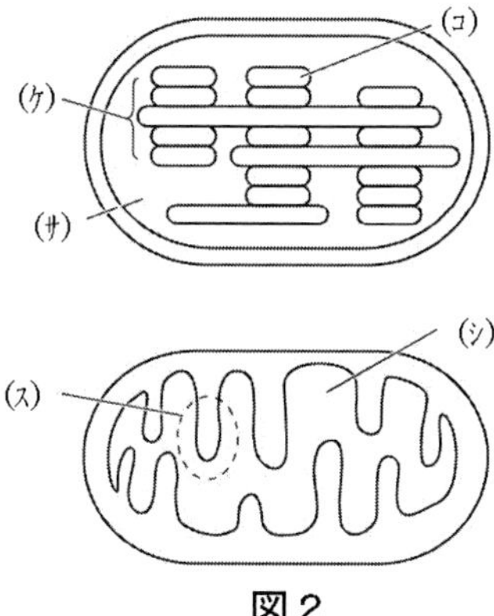

図2

④ 図2の(コ)で行われている働きとして，正しいものを次から1つ選び，記号で答えよ。

(a) 光エネルギーの吸収　(b) 酸素の発生

(c) グルコースの合成　(d) 二酸化炭素の吸収

⑤ 図2の(ス)で行われている働きとして正しいものを次から1つ選び，記号で答えよ。

(a) クエン酸回路　(b) グルコースの分解

(c) 電子伝達系

(3) 細胞の構造に関する実験について，①，②の問いに答えよ。

ホウレンソウの葉を，等張のスクロース水溶液中に入れ，4℃に保ちホモジェナイザーを用いて破砕液を作製した。次に遠心分離機でこの液を図3のように沈殿(A)～(D)と上澄み(E)に分けた。

上澄み(E)には細胞小器官はほとんど含まれていなかったが，沈殿(A)～(D)にはそれぞれ特徴的な構造をもつものが含まれていた。

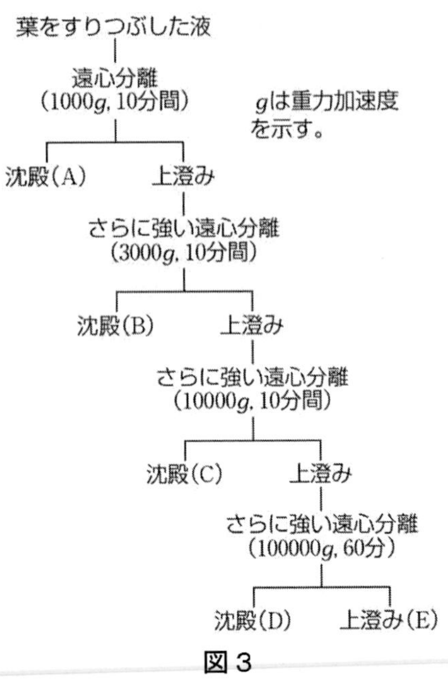

図 3

① 図3のような実験方法を何というか，その名称を答えよ。

② 沈殿(A)～(D)に含まれる細胞小器官の名称を，次からそれぞれ選び，記号で答えよ。

(ア) 核　(イ) ミトコンドリア　(ウ) 粗面小胞体

(エ) 葉緑体

(☆☆☆◎◎◎)

【4】次の(1)～(3)の問いに答えよ。

(1) 次の盲斑検出実験について①，②の問いに答えよ。

〔実験〕 左眼を閉じ，図1の左方の●印に右眼の視軸をあわせて30〔cm〕の距離から凝視したところ，右側の★印が見えなくなった。このとき★印は盲斑の位置に像を結んでいる。

① 実験から，盲斑と黄斑の距離〔cm〕を求めよ。ただし，水晶体と黄斑の間の距離は2.0〔cm〕，●印と★印の距離は9.0〔cm〕とする。

② 盲斑の位置に像が結ばれても見えなくなる理由を簡単に説明せよ。

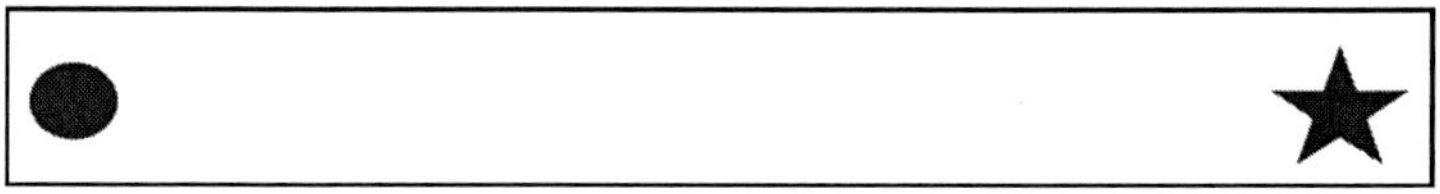

図1

(2) 光の受容に関する次の文章を読み①～⑤の問いに答えよ。

ヒトの眼は，カメラと構造がよく似ている。カメラのレンズに相当する構造体が水晶体である。ヒトの眼の水晶体には弾性があり，(ア)の筋肉のはたらきによりピントの調節が行われる。近くを見るときには，焦点距離を(イ)しなければならないので，水晶体を(ウ)する必要がある。このとき，(ア)は(エ)し，チン小帯は(オ)する。逆に遠くを見る場合，水晶体を(カ)して焦点距離を(キ)する。また，網膜に到達する光量を調節するはたらきを担っているものが(ク)であり，フィルムに相当するものが網膜である。そして網膜には感度の異なる視細胞が存在する。(ケ)細胞は感度が低く，強光下でのみはたらき，色彩の判別ができる。一方，(コ)細胞の感度は高く，弱光下でもはたらくが，色の識別はできない。<u>明所から暗所に入るとはじめはよく見えないが，しだいに見えるようになる</u>。

① 文章中の(　ア　)～(　コ　)に適する語句を答えよ。

② 図2は，ヒトの眼球の水平断面を上から見たときの中心窩(か)(黄斑の中心部)からの相対的距離と視細胞の分布の関係を表している。この図は右眼と左眼のどちらを表しているか，答えよ。

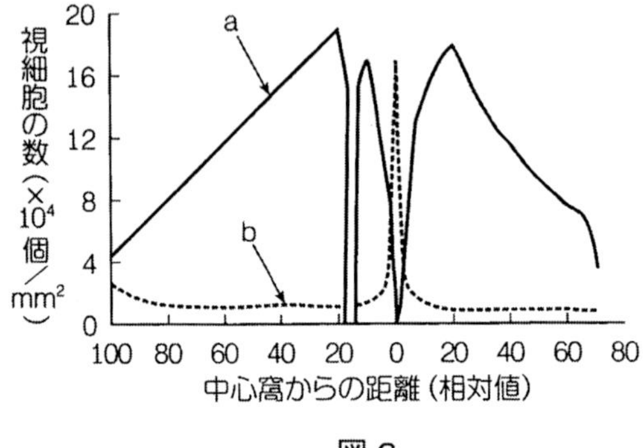

図2

③ ヒトの(　ケ　)細胞は吸収する光の波長の違いによって3種類に分けられる。これら3種類の細胞が最もよく吸収する光の色を3色答えよ。

④ (　コ　)細胞の分布を表しているのは図2のa，bのうちどちらか，記号で答えよ。また，(　コ　)細胞中に存在し，光を感知する色素名を答えよ。

⑤ 下線部の現象を何というか。また，このような現象が生じる理由を簡潔に説明せよ。

(3) 視野に関する次の問いに答えよ。

ヒトでは，図3に示すように両眼の網膜の内側半分の視神経は視交さの部分で交さし，反対の眼の外側半分の視神経と合流して，視索から大脳に入っていく。図3のa～cの場所で視神経が切断されると，眼の見え方はどのようになるか。あとの語群(ア)～(コ)からそれぞれ適するものを選び，記号で答えよ。但し，aの位置で切断された場合には2つ，bの場合は1つ，cの場合は3つ語群から選び，解答すること。また，同じ語群を何度選んでもよい。

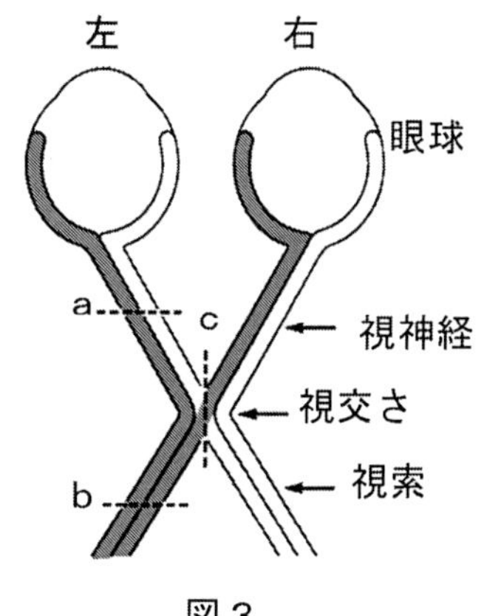

図3

(ア)　視野の右半分が見えなくなる。

(イ)　視野の左半分が見えなくなる。

(ウ)　左右両方の目が見えなくなる。

(エ)　右側の目が見えなくなる。

(オ)　左側の目が見えなくなる。

(カ)　右側の目を閉じると，視野の左半分が見えなくなる。

(キ)　右側の目を閉じると，視野の右半分が見えなくなる。

(ク)　左側の目を閉じると，視野の左半分が見えなくなる。

(ケ)　左側の目を閉じると，視野の右半分が見えなくなる。

(コ)　遠近感がなくなる。

(☆☆☆☆◎◎)

解答・解説

中学理科

【1】① 社会　② 調べ方　③ モデル　④ 人間生活
⑤ 地層　⑥ 変遷　⑦ 見え方

〈解説〉学習内容に関する問題である。学習内容については，教科目標，各分野の目標を正確に踏まえた上で，どのような学習を行うのかといったことを，丁寧に見ておくとよい。その際，どのような授業を行うかといったことまで考慮すると，把握しやすいだろう。なお，本問は空欄補充形式の問題であるので，誤字や類義語などにも注意すること。

【2】(1) 原子番号(陽子数)が同じで，質量数が異なる原子
(2) $Ca(OH)_2+CO_2 \rightarrow CaCO_3+H_2O$　(3) 加える溶液名…塩酸
加える量…12.0cm^3　(4) 月が1公転する間に，地球は約30度公転する。月が30度公転するのに約2.3日かかるため，新月から次の新月は約29.5日かかる。

〈解説〉(1) 「同位体」とは，互いに原子番号が同じで質量数が異なる，すなわち，中性子の数が互いに異なる原子をいう。　(2) 消石灰($Ca(OH)_2$)に水を加えて乳白の液の状態にしたものを石灰乳といい，そこに水を加えて飽和水溶液にしたものが石灰水である。それに二酸化炭素を加えると，白色の炭酸カルシウムができて沈殿する。炭酸カルシウムにさらに二酸化炭素を加えると，炭酸水素カルシウムとなって溶解する($CaCO_3+H_2O+CO_2 \rightarrow Ca(HCO_3)_2$)。　(3) BTB液はpH6以下の酸性で黄色，pH7.6以上の塩基性で青色を示し，その間は黄色から青色に変化しながら緑色を示す。E液が緑色なので，A～F液を全て混ぜ合わせたときに，水酸化ナトリウム水溶液と塩酸がE液と同じ比率になればよい。E液の水酸化ナトリウム水溶液と塩酸の比は10：6であり，A～F液における水酸化ナトリウム水溶液の総量は10.0×6＝60.0

〔cm^3〕なので，塩酸は36.0cm^3必要である。A～F液における塩酸の総量は24.0cm^3なので，36.0－24.0＝12.0〔cm^3〕加えればよいことになる。(4)　新月から次の新月までの地球の公転による回転角をαとする。次の新月になるまでに月が地球を回る日数をx＋27.3〔日〕とする。地球は次の新月までに$\frac{x+27.3}{365}\times 2\pi=\alpha$移動する。この間，月は1周＋$\alpha$，すなわち$2\pi+\alpha$地球の周りを回ることになるので，$\alpha=\frac{x}{27.3}\times 2\pi$と書くことができる。したがって，$\frac{x+27.3}{365}\times 2\pi=\frac{x}{27.3}\times 2\pi$　→　$27.3x+(27.3)^2=365x$　→　$x=\frac{27.3^2}{365-27.3}\fallingdotseq 2.2$〔日〕となる。

【3】(1)　①　リン酸，糖　　②　ウラシル，チミン　　③　(ア)　A　(イ)　T　　(ウ)　T　　(エ)　C　　(オ)　U　　(カ)　C　　(2)　いろいろな生物のDNAに含まれる4種類の塩基の割合について，アデニンとチミンの数の比が等しく，グアニンとシトシンの数の比が等しいという規則　　(3)　①　セントラルドグマ　　②　(ア)　転写　(イ)　翻訳　　③　エ→イ→ア→ウ　　(4)　4.3cm

〈解説〉(1)　①　核酸はDNAとRNAに大別される。リン酸と糖，塩基が結合した物質をヌクレオチドといい，核酸の構成単位となっている。②　ヌクレオチドを構成する塩基のうち，A(アデニン)，G(グアニン)，C(シトシン)はDNAとRNAに共通した塩基であるが，T(チミン)はDNAのみ，U(ウラシル)はRNAのみの成分である。　③　DNAの2本のポリヌクレオチド鎖のうち，RNAに転写される鎖をアンチセンス鎖，されない鎖をセンス鎖という。設問の右図でmRNAに相補的なDNA鎖がアンチセンス鎖であり，(オ)はU，(ア)はA，(カ)はCである。左図のDNAの2本鎖のうち下の鎖がセンス鎖であり，(イ)はT，(ウ)はT，(エ)はCとなる。　(2)　1949年にシャルガフは，DNA分子中の塩基の含有量(塩基組成)を調べ，アデニン(A)とチミン(T)，グアニン(G)とシトシン(C)の量(分子数)がそれぞれ等しいことを発見した。後にワトソンとクリックによるDNA分子構造モデルで，AとT，GとCがそれぞれ1対1対応の関係になっていることがわかった。　(3)　①②　DNAの遺伝情報

(塩基配列)はRNAに写し取られ(転写)，RNAの情報(塩基配列)をもとにアミノ酸がつながれてタンパク質が合成される(翻訳)。これはすべての生物に共通するので，クリックは生物学のセントラルドグマ(中心教義)とよんだ。しかし，その後RNAを遺伝情報とするウイルス(レトロウイルス)が見つかった。その場合も，遺伝情報の発現には，一たんRNAをDNAにし，その後セントラルドグマと同じ過程を経てタンパク質に翻訳される。　(4)　染色体1本に含まれるDNA分子の平均の長さ＝核内DNA分子の全長÷染色体数＝2.0m÷46＝4.3×10^{-2}〔m〕＝4.3〔cm〕である。ヒトゲノムは人の染色体23本に含まれ，約30億塩基対が含まれている。

【4】(1)　(法則名：記号の順)　①　定比例の法則：j　②　質量保存の法則：g　③　アボガドロの法則：e　④　気体反応の法則：a　⑤　倍数比例の法則：c　(2)　①　5.0mol　②　0.020mol　③　3.00mol　④　6.0×10^{22}　⑤　56L　⑥　3.0×10^{23}

〈解説〉(2)　①　1molは6.0×10^{23}〔個〕だから，$3.0\times10^{24}\div(6.0\times10^{23})$＝5.0〔mol〕になる。　②　ダイヤモンド1molは12gだから，0.24÷12＝0.02〔mol〕になる。　③　標準状態での気体1molは22.4Lだから，67.2÷22.4＝3.00〔mol〕である。　④　ダイヤモンド1molは12g，原子1molは6.0×10^{23}個だから，$6.0\times10^{23}\times(1.2\div12)=6.0\times10^{22}$〔個〕になる。　⑤　水素1molの気体は$H_2$＝1×2＝2〔g〕，体積は22.4Lだから，22.4×(5÷2)＝56.0〔L〕になる。　⑥　水素1molの体積は22.4L，分子は6.0×10^{23}個だから，$6.0\times10^{23}\times(11.2\div22.4)=3.0\times10^{23}$〔個〕になる。

【5】(1)　①　対流　②　熱放射(放射)　③　熱伝導(伝導)　(2)　40℃　(3)　4.0×10^5J　(4)　①　1680 J　②　5℃　③　0.672J/(g・K)

〈解説〉(1)　熱の伝わり方は，対流(液体や気体などの流体が移動することによる熱移動)，熱放射(熱が電磁波として発せられ運ばれる熱移動)，熱伝導(物体の内部で温度差，温度勾配によって熱移動が起こること)

の3つを指す。　(2)　比熱は変わらず，顕熱だけの変化であって，計算式は(80×200＋20×400)÷(200＋400)＝40〔℃〕となる。

(3)　物体の運動エネルギーは，質量をm〔kg〕，速度をv〔m/s〕とすると，$\frac{1}{2}mv^2$〔J〕である。時速72kmは72×1000÷3600＝20〔m/s〕であり，質量は2000kgであるから，$2000\times20^2\div2=4.0\times10^5$〔J〕となる。

(4)　①　電熱線から発生した熱量Q〔J〕は，電流をI〔A〕，電圧をV〔V〕，抵抗をR〔Ω〕，電流を流した時間をt〔s〕とすると，$Q=IVt=I^2Rt=\frac{V^2}{R}t$となる。よって，この場合，$Q=\frac{7.0^2}{8.75}\times(5\times60)=1680$〔J〕となる。　②　水量80g，水の比熱4.2〔J/(g・K)〕なので，1680÷80÷4.2＝5.0〔℃〕上昇することになる。　③　金属球の比熱をq〔J/(g・K)〕とする。0℃での熱量を0とすると，はじめ27℃の水の持つ熱量は80×27×4.2〔J〕であり，30℃では80×30×4.2〔J〕となる。また金属球のはじめの熱量は50×60×q〔J〕であり，30℃では50×30×q〔J〕となる。水と金属球の初めと終わりの合計の熱量は変わらないことから，$80\times27\times4.2+50\times60\times q=80\times30\times4.2+50\times30\times q$となる。これから，$q=(80\times3\times4.2)\div(50\times30)=0.672$〔J/(g・K)〕となる。

【6】(1)　太平洋プレート，フィリピン海プレート

(2)　生成される場所…海嶺　　沈み込む場所…海溝

(3)　アセノスフェア(岩流圏)　　(4)　波…引き波　　方向…北東

(5)　①　84.0km　　②　35.8($16\sqrt{5}$)km

〈解説〉(1)　なお，2つの大陸プレートはユーラシアプレートと北アメリカプレートである。　(2)　海嶺は，新たなプレートが生産され互いに離れていく，プレート発散(拡大)境界に見られる大地形である。海溝は，冷えて重くなったプレートが地球内部へ沈み込む，プレート収束(沈み込み)境界に見られる大地形である。　(3)　プレートの下の高温で軟らかく流動性が高い部分をアセノスフェアといい，それより上の，低温で硬い層がリソスフェアである。地殻とマントルの境界は，岩石の種類の相違による境界であるが，リソスフェアとアセノスフェアの境界は，岩石の硬さや流動性の相違による。　(4)　P波の初動は，上

下動が下なので引き波，南北動が北で東西動が東なので，震源は観測点から北東の方向にあるといえる。 (5) ① 震源距離をDkmとすると，$\frac{D}{3.5}-\frac{D}{7.0}=12$が成り立つ。 ② 震源の深さを$d$kmとすると，$76.0^2+d^2=84.0^2$が成り立つ。$d=16\sqrt{5}=35.777\cdots$〔km〕である。

高　校　理　科

【化学】

【1】(1) ア 基礎　イ 特性　ウ 実態　エ 効果的

(2) ① 1.4s　② 2.0×10m　③ 2.0×10m/s　(3) ア 震度　イ マグニチュード　ウ P波　エ S波　オ 初期微動継続時間　カ $\frac{D}{V_2}-\frac{D}{V_1}$　(4) ア 酵素　イ アミノ酸　ウ タンパク質　エ 基質　オ 塩基　カ デオキシリボ核酸

〈解説〉(1) 設問は，指導計画の作成に当たって配慮すべき事項の4つのうちの，(1)と(2)である。他の2項目についても確認しておくこと。 (2) ① 小球の高さをyとすると，$y=10-\frac{1}{2}gt^2$となる。小球が水面に達するとき($y=0$)，重力加速度$g=9.8$〔m/s^2〕を代入すると，$t\fallingdotseq1.4$〔s〕となる。 ② 水平方向の移動距離$x=vt$に，$v=14$〔m/s〕，$t=1.4$〔s〕を代入すると，$x\fallingdotseq2.0\times10$〔m〕となる。 ③ 垂直方向の速度$v_y=gt=9.8\times1.4\fallingdotseq14$〔m/s〕，水平方向の$v_x=14$〔m/s〕より，$v=\sqrt{v_x^2+v_y^2}=14\sqrt{2}\fallingdotseq2.0\times10$〔m/s〕となる。 (3) 初期微動継続時間は，初期微動が始まってから主要動が到達するまでの時間である。すなわち，P波の到達からS波が到達するまでの時間である。よって，T〔s〕$=\frac{D}{V_2}$〔s〕$-\frac{D}{V_1}$〔s〕となる。 (4) 酵素は触媒のはたらきをもつタンパク質である。反応に関わる物質(基質)に特異的に結合し，化学変化を直接引き起こすはたらきがある。DNAは自分と同じ構造をもつDNAを複製する。DNAはデオキシリボ核酸とリン酸が交互につながったヌクレオチド鎖が2本並び，その間をデオキシリボース結合した塩基が対になってはしご状の構造をしている。

【2】(1)　$(NH_4)_2SO_4 + 2NaOH \rightarrow Na_2SO_4 + 2H_2O + 2NH_3$　(2)　(弱)酸性

(3)　1　(4)　2.75×10^{-4}mol　(5)　8.35×10^{-2}g

(6)　A　$\dfrac{[CH_3COO^-][H^+]}{[CH_3COOH]}$　B　$\dfrac{c\alpha^2}{1-\alpha}$　C　$c\alpha^2$

D　$\sqrt{\dfrac{K_a}{c}}$　E　$\sqrt{c\cdot K_a}$　F　$-\log_{10}\sqrt{c\cdot K_a}$　ア　2.7

イ　大きく　ウ　左　エ　大きく　オ　H^+　カ　CH_3COOH

キ　OH^-　ク　CH_3COO^-　ケ　緩衝　(7)　8.85

〈解説〉(1)　硫酸アンモニウム($(NH_4)_2SO_4$)と水酸化ナトリウム(NaOH)によるアンモニア(NH_3)の発生反応である。硫酸ナトリウムと水が生じる。

(2)　硫酸アンモニウムは，強酸の硫酸と弱塩基のアンモニアとの塩であり，水に溶かすと弱酸性を示す。　(3)　この溶液の水素イオン濃度を求めると$[H^+]=5.00\times10^{-2}\times2=1.00\times10^{-1}$〔mol/L〕，よって$pH=-\log[H^+]=-\log(1.00\times10^{-1})=1$になる。　(4)　溶液Aに吸収されたアンモニアの物質量をx〔mol〕とし，硫酸水溶液とアンモニア及び水酸化ナトリウム水溶液との中和反応を考えると，$5.00\times10^{-2}\times2\times(10\div1000)=x+0.100\times(7.25\div1000)$の式が成り立つ。よって，$x=2.75\times10^{-4}$〔mol〕になる。　(5)　アンモニア1molには窒素原子1molが含まれる。溶液Aに含まれるアンモニアは試料1.00gから発生したアンモニアの0.1倍の量であるから，最初の試料には窒素原子が$2.75\times10^{-4}\times10$molが含まれている。窒素の量は$2.75\times10^{-4}\times10\times14=3.85\times10^{-2}$〔g〕になる。解答例は，$8.35\times10^{-2}$gとなっているが，$3.85\times10^{-2}$gと思われる。

(6)　電離平衡の基本知識を空欄に沿って入れて行けばよい。空欄アについては，$c=0.2$〔mol/L〕，$K_a=2.0\times10^{-5}$〔mol/L〕をFに代入すると，

$-\log_{10}\sqrt{c\cdot K_a}=-\log_{10}\sqrt{0.2\cdot2.0\times10^{-5}}=-\log_{10}\sqrt{4.0\times10^{-6}}=$

$-\log_{10}(2.0\times10^{-3})=3+(-\log_{10}2.0)=3+(-0.3)=2.7$となる。また，緩衝溶液とは，外部から水素イオンや水酸化物イオンを加えても水溶液中の$[H^+]$や$[OH^-]$が変化しにくい溶液をいう。一般に弱酸とその強塩基との塩，または弱塩基とその強酸との塩の混合溶液が緩衝作用を示す。

(7)　酢酸ナトリウムの濃度をc〔mol〕とする。酢酸の解離定数をK_a

とすると，$K_a=\frac{[CH_3COO^-][H^+]}{[CH_3COOH]}$となる。加水分解について考えると，$CH_3HOO^- + H_2O \rightleftarrows CH_3COOH + OH^-$という平衡が成り立っている。この反応の平衡定数を$K_h$とすると，

$K_h=\frac{[CH_3COOH][OH^-]}{[CH_3COO^-]}=\frac{[CH_3COOH][OH^-][H^+]}{[CH_3COO^-][H^+]}=\frac{K_w}{K_a}$となる。$CH_3COO^-$がx〔mol〕反応して平衡に達したとすると，$K_h=\frac{x^2}{cx}\fallingdotseq\frac{x^2}{c}$となるから，$x=[OH^-]=\sqrt{cK_h}$となる。

$[H^+]=\frac{K_w}{[OH^-]}=\frac{K_w}{\sqrt{cK_h}}=\sqrt{\frac{K_w{}^2}{cK_h}}=\sqrt{\frac{K_w{}^2}{c}\cdot\frac{K_a}{K_w}}=\sqrt{\frac{K_aK_w}{c}}$となるから，

$pH=-\log_{10}\sqrt{\frac{K_aK_w}{c}}=\frac{1}{2}\left(-\log_{10}\frac{K_aK_w}{c}\right)=\frac{1}{2}(\log_{10}c-\log_{10}K_a-\log_{10}K_w)$

$=\frac{1}{2}(\log_{10}0.1-\log_{10}2.0\times10^{-5}-\log_{10}1.0\times10^{-14})$

$=\frac{1}{2}(-1+5-0.3+14)=8.85$

【3】(1)　(ア)　$2KClO_3 \rightarrow 2KCl + 3O_3$　　(イ)　$FeS + H_2SO_4 \rightarrow FeSO_4 + H_2S$　(ウ)　$3Cu + 8HNO_3 \rightarrow 3Cu(NO_3)_2 + 2NO + 4H_2O$　　(エ)　$Na_2SO_3 + H_2SO_4 \rightarrow Na_2SO_4 + SO_2 + H_2O$　　(2)　(ア)　①　$4NH_3 + 5O_2 \rightarrow 4NO + 6H_2O$　②　$2NO + O_2 \rightarrow 2NO_2$　　③　$3NO_2 + H_2O \rightarrow 2HNO_3 + NO$

(イ)　$NH_3 + 2O_2 \rightarrow HNO_3 + H_2O$　　(ウ)　0.5kg　　(3)　ア　体心立方　イ　面心立方　　ウ　8　　エ　2　　オ　8　　カ　12　　キ　$\frac{\sqrt{3}}{4}a$　ク　$\frac{\sqrt{2}}{4}a$または$\frac{1}{2\sqrt{2}}a$　　ケ　68(67.9)　　コ　74(73.8)

(4)　①　2.57mol/L　　②　40.0mL　　③　A…200g　　水…400g

(5)　塩素やオゾンなどの酸化剤により，ヨウ化カリウム中のI^-が酸化されてI_2となるため，ヨウ素デンプン反応が起こり，青紫色に呈色した。

〈解説〉(1)　主だった気体の発生方法に関しては確認しておくとよい。

(2)　(ア)　解答参照。　(イ)　$4NH_3 + 5O_2 \rightarrow 4NO + 6H_2O$　…①，$2NO + O_2 \rightarrow 2NO_2$　…②，$3NO_2 + H_2O \rightarrow 2HNO_3 + NO$　…③として，①＋②×3＋③×2から整理すると，$NH_3 + 2O_2 \rightarrow HNO_3 + H_2O$になる。　(ウ)　標

準状態の気体の体積は22.4Lだから，112Lのアンモニアは112÷22.4＝5.0〔mol〕になる。1molのアンモニアから1molの硝酸(HNO_3＝63)が生成するので，63％の硝酸は5.0×63×(100÷63)＝500〔g〕＝0.5〔kg〕になる。 (3) 金属の結晶格子の構造に関しては確認しておくこと。なお，キは，$\sqrt{3}\,a=4r$より，$r=\frac{\sqrt{3}}{4}a$になる。

ク $\sqrt{2}\,a=4r$より，$r=\frac{\sqrt{2}}{4}a$になる。 ケ 原子の占める体積を単位格子の体積で割って100倍する。体心立方格子の原子の占める体積は，$v=2\times\frac{4}{3}\pi r^3=2\times\frac{4}{3}\pi\left(\frac{\sqrt{3}}{4}a\right)^3$だから，$\frac{v}{a^3}\times100$を計算すると，67.9≒68〔％〕になる。 コ 同様に面心立方格子の原子の占める体積は，$v=4\times\frac{4}{3}\pi r^3=4\times\frac{4}{3}\pi\left(\frac{\sqrt{2}}{4}a\right)^3$だから，$\frac{v}{a^3}\times100$を計算すると，73.8≒74〔％〕になる。 (4) ① 希硫酸1Lをとると，{1.20×1000×(21÷100)}÷98＝2.57〔mol/L〕になる。 ② 溶液に含まれる溶質の物質量で比較する。求める希硫酸の体積をv〔mL〕とし，①のモル濃度を代入すると，2.00×(51.4÷1000)＝2.57×v÷1000より，v＝40.0〔mL〕になる。 ③ 使用するAをa〔g〕とすると硫酸の質量はa×(21÷100)〔g〕になり，これが7.00％の水溶液中に含まれる硫酸の質量である。よって，{a×(21÷100)÷600}×100＝7.00から，a＝200〔g〕になる。また，$a+b$＝600から，200＋b＝600より，b＝400〔g〕になる。(5) 塩素やオゾンはヨウ素より酸化力が強いためヨウ素イオンを酸化してヨウ素に生成する。

【4】(1) 88 (2) $C_4H_8O_2$ (3) A $HCOOCH(CH_3)_2$
B $HCOOCH_2CH_2CH_3$ C $CH_3COOCH_2CH_3$ D $CH_3CH_2COOCH_3$
(4) E ギ酸 F 2－プロパノール G アセトン H 酢酸
I エタノール (5) AとC (6)

```
H＼     ／H
   C＝C
H／     ＼H
```

(7) ① 1.0×10^4 ② 4.48L

〈解説〉(1) Kをモル凝固点降下，Δtを凝固点降下度，Wを溶媒の質量，wを溶質の質量，Mを分子量とすると，$M=1000\times K\times w\div(\Delta t\times W)$が

成り立つ。これにK=5.12〔K・kg/mol〕，Δt=2.56〔℃〕，W=100〔g〕，w=4.40〔g〕を代入すると，M=1000×5.12×4.40÷(2.56×100)=88となる。 (2) 各原子の質量を求めると，C=66.0×(12÷44)=18.0〔mg〕，H=27.0×(2÷18)=3.00〔mg〕，O=33.0−(18.8+3.00)=12.0〔mg〕になる。よって原子数の比はC：H：O=(18.0÷12)：(27.0÷1)：(33.0÷16)=2：4：1から組成式はC_2H_4O(=44)になる。(分子式)=n(組成式)より，88=n×44から，n=2となり，分子式は$C_4H_8O_2$になる。

(3)(4) A～Dはエステル結合(R−COO−R′)をもつ化合物であるから，RにはH−，CH_3−，C_2H_5−，またR′には−C_3H_7，−C_2H_5，−CH_3が考えられる。また−C_3H_7には構造異性体の−$CH_2CH_2CH_3$と−$CH(CH_3)_2$があるので，全体で4種類の異性体ができる。AとBを加水分解すると銀鏡反応を示すEが生じたことから，Eはアルデヒド基(−CHO)をもつカルボン酸のギ酸(HCOOH)であることがわかる。Aを加水分解して得られるアルコールFを酸化するとケトン(CH_3COCH_3)のGが得られたことから，Fは2−プロパノール($CH(CH_3)_2OH$)で，AはH−COO−$CH(CH_3)_2$であることがわかる。よって，Bは$HCOOCH_2CH_2CH_3$である。次にCを加水分解するとカルボン酸HとアルコールIが生じ，Iを酸化するとHが生じたことから，Hは酢酸(CH_3COOH)で，Iはエタノール(C_2H_5OH)であることがわかる。よってCは$CH_3COOC_2H_5$である。最後に残ったDは$C_2H_5COOCH_3$である。 (5) ヨードホルム反応を示すアルコールはエタノールと2−プロパノールで，Aから2−プロパノール，Cからエタノールが生成する。 (6) $C_2H_5OH \rightarrow C_2H_4 + H_2O$により分子内脱水反応が生じてエチレン($CH_2=CH_2$)が生成する。 (7) ① [−$CH_2$−$CH_2$−] この単量体の分子量は28だから，重合度を$n$とすると，2.8×$10^5$=$n$×28より，$n$=1.0×$10^4$になる。 ② $C_2H_4 + 3O_2 \rightarrow 2CO_2 + 2H_2O$より，単量体の1〔mol〕=28〔g〕から二酸化炭素は2mol生ずる。よって2.8gからは22.4×(2.8÷28)×2=4.48〔L〕生ずる。

【生物】

【1】(1) ア 基礎 イ 特性 ウ 実態 エ 効果的
(2) ① 1.4〔s〕 ② 2.0×10〔m〕 ③ 2.0×10〔m/s〕
(3) ア 震度 イ マグニチュード ウ P波 エ S波
オ 初期微動継続時間 カ $\frac{D}{V_2}-\frac{D}{V_1}$ (4) ① X メスフラスコ
Y ホールピペット ② pH13 ③ 0.72〔mol/L〕

〈解説〉(1) 設問は，指導計画の作成に当たって配慮すべき事項の4つのうちの，(1)と(2)である。他の2項目についても確認しておくこと。
(2) ① 小球の高さをyとすると，$y=10-\frac{1}{2}gt^2$となる。小球が水面に達するとき($y=0$)，重力加速度$g=9.8$〔m/s^2〕を代入すると，$t≒1.4$〔s〕となる。 ② 水平方向の移動距離$x=v\ t$に，$v=14$〔m/s〕，$t=1.4$〔s〕を代入すると，$x≒2.0\times10$〔m〕となる。 ③ 垂直方向の速度$v_y=gt=9.8\times1.4≒14$〔m/s〕，水平方向の$v_x=14$〔m/s〕より，$v=\sqrt{v_x^2+v_y^2}=14\sqrt{2}≒2.0\times10$〔m/s〕となる。 (3) 初期微動継続時間は，初期微動が始まってから主要動が到達するまでの時間である。すなわち，P波の到達からS波が到達するまでの時間である。よって，T〔s〕$=\frac{D}{V_2}$〔s〕$-\frac{D}{V_1}$〔s〕となる。 (4) ① 滴定器具については一通り確認しておくこと。 ② $[H^+][OH^-]=1.0\times10^{-14}$〔mol^2/L^2〕より，$[H^+]=1.0\times10^{-14}\div[OH^-]=1.0\times10^{-14}\div10^{-1}=10^{-13}$〔mol/L〕となる。よって，$pH=-\log[H^+]=-\log10^{-13}=13$となる。 ③ 食酢中の酢酸濃度を$x$〔mol/L〕とすると，$1\times0.1x\times\frac{20}{1000}=1\times0.1\times\frac{14.4}{1000}$となる。よって，$x=0.72$〔mol/L〕となる。

【2】(1) ア ヒストン イ ヌクレオソーム ウ 常染色体
エ 性染色体 オ 相同染色体 カ $2n$ キ 遺伝子座
ク 対立遺伝子 (2) ① 検定交雑 ② 連鎖 ③ Ⅰ ア
Ⅱ エ Ⅲ イ Ⅳ ウ ④ 20〔%〕 (3) ① RrTtBb
② 120 ③ 80 ④ ア 8 イ 12 ウ t エ b
オ r

〈解説〉(1)　原核細胞のDNA分子は，そのまま細胞内に環状に存在する。しかし，真核細胞の核内DNAは，ヒストンというタンパク質に巻きついてヌクレオソームを形成している。このようなDNAとタンパク質との複合体をクロマチンと呼び，ヌクレオソームはその基本単位である。ヒトの体細胞の染色体数は父方からの23本と母方からの23本が対になって存在するので計46本ある。それぞれの遺伝子は特定の染色体の特定の位置に存在しており，その位置をその遺伝子の遺伝子座とよぶ。両親から受け継いだ23種類の染色体のうち22種類は同型同大の染色体で相同染色体という。残りの1種類にはX染色体とY染色体の両タイプの染色体があり，XXをもてば女性，XYをもてば男性となり，性決定に関係するのでこれらの染色体を性染色体という。　(2)　①　ある個体の遺伝子型を調べるために，その個体と劣性遺伝子のホモ個体とを交雑させることを検定交雑という。検定交配では，調べたい個体がつくる配偶子の遺伝子とその比がそのまま次代の表現型となって現れる。　②　遺伝子は染色体に乗って運ばれるので，同じ染色体に存在する遺伝子は一緒に運ばれる。しかし，減数分裂第一分裂中期で染色体が交叉し，染色体の組換えが起こると，相同染色体の相手の染色体にある遺伝子との間で遺伝子の組換えが起こることがある。

③　ア～エの各個体がつくる配偶子の遺伝子型とその数は下記のようになる。ア：AB：Ab：aB：abが1：1：1：1の比で生ずる。イ：ABとabができるが，組換えによりAbとaBもできる。ただし，AbとaBの数は少ない。ウ：AbとaBができるが，組換えによりABとabもできる。ただし，ABとabの数は少ない。エ：ABとabができる。組換えによりAbとaBもできるが，遺伝子座の距離が近いので，A(a)とB(b)間で染色体の乗換が起こる可能性は小さく，AbとaBは生じにくい。(Ⅰ)～(Ⅳ)の交配親の遺伝子型は次の通りである。(Ⅰ)は，A/a・B/b(個体)×a/a・B/B(個体)，(Ⅱ)は，AB/ab(個体)×ab/ab(個体)，(Ⅲ)は，AB/ab(個体)×ab/ab(個体)，(Ⅳ)は，Ab/aB(個体)×ab/ab(個体)　④〔Ab〕と〔aB〕個体が組換えにより生じた個体である。(Ⅲ)の親から生じた配偶子の遺伝型とその比は，AB：Ab：aB：ab＝4：1：1：4である。組換え

価＝{(組換えをした配偶子の数)÷(生じた全配偶子の数)}×100〔%〕＝{(1＋1)÷(4＋1＋1＋4)}×100＝20〔%〕　(3)　①　優性遺伝子のホモ接合体を野生型という。親…RRTTBB×rrttbb→F_1…RrTtBb　F_1×rrttbbの検定交配の結果が，表に示されている1000個体である。　②　遺伝子型RrBbの表現型は「赤眼・丸眼」であるが，これを(RB)のように(　)内に表現型となってあらわれる遺伝子記号を用いて表記する。F_1と検定交雑した次代(表の個体数)から，(RB)，(Rb)，(rb)，(rb)の各個体数を求める。(RB)：405＋33＝438，(Rb)：53＋5＝58，(rB)：55＋7＝62，(rb)：407＋35＝442　組換えにより生じた個体は，数の少ない(Rb)と(rB)であり，個体数は合わせて120である。　③　②と同様に，(TB)，(Tb)，(tB)，(tb)の各表現型とその個体数を求め，比で示すと次のようになる。(TB)：(Tb)：(tB)：(tb)＝460：40：40：460　数の少ない(tB)と(tb)が組換えにより生じた個体でありその数の合計は，80である。　④　同じ染色体上にある2つの遺伝子間で組換えが起こる確率(組換え価)は染色体上の遺伝子間の相対的な距離に比例する。各2つの遺伝子についてその組換え価を求める。遺伝子R(r)とB(b)の間の組換え価は，②で求めた結果より，組換え価＝$\frac{120}{1000}$×100%＝12%である。遺伝子T(t)とB(b)の間の組換え価は，③で求めた結果より，組換え価＝$\frac{80}{1000}$×100%＝8%である。遺伝子R(r)とT(t)の間の組換え価は，(Rt)86個体と(rT)90個体が組換えにより生じた表現型であるので，組換え価＝$\frac{176}{1000}$×100%＝17.6%となる。これら2遺伝子間の組換え価より，R(r)とT(t)の間が最も離れており，T(t)とB(b)とR(r)とB(b)の間では，T(t)とB(b)の距離が近いことがわかる。

【3】(1)　①　a　フック　b　シュライデン　c　シュワン　d　フィルヒョー　②　細胞説　③　全ての細胞は，細胞から生じる。　(2)　①　(ア)　液胞　(イ)　葉緑体　(ウ)　核小体　(エ)　核膜孔　(オ)　ゴルジ体　(カ)　ミトコンドリア　(キ)　リボソーム　(ク)　中心体　②　(a)　(オ)　(b)　(ク)　③　(ケ)　グラナ　(コ)　チラコイド　(サ)　ストロマ

(シ)　マトリックス　　(ス)　クリステ　　④　(a)　　⑤　(c)
(3)　①　細胞分画法　　②　(A)　(ア)　　(B)　(エ)　　(C)　(イ)
(D)　(ウ)

〈解説〉(1)　1665年，ロバート・フック(英)が，細胞の存在を最初に記録した人とされている。顕微鏡図譜『ミクログラフィア』に記載。1838年，シュライデン(独)は「植物体の構造と機能の単位は細胞である」とする細胞説を提唱した。1839年，シュワン(独)は「動物体の構造と機能の単位は細胞である」とする細胞説を提唱した。1858年，フィルヒョー(独)は，細胞分裂の観察研究の結果から「全ての細胞は細胞から生じる」と唱えて，分裂が細胞増殖の普遍的方法であることを示した。　(2)　①　解答参照。　②　(a)　ゴルジ体は，分泌細胞に多く存在する。扁平な円盤状で，一重膜でできた袋(ゴルジのう)が重なった構造と，周囲の球状構造とからなる。　(b)　中心体は，2個の中心粒と周囲にある微小管から構成されている。細胞分裂時には紡錘糸の起点となる。　③　図1の(イ)は葉緑体である。(ケ)のグラナはチラコイドが積み重なっている部分。(コ)のチラコイドは，クロロフィルを含む扁平な袋状の膜構造で光エネルギーを吸収する。(サ)のストロマは，チラコイドの間を満たしている部分で，二酸化炭素の固定が行われる。図1の(カ)はミトコンドリアである。(シ)のマトリックスは，内膜に包まれた部分であり，クエン酸回路の酵素群が含まれている。　(ス)のクリステは，内膜が内側に突出した構造部分である。　④　葉緑体のチラコイドには光合成色素クロロフィルが含まれは光エネルギーを吸収している。　⑤　クリステの内膜状では電子伝達系によりATPの生産が行われている。クエン酸回路はマトリックスで，グルコースの分解は細胞質基質で行われる。　(3)　①　細胞分画法は細胞破砕液に遠心力をかけることで生ずる大きさや密度による沈降速度の差を利用して，細胞小器官を分離する方法である。　②　密度の大きいものから順に，核，葉緑体，ミトコンドリア，粗面小胞体へと小さくなる。

【4】(1) ① 0.6〔cm〕 ② 視神経が束になって眼球から出ていく部分で，視細胞は分布していないので，光があたっても受容されない。
(2) ① ア 毛様体 イ 短く ウ 厚く エ 収縮
オ 弛緩 カ 薄く キ 長く ク 虹彩 ケ 錐体
コ 桿体 ② 右眼 ③ 赤・緑・青 ④ a
色素名…ロドプシン ⑤ 現象名…暗順応 理由…明所では主に錐体細胞が働き，桿体細胞の感度は低下しているが，急に暗所に入ると錐体細胞は光に対する感度が低いので弱い光を受容できず，はじめのうちは見えないが，しだいに桿体細胞の感度が高くなるので見えるようになる。 (3) a (オ)，(コ) b (ア) c (カ)，(ケ)，(コ)

〈解説〉(1) ① 眼球の中心(黄斑)と盲斑を結ぶ線を，検査紙の面と平行と見なして，図のように直角三角形を描いたとき，2つの三角形は相似なので，対応する辺の比は等しい。

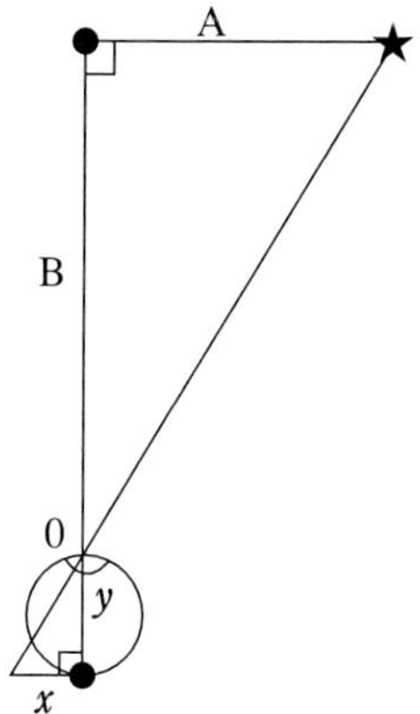

よって，$\dfrac{x}{A}=\dfrac{y}{B}$が成り立つ。$A=9$，$B=30$，$y=2.0$だから，$x=\dfrac{9\times2.0}{30}=0.6$〔cm〕となる。 ② 解答参照。 (2) ① 水晶体は他から加わる力がないと球形に近い形となり焦点が近くになる。毛様筋が収縮すると，毛様体が眼球の前方へ前進する。すると，チン小帯がゆるみ，水晶体が自身の弾性で厚くなり，焦点距離が近くなる。視細胞には，桿体細胞と錐体細胞がある。かん体細胞は暗所ではたらき，明暗を敏

感に区別できる。ヒトでは網膜周辺に多く分布する。錐体細胞は色の区別をし，明所ではたらく。ヒトでは黄斑部に集中して分布している。夜行性動物は桿体細胞を多くもつ。　②　中心窩に多く分布している線bが錐体細胞。周辺部に多い線aが桿体細胞である。盲斑は中心窩より鼻側に位置しているので，図2は左側が鼻側となり，右眼を表していることがわかる。　③　赤色をよく吸収するのを赤錐体細胞，緑色をよく吸収するのを緑錐体細胞，青色をよく吸収するのを青錐体細胞とよぶ。コンピューター等のディスプレイに送るRGB信号はこれに対応している。　④　桿体細胞に含まれる感光色素を視紅(ロドプシン)という。強い光では分解されエネルギーを出して神経興奮を生じさせるとともに視黄変化する。　⑤　明所では，桿体細胞に含まれる，ロドプシンはほとんど分解され視黄になっている。急に暗所に入ると，弱光で錐体細胞は感応しないうえ，桿体細胞のロドプシンも視黄に分解されてしまっているので，視細胞での興奮が起こらず，脳の視覚野での光感覚が生じない。

(3)

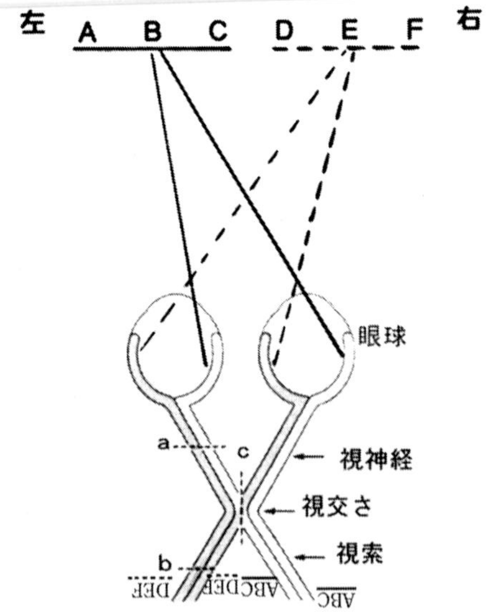

a：左目からの興奮が脳に伝わらない，つまり左目が見えない。遠近感は左右で両眼視したときに対象物に焦点が合ったときの左右の視線の角度の大小で生じる。両眼視できないので遠近感がなくなる。b：左図のDEFの像が脳に伝わらない，つまり視野の右半分が見えなくなる。ABCの像の信号は左眼で受けた信号と右眼で受けた信号の両方から脳に伝わる(両眼視している)。　c：左図で右眼を閉じると，左眼で受けたDEFの像の信号は脳に伝わるが，ABCの像は伝わらない。同様に左眼を閉じると右眼で受けたABCの像は脳に伝わるがDEFの像は伝わらない。いずれも，片方の眼の情報しか脳に伝わらない(両眼視ではない)。

2015年度　実施問題

中学理科

【1】次の(1)，(2)に答えよ。

(1) 次は，中学校学習指導要領解説「理科編」の「第3章　指導計画の作成と内容の取扱い　3　事故防止，薬品などの管理及び廃棄物の処理(1)事故の防止について」の一部である。①～⑥にあてはまることばをそれぞれ記せ。

事故の防止について

ア．(　①　)などの検討

年間の(　①　)の中に観察や実験，野外観察の目的や内容などを明確にしておくことは，校内の迅速な連携対応，事故防止のためにも不可欠である。

イ．生徒の(　②　)の把握，連絡網の整備

日頃から学級担任や養護教諭などと生徒情報の交換を密に行い，授業において配慮すべき生徒については，その(　②　)を把握することが大切である。

ウ．(　③　)と危険要素の検討

観察，実験の安全を確保するために，(　③　)は必ず行っておくことが必要である。

エ．(　④　)と安全指導

観察，実験の器具については，整備(　④　)を日頃から心掛けなければならない。

オ．理科室内の環境整備

理科室では，生徒の使い易い場所に薬品や機器を配置しそれを周知しておくことも必要である。また，生徒の怪我に備えて救急箱を用意したり，防火対策として(　⑤　)や水を入れたバケツを

用意したりしておくことが望ましい。さらに，換気にも注意を払うことが必要である。

カ．観察や実験のときの服装と(　⑥　)の着用

飛散した水溶液や破砕した岩石片などが目に入る可能性のある観察，実験では,(　⑥　)を着用させるようにする。

(2)　ベネジクト液による呈色反応を利用した，だ液のはたらきを調べる実験を安全に行わせるために，生徒に注意させることを理由を含めて簡潔に記せ。

(☆☆☆◎◎◎)

【2】次の(1)～(4)に答えよ。

(1)　ヒトの眼のはたらきのうち，明るい場所から暗い場所に入ると，はじめは何も見えないが，しだいにものが見えるようになることを何というか，記せ。

(2)　5%の食塩水80g，10%の食塩水50g，15%の食塩水150gを混合させた。このときにできた食塩水は何%となるか，求めよ。

(3)　次の図のように断面積が7.5×10^{-3}m^{2}の円筒の底に，円筒の断面と同じ大きさの質量0.45kgの板をあてて，水中に十分深く沈めた。この円筒を静かに引き上げていくと，ある深さで板が外れた。このときの水面からの板の深さを求めよ。ただし,水の密度を1.0×10^3kg/m^{3}とする。

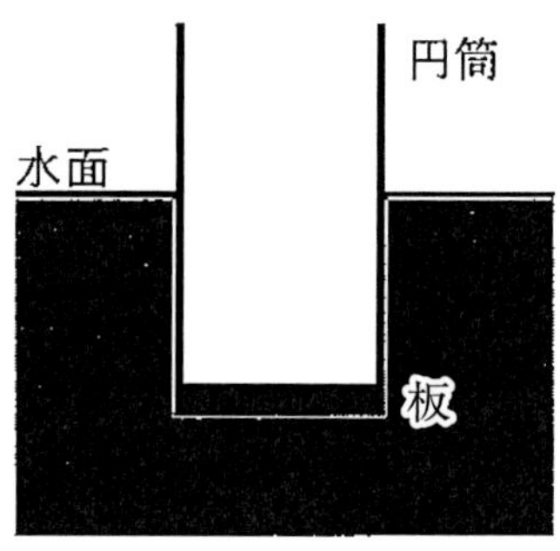

(4)　次の①～⑥のうち，新生代(第四紀)に起こった地殻変動の証拠となるものをすべて選び，番号を記せ。

①　東京の下町で海抜0m地帯がしだいに増えている。

②　関東ローム層の間に挟まれている浮石層が断層で切られている。

③　ある地点の標高が，50年前の測量と比べて約10m高くなっている。

④　砂岩層の層理面に波の跡が残されている。

⑤　河岸段丘を覆う砂岩層の中からナウマン象の化石が発見された。

⑥　曲流している川の岸に，約10mの比高をもつ急な崖が迫っている。

(☆◎◎◎)

【3】次の図1は，生態系における炭素の循環を，模式的に表したものである。下の(1)～(5)に答えよ。

図1

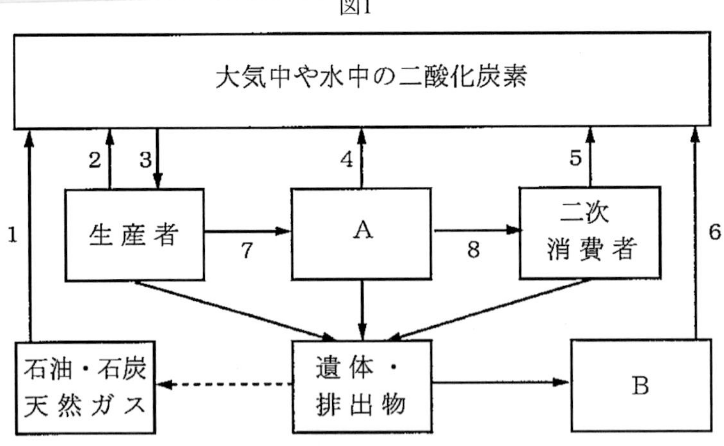

(1)　図1の矢印1にあてはまるはたらきの名称を記せ。

(2)　図1のA，Bにあてはまる生物を，次のア～キから，それぞれ2つずつ選び，その記号を記せ。

ア．コガネグモ　　　イ．ノウサギ　　ウ．乳酸菌

エ．トノサマバッタ　　オ．アオカビ　　カ．ヘビ

キ．ツユクサ

(3)　図1の矢印7，8は食べる，食べられるという関係を示している。生態系におけるこのような生産者から二次消費者への一連のつながりを何というか，記せ。

(4)　図1で呼吸による炭素の移動を示している矢印を1～8からすべて選び，その番号を記せ。

(5)　次の図2は，図1の矢印3のはたらきの反応過程を示した模式図である。次の①，②に答えよ。

①　ア と イ の反応系の名称をそれぞれ記せ。

②　ア と イ の反応は，それぞれ葉緑体のどこで行われるか，その場所の名称を記せ。

図2

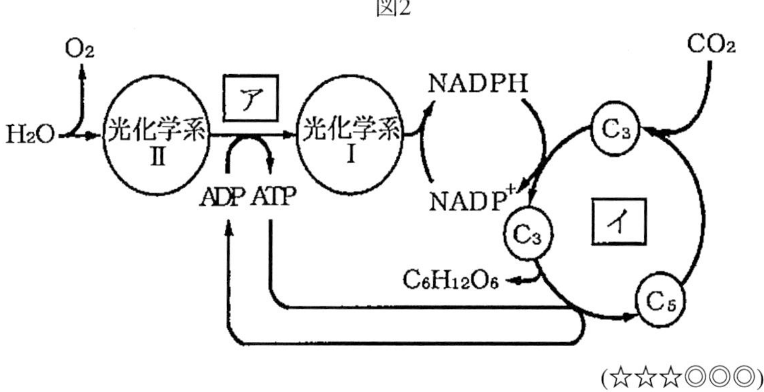

(☆☆☆◎◎◎)

【4】次の(1)，(2)に答えよ。

(1)　次の図は，温度T_1℃の物質Xの固体を加熱し，T_4℃の気体になるまでの温度変化を示したものである。あとの①～⑤に答えよ。

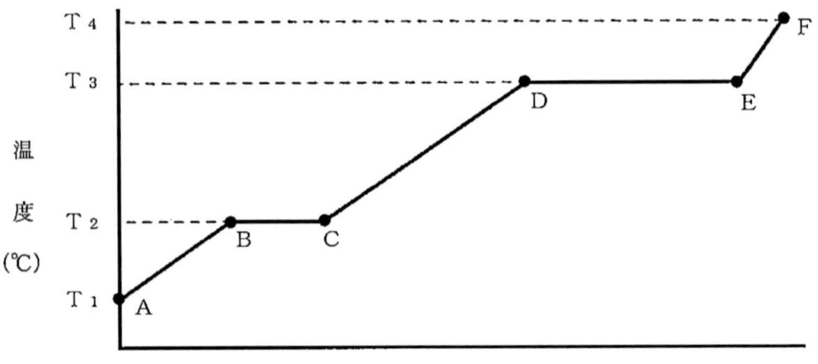

① 温度が一定であるBC間，DE間で見られる現象を何というか，それぞれ記せ。

② T_2℃とT_3℃の温度のことを何というか，それぞれ記せ。

③ 物質Xが液体の状態で存在する区間はどこか，A～Fの記号を使って記せ。

④ BC間，DE間で熱が加えられても温度が上がらない理由を，熱の使われ方に着目してそれぞれ簡潔に記せ。

⑤ BC間，DE間で吸収する熱量をそれぞれ何というか，記せ。また，どちらの熱量が大きいか，記号を使って区間を記せ。

(2) 次の①，②に答えよ。

① 27℃で1.01×10^5Paのもとで1.5Lを占め，その質量が3.9gである気体の分子量を記せ。ただし，気体定数は8.3×10^3Pa・L/(mo1・K)とする。

② 0℃で1.01×10^5Paにおける密度が，1.25g/Lである気体の分子量を記せ。

(☆☆◎◎◎)

【5】3種類の抵抗を用意し，図のような回路をつくり実験を行った。あとの(1)～(6)に答えよ。ただし，図中のXはスイッチを表し，Xの抵抗は0とする。

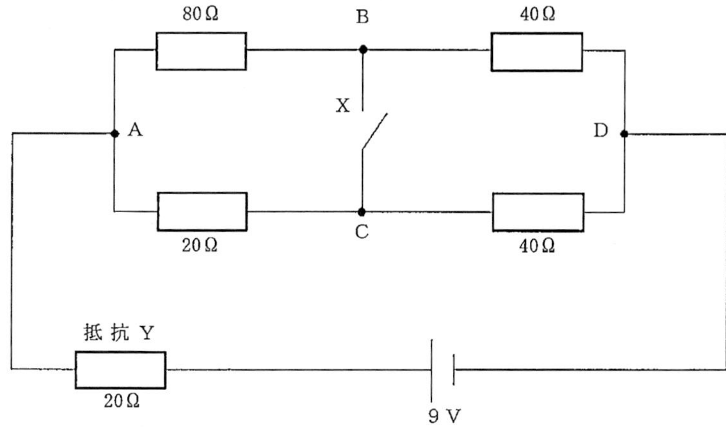

(1)　スイッチXを開いたとき，AD間の合成抵抗は何Ωになるか，求めよ。

(2)　スイッチXを開いたとき，抵抗Yを流れる電流は何Aになるか，求めよ。

(3)　スイッチXを開いたとき，BC間の電圧は何Vになるか，求めよ。

(4)　スイッチXを開いたとき，抵抗Yから10分間に発生する熱量は何Jになるか，求めよ。

(5)　電源の電圧を9Vから14Vに変えてスイッチXを閉じたとき，BC間の電圧は何Vになるか，求めよ。

(6)　電源の電圧を9Vから14Vに変えてスイッチXを閉じたとき，Xを流れる電流は何Aになるか，求めよ。

(☆☆☆◎◎◎)

【6】次の(1)，(2)に答えよ。

(1)　図1は，太陽のまわりを公転する地球と，天球上の一部の星座を模式的に示したものであり，図1のA～Dは，日本における春分，夏至，秋分，冬至のいずれかの日の地球の位置を示している。あとの①～③に答えよ。

図1

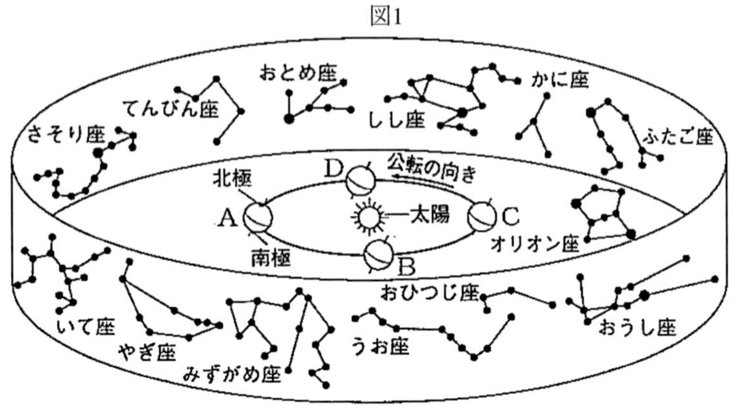

① 図1のA～Dのうち，日本における春分の日と冬至の日の地球の位置を表しているものをそれぞれ選び，記号を記せ。

② 地球がDの位置にあるとき，真夜中に南中する星座はどれか，星座の名称を記せ。

③ 地球がBの位置にあり，太陽が真西にきたときに，真南に位置している星座はどれか，星座の名称を記せ。

(2) 図2の実線はある惑星の天球上の動きを模式的に示したものであり，点線は黄道を示している。下の①～③に答えよ。

図2

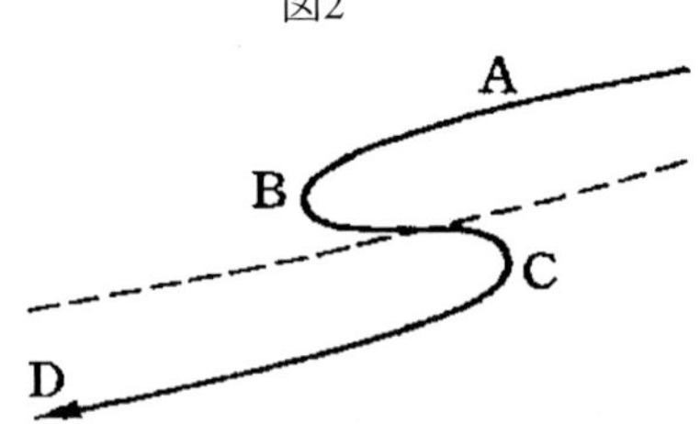

① 留となる部分はどこか，A～Dからすべて選び，記号を記せ。

② 図2の実線が火星の動きを示すものであるとすると，B～C間の位置に火星があるときを何というか，記せ。

③ 惑星の運動についてまとめたケプラーの第一法則を簡潔に記せ。

(☆☆☆◎◎◎)

高校理科

【物理】

【1】次の(1)～(3)の問いに答えよ。

(1) 次の文中の(　　)内に適する語句を記せ。

生物は外界から必要な物質を取り入れ，不要になった物質を排出する。その過程で行われる物質の合成や分解をまとめて代謝という。代謝の過程においては，化学物質の変化に伴いエネルギーの出入りが起こる。このとき，エネルギーの出入りの仲立ちをしているのは，細菌からヒトに至るまですべての生物で共通に使われている(　①　)とよばれる化学物質である。(　①　)分子内のリン酸どうしの結合は(　②　)とよばれ，(　①　)が分解され(　③　)とリン酸になるときには，大きなエネルギーが放出される。

(2) 次の①～③にあてはまる最も適当な語句を(ア)～(ケ)から選び，記号を記せ。

① 地層が堆積した時代を知るのに有効な化石のこと。

② 地球内部の地殻とマントルの最上部で温度が低いために固く流動しにくい部分のこと。

③ カイメンやクラゲなど様々な形態をしたエディアカラ生物群が出現した地質時代のこと。

(ア) 先カンブリア時代　　(イ) 古生代
(ウ) 中生代　　(エ) アセノスフェア
(オ) リソスフェア　　(カ) メソスフェア
(キ) 示準化石　　(ク) 示相化石
(ケ) かぎ化石

(3) あとの表は元素の周期表の一部である。表の(a)～(o)の元素について，次の①～③の問いに答えよ。

① 電気陰性度の最も大きい元素はどれか。表中の記号と元素記号を記せ。

② (a)，(h)，(o)の元素は，水素以外の他の1族元素と共に固有の名

称を持つ。その名称を記せ。

③　(e)の元素が2価の陰イオンに，(i)の元素が2価の陽イオンになったとき，どちらのイオンのイオン半径の方が小さいか。イオン式を記せ。

周期＼族	1	2	13	14	15	16	17	18
2	(a)	(b)	B	(c)	(d)	(e)	(f)	(g)
3	(h)	(i)	(j)	(k)	P	(l)	(m)	(n)
4	(o)	Ca						

(☆☆☆◎◎◎)

【2】次の(1)～(3)の問いに答えよ。

(1)　下図のように，質量Mの物体を軽い糸でつるし，質量mの弾丸を，水平方向に速さv_0で正面から衝突させたところ，物体と弾丸は，一体となって動き出し，ある高さまで上昇した。

①　物体と弾丸が一体となった直後の速さVはいくらか，M，m，v_0を使って式で表せ。

②　衝突前の高さを基準にして，物体と弾丸が一体となって達する最高点の高さhはいくらか，M，m，v_0，重力加速度gを使って，式で表せ。

③　衝突の前後において，失われた力学的エネルギーはいくらか，M，m，v_0を使って式で表せ。

図

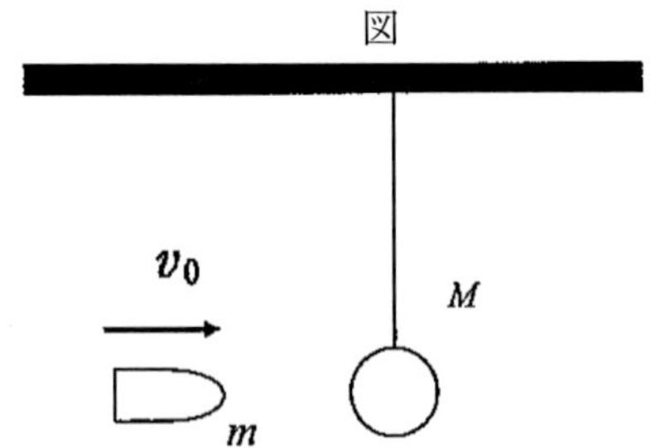

(2)　なめらかで水平な床上に質量mで長さがLの一様な板ABがおかれ

ている。この板の端Aに乗って静止していた質量$3m$の人が板の端Bへと床に対して一定の速度vで歩く。下図のように床面にx軸をとり，最初の板の端Aの位置を原点Oとする。

① 人が板の上を歩いているとき，床に対する板の速度Vを求めよ。

② 人が板の端Aにいるとき，人と板とからなる物体系の重心の位置X_Gを求めよ。

③ 人が板の端Bに着いたときの人の位置をX_1，板の端Aの位置をX_2としたとき，人と板とからなる物体系の重心の位置X_G'をX_1とX_2を用いて表せ。

④ X_1，X_2をそれぞれLを用いて表せ。

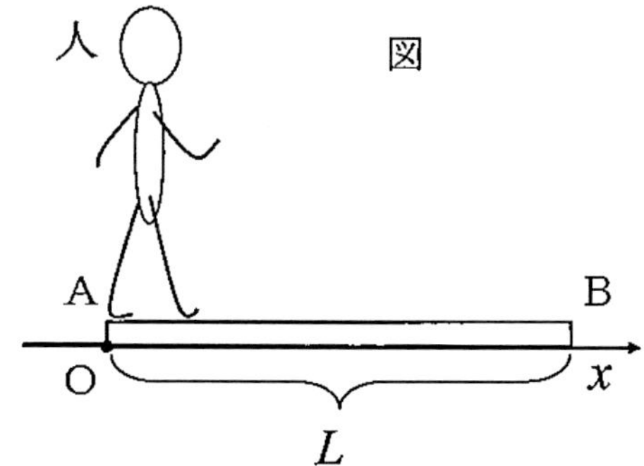

(3) あとの図のように，鉛直な壁から5.0m離れた水平な床上のO点から，斜め上方45°をなす方向に球を投げると，球は壁面のP点に垂直にあたり，はねかえって床上のB点に落ちてはね上がり，Q点まで上がってふたたび床上のC点に落ちた。球の質量を2.0kg，球と床や壁の間の反発係数をe，重力加速度の大きさをgm/s^{2}とし，床はなめらかなものとする。

① 床からのPまでの高さ〔m〕を求めよ。

② AB間の距離〔m〕を求めよ。

③ 床からのQまでの高さ〔m〕を求めよ。

④ BC間の距離〔m〕を求めよ。

⑤ C点に落下する直前までに球が失った力学的エネルギー〔J〕を

求めよ。

⑥　C点とO点が一致するときのeの値を求めよ。

図

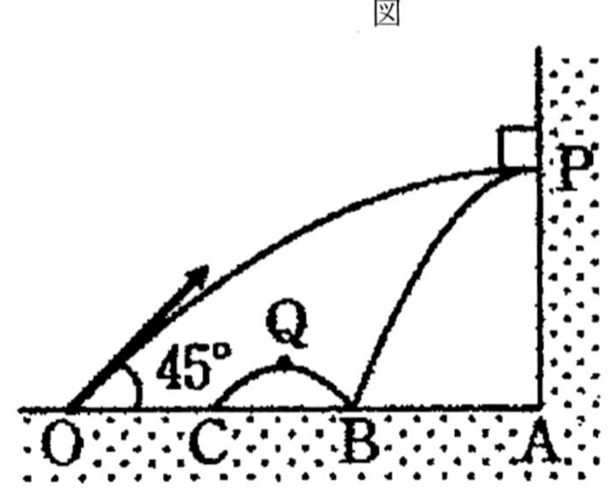

(☆☆☆◎◎◎)

【3】次の(1)～(3)の問いに答えよ。

(1)　図1は音の干渉を確認する実験で使用するクインケ管の模式図である。この装置では，Aから管内に入った音が，ACBとADBの経路に分かれて進み，Bで音が干渉する。また，Cを出し入れすることにより，ACBの距離を調節することができる。

①　ACBとADBの距離が同じ条件から，Cを少し引き出し，ACBとADBの距離を再び同じ条件にすると，Bで聞こえる音はどのように変化するか，記せ。

②　ACBとADBの距離が同じ条件から，Cを引き出していくと，再び，①と同様な音が聞こえるのは，どのような条件の時か，記せ。

③　図2のような装置を使用して波長や音速を測定する探究活動を行う際に，「管を引き出した長さ」を測定させた後，データの処理において，「波長」と「音速」を生徒にどのように求めさせるのか，使用する公式にも触れ，その方法をそれぞれ説明せよ。ただし，低周波発振器からの音波の振動数fはわかっているものとする。

④　生徒に③の方法とは別に「室温」から「音速」を求めさせる方法を，使用する公式にも触れ，説明せよ。

図1

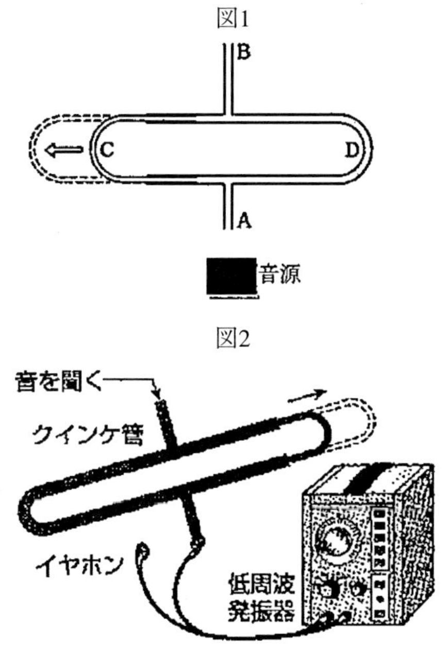

図2

(2)　次の文中の(　　)内に適する語句，記号，式を記せ。ただし，屈折率はすべて空気に対するものとする。

あとの図のように断面が長方形(ABCD)の無色透明な角柱が空気中におかれている。AB面に入射角θで光(波長λ_1)を入射させたところ，光はAD面から屈折角θ'で出てきた。P点における屈折角をr，Q点における入射角をr'とし，この光に対する角柱の屈折率をnとすると，P点では(　1　)$=n\sin r$，Q点では$n\sin r'=$(　2　)が成立する。AP，AQ，PQの長さをそれぞれa，b，cとすると，

$\sin r=\dfrac{\text{a}}{(\quad 3\quad)}$

$\sin r'=\dfrac{(\quad 4\quad)}{\text{c}}$

なので，この角柱の屈折率nは，θ，θ'だけで表すことができ，$n=$(　5　)となる。

次に，入射角をθのままで光の波長を変えていったところ，波長λ_2の光でAD面による全反射を生じた。このことから，波長λ_2のときの角柱の屈折率をn'とするとn'=(　6　)と表される。この場合，通常波長λ_2のほうが波長λ_1より(　7　)。

このように同じ物質中でも波長によって光の屈折率は異なる。このため，スリットを通して太陽光をプリズムに入射させるとスクリーンに虹のような一連の帯が見える。この現象を光の(　8　)という。

図

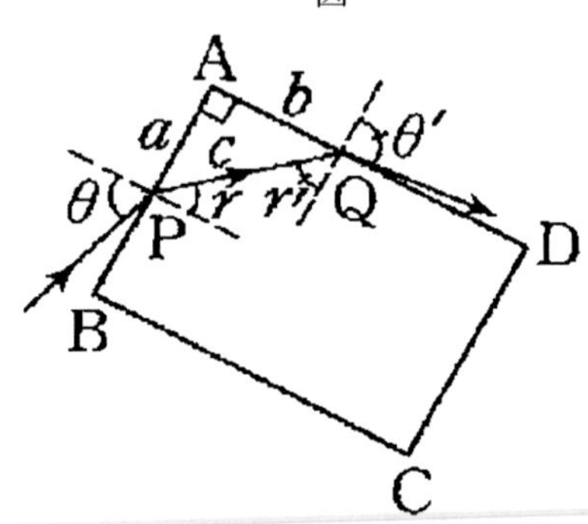

(3)　あとの図のように，間隔dの2つのスリットS_1，S_2のついたスリット板とスクリーンを距離Lだけ離しておいた。S_1，S_2から等距離の位置にある光源からスリット板に向けて波長λのレーザー光をあてた。線分S_1S_2の垂直二等分線とスクリーンの交点をO，スクリーン上において点Oからxだけ離れた点をPとする。ただし，dおよびxはLに比べて十分小さいとする。

①　S_1，S_2から点Pに到達した回折光の光路差はいくらか。L，d，xを用いた式で表せ。

②　点Oから明線まで距離xはいくらか。L，λ，d，及び整数m($m \geqq 0$)を用いた式で表せ。

③　d=0.06mm，L=1.2mのとき，明点の間隔Δxが1.46cmとなった。レーザー光の波長λ〔m〕はいくらか。

図

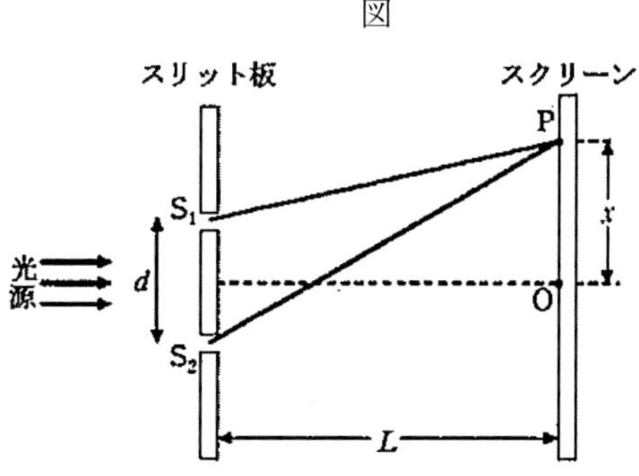

(☆☆☆◎◎◎)

【4】次の(1), (2)の問いに答えよ。

(1)　次の文中の(　　)内に適する語句を記せ。

よく磨いた亜鉛板を箔検電器にのせ，負に帯電させて，箔を開いておく。亜鉛板に紫外線を照射すると，箔が(　1　)。これは，亜鉛板の内部の(　2　)が，光から(　3　)を受け取って外部に飛び出し，箔検電器の(　4　)電荷が失われたためである。このように，光の(　3　)によって(　2　)が飛び出す現象を(　5　)といい，飛び出す(　2　)を(　6　)という。

(　5　)は，1887年，(　7　)によって発見された。その後，詳しい研究によって，次の①から③のような特徴が知られている。

①　光の振動数がある値ν_0よりも小さければ，(　6　)は飛び出さない。このν_0を物質の(　8　)という。(　8　)は，光をあてる(　9　)の種類によって決まる固有の値である。

②　振動数がν_0よりも(　10　)光をあてると，(　6　)は，光の(　11　)に関係なく，すぐに飛び出す。

③　(　6　)の運動(　3　)の最大値は，光の(　11　)に関係なく，光の振動数で決まる。

④　ν_0よりも(　10　)一定の振動数の光をあてると，飛び出す(　6　)の数は，光の(　11　)に(　12　)して増えるが，(　6　)の運動

(　3　)の最大値は(　13　)。

(2)　下図のように光を光電管にあてると，光の波長が5.0×10^{-7}m，4.0×10^{-7}mのとき，回路を流れる電流が0となるような陽極の電位はそれぞれ－0.58V，－1.2Vとなる。プランク定数〔J・s〕，陰極金属の仕事関数〔eV〕，および限界波長〔m〕を求めよ。

ただし，c＝3.0×10^{8}〔m/s〕，e＝1.6×10^{-19}〔C〕とする。

図

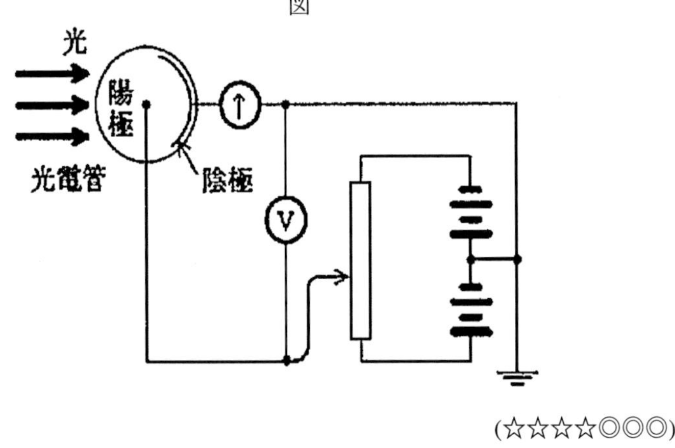

(☆☆☆☆◎◎◎)

【化学】

【1】次の(1)～(3)の問いに答えよ。

(1)　次の文章の(　　)内に適する語句を記せ。

生物は外界から必要な物質を取り入れ，不要になった物質を排出する。その過程で行われる物質の合成や分解をまとめて代謝という。代謝の過程においては，化学物質の変化に伴いエネルギーの出入りが起こる。このとき，エネルギーの出入りの仲立ちをしているのは，細菌からヒトに至るまですべての生物で共通に使われている(　①　)とよばれる化学物質である。(　①　)分子内のリン酸どうしの結合は(　②　)とよばれ，(　①　)が分解され(　③　)とリン酸になるときには，大きなエネルギーが放出される。

(2)　次の①～③にあてはまる最も適当な語句を(ア)～(ケ)から選び，

記号を記せ。

① 地層が堆積した時代を知るのに有効な化石のこと。

② 地球内部の地殻とマントルの最上部で温度が低いために固く流動しにくい部分のこと。

③ カイメンやクラゲなど様々な形態をしたエディアカラ生物群が出現した地質時代のこと。

(ア) 先カンブリア時代　(イ) 古生代
(ウ) 中生代　(エ) アセノスフェア
(オ) リソスフェア　(カ) メソスフェア
(キ) 示準化石　(ク) 示相化石
(ケ) かぎ化石

(3) 下図のように直線上を6.0m/sの速さで進んでいたトラックが，地点Aを通過した瞬間から2.0m/s^{2}の一定の加速度で4.0秒間加速し，その後一定の速度で進んだ。

① 加速し始めてから4.0秒後のトラックの速度〔m/s〕を求めよ。

② 加速し始めてから4.0秒間に自動車が進んだ距離〔m〕を求めよ。

③ ①の速度で進んでいたトラックはある瞬間から一定の加速度で減速し，20m進んだときに8.0m/sの速度になった。加速度の向きと大きさ〔m/s^2〕を求めよ。

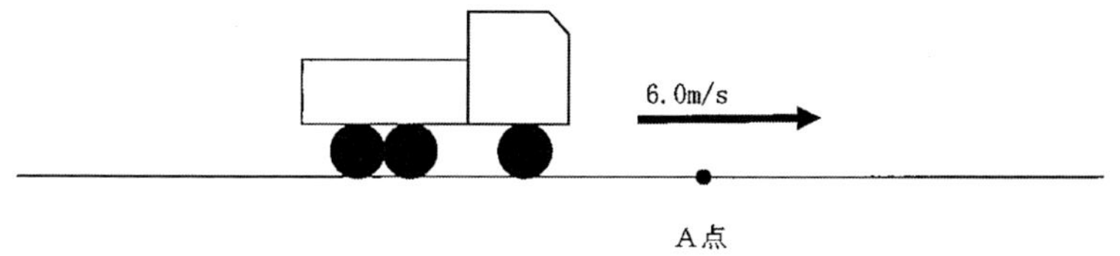

(☆☆☆◎◎◎)

【2】次の文を読み，(1)～(8)の問いに答えよ。

アルミニウムの鉱石としては(　ア　)が知られている。単体のアルミニウムは，(　ア　)を精製し酸化アルミニウムをつくり，これに(a)<u>氷晶石を加えて</u>約1000℃に加熱し，炭素電極を用いて(　イ　)で製造される。

アルミニウムは(b)酸，塩基いずれの水溶液とも反応して，それぞれ塩をつくる。しかし，(c)アルミニウムは濃硝酸や熱濃硫酸には溶解しない。

(d)アルミニウム18gを十分な量の水酸化カリウム水溶液に溶かした後，この液をろ過し，(e)ろ液を加熱しながら希硫酸を加えると白色沈殿が生じた。次に，加熱沸騰させた希硫酸を加えると沈殿はすべて溶解した。さらに，この溶液を加熱濃縮し冷却すると，ミョウバンの結晶が析出した。

(1)　文中の(　ア　)，(　イ　)に適する語を記せ。

(2)　下線部(a)の操作を行う理由を記せ。

(3)　下線部(b)の性質をもつ元素を何というか。また，アルミニウムを除き，その性質を示す元素を元素記号で2つ記せ。

(4)　下線部(c)の現象が起こる理由を記せ。

(5)　単体のアルミニウムが(　イ　)の方法で製造されるのは，アルミニウムのどのような性質によるか，記せ。

(6)　アルミニウム2.00tを製造するには，電流3.00×10^4Aの条件で何時間かかるか。ただし，ファラデー定数9.65×10^4C/mol，Al＝27.0とする。

(7)　下線部(d)，(e)の変化をそれぞれ化学反応式で記せ。

(8)　アルミニウム18gから237gのミョウバン(硫酸カリウムアルミニウム十二水和物)の結晶が得られた。このミョウバンの生成量は，理論上得られる生成量の何％に相当するか。ただし，H＝1.0，O＝12，Al＝27，S＝32，K＝39とする。

(☆☆☆◎◎◎)

【3】次の(1)，(2)の問いに答えよ。

(1)　次の実験1～実験3について，①～⑤の問いに答えよ。ただし，実験に用いたすべての水と水溶液の比熱は4.2J/(g・K)，密度は$1.0g/cm^3$とし，混合により溶液の体積の変化はないものとする。値は有効数字2桁で求めよ。H＝1.0，O＝16，Na＝23

[実験1]　ふた付きの発泡ポリスチレン製容器に水100mLと水酸化ナトリウム(固体)4.0gを入れよくかき混ぜながら温度を測定した。次の図は水酸化ナトリウムを水中に入れた瞬間を0分として，一定時間ごとにその結果を示したものである。このときの温度上昇は図の(　ア　)に相当し，10.4℃であった。

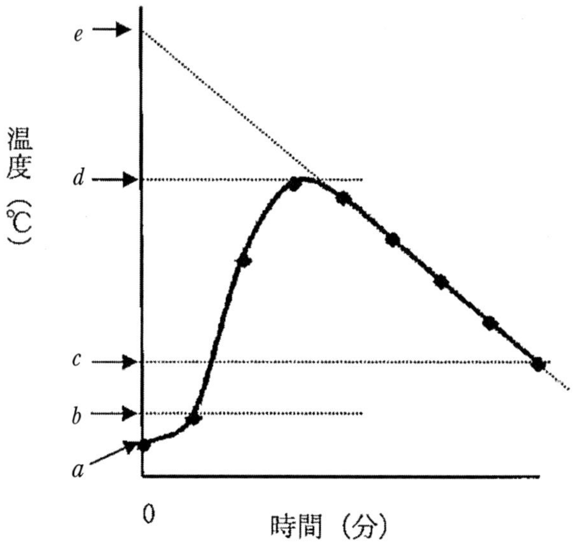

[実験2]　次に，同じ温度の1.0mo1/Lの希塩酸150mLを実験1の容器に入れよくかき混ぜると，水溶液の温度は5.3℃上昇した。

[実験3]　さらに実験2でできた水溶液に水を加え全体を3.0Lとし，ある量のアンモニアを吸収させたところpHは2.0となった。

① 固体の水酸化ナトリウムをはかるのに薬包紙を使用することはできない。その理由を記せ。

② (　ア　)に適する式をa～eを用いて記せ。

③ [実験1]で発生した熱量〔kJ〕を求めよ。

④ [実験2]の反応の熱化学方程式を記せ。

⑤ [実験3]について，標準状態における吸収させたアンモニアの体積〔L〕を求めよ。

(2)　次の文を読み，①～⑥の問いに答えよ。

二酸化窒素と四酸化二窒素とは，一定の温度・圧力のもとで化学平衡の状態にある。

$$2NO_2(気) \rightleftarrows N_2O_4(気) + 57.3kJ$$

温度一定下で圧力を変化させると平衡がどのように変化するかを調べるために，次の実験を行った。

(a)濃硝酸に銅を入れ二酸化窒素を発生させた。この二酸化窒素を注射器に入れ，注射器の先端をゴム栓でふさぎ二酸化窒素を密閉した。温度を一定に保ちながら注射器のピストンを押し，二酸化窒素を圧縮した。(b)圧縮直後は気体の色はいったん濃くなったが，すぐに薄くなった。

①　下線部(a)の変化を化学反応式で記せ。

②　正反応の活性化エネルギーと逆反応の活性化エネルギーでは，どちらがどれだけ大きいか，記せ。

③　下線部(b)の変化が起こる理由を記せ。

④　注射器の体積を変えずに温度を下げたとき，化学平衡の移動の方向はどのようになるか理由とともに記せ。

⑤　25℃での二酸化窒素の分圧が4.0×10^4Pa，四酸化二窒素の分圧が5.0×10^4Paのとき，圧平衡定数を求めよ。ただし，単位も記すこと。

⑥　体積V〔L〕の注射器に二酸化窒素n〔mol〕を採取し平衡に到達させた。n〔mol〕の二酸化窒素のうち，αn〔mol〕$(0 \leqq \alpha \leqq 1)$が四酸化二窒素に変化した。四酸化二窒素の生成反応の平衡定数Kをn，α，Vを用いて記せ。ただし，単位も記すこと。

(☆☆☆◎◎◎)

【４】次の文を読み，(1)～(5)の問いに答えよ。

化合物Aを赤熱した鉄に触れさせると，3分子が重合してベンゼンになる。

(a)ベンゼンに濃硫酸を加えて加熱すると化合物Bが得られる。(b)化合物Bを固体の水酸化ナトリウムと融解した後，酸を加えると化合物Cが得られる。

(c)ベンゼンに少量の鉄粉を触媒として，塩素を作用させると化合物Dが得られる。(d)化合物Dを水酸化ナトリウム水溶液と加圧・加熱した後，酸を加えると化合物Cが得られる。

(e)ベンゼンと化合物Eを反応させると化合物Fが得られる。化合物Fの空気酸化によって得た過酸化物を酸で分解すると，化合物Cとアセトンが得られる。この反応は化合物Cの工業的な製法として広く利用されている。

化合物Gは芳香族化合物であり，C_7H_8の分子式をもつ化合物Hを過マンガン酸カリウム水溶液で酸化することにより得られる。この化合物Gはフェーリング液を還元しない。(f)アセトンを還元して得られるアルコールと化合物Gの混合物に，少量の濃硫酸を加えて加熱すると縮合反応が進む。

(1) 化合物A～Hの構造式を次の記入例にならって記せ。

記入例

$$C_6H_5-\underset{\underset{CH_3}{|}}{CH}-CH_2-\overset{\overset{O}{\|}}{C}-OH$$

(2) 下線部(a)～(e)で記述された反応の中から付加反応を一つ選び，記号で記せ。

(3) 下線部(f)の縮合反応で生じた芳香族化合物を構造式で記せ。

(4) 次の実験1，2について①～④の問いに答えよ。

[実験1] 化合物C，DおよびGのそれぞれ0.01molとジエチルエーテル50mLを混ぜ合わせた溶液に，0.15mol/Lの炭酸水素ナトリウム水溶液100mLを加え，よく振り混ぜた後，しばらく放置すると，ジエチルエーテル層と水層に分かれた。

[実験2] 次に，水層を取り除き，残ったジエチルエーテル層に，0.15mol/Lの水酸化ナトリウム水溶液100mLを加え，よく振り混ぜた後，しばらく放置すると，ジエチルエーテル層と水層に分

かれた。

① [実験1]，[実験2]の操作で用いる最も適切なガラス器具の名称を記せ。

② ジエチルエーテル層は上層か下層のどちら側になるかを記せ。

③ [実験1]の水層に抽出された化合物のうち，物質量の最も多い化合物を記号で記せ。

④ [実験2]の水層に抽出された化合物のうち，物質量の最も多い化合物を記号で記せ。

(5) 化合物B～Hのそれぞれを適当な溶媒に溶かし，少量の臭素を加えたときに，臭素の色を速やかに脱色する化合物をすべて選び，記号で答えよ。ただし，臭素と溶媒とは反応しないものとする。

(☆☆☆◎◎◎)

【生物】

【1】次の(1)～(3)の問いに答えよ。

(1) 次の①～③にあてはまる最も適当な語句を(ア)～(ケ)から選び，記号を記せ。

① 地層が堆積した時代を知るのに有効な化石のこと。

② 地球内部の地殻とマントルの最上部で温度が低いために固く流動しにくい部分のこと。

③ カイメンやクラゲなど様々な形態をしたエディアカラ生物群が出現した地質時代のこと。

(ア) 先カンブリア時代　　(イ) 古生代

(ウ) 中生代　　(エ) アセノスフェア

(オ) リソスフェア　　(カ) メソスフェア

(キ) 示準化石　　(ク) 示相化石

(ケ) かぎ化石

(2) あとの表は元素の周期表の一部である。表の(a)～(o)の元素について，次の①～③の問いに答えよ。

① 電気陰性度の最も大きい元素はどれか。表中の記号と元素記号を記せ。

② (a), (h), (o)の元素は，水素以外の他の1族元素と共に固有の名称を持つ。その名称を書け。

③ (e)の元素が2価の陰イオンに，(i)の元素が2価の陽イオンになったとき，どちらのイオンのイオン半径の方が小さいか。イオン式を記せ。

周期＼族	1	2	13	14	15	16	17	18
2	(a)	(b)	B	(c)	(d)	(e)	(f)	(g)
3	(h)	(i)	(j)	(k)	P	(l)	(m)	(n)
4	(o)	Ca						

(3) 下図のように直線上を6.0〔m/s〕の速さで進んでいたトラックが，地点Aを通過した瞬間から2.0〔m/s^2〕の一定の加速度で4.0秒間加速し，その後一定の速度で進んだ。

① 加速し始めてから4.0秒後のトラックの速度〔m/s〕を求めよ。

② 加速し始めてから4.0秒間に自動車が進んだ距離〔m〕を求めよ。

③ ①の速度で進んでいたトラックはある瞬間から一定の加速度で減速し，20m進んだときに8.0m/sの速度になった。加速度の向きと大きさ〔m/s^2〕を求めよ。

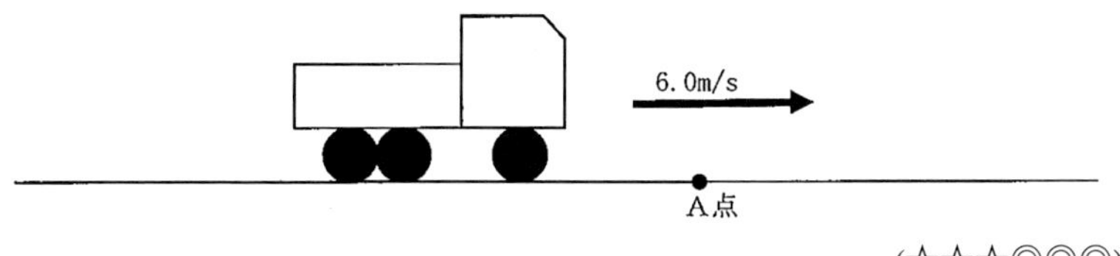

(☆☆☆◎◎◎)

【2】次の(1)～(3)の問いに答えよ。

(1) 図1は，原腸胚期から神経胚期の間のさまざまな時期のカエルの胚の断面図を，図2は，ウニのプルテウス幼生を，それぞれ模式的に示している。以下の問い①～③に答えよ。

① 図1に示した胚(イ～ニ)を発生の順に並べよ。

② 図1のイの胚のaで示された部分は，幼生の時期には，どのよう

な組織や器官に分化するか。正しい組み合わせを，次の(ア)～(オ)のうちから一つ選び，記号を記せ。

(ア)　表皮，眼の水晶体，脊髄

(イ)　腎臓，肝臓，すい臓

(ウ)　骨格，筋肉，心臓

(エ)　肺，胃，生殖腺

(オ)　脊索，皮膚の真皮，腸間膜

③　図2のp，q，rの由来となる胚葉と，同じ胚葉に由来するつくりを図1のロのb～fからすべて選び，記号を記せ。

図1

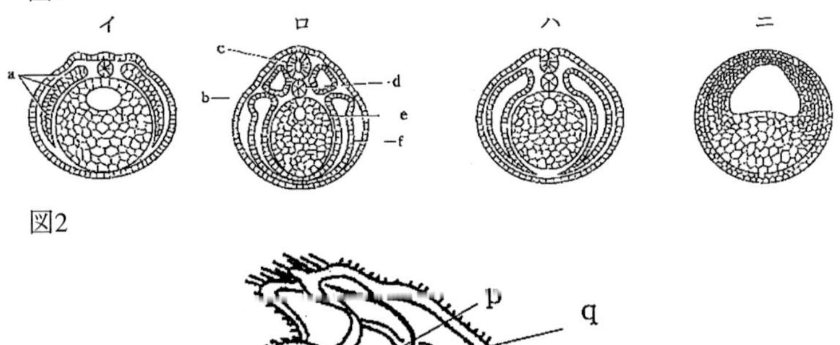

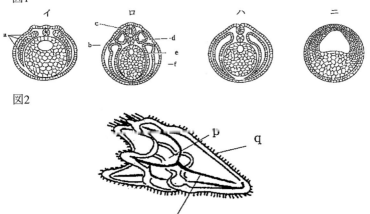

図2

(2)　あとの図はイモリの胚の断面の模式図である。次の①～③の問いに答えよ。

①　図Aの(c)はそれぞれ図B，図Cのどの位置にくるか，記号で記せ。

②　図Aの(c)の部分を切り取り，別の初期原腸胚の胞胚腔内に移植すると何が形成されるか。また，移植片自身は何に分化するか，それぞれ記せ。

③　図Aの(c)のようなはたらきをもつ胚域のことを何というか，記せ。

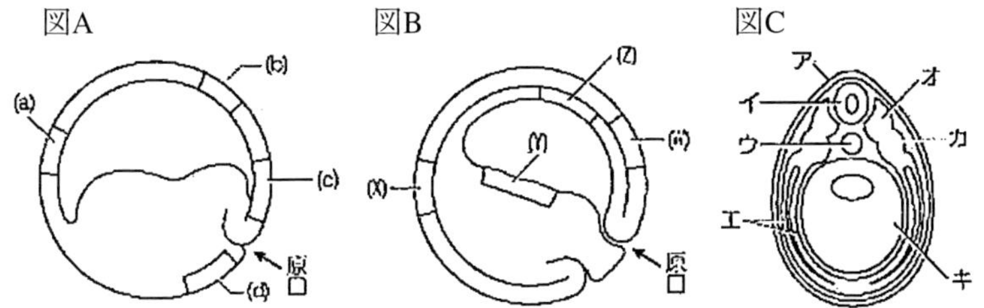

(3) 下図のようにカエルの胞胚を，点線の位置で切断した後，A(動物極側)とB(植物極側)の部分を用いて，実験を行った。次の①～④の問いに答えよ。

① Aの名称をカタカナで答えよ。

② Aを単独培養すると，どのような組織に分化するか，記せ。

③ AとBの細胞塊を接触させて培養すると，A，Bそれぞれの部分はどのような組織に分化するか，記せ。また，この場合に見られるはたらきを何と呼ぶか，記せ。

④ Aの部分を次のa～cの濃度のアクチビンを含む培養液で培養すると，語群のア～ウの組織が分化した。a～cの濃度について，分化したと考えられる組織を語群から選び，記号で記せ。但し，ngはナノグラムである。

【アクチビンの濃度】a　100ng/mL　　b　5ng/mL　　c　0.5ng/mL

〔語群〕ア　筋肉　　イ　心臓　　ウ　血球

図

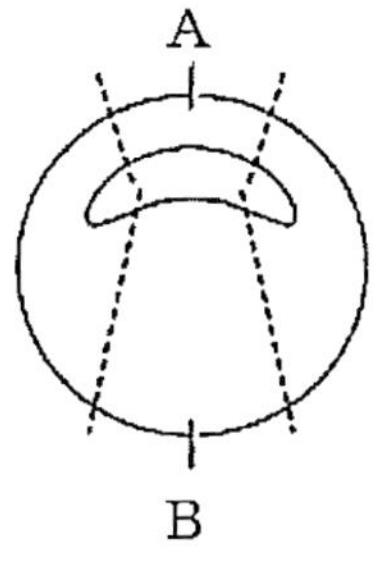

(☆☆☆☆◎◎◎)

【3】次の(1)，(2)の問いに答えよ。

(1) 次の文を読み，①，②の問いに答えよ。

突然変異により現れる全く新たな遺伝的変異が集団の中に広まるか否かの要因として，自然選択とともに重要なのが，偶然による遺伝子頻度の変動である。

有性生殖を行う生物で個体ごとに遺伝的変異が見られるのは，遺伝子型の異なる配偶子の接合から子が生まれるからである。

ある地域に生息する同種の集団のもつ遺伝子全体のことを(　1　)というが，この(　1　)の中には何種類かの対立遺伝子があり，それぞれの対立遺伝子が含まれている割合を遺伝子頻度という。集団内にある対立遺伝子の遺伝子頻度に増減が起こると，(　1　)の構成に変化が起きる。このような世代を経た遺伝子頻度の変化を(　2　)進化と呼ぶ。

(a)<u>ある条件下</u>ではその集団の対立遺伝子の遺伝子頻度は世代を経ても変化しない。この法則を(　3　)という。また，その集団は遺伝子平衡にあるという。

限られた大きさの生物集団では，次世代を残せる個体の数も限られてくる。その場合，遺伝子型の違いや繁殖上の差はなく，任意交配が行われるとすると，次世代にどのような遺伝子が伝わるかは偶然まかせとなる。つまり，偶然による遺伝子頻度の変動が起こることが考えられる。このことを(　4　)という。次世代を残すことのできる個体数が限られている小さな生物集団ほど，特定の遺伝子が偏って選ばれる可能性が高くなり，一世代ごとに(　4　)の幅は(　5　)と考えられる。また，他の集団から隔離されている小さな生物集団では，(　4　)による遺伝子頻度に偏りが起こりやすい。何かの原因で隔離集団の個体数が大幅に減少すると(　4　)の効果が大きくなり，集団全体の遺伝的構成に偏りが生じてしまう場合がある。このような個体数の減少に伴う偏りが生じることを(　6　)という。

① 文中の(　1　)から(　6　)に入る最も適切な語句を答えよ。

② (　3　)が成り立つための下線部(a)の条件を4つ答えよ。

(2) 次の①～③の問いに答えよ。

① 優性遺伝子Aの遺伝子頻度をp，劣性遺伝子aの遺伝子頻度をq，$p+q=1$とする。2つの遺伝子のヘテロ接合体どうしを交配した場合，現れる個体AA，Aa，aa，それぞれの遺伝子型頻度はどのようになるか，答えよ。

② 次の文の(　1　)～(　4　)に最も適当な式を答えよ。ただし，(　2　)はqの式で表すこと。なお，(　1　)を含む式は(　2　)を求める際の一過程を示す。

①において，劣性遺伝子aのホモ接合体が，次世代を全く残せないと仮定した場合，次世代の劣性遺伝子aの頻度q_1は次のように表すことができる。

$$q_1 = \frac{\frac{1}{2}\times 2pq + 0}{(\quad 1\quad)} = (\quad 2\quad)$$

同じように2世代後の劣性遺伝子aの頻度q_2をqの式で表すと，q_2=(　3　)となる。さらに，n世代後の劣性遺伝子aの頻度q_nをqの式で表すとq_n=(　4　)となる。

③ ②のように劣性遺伝子aのホモ接合体aaが次の世代を全く残せない場合，この劣性遺伝子aの頻度は生物集団中でどのような過程をたどるか，答えよ。但し，最終的な結果だけでなく，途中の変化についても触れること。

(☆☆☆☆◎)

【4】次の(1)，(2)の問いに答えよ。

(1) 次の文を読み，①～④の問いに答えよ。

ある畑でモンシロチョウを捕えると，雄60匹，雌40匹であった。捕えたすべての個体に目印をつけて放し，次の日に，雄48匹，雌28匹を捕えた。その中に前日に目印をつけておいた雄24匹，雌8匹を確認することができた。

① このように，ある地域の個体に目印をつけて放し，再び捕えて目印のついた個体数を調べ，その地域に生息する個体数を推定す

る方法を何というか，名称を記せ。

② ①の方法を行うとき，注意する必要のある点を次のア～ウの各観点について，答えよ。

ア　調査に使用する目印の条件について

イ　最初捕えた時と再び捕えた時の条件について

ウ　調査期間中の調査区域内外における個体の出入りについて

③ 目印をつけて放した個体の数をM，2回目の調査で捕えた個体の数をn，そのうち目印のついた個体の数をmとすると，集団の全個体数Nはどのように推定されるか。Nを求める式として答えよ。

④ この畑の雄，雌の個体数は何匹と推定されるか，答えよ。

(2) 次の文を読み，①～⑤の問いに答えよ。

個体群は成長の過程で天敵などによる(　ア　)などが原因となり，その数が減少していく。ある時期に出生した一定数の個体が，時間の経過に従ってどのように減少していくのかを示した表が(　イ　)表である。

次表は，ある動物個体群の(　イ　)表である。この表に示された生存数の変化を図のようにグラフにしたものを(　ウ　)といい，A～Cの3つの基本型に分類される。通常，(　ウ　)の縦軸は，生存数を対数目盛りで表示する。したがって，各齢段階の死亡率が一定の場合には，(　ウ　)の形状は図のA，B，Cのうちの(　エ　)になる。

個体群がどのような齢階級の個体によって構成されているか世代や齢ごとにその個体数分布を示したものが(　オ　)である。(　オ　)は一般に(　カ　)と呼ばれる図で示され，大きく幼若型，(　キ　)，老化型の3つの基本型に分類される。

表

年齢	生存数	死亡数	死亡率(%)
0	908	38	4.2
1	870	73	8.4
2	797	249	(ク)
3	(ケ)	357	65.1
4	191	(コ)	81.7
5	35	35	100.0
6	0	―	―

図

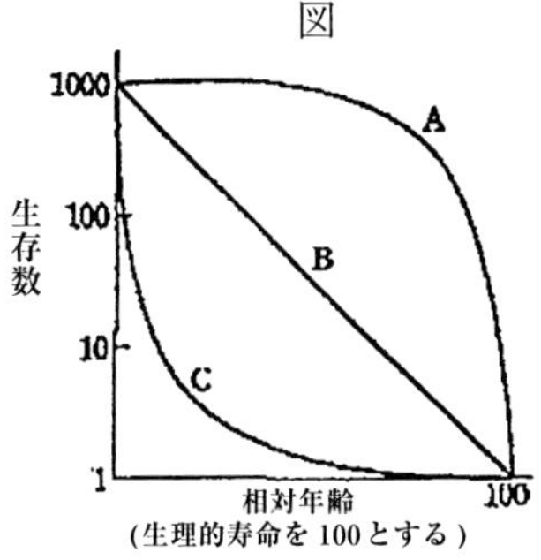

① 文中の(ア)~(キ)に適当な語句を答えよ。

② 表の(ク)~(コ)に適当な数値を答えよ。ただし，(ク)は小数点以下第2位を四捨五入せよ。

③ (ウ)が3つの基本型に分類される背景には，それぞれの生物の生活史にかかわる要因が大きく関与している。特に動物に関して考えられる要因を2つ答えよ。

④ 出生個体の平均死亡年齢を平均寿命という。(イ)表を用いてこの平均寿命を計算することができる。表に示された動物の平均寿命は何年か。生まれてから1歳までの間に死んだ個体の場合は，0.5年生存，1歳から2歳の間に死亡した個体の場合は，1.5年，2歳から3歳の間に死亡した個体の場合は，2.5年生存したと考えて，以下同様に処理すること。数値は，小数点以下第2位を四捨五入し，小数第1位まで示せ。

⑤ 上の表の動物と類似した(ウ)をもつ動物を，あとの(a)~(f)の中から2つ選び，記号を記せ。

(a)　ヒドラ　　(b)　トカゲ　　(c)　ミツバチ　　(d)　ウニ
(e)　ヒト　　(f)　カキ

(☆☆☆◎◎)

解答・解説

中学理科

【1】(1)　①　指導計画　　②　実態　　③　予備実験　　④　点検　⑤　消火器　　⑥　保護眼鏡　　(2)　突沸が予想されるので
・沸騰石を入れて加熱する　　・試験管を小刻みに振りながら加熱する　　・試験管の口を人のいる方に向けないで加熱する

〈解説〉(1)　「3　事故防止，薬品などの管理及び廃棄物の処理」に関しては，(1)の「事故の防止について」，(2)の「薬品などの管理について」，(3)の「廃棄物の処理について」ともに頻出である。特に，関連法規についても出題されることがあるので，消防法や大気汚染防止法などについてもまとめておくとよいだろう。　(2)　解答例のほかに，試験管内の液量を4分の1かそれ以下にする　なども考えられる。

【2】(1)　暗順応　　(2)　11.25％　　(3)　6.0×10^{-2}m
(4)　②，③，⑤

〈解説〉(1)　網膜の桿体細胞はうす暗いところで働く。明るい場所から暗い場所に入ると桿体細胞の感度が上がってしだいにものが見えるようになる。　(2)　5％の食塩水80gに含まれる食塩は，$5\times\frac{80}{100}=4$〔g〕，10％の食塩水50gに含まれる食塩は，$10\times\frac{50}{100}=5$〔g〕，15％の食塩水150gに含まれる食塩は，$15\times\frac{150}{100}=22.5$〔g〕である。これらの食塩水を混合した食塩水の濃度は，$\frac{4+5+22.5}{80+50+150}\times100=11.25$〔%〕となる。
(3) ある深さをxmとすると，$7.5\times10^{-3}\times x\times1.0\times10^{3}=0.45$が成り立つ。これより，$x=0.45\div7.5=0.06$　よって，6.0×10^{-2}m
(4) 新生代第四期は，約260万年前から現在までの期間である。②の関東ローム層はこの期間に形成された。③は地殻変動によって標高が高くなったと判断できる。⑤はナウマン象はこの時代の生物である。①は地下水の汲み上げなど人工的な原因も考えられる。 ④，⑥はともに明確に地殻変動によるとはいえない。

【3】(1) 燃焼　(2) A イ，エ　B ウ，オ　(3) 食物連鎖　(4) 2，4，5，6　(5) ① ア 電子伝達系　イ カルビン・ベンソン回路　ア チラコイド(膜)　イ ストロマ

〈解説〉(1)，(4) 図1の1～8の各矢印が示しているものは次のとおりである。1，化石燃料の燃焼。 2，4，5，6は呼吸。 3は光合成。 7，8は被食。 (2) 図1のAは一次消費者(植食動物)で，Bは分解者(主として菌・細菌類)である。ア コガネグモは二次消費者，カ ヘビは高次(二次～四次)消費者，キ ツユクサは生産者である。 (3) 食う食われるの一つながりを食物連鎖という。実際の食う食われるの関係は複雑な網目状につながっており食物網という。 (5) 図2の[ア]の電子伝達系では，光化学系Ⅱから光化学系Ⅰへe^-を伝達している。[イ]のカルビン・ベンソン回路でCO_2の固定と，PGA(ホスホグリセリン酸)の還元によるGAP(グリセリンアルデヒドリン酸)の生産を行っている。チラコイドに含まれるクロロフィルで光を吸収する。ストロマにはカルビン・ベンソン回路をすすめる酵素群が存在する。

【4】(1) ① BC間…融解　DE間…沸騰　② T_2…融点　T_3…沸点　③ BE間　④ BC間…与えられた熱が規則正しく並んだ粒子の配列をくずして，液体にすることに使われるから　DE間…与えられた熱が液体分子の分子間力を振り切って，気体にすることに使われるから　⑤ BC間…融解熱　DE間…蒸発熱　DE間

(2)　①　64　　②　28

〈解説〉(1)　①　固体が液体に変化することを融解，液体から気体に変化すること沸騰という。　②　固体が融解する温度T_2を融点，液体が沸騰する温度T_3を沸点という。　③　BC間は固体と液体，DE間は液体と気体が共存する領域であるため，物質Xが液体として存在する区間はBE間である。　④　省略　⑤　固体が液体に変化する熱量を融解熱，液体から気体に変化する熱量を蒸発熱という。

(2)　①　気体の状態方程式より，$PV=\frac{w}{M}RT$　∴　$M=\frac{wRT}{PV}=\frac{3.9\times8.3\times10^3\times300}{1.01\times10^5\times1.5}\fallingdotseq64$となる。　②　気体の状態方程式より，$PV=\frac{w}{M}RT$　∴　$M=\frac{wRT}{PV}=\frac{1.25\times8.3\times10^3\times273}{1.01\times10^5\times1}\fallingdotseq28$となる。

【5】(1)　40Ω　　(2)　0.15A　　(3)　2V　　(4)　270J　　(5)　0V
(6)　0.075A

〈解説〉(1)　AD間の合成抵抗をRとする。ABDの合成抵抗120ΩとACDの合成抵抗60Ωの並列接続だから，$\frac{1}{R}=\frac{1}{120}+\frac{1}{60}=\frac{3}{120}=\frac{1}{40}$が成り立つ。　(2)　Rと抵抗Yは直列接続なので，流れる電流Iは等しい。オームの法則より，$(R+20)I=9$が成り立つ。　(3)　抵抗Yでの電圧降下は$20\times0.15=3$〔V〕なので，AD間の電圧は$9-3=6$〔V〕，ABDを流れる電流は$\frac{6}{120}=0.05$〔A〕だから，AB間の電圧降下は$80\times0.05=4$〔V〕，ACDを流れる電流は$\frac{6}{60}=0.1$〔A〕だから，AC間の電圧降下は$20\times0.1=2$〔V〕である。　(4)　ジュールの法則「$Q=I^2Rt$」にしたがって，求めるジュール熱は$Q=0.15^2\times20\times(10\times60)$である。　(5)　Xの抵抗は0なので，BとCは等電位であるから，BC間の電圧は0〔V〕である。

(6)　A→Bの電流をI_1，A→Cの電流をI_2，XをC→Bで流れる電流をI_Xとする。キルヒホッフの法則を用いると，回路A→B→C→Aについて，$80I_1-20I_2=0$(…①)，回路B→C→D→Bについて，$40(I_2-I_X)-40(I_1+I_X)=0$(…②)，回路(電源)→Y→A→C→D→(電源)について，$20(I_1+I_2)+$

$20I_2+40(I_2-I_x)=14$(…③)が成り立つ。これを解けばよい。

【6】(1) ① 春分…D　冬至…C　② おとめ座　③ いて座　(2) ① B，C　② 衝　③ 惑星は，太陽を1つの焦点とするだ円軌道を公転する。

〈解説〉(1) ① 地球の自転軸の向きを読み取って，太陽光がどう北半球に当たるかを考慮して，夏至と冬至の位置を決め，公転の向きから春分と秋分の位置を決めればよい。　② 真夜中に南中するので，地球に関して太陽と反対側にある星座である。　③ B→太陽の方向が太陽の南中方向で，地球の自転方向(図で左回り)を考慮すると，太陽が真西にくるときは日の入りなので，その時刻の南中方向は太陽→Aの方向である。　(2) ① 惑星が天球上を西から東へ(太陽の年周運動と同じ向きに)移動することを順行といい，これと逆向きに移動することを逆行という。順行から逆行，あるいは逆行から順行に転ずるときに，惑星の視運動はほぼ止まって見える。これを留という。
② 外惑星では，地球から見て，惑星が太陽の方向にあるときを合，太陽と反対の方向にあるときを衝という。外惑星は衝の位置にあるときに逆行が起こる。内惑星では内合と外合と合の位置が2つある。内惑星は内合の位置付近にあるときに逆行が起こる。　③ 第二法則(面積速度一定の法則)　惑星と太陽を結ぶ線分が一定時間に通過する面積は一定である。　第三法則(調和の法則)　惑星の公転周期Tの2乗は，惑星の太陽からの平均距離(＝だ円軌道の半長軸)aの3乗に比例する。

高　校　理　科

【物理】

【1】(1) ① ATP(アデノシン三リン酸)　② 高エネルギーリン酸結合　③ ADP(アデノシン二リン酸)　(2) ① (キ)　② (オ)　③ (ア)　(3) ① (f)・F　② アルカリ金属　③ Mg^{2+}

〈解説〉(1) ATPの化学構造を説明するための基本的な用語の説明から

始める。核酸を構成するペントースと，プリン塩基あるいはピリミジン塩基とが脱水縮合した化合物をヌクレオシドという。ヌクレオシドは還元性を示さないので，糖の1位の-OH基とプリン塩基の9位あるいはピリミジン塩基の1位のイミノ基との間で，β-グリコシド結合をした窒素配糖体である。アデニンのヌクレオシドをアデノシンという。ヌクレオシドの糖成分の1つのヒドロキシ基を，リン酸でエステル化したものがヌクレオチドである。アデノシンの5位の-OH基がエステル化したものがAMP(アデノシン一リン酸)で，そのリン酸部分に1分子，2分子のリン酸が結合したものがそれぞれADP，ATPである。ATPの2個の高エネルギーリン酸結合は，加水分解でADP＋リン酸となるときに，約31kJ/molのエネルギーを放出する。高エネルギーリン酸結合中では，電気陰性度の大きな酸素原子がかなり接近した位置にあるため，電気的な斥力によって，この結合が高エネルギーの状態にあると考えられている。　(2)　①　特定の地質時代にのみ発見されるため，地層の年代特定に用いられる化石を示準化石という。示準化石の特徴として，(a)種の生存期間が短い，(b)地理的分布が広い，(c)化石の産出数が多い，などがあげられる。進化の速度が速いと，産出する時代が短く，精確に年代特定ができるので示準化石に適する。その生物が生息していたころの気候や水陸分布などの環境を推定できる化石を示相化石という。環境の適応範囲が狭い生物の方が示相化石には適する。

②　マントル上部で1000℃を超えるとマントル物質の融点に近づき，マントル物質が柔らかくなり，流動性をもつようになる。この流れやすい領域をアセノスフェアという。アセノスフェア上部の，温度が低く硬い性質をもつ領域をリソスフェアという。メソスフェアはアセノスフェアと外核の間に位置し，高温・高圧で高剛性の層で，流動的な振る舞いはほとんどない。　③　約6億年前の地球凍結後に出現したと思われる，多細胞生物の各種化石や，現生生物とは体制(ボディープラン)が大きく異なる生物体の化石が，世界各地の5.7億～5.5億年前の地層から発見され，エディアカラ生物(化石)群とよばれる。古生代カンブリア紀は5億4000万年前からなので，この地質時代は先カンブリ

ア時代に属する。 (3) ① 異なる原子が共有結合を形成したとき，それぞれの原子が共有電子対を引き付ける強さを数値で表したものを，その原子の電気陰性度という。同一周期で電気陰性度の値を比べると，原子番号が大きくなるにつれて増加し，ハロゲンで極大値を示す。ハロゲン元素の中では，原子半径が最も小さいフッ素Fが最大値を示す。 ② 水素を除く1族元素をアルカリ金属，Be，Mgを除く2族元素をアルカリ土類金属という。 ③ (e)は酸素O，(i)はマグネシウムMgである。O^{2-}とMg^{2+}は電子配置は共に同じであるから，原子核の電荷が大きいMg^{2+}の方が電子を引きつけるので，イオン半径が小さい。

【2】(1) ① $V=\dfrac{mv_0}{M+m}$ ② $h=\dfrac{m^2v_0^{\,2}}{2g(M+m)^2}$ ③ 失われた力学的エネルギー…$\dfrac{Mmv_0^{\,2}}{2(M+m)}$ (2) ① $V=-3v$ ② $X_G=\dfrac{L}{8}$ ③ $X_G'=\dfrac{7X_1+X_2}{8}$ ④ $X_1=\dfrac{+L}{4}$，$X_2=\dfrac{-3L}{4}$ (3) ① 2.5m ② $5.0e$ m ③ $2.5e^2$ m ④ $10e^2$ m ⑤ $10g(1-e^2)$ J ⑥ 0.50

〈解説〉(1) ① 運動量保存則より，$mv_0+M\cdot 0=(M+m)V$が成り立つ。 ② 力学的エネルギー保存則より，$\dfrac{1}{2}(M+m)V^2=(M+m)gh$，すなわち$h=\dfrac{V^2}{2g}$が成り立つ。 ③ 衝突前の力学的エネルギーは$\dfrac{mv_0^{\,2}}{2}$，衝突後の力学的エネルギーは$(M+m)gh=\dfrac{m^2v_0^{\,2}}{2(M+m)}$なので，失われた力学的エネルギーは$\dfrac{mv_0^{\,2}}{2}\left(1-\dfrac{m}{M+m}\right)$である。 (2) ① 運動量保存則より，$0=3mv+mV$が成り立つ。 ② 板の重心は位置$x=\dfrac{L}{2}$にあるから，$X_G=\dfrac{3m\cdot 0+m\cdot\dfrac{L}{2}}{3m+m}$である。 ③ 板の重心は位置$x=X_2+\dfrac{L}{2}$にある

から，$X_G'=\dfrac{3m\cdot X_1+m\cdot\left(X_2+\dfrac{L}{2}\right)}{3m+m}=\dfrac{3X_1}{4}+\dfrac{X_2}{4}+\dfrac{L}{8}$，また，$X_1-X_2=L$が成り立つ。　④　人＋板の系は水平方向に外力を受けていないので，重心の位置は変化しない。よって，$X_G=X_G'$，すなわち$\dfrac{L}{8}=\dfrac{7X_1+X_2}{8}$が成り立つ。これと$X_1-X_2=L$を連立させて解けばよい。

(3)　①　角度θをなす向きに大きさv_0〔m/s〕の初速度で投げたとすると，水平方向は速度$v_0\cos\theta$の等速直線運動だから，$x=v_0\cos\theta\cdot t$　(…①)，鉛直方向は初速度$v_0\sin\theta$の鉛直投げ上げだから，$v_y=v_0\sin\theta-gt$ (…②)，$y=v_0\sin\theta\cdot t-\dfrac{1}{2}gt^2$　(…③)が成り立つ。①より，$v_0\cdot\dfrac{1}{\sqrt{2}}t=5$，②より，$0=\dfrac{1}{\sqrt{2}}v_0-gt$　　この2式から，$v_0t=5\sqrt{2}$，$v_0=\sqrt{2}\,gt$より，$gt^2=5$　　③式より，$h=\dfrac{1}{\sqrt{2}}v_0t-\dfrac{1}{2}gt^2=5-\dfrac{5}{2}=\dfrac{5}{2}$となる。　②　壁に衝突直後の水平方向の速さは$\dfrac{1}{\sqrt{2}}ev_0$である。鉛直方向の運動を考えると，O→Pの時間と，P→Bの時間は，運動の対称性により等しいから，$AB=\dfrac{1}{\sqrt{2}}ev_0t$である。　③　床での衝突において，床はなめらかだから水平方向の速さは変化せず$\dfrac{1}{\sqrt{2}}ev_0$，鉛直方向は速さがe倍になって$\dfrac{1}{\sqrt{2}}ev_0$の斜方投射と考えることができる。鉛直方向のみを考えると，自由落下した小球の跳ね返りと考えてよい。求める高さをh'とおくと，床への衝突前の力学的エネルギー保存則より，

$mgh=\dfrac{1}{2}m\left(\dfrac{1}{\sqrt{2}}v_0\right)^2$ (…a)，衝突後の力学的エネルギー保存則より，

$mgh'=\frac{1}{2}m\left(\frac{1}{\sqrt{2}}ev_0\right)^2$，よって，$h'=e^2h$となる。

④　O→PとB→Qの軌道は相似であるから，BC＝2×OA×e^2である。

⑤　点O，点Bで衝突直後の力学的エネルギーは，それぞれ$\frac{1}{2}mv_0^2$，$\frac{1}{2}m(ev_0)^2$である。また，a式より，$\frac{1}{2}mv_0^2=2mgh=2\times2.0\times g\times2.5=10g$である。　⑥　②，④の結果より，$5.0e+10e^2=5.0$，$(2.0e-1.0)(e+1.0)=0$，$0<e<1$より，$e=\frac{1}{2.0}=0.50$である。

【3】(1)　①　Cを少し引いてから，同じ距離にすると音が大きくなる。　②　経路差が波長の整数倍のとき　　③　波長の求め方…最初に音が小さく聞こえた時の管の引き出した長さをL_1，再び音が小さく聞こえた時の長さをL_2として，$\lambda=2(L_1-L_2)$に代入して，波長λ〔m〕を求める。　　音速の求め方…振動数f〔Hz〕と波長λ〔m〕を$V=f\lambda$に代入して，音速V〔m/s〕を求める。　④　音速の求め方…室温t〔℃〕から，$V=331.5+0.6t$を用いて，音速V〔m/s〕を求める。　(2)　1　$\sin\theta$　2　$\sin\theta'$　3　c　4　b　5　$\sqrt{\sin^2\theta+\sin^2\theta'}$　6　$\sqrt{\sin^2\theta+1}$　7　短い　8　分散　(3)　①　$\frac{dx}{L}$　②　$\frac{mL\lambda}{d}$　③　7.3×10^{-7} m

〈解説〉(1)　①②　2つの経路を通る音波は同位相なので，経路差が波長の整数倍ならば強め合って大きく聞こえ，波長の半整数倍ならば弱め合って小さく聞こえる。　③　引き出した長さをLとすると，経路差は$2L$となることに注意する。ある非負整数mに対して，$2L_1=\left(m+\frac{1}{2}\right)\lambda$，$2L_2=\left(m+\frac{3}{2}\right)\lambda$が成り立っている。(波の速さ)＝(振動数)×(波長)の関係を用いる。　④　空気中を伝わる音の速さの公式は覚えておくべきである。　(2)　1，2　屈折の法則による。　3，4　△APQにおける三角比を考える。　5　$\frac{\sin\theta}{n}=\sin r=\frac{a}{c}$(…①)，$\frac{\sin\theta'}{n}=\sin r'=\frac{b}{c}$(…②)　△APQは直角三角形なので，$c^2=a^2+b^2$だから，①，②式を2乗して辺々を加えると，$\left(\frac{\sin\theta}{n}\right)^2+\left(\frac{\sin\theta'}{n}\right)^2=1$となる。

6　AD面で全反射が起こったということは，$\theta'=90°$ すなわち$\sin\theta'=1$を意味する。　7　$\sin\theta'<1$なので，$n<n'$である。身の回りのある普通の物質において，可視光線の領域では通常は波長が短くなると屈折率が大きくなる。(正常分散という。)　(3)　①　図の破線とスリット板の交点をQとし，∠OQP＝θとおく。$x\ll L$，$d\ll L$なので，S_1PとS_2Pは平行とみなせる。S_1からS_2Pへ下した垂線の足をHとすると，光路差$|l_2-l_1|\fallingdotseq S_2H=d\sin\theta$，$\theta\ll1$なので$\sin\theta\fallingdotseq\tan\theta$，$\tan\theta=\frac{x}{L}$より，光路差$|l_2-l_1|\fallingdotseq d\sin\theta\fallingdotseq d\tan\theta=\frac{dx}{L}$となる。　②　明線の条件は，光路差が波長の整数倍のとき，すなわち非負整数mに対して，$|l_2-l_1|=m\lambda$のときである。これに①の結果を代入して，xについて解く。　③　隣り合う明線(暗線)の間隔Δxは，$\Delta x=\frac{L\lambda}{d}$である。$\lambda=\frac{d\Delta x}{L}$に数値を代入すると，$\lambda=\frac{6.0\times10^{-5}\times1.46\times10^{-2}}{1.2}=7.3\times10^{-7}$〔m〕である。

【4】(1)　1　閉じる　2　電子　3　エネルギー　4　負　5　光電効果　6　光電子　7　ヘルツ　8　限界振動数　9　金属　10　大きい　11　強さ　12　比例　13　変わらない　(2)　プランク定数…6.6×10^{-34} J·s　仕事関数…1.9 eV　限界波長…6.5×10^{-7} m

〈解説〉(1)　空欄5の光電効果に関する歴史的な経緯は次のようになる。

1839年，ベクレルが光化学電池の研究において光起電力効果を報告。1887年，ヘルツが光電効果を発見。その後，レーナルトによる陰極線と光電効果に関する実験的研究を経て，1905年，アインシュタインが光量子仮説を発表(この業績により，1921年ノーベル賞受賞)。1916年，ミリカンによる光量子仮説の実験的証明。　(2)　計算に必要な光電効果に関する数式をまとめておく。光電子がもつ運動エネルギーの最大値をK，仕事関数をWとして，$K=h\nu-W$(…①)　　限界振動数と限界波長は，①式でK＝0とおいて，$\nu_0=\frac{W}{h}$，$\lambda_0=\frac{c}{\nu_0}=\frac{hc}{W}$となる。陰極に対する陽極の電位が負($V<0$)のとき，電子にとって，陽極の方が静電気力による位置エネルギーが$e|V|$だけ高い。$V=-V_0$で光電流が0となるとき，最大の運動エネルギーKをもつ光電子がギリギリで陽極に到達し，それ以外の光電子は陽極に達することができない。よって，$K=eV_0$(…②)が成り立ち，①，②式から，$V_0=\frac{h}{e}\cdot\nu-\frac{W}{e}$(…③)となる。光の波長$5.0\times10^{-7}$m→振動数$6.0\times10^{14}$Hz，波長$4.0\times10^{-7}$m→$7.5\times10^{14}$Hz　③式をグラフで表したとき，傾きが$\frac{h}{e}$，切片が$eV$単位で表した仕事関数となる。よって，$\frac{h}{e}=\frac{1.2-0.58}{(7.5-6.0)\times10^{14}}$，

$h=\frac{0.62}{1.5}\times10^{-14}\times1.6\times10^{-19}=0.661\times10^{-33}\fallingdotseq6.6\times10^{-34}$〔J·s〕，$V_0$-$\nu$グラフから図形的に$6.0:7.5=\left(0.58+\frac{W}{e}\right):\left(1.2+\frac{W}{e}\right)$，$\frac{W}{e}=1.9$，

$W=1.9e$〔J〕＝1.9〔eV〕　　$\lambda_0=\frac{hc}{W}=\frac{6.6\times10^{-34}\times3.0\times10^{8}}{1.9\times1.6\times10^{-19}}\fallingdotseq6.5\times10^{-7}$〔m〕となる。

【化学】

【1】(1)　①　ATP(アデノシン三リン酸)　　②　高エネルギーリン酸結合　　③　ADP(アデノシン二リン酸)　　(2)　①　(キ)　　②　(オ)

③ (ア)　(3) ① 14 m/s　② 40 m　③ 進行方向と逆向き 3.3 m/s^2

〈解説〉(1) ATPの化学構造を説明するための基本的な用語の説明から始める。核酸を構成するペントースと，プリン塩基あるいはピリミジン塩基とが脱水縮合した化合物をヌクレオシドという。ヌクレオシドは還元性を示さないので，糖の1位の-OH基とプリン塩基の9位あるいはピリミジン塩基の1位のイミノ基との間で，β-グリコシド結合をした窒素配糖体である。アデニンのヌクレオシドをアデノシンという。ヌクレオシドの糖成分の1つのヒドロキシ基を，リン酸でエステル化したものがヌクレオチドである。アデノシンの5位の-OH基がエステル化したものがAMP(アデノシン一リン酸)で，そのリン酸部分に1分子，2分子のリン酸が結合したものがそれぞれADP，ATPである。ATPの2個の高エネルギーリン酸結合は，加水分解でADP＋リン酸となるときに，約31kJ/molのエネルギーを放出する。高エネルギーリン酸結合中では，電気陰性度の大きな酸素原子がかなり接近した位置にあるため，電気的な斥力によって，この結合が高エネルギーの状態にあると考えられている。　(2) ① 特定の地質時代にのみ発見されるため，地層の年代特定に用いられる化石を示準化石という。示準化石の特徴として，(a)種の生存期間が短い，(b)地理的分布が広い，(c)化石の産出数が多い，などがあげられる。進化の速度が速いと，産出する時代が短く，精確に年代特定ができるので示準化石に適する。その生物が生息していたころの気候や水陸分布などの環境を推定できる化石を示相化石という。環境の適応範囲が狭い生物の方が示相化石には適する。

② マントル上部で1000℃を超えるとマントル物質の融点に近づき，マントル物質が柔らかくなり，流動性をもつようになる。この流れやすい領域をアセノスフェアという。アセノスフェア上部の，温度が低く硬い性質をもつ領域をリソスフェアという。メソスフェアはアセノスフェアと外核の間に位置し，高温・高圧で高剛性の層で，流動的な振る舞いはほとんどない。　③ 約6億年前の地球凍結後に出現したと思われる，多細胞生物の各種化石や，現生生物とは体制(ボディープ

ラン)が大きく異なる生物体の化石が，世界各地の5.7億～5.5億年前の地層から発見され，エディアカラ生物(化石)群とよばれる。古生代カンブリア紀は5億4000万年前からなので，この地質時代は先カンブリア時代に属する。　(3)　①　初速v_0の物体が加速度aでt秒間運動したときの，t秒後の速度vは，$v=v_0+at$で求められる。これより，$v=6.0$〔m/s〕＋2.0〔m/s²〕×4.0〔t〕＝14.0〔m/s〕　②　初速初速v_0の物体が加速度aでt秒間移動したときの移動距離xは，$x=v_0t+\frac{1}{2}at^2$で求められる。これより，$x=6.0$〔m/s〕×4.0〔s〕＋$\frac{1}{2}$×2.0〔m/s²〕×$(4.0)^2$〔s²〕＝40〔m〕　③　初速v_0の物体が加速度aで運動し，速度vになる間に移動した距離yときの，加速度･速度・距離の関係は，$v^2-v_0{}^2=2ay$で表すことができる。式を変形して，

$$a=\frac{v^2-v_0{}^2}{2y}=\frac{(8.0)^2-(14.0)^2}{2\times 20}=-3.3\text{〔m/s}^2\text{〕}$$

【2】(1)　(ア)　ボーキサイト　(イ)　融解塩電解　(2)　酸化アルミニウムの融点を下げる。　(3)　両性元素　元素記号…Zn　Sn　Pbから2つ　(4)　表面に薄い緻密な酸化被膜が生じ，不動態となるため。(表面に薄い緻密な酸化被膜が生じ，金属内部を保護するため)。(5)　イオン化傾向が大きく，水溶液の電気分解ではアルミニウムイオンが還元されない。　(6)　1.99×10²時間　(7)　(d)　$2Al+2KOH+6H_2O \rightarrow 2K[Al(OH)_4]+3H_2$　(e)　$2K[Al(OH)_4]+H_2SO_4 \rightarrow 2Al(OH)_3+K_2SO_4+2H_2O$　(8)　75％

〈解説〉(1)　単体のアルミニウムはボーキサイトから得られる酸化アルミニウムを溶融塩電解することにより製造される。　(2)　氷晶石を使用することにより，酸化アルミニウムの融点を約100℃下げることができる。　(3)　両性元素としては，アルミニウム，亜鉛，スズ，鉛などが知られている。　(4)　アルミニウムは濃硝酸や熱濃硫酸に接触すると，表面に緻密な酸化被膜が形成されるために金属内部が外部の影響を受けなくなる。　(5)　解答参照。　(6)　アルミニウムを生成するイオン反応式は$Al^{3+}+3e^- \rightarrow Al$である。この式から，1molのアルミニウ

ムを製造するための電気量は，$3\times9.65\times10^4=2.895\times10^5$〔C〕であり，$2.00t(=2.00\times10^6g)$のアルミニウムを製造するための電気量は$\frac{2.895\times10^5\times2.00\times10^6}{27}\fallingdotseq2.14\times10^{10}$〔C〕となる。電気分解時の電流が$3.00\times10^4A$であるため，2.00tのアルミニウムの製造にかかる時間は$\frac{2.14\times10^{10}}{3.00\times10^4}\fallingdotseq0.713\times10^6$〔秒〕　$\therefore$　$\frac{0.713\times10^6}{3600}\fallingdotseq1.99\times10^2$〔時間〕となる。　(7)　解答参照。　(8)　1molのアルミニウムから1molのミョウバン($AlK(SO_4)_2\cdot12H_2O$；分子量474)が得られる。18gのアルミニウムは$\frac{18}{27}$molであるため，理論上のミョウバンの生成量(生成量が100％の場合)は$474\times\frac{18}{27}=316$〔g〕となる。しかし，実際には237gのミョウバンが得られるため，その生成量は理論上の$\frac{237}{316}\times100=75$〔%〕となる。

【3】(1)　①　水酸化ナトリウムは吸湿性が強く，薬包紙に付着しやすいから。　②　$e-a$　③　4.5kJ　④　$NaOHaq+HClaq=NaClaq+H_2O$(液)$+57kJ$　⑤　0.45L

(2)　①　$Cu+4HNO_3\rightarrow Cu(NO_3)_2+2H_2O+2NO_2$　②　逆反応の活性化エネルギーが57.3kJ/mol大きい。　③　圧縮直後は体積が減少するため，二酸化窒素の密度が増加して色が濃くなるが，すぐにルシャトリエの原理(平衡移動の原理)により平衡が気体分子数減少(圧力減少)する方向に移動し，二酸化窒素分子が減少し色が薄くなる。

④　ルシャトリエの原理(平衡移動の原理)により，温度を下げると発熱方向，つまり右方向に平衡が移動する。　⑤　$3.1\times10^{-5}Pa^{-1}$

⑥　$\frac{\alpha V}{2n(1-\alpha)^2}$L/mol

〈解説〉(1)　②　時間0分のときのa点と温度上昇が停止した最高点から温度が降下する直線部分の延長線とy軸との外挿点eとの差$(e-a)$が温度上昇分となる。　③　水100g(密度：$1.0g/cm^3$)と水酸化ナトリウム4.0gを含む水溶液(比熱：$4.2J/(g\cdot K)$)の温度が10.4℃上昇したときの熱量は$4.2\times104.0\times10.4\fallingdotseq4542$〔J〕$\fallingdotseq4.5$〔kJ〕である。　⑤　実験1から

1.0mol/Lの水酸化ナトリウム水溶液100mL中に含まれる水酸化ナトリウムは0.10molであり，実験2から1.0mol/Lの塩酸水溶液150mL中に含まれる塩酸は0.15molであるため，中和反応後は0.15－0.10＝0.05〔mol〕の塩酸が過剰に存在する。また，アンモニアを吸収させた後の水溶液のpHが2.0であるため，水溶液中の水素イオン濃度は1.0×10^{-2}mol/Lとなり，3Lの水溶液中には0.03molの塩酸が存在する。塩酸とアンモニアは1：1の比率で反応して塩酸アンモニウムを生成するため，水溶液に吸収されたアンモニアは0.05－0.03＝0.02〔mol〕である。したがって，標準状態(1atm，0℃)における0.02molのアンモニアの体積は気体の状態方程式から，$V=\frac{nRT}{P}=\frac{0.02\times0.082\times273}{1}\fallingdotseq0.45$〔L〕となる。

(2)　②　二酸化窒素から四酸化二窒素を生成する正反応は発熱反応であるため，二酸化窒素は四酸化二窒素よりも高いエネルギーを持っている。また，正反応と逆反応の活性化エネルギーの差は生成熱に相当する。したがって，逆反応の活性化エネルギーの方が正反応の活性化エネルギーよりも57.3kJ/mol大きくなる。　③　圧縮直後は体積が小さくなるため二酸化窒素の濃度が一時的に上昇する(気体の色が濃くなる)が，ルシャトリエの原理より，二酸化窒素の濃度が減少する方向，即ち，平衡が右に移動して四酸化二窒素が増加する(気体の色が薄くなる)。　④　ルシャトリエの原理より，温度を下げると平衡反応は温度が上昇する方向，すなわち，発熱方向である右に移動する。

⑤　二酸化窒素と四酸化二窒素の平衡反応の圧平衡定数は，$K_p=\frac{P_{N_2O_4}}{P_{NO_2}{}^2}$と表され，この式に$P_{NO_2}=4.0\times10^4$Pa，$P_{N_2O_4}=5.0\times10^4$Paを代入すると，

$K_p=\frac{5.0\times10^4}{(4.0\times10^4)^2}\fallingdotseq3.1\times10^{-5}$〔$Pa^{-1}$〕となる。　⑥　平衡状態の二酸化窒素の濃度は$[NO_2]=\frac{n-\alpha n}{V}$，四酸化二窒素の濃度は$[N_2O_4]=\frac{\alpha n}{2V}$である。四酸化二窒素の生成反応の平衡定数は$K=\frac{[N_2O_4]}{[NO_2]^2}$と表され，この式に$[NO_2]=\frac{n-\alpha n}{V}$と$[N_2O_4]=\frac{\alpha n}{2V}$を代入すると，

$$K=\frac{\frac{\alpha n}{2V}}{\left(\frac{n(1-\alpha)}{V}\right)^2}=\frac{\alpha V}{2n(1-\alpha)^2}$$ 〔L/mol〕となる。

【4】(1)　A　CH≡CH　B　$C_6H_5-SO_3H$　C　C_6H_5-OH

D　C_6H_5-Cl　E　$CH_2=CH-CH_3$　F　$CH_3-CH(C_6H_5)-CH_3$

G　$C_6H_5-C(=O)-OH$　H　$C_6H_5-CH_3$　(2)　(e)

(3)　$C_6H_5-C(=O)-O-CH(CH_3)-CH_3$

(4)　①　分液漏斗(ろうと)　②　上層　③　G　④　C

(5)　C，E

〈解説〉(1)(2)　ベンゼンは3分子のアセレン(化合物A)の重合により得られる。ベンゼンに濃硫酸を加えて加熱するとベンゼンスルホン酸(化合物B)が得られ，ベンゼンスルホン酸を固体の水酸化ナトリウムといっしょに融解後，酸を加えるとフェノール(化合物C)が得られる。また，鉄粉触媒を用いてベンゼンと塩素を反応させるとクロロベンゼン(化合物D)が得られ，クロロベンゼンを水酸化ナトリウム水溶液といっしょに加圧・加熱後，酸を加えるとフェノールが得られる。フェノールは工業的にはクメン(化合物F)の空気酸化により得られ，クメンはベンゼンとプロピレン(化合物E)との付加反応により得られる。また，安息香酸(化合物G)はトルエン(化合物H)を過マンガン酸カリウム水溶液中で酸化することにより得られる。　(3)　アセトンの還元生成物である2-プロパノールと安息香酸との間で脱水縮合反応が進行して安息香酸エステルが得られる。　(4)　②　ジエチルエーテルの比重は水の比重よりも小さいため，ジエチルエーテル層が上層側である。　③　酸性の強さは，安息香酸(化合物G)＞炭酸＞フェノール(化合物C)＞クロロベンゼン(化合物D)の順であるため，安息香酸は炭酸と塩を形成するが，フェノールとクロロベンゼンは塩を形成しない。したがって，水層に抽出されるのは炭酸塩を形成する安息香酸(化合物G)である。
④　フェノール(化合物C)は水酸化ナトリウムと反応して水溶性のナトリウム塩を形成する。　(5)　フェノール(化合物C)と臭素を反応させると，ヒドロキシ基に対してオルト位とパラ位の水素原子が臭素で置換された2,4,6-トリブロモフェノールが得られる。また，プロピレン(化合物E)と臭素を反応させると，臭素が付加した1,2-ジブロモプロパンが得られる。

【生物】

【1】(1)　①　(キ)　②　(オ)　③　(ア)　(2)　①　(f)・F
②　アルカリ金属　③　Mg^{2+}　(3)　①　14.0〔m/s〕
②　40〔m〕　③　進行方向と逆向きに　3.3〔m/s^2〕

〈解説〉(1)　①　特定の地質時代にのみ発見されるため，地層の年代特定に用いられる化石を示準化石という。示準化石の特徴として，(a)種の生存期間が短い，(b)地理的分布が広い，(c)化石の産出数が多い，などがあげられる。進化の速度が速いと，産出する時代が短く，精確に年代特定ができるので示準化石に適する。その生物が生息していたころの気候や水陸分布などの環境を推定できる化石を示相化石という。環境の適応範囲が狭い生物の方が示相化石には適する。　②　マントル上部で1000℃を超えるとマントル物質の融点に近づき，マントル物質が柔らかくなり，流動性をもつようになる。この流れやすい領域をアセノスフェアという。アセノスフェア上部の，温度が低く硬い性質をもつ領域をリソスフェアという。メソスフェアはアセノスフェアと外核の間に位置し，高温・高圧で高剛性の層で，流動的な振る舞いはほとんどない。　③　約6億年前の全球凍結後に出現したと思われる，多細胞生物の各種化石や，現生生物とは体制(ボディープラン)が大きく異なる生物体の化石が，世界各地の5.7億～5.5億年前の地層から発見され，エディアカラ生物(化石)群とよばれる。古生代カンブリア紀は5億4000万年前からなので，この地質時代は先カンブリア時代に属する。　(2)　①　電気陰性度は周期的に変化し，一般に希ガスを除いて周期表の右上に行くほど大きくなり，周期表の左下にいくほど小さくなる。同じ族では原子番号の小さいものほど大きくなる。すべての元素の中でフッ素の電気陰性度が最大である。表の(a)～(o)の各元素は次の通りである。(a)　Li　(b)　Be　(c)　C　(d)　N　(e)　O　(f)　F　(g)　Ne　(h)　Na　(i)　Mg　(j)　Al　(k)　Si　(l)　S　(m)　Cl　(n)　Ar　(o)　K　②　2族(Be，Mgを除く)元素はアルカリ土類金属。17族はハロゲン元素，18族は希ガス元素である。　③　表の(e)は酸素Oであり，2価の陰イオンO^{2-}はNeと同じ原子配置になる。(i)はMgで2価の陽イオンMg^{2+}もNeと同じ原子配置になる。一般に陽イオンの半径はその原子の半径より小さく，陰イオンの半径はその原子の半径よりも大きい。O^{2-}のイオン半径は140〔pm〕，Mg^{2+}のイオン半径は65〔pm〕である(pmはピコメーター)。

(3)　①　初速v_0の物体が加速度aでt秒間運動したときの，t秒後の速度vは，$v=v_0+at$で求められる。これより，$v=6.0$〔m/s〕$+2.0$〔m/s^2〕$\times 4.0$〔s〕$=14.0$〔m/s〕

②　初速初速v_0の物体が加速度aでt秒間移動したときの移動距離xは，$x=v_0t+\frac{1}{2}at^2$で求められる。これより，$x=6.0$〔m/s〕$\times 4.0$〔s〕$+\frac{1}{2}\times 2.0$〔m/s^2〕$\times (4.0)^2$〔s^2〕$=40$〔m〕　③　初速v_0の物体が加速度aで運動し，速度vになる間に移動した距離yのときの，加速度･速度・距離の関係は，$v^2-v_0{}^2=2ay$で表すことができる。式を変形して，

$$a=\frac{v^2-v_0{}^2}{2y}=\frac{(8.0)^2-(14.0)^2}{2\times 20}=-3.3\ 〔m/s^2〕$$

【2】(1) ① ニ→イ→ハ→ロ　② (ウ)　③ p…e　q…b，c　r…d，f　(2) ① 図B…(Z)　図C…ウ　② 移植後形成…二次胚が形成される　移植片自身…脊索など中胚葉性組織　③ 形成体(オーガナイザー)　(3) ① アニマルキャップ　② 外胚葉性の組織に分化する。　③ 組織A…一部が脊索，筋肉などの中胚葉性の組織に分化する。　組織B…内胚葉性の組織に分化する。　はたらき…中胚葉誘導　④ a イ　b ア　c ウ

〈解説〉(1) ① 図1のイ～ニの各発生時期は次のとおりである。イ 神経胚初期。 ロ 尾芽胚初期。 ハ 神経胚後期。 ニ 原腸胚後期。 ② 図1のイのaが示している部位は，体節・腎節・側板がまだ未分化の段階である。(ウ)の骨格・骨格筋は体節から，内臓筋・心臓は側板から形成される。 ③ 図2はウニの発生図でpは内胚葉の消化管，qは外胚葉，rは中胚葉の骨片を示している。図1のロのbは表皮(外胚葉)，cは神経管(外胚葉)，dは脊索・体節(中胚葉)，eは内胚葉，fは側板(中胚葉)をそれぞれ示している。 (2) ① 図Aの(c)部は原口背唇部で予定脊索域である。 ②③ 原口背唇部は，予定脊索域(中胚葉)であり自身は脊索および中胚葉性器官を誘導するとともに，内胚葉から消化管を，外胚葉から神経管をそれぞれ誘導する一次形成体である。 (3) ①②③ ニューコープ(オランダ)のアニマルキャップを使った実験により，発生過程における最初の誘導現象が胞胚期に見られることが明らかになった。予定外胚葉域であるAの部分(アニマルキャップ)を単独で培養するとAは外胚葉性の組織に分化する。また，予定内胚葉域であるBの部分を単独で培養すると内胚葉性の組織に分化する。ところが，Bの上にAを接触させて培養すると，Aから中胚葉性組織が分化する。このことから，中胚葉は予定内胚葉域の誘導によって予定外胚葉域から生じることが明らかになった。(中胚葉誘導)。

④ 1990年代浅島誠はアクチビンが誘導物質であることを初めて明ら

かにした。未分化な細胞に与える濃度により形成される器官に違いが生じる。0.5ng/mLで血球様細胞・体腔上皮，5～10ng/mLで筋肉，50ng/mLで脊索，100ng/mLで心臓が形成される。

【3】(1)　①　1　遺伝子プール　　2　小　　3　ハーディ・ワインベルグの法則　　4　遺伝的浮動　　5　大きくなる　　6　びん首効果

②・自由(任意)に交配が行われ，集団内の個体数が十分多い。

・個体間に生存率・繁殖力に差がなく，自然選択が働かない。

・他の同種集団との間に移出・移入がない。　・着目する遺伝子に突然変異が起こらない。　(2)　①　AA…p^2　　Aa…$2pq$　　aa…q^2

②　1　p^2+2pq　　2　$\dfrac{q}{1+q}$　　3　$\dfrac{q}{1+2q}$　　4　$\dfrac{q}{1+nq}$

③　劣性遺伝子aの頻度ははじめ大きく減少していくが，代を重ねるごとに減少が緩やかになり，0に近づいていく。

〈解説〉(1)　①　小進化は集団の遺伝子頻度変化のことで，種分化までは及ばない。形質の変化などの小さな変化を伴う進化である。これに対して，大進化は，新たな種が生じたり，魚類から両生類が出現したりするような，大きな変化を伴う進化である。びん首効果に，ヒトの血液型に関する例がある。アメリカ先住民にはO型が圧倒的に多い。これは，ユーラシア大陸からベーリング海を伝ってアメリカ大陸へ渡った少数の人達は偶然O型の人が多かったからだと考えられている。

②　ハーディ・ワインベルグの法則が成り立つのは次の5条件のときとされている。　1　個体数が十分にある。　2　移出や移入が起こらない。　3　突然変異が起こらない。　4　自然選択が起こらない。

5　自由に交配が起こる。　(2)　①　この生物集団がつくる配偶子とその頻度は，pA＋qaである。ただし，$p+q=1$とする。配偶子どうしが自由に交配したときの次世代の遺伝子型とその頻度は，次の式の展開で表すことができる。

$(pA+qa)^2=p^2AA+2pqAa+q^2aa$　…(i)

②　前問の(i)式より，aを持つヘテロの個体数は$2pq$Aaであり，aの遺伝子頻度はその半分である。aaのホモ個体を除いた次世代のうち，aを

もつ個体数は，p^2+2pqである。

よって，$q_1=\dfrac{\frac{1}{2}\times 2pq}{p^2+2pq}=\dfrac{pq}{p(p+2q)}$ …(ii)

$p+q=1$であるから，分母を$p(p+2q)=p(p+q+q)=p(1+q)$と変形できる。よって，(ii)式は次のように整理できる。$q_1=\dfrac{pq}{p(p+2q)}=\dfrac{q}{1+q}$

第2世代の，Aおよびaの遺伝子頻度をp_1，q_1　(ただし，$p_1+q_1=1$)とする。q_1をqを使ってあらわすために，式を変形して，$p_1=1-q_1$とする。

$q_1=\dfrac{q}{1+q}$だから，$p_1=1-\dfrac{q}{1+q}=\dfrac{1}{1+q}$…(iii)

第2世代の遺伝子型とその頻度は次の式の展開で表せる。

$(p_1\mathrm{A}+q_1\mathrm{a})^2=p_1{}^2\mathrm{AA}+2p_1q_1\mathrm{Aa}+q_1{}^2\mathrm{aa}$　　aaの個体数は0だから，$p_1{}^2\mathrm{AA}+2p_1q_1\mathrm{Aa}$

第2世代の遺伝子aを持つ個体数は，p_1q_1　　第2世代の全個体数は，$p_1{}^2+2p_1q_1$

第2世代の遺伝子aの頻度q_2は，$q_2=\dfrac{qp_1q_1}{p_1{}^2+2p_1q_1}=\dfrac{q_1}{p_1+2q_1}$ …(iv)

(iv)式のq_1に，$q_1=\dfrac{q}{1+q}$を，p_1に(iii)式の$p_1=\dfrac{1}{1+q}$をそれぞれ代入する。

$$q_2=\frac{\dfrac{q}{1+q}}{\dfrac{1}{1+q}+2\left(\dfrac{q}{1+q}\right)}=\frac{q}{1+2q}$$

③　$qn=\dfrac{q}{1+nq}$　nの値が大きくなると分母の値が大きくなり，qnの値は0に近づく。

【4】(1)　①　標識再捕法　　②　ア　標識は簡単に消えない，脱落しないで，標識をつけた個体の行動や生存がそうでない個体と変わらないこと。　イ　動物の多くは，1日の活動時間や行動範囲が決まっているので，最初の捕獲と再捕獲は，同じ方法，同じ時間，同じ場所で行うこと。　ウ　調査期間中は，調査地での個体の移入，移出が起こらないこと。　③　$N=\dfrac{nM}{m}$　　④　雄…120匹　　雌…140匹

(2)　①　ア　捕食　　イ　生命　　ウ　生存曲線　　エ　B

オ　齢構成　　カ　年齢ピラミッド　　キ　安定型(平均型)
② ク　31.2　　ケ　548　　コ　156　　③　産卵・産子数の多少
親による保護の有無　　④　3.2年　　⑤　(c)，(e)

〈解説〉(1)　①②　標識再捕法は，移動する生物の個体数を推定する方法として用いられるが，その際，次のような条件がある。　1　付けた標識がその後の生物の行動に影響を与えない。　2　2度の捕獲は同じ条件で行い，個体が捕獲される確率はどれも等しい。　3　他の個体群との間で個体の移出入がない。　4　調査期間中，その個体群内では個体の出生や死亡は起こらない。個体群の大きさの推定には標識再捕法の他に「区画法」などがある。　③　標識再捕法による個体群密度の推定は下の式を使って行う。

$$\frac{(M)\text{標識個体数}}{(N)\text{全個体数}}=\frac{(m)\text{再捕獲標識個体数}}{(n)\text{再捕獲個体数}}$$ より，

$$(N)\text{全個体数}=\frac{(M)\text{標識個体数}\times(n)\text{再捕獲個体数}}{(m)\text{再捕獲標識個体数}}$$

④　雄の各値…$M=60$，$n=48$，$m=24$

雄の推定個体数$(N)=\dfrac{48\times60}{24}=120$

雌の各値…$M=40$，$n=28$，$m=8$

雌の推定個体数$(N)=\dfrac{28\times40}{8}=140$

(2)　①　ある生物に関して，生命表とそれをグラフ化した生存曲線および齢構成を作成することにより，その生物の異常発生や逆に絶滅の恐れなどの将来の個体群の成長を予察できる。したがって，生物種の保護にとっても重要なデーターとなる。　②　ク$=\dfrac{249}{797}\times100=31.24$〔%〕　　ケ$=797-249=548$　　コ$=191-35=156$　　③　A型の生物は，産卵(仔)数が少ない。親が子の保護をして育て子どもの死亡率が低い。C型はその逆である。　④　下に計算結果を表で示す。
⑤　問題の生命表の生物は初期の死亡率が小さく，年齢とともに死亡率が大きくなっており，グラフのA型と推定出来る。ウニ・カキはC型，ヒドラ(出芽で殖える)・トカゲ(は虫類)はB型である。

年齢	死亡数(A)	生存年数(B)	[(A)×(B)]/908
0	38	0.5	0.02
1	73	1.5	0.12
2	249	2.5	0.69
3	357	3.5	1.38
4	156	4.5	0.77
5	35	4.5	0.17
計	908		3.15

●書籍内容の訂正等について

弊社では教員採用試験対策シリーズ（参考書，過去問，全国まるごと過去問題集），公務員試験対策シリーズ，公立幼稚園・保育士試験対策シリーズ，会社別就職試験対策シリーズについて，正誤表をホームページ（https://www.kyodo-s.jp）に掲載いたします。内容に訂正等，疑問点がございましたら，まずホームページをご確認ください。もし，正誤表に掲載されていない訂正等，疑問点がございましたら，下記項目をご記入の上，以下の送付先までお送りいただくようお願いいたします。

① **書籍名，都道府県（学校）名，年度**
（例：教員採用試験過去問シリーズ　小学校教諭 過去問　2025 年度版）
② **ページ数**（書籍に記載されているページ数をご記入ください。）
③ **訂正等，疑問点**（内容は具体的にご記入ください。）
（例：問題文では“ア～オの中から選べ”とあるが，選択肢はエまでしかない）

〔ご注意〕
○ 電話での質問や相談等につきましては，受付けておりません。ご注意ください。
○ 正誤表の更新は適宜行います。
○ いただいた疑問点につきましては，当社編集制作部で検討の上，正誤表への反映を決定させていただきます（個別回答は，原則行いませんのであしからずご了承ください）。

●情報提供のお願い

協同教育研究会では，これから教員採用試験を受験される方々に，より正確な問題を，より多くご提供できるよう情報の収集を行っております。つきましては，教員採用試験に関する次の項目の情報を，以下の送付先までお送りいただけますと幸いでございます。お送りいただきました方には謝礼を差し上げます。
（情報量があまりに少ない場合は，謝礼をご用意できかねる場合があります）。

◆あなたの受験された面接試験，論作文試験の実施方法や質問内容
◆教員採用試験の受験体験記

送付先
○電子メール：edit@kyodo-s.jp
○FAX：03-3233-1233（協同出版株式会社　編集制作部 行）
○郵送：〒101-0054　東京都千代田区神田錦町2-5
協同出版株式会社　編集制作部 行
○HP：https://kyodo-s.jp/provision（右記のQRコードからもアクセスできます）

※謝礼をお送りする関係から，いずれの方法でお送りいただく際にも，「お名前」「ご住所」は，必ず明記いただきますよう，よろしくお願い申し上げます。

教員採用試験「過去問」シリーズ

山梨県の
理科 過去問

編　集	© 協同教育研究会
発　行	令和6年4月10日
発行者	小貫　輝雄
発行所	協同出版株式会社
	〒101-0054　東京都千代田区神田錦町2－5
	電話　03－3295－1341
	振替　東京00190－4－94061
印刷所	協同出版・POD工場

落丁・乱丁はお取り替えいたします。